『襟江书舍』系列丛书

浙江藏书家传略

杭州图书馆 编著

何槐昌 主编

世纪文景
Century Liwinhun

世纪出版集团 上海人民出版社

目　录

序　一

　　藏书，作为一种人文方式，是人类共有的文化现象。目前已知最早的藏书现象是古巴比伦的寺庙藏书。1889—1900 年，美国考古学家彼得斯和希尔普雷希特在伊拉克考察时，于泥普尔区域意外挖掘到数量颇丰的泥版书。书中所用的楔形文字，可上溯至公元前三十世纪上半叶，距今约有四千多年了。这批书集中收藏、内容丰富，形式涉及神话、祈祷文、赞美歌等，是人类两河流域文明遗于现代社会的实证，也是上古时期苏美尔人在当今社会的存世履痕。

　　至于我国的藏书起源，可信的历史，大致在夏商时期。到了周朝，藏书的管理体制渐具雏形，降及西汉，已蔚然成形，其流风直接影响了以后二千多年的中国藏书史。西汉时期设置的藏书机构如石渠阁、天禄阁、兰台、石室等，成为后来士人歌咏藏书机构的代名词，而刘向编辑的《别录》一书，更是开启了中国目录学之先河。

　　纵观古今中外，关乎藏书，无非分公、私、书院、宗教四大收藏体系。四者间，性有差异，质却相似。历史地看，公藏、书院藏和宗教藏书更多地表现为一种功能的概念或服务，而私藏则明显地体现了一种生活的情趣。当然，所有的人类图书收藏活动，最终都毫无例外地演变发展成为一种文化的现象，一种民族文明的图腾。

　　对于藏书文化的研究，多少年来，几乎代有续篇，时有佳作，累世叠加，蔚然成学。内容涉及文献学、目录学、版本学、图书馆学、校勘学等等，其中人物的研究是藏书文化探寻的主体，更是基础。故不少学者孜孜着力于对藏书家的考证和探究，以期"能采源溯流，钩微掘隐，勒藏家故实为一书。则千数百年来文化之消长，学术之升沉，社会生活之变动，地方经济之盈亏，固不难一一如示诸掌也"。

　　浙江的藏书家、藏书楼均领全国风骚。现代学者吴晗曾撰《江浙藏书家史略》，以此揭示书藏之渊源，彰显两浙之人文。其故实采自于诸方志、史乘、诗文集、笔记、志状碑帖等，计收列有三百九十九人，颇为壮观。此后不断有学人发文以增，可谓续而不绝。何槐昌先生，系浙江图书馆古籍部老主任，整理国故凡四十年，精研版本，长于考证，对历代藏家递嬗极为熟悉，辄有会意，工作中勤于笔记，发心在吴晗先生所撰是书的基础上，增补蒐辑，撰《浙江藏书家传略》一稿。槐昌先生曾将书稿交我，嘱我帮助修订，不意因我行政事务繁忙，一拖再拖，遽尔先生去世，先生生前提携后辈，杭图古籍工作者多受其教，获益良多。同仁哀悼之余，觉得对先生最好的追念，莫如完成此书并将其出版。亦为学术计，于是众人分头齐进，对原稿进行标点编排，考证修订，拾遗补缺，增加了许多条目，同时，根据现代阅读之特点，增加了大量的照片资料，力求图文并茂，雅趣并存。书成之日，不自惭学术跟跄，写此以为序。

徐晓军 书

2013年6月于襟江书舍

序　二

　　原浙江图书馆古籍部主任何槐昌先生，从事古籍图书整理研究工作近四十年，因而对于古籍的版本学、目录学、校勘学等都是具有非常深厚的根底。也正由于长期和这些大量的古籍打交道，所以对这些人类智慧的结晶产生了非常深厚的感情，他常常在想，在漫长的历史长河中，这些宝贵的历史文献和典籍，虽然历经厄运，千百年来还能保存下来，全靠广大藏书家历经艰险、劳苦，一棒一棒地传了下来，仅此而言，其功劳就不应长期被埋没。何况藏书家们对于发展学术文化、承传中华文明都起到过无可估量的作用。为此，他很早就萌发了要编纂《浙江藏书家史略》一书的想法。尤其是自古以来浙江就是一个藏书大省，藏书历史源远流长，历代藏书家辈出，而至今没有一部较全面、完整地反映浙江藏书家的著作，老一辈学者金天游、吴晗先生虽然先后出版过《中国藏书家考略》、《两浙藏书家史略》两书，前者共收入全国藏书家七百六十位，浙江籍仅两百多位；后者收入江、浙两省藏书家七百五十位，浙江籍也仅三百八十位，还有大量的浙江藏书家仍旧湮没无闻，得不到应有的介绍。于是何先生在长期资料积累的基础上，又通过多年搜集和考查，经过数易其稿，终于在年前完成了二十余万字的《浙江藏书家史略》书稿，全书共收藏书家八百七十余位，远远超过以前所有同类书的记载，内容也更为充实。对于每位藏书家，除了姓名、字号、籍贯外，举凡生卒年代、科第仕途、藏书室名、藏书历史、生平史略、学业专长、个人著作、藏书印章等等，皆为详细著录，真是做到应有尽有。因此，这是到目前为止记载浙江藏书家个人历史最为全面的一部著作。而值得注意的是，这部著作记的虽然仅是藏书家们的传略，却都充满了浓郁的人文气氛，蕴藏着深厚的文化内涵，折射出许多不可多得的浙江的人文精神，因此，全部浙江藏书家的历史，乃是浙江文化发展过程中一条非常重要的脉络。我想此话决无夸张之意。而令人遗憾的是，长期以来却一直很少有人对他们问津。尽管大家都在大谈建设文化大省，发扬浙江历史上的人文精神，而历史上这些藏书家们所受到的待遇，似乎还是"冷落"二字。

我国的藏书事业很早就已经产生了，远的不去说，西汉时国家已经有石室、兰台等多个藏书处，刘向父子还曾受命为国家藏书进行整理和校勘工作。此后在全国许多地方便先后出现了私人藏书家，发展到后来，江苏、浙江两省便成为全国私家藏书最盛的地方。而浙江的藏书家最早的当推范平，"吴郡钱塘人"，东吴时官至临海太守，孙皓初，借病辞官还乡。入晋后，"频征不起"。《晋书·儒林传》载："家世好学，有书七千余卷，远近来读者恒有百余人。"在当时私家藏书能有七千余卷，实属罕见。况且所藏之书同时供外人阅读，远近来读者常在百余人，并且还为前来看书者提供"衣食"，这就更加少见了，就连我们今天的公共图书馆也很难办到，难怪著名方志学家贺循，在范平去世后，特地为之"勒石纪其德行"。可见私家藏书，并非仅为自己家族而用，而是面向社会，传播知识，这实际是广大藏书家共有的特点。就以明末清初大史学家谈迁写《国榷》为例，由于他家境贫寒，并无多少藏书，而要写的又是一部内容庞大的当代史，因而需要大量的史料，于是便长年累月四处奔走，问藏书之家借抄借读，即使他去北京，跑得最多的也还是藏书家。因此，我们毫不夸张地讲，若不是众多的藏书家支持，他这部《国榷》也很难完成。这些历史事实都向人们显示，在那漫长的历史岁月里，许许多多的藏书家们，都是无怨无悔地在执行着当今公共图书馆的一些职能，对于他们这样默默无闻的奉献，如今又能有多少人知道呢？到了南朝时期，便出现了家有藏书超两万卷的藏书家沈约，时人称之"京师莫比"，因为当时国家的藏书也不过两万卷。到了两宋，浙江的藏书家已遍及全省的各府县，达六十五位之多。清代乃是藏书之风极盛的一个时代，浙江自然也不例外，即使到了清末，全国四大藏书家：聊城杨氏海源阁、常熟瞿氏铁琴铜剑楼、湖州陆氏皕宋楼、杭州丁氏八千卷楼，浙江就占了一半。值得注意的是，清末至民国时期，社会一直处在动荡不安的状态，浙江的藏书事业，不仅没有受到影响而停滞不前，反而出现了一批著名的藏书家和藏书楼，如瑞安孙氏的"玉海楼"、绍兴徐氏的"古越藏书楼"、湖州刘氏的"嘉业堂"等等。尤其是刘氏的"嘉业堂"和建于明代的范氏"天一阁"，在私人藏书楼中均成为全国之最。天一阁是现存最古老的私人藏书楼，至今已有四百多年历史了，从范氏家族来讲，历十三代，薪火相传而不衰，这在藏书史上也是个奇迹。著名学者黄宗羲在康熙十八年(1679)在所作《天一阁藏书记》中用敬佩的口气说："尝叹读书难，藏书尤难，藏之久而不散，则难之难矣。"① 究其原因，正是创始人范钦生前立下的"代不分书，书不出阁"的严格的

---

① 《天一阁藏书记》，《黄宗羲全集》第 10 册，117 页，浙江古籍出版社，2005 年。

家训所保证。一套严格的管理制度和非常合理的防火措施，使得四百多年的藏书楼能够完好地保存至今。当年范钦藏书最后达七万余卷，主要为宋、元以来刻本、稿本，而以明刻本为主。特别是所藏明代地方志乃是其最大特色。骆兆平在《天一阁藏明代地方志考录》一书中称，天一阁原藏地方志四百三十五种，超过《明史·艺文志》所著录，解放后经清理，尚有二百六十种，而全部藏书至解放前仅存一万三千余种。现在这个最早的藏书楼已列为全国文物保护单位。经过工作人员的努力，现在天一阁藏书已达三十万卷，其中善本精刻达八万卷之多，而新修方志已有一万二千部。而刘氏嘉业堂则是私家藏书最多的藏书楼，当年号称藏书六十万卷（实为五十七万多卷、十八万余册），这在私人藏书史上自然又创造了全国之最。其中宋刻本七十七种，元刻本七十八种，明刻本约二千种，清刻本更达五千种左右；而各类方志竟达一千二百种之多。仅这些数字，已经足以令人惊奇了。

我国私家藏书为什么能够历两千年之久而不衰，主要是所有藏书家中，除少数为书贾外，大多数都为真正的读书人，他们聚书的目的，是要从这些人类智慧的结晶中来吸取各自所需要的各类知识，作为做学问的养料，成为自己著书立说的重要源泉。因此，我们可以毫不夸张地说，在这众多的藏书家中，曾产生过许多著名的学者、校雠学家、目录学家，乃至出版家等等。我们就以大学者黄宗羲为例，尽管自己藏书数万卷仍感不足，便到那些著名藏书楼借书借读，当时江南藏书名家，几乎都留有他的足迹。如同里世学楼钮氏，澹生堂祁氏，南中则千顷堂黄氏，天一阁范氏，歙溪丛桂堂郑氏，禾中倦圃曹氏，吴中则绛云楼钱氏，传是楼徐氏。全祖望说他"穷年搜讨，游屐所至，遍历通衢委巷，搜鬻故书，薄暮，一童肩负而返，乘夜丹铅，次日复出，率以为常。"① 可见他阅读过的书籍是相当可观的。既然喜欢读书，也就喜欢藏书，因而逛书肆也就成为他的一大乐趣。每当得知有书出售者，"急往讯之"。就在五十七岁那年，听说祁氏旷园之书乱后欲出售，即"与书贾入山翻阅三昼夜，余载十捆而出，经学近百种，稗官百十册，而宋元文集已无存者，途中又为书贾窃去卫湜《礼记集说》、《东都事略》。"② 已是年近花甲的人，选购书籍，竟是如此精神饱满，不难看出他对精神食粮的重视达到何等程度。全祖望曾作《二老阁藏书记》一文，讲述了黄宗羲藏书之丰富及藏书之宗旨，文中说："太冲先生最喜收书，其搜罗大江以南诸家殆遍，所得最多者，前则澹生堂祁氏，后则传是楼徐氏，然未及编次为目也。垂老遭大水，卷轴尽坏，身后一火，失去大半，吾友郑丈南溪理而出之，其散乱者复整，其破损

---

① 《梨洲先生神道碑文》，《全祖望集汇校集注》上册，214 页，上海古籍出版社，2000 年。
② 《天一阁藏书记》，《黄宗羲全集》第 10 册，118 页。

者复完，尚可得三万卷，而如薛居正《五代史》乃天壤间罕遇者，已失去，可惜也。"①虽经一水一火，仍有三万多卷，藏书之丰可想而知，次见所藏之书有许多乃是不可多得的罕见之书，就如薛氏《五代史》，若得以保存，后来也就可以免去辑佚之苦了。文中还转引郑南溪的话来说明黄氏并非单纯的藏书家，也不以藏书之多来显耀。他藏书的目的，在于利用这些丰富的典籍，从事学术研究，因此，这些书籍，既是他治学的工具，又是他从事学术创作的原料，同时又要利用它来教育门下弟子，其功用实在匪浅。所以郑氏说："太冲先生之书，非仅以夸博物，示多藏也。有明以来，学术大坏，谈性命者，迂疏无当；穷数学者，诡诞不精；言淹雅者，贻讥杂醜；攻文词者，不谙古今；自先生合理义象数名物而一之，又合理学气节文章而一之，使学者晓然于九流百家之可以返于一贯。故先生之藏书，先生之学术所寄也。试历观先生之《学案》、《经说》、《史录》、《文海》，睢阳汤文正公以为如大禹导山导水，脉络分明，良自不诬；末学不知，漫思疵瑕，所谓蚍蜉撼大树者也。古人记藏书者，不过以蓄书不读为戒；而先生之语学者，谓当以书明心，不可玩物丧志，是则藏书之至教也。"可见学者们藏书目的都非常明确，而我国历史上许多藏书家都是著名的学者。就以浙江而言，陆游、陈振孙、胡三省、袁桷、胡应麟、全祖望、朱彝尊、卢文弨、严可均、陆心源、孙诒让等无不如此。

在这些藏书家中，还产生了许多具有不同专长的名家，就以宋代藏书家陈振孙而言，他就成为著名的目录学家。由于他长期在江西、福建、浙江等出版事业较为兴盛的地方做官，这就成为他聚书的有利条件，他利用自己藏书丰富的有利条件，用四十年左右时间，完成了著名的目录学著作《直斋书录解题》一书。实际上他聚书的过程，也就是写作这部目录学著作的过程。全书原有五十六卷，著录图书三千零九十六种，五万一千一百八十卷，分经、史、子、集四部，五十三个小类。其贡献在于全面反映了南宋以前书籍流通情况，著录图书之数，几乎与南宋国家书目《中兴馆阁书目》与《续目》数相当。同时在目录中首创"解题"形式，而每部书的解题都简单扼要，而涉及内容却很广泛，诸如作者姓名、书的内容价值、取材、体例、著述时间、版本、真伪等。与晁公武的《郡斋读书志》共誉为私家目录中的双璧，直至今天，仍为文史工作者案头必备之书。又如明代中叶的藏书家胡应麟，是一位学识比较渊博的学者，在文学、史学方面都有建树。尤其是他利用丰富的藏书，撰写了一部辨伪学专著《四部正讹》，也是我国首部辨伪学专著，从此才开始有了较为系统的辨伪学理论。再如利用家中藏书进行辑佚工作而取得重大成就的严可均，所辑的《全上古三代秦汉三国六朝文》，据《清代七百名人传》云："使与《全唐文》相接。多至三千余家，人各系以小传，足以考证史文，皆从搜罗残剩得之；复检群书，一字一句，稍有异同，无不校定，一手写完，不假众力。唐以前文，咸萃于此。"其所辑者皆为散失之文，凡全书留传者，则一律不予收入。像这样的辑佚工作，为后人学术研究提供了极为方便的条件。而以校勘称著的卢文弨，则利用藏书对古籍进行校勘工作，先后曾校定过《经典释文》、《逸周书》、《春秋繁露》、《白虎通》、《荀子》、《吕氏春秋》等古籍并刊行于世。又将经、史、子、集三十八种进行校勘、注疏，成《群书拾补》。还将所校汉唐古籍及自著札记文集二十种二百六十三卷，合为《抱经堂丛书》刊行，所附序跋，多为校书所得卓识之见。以上数例，就足以说明，我国古代大多数藏书家，在精神上都是有所寄托，他们各自都根据自己的专长和爱好，最终都成为各个领域的专门名家，而为中华民族的传统文化的发展与繁荣，都作出了各自不同的贡献。

在众多的藏书家中，也有一部分是集出版家、书商于一身的，他们出版刊刻之书，对社会都作出了很大的贡献，有许多在中国出版史上都有着重要地位，他们与那些专门以营利为目的的书贾是有所不同的。南宋时的陈起就是如此，家有藏书楼曰"芸居楼"，自己也是位诗人，并与著名诗人克庄等相交往。他所刊刻的书籍有三类，一是南宋当代诗人的诗文集，主要是那些地位不高的江湖诗人作品，如《江湖前集》、《江湖后集》等。二是刊刻唐人诗集，如《韦苏州集》、《孟东野集》、《李群玉集》等。三是出版了一批笔记和画论，特别是笔记如《湘山野录》、《宾退录》、《挥麈前录》、《挥麈后录》等。这些笔记由于他的刊刻而得以流传下来，其内容对于研究当时的社会与历史都有重要参考价值，往往可以补史书记载之不足。他所刊刻之书，深得后人的宝爱和称赞，近代学者王国维就曾颂赞陈氏刊刻之功。而陈氏也因刊刻《江湖集》而获罪被流放。又如明代藏书家洪楩，也曾刊刻出版了许多有价值之书，尤其是所刻之《清平山堂话本》，对保存和传播宋元话本起到重要作用。我们再看藏书家刘承干，他在搜罗藏书的同时，还搜寻好的版本加以刊刻。对于所刊刻之书还请有关专家鉴定，并请著名学者为之校订，当时著名学者王国维、吴昌硕、郑孝胥、罗振玉、张元济、缪荃孙、叶昌炽等人都曾为刘承干鉴定、校订所刻之书。所印之书约两百多种、约三千卷，据统计，嘉业堂所藏之书版尚有三、四万块。其中《嘉业堂丛书》、《吴兴丛书》、《求恕斋丛书》、《留余草堂丛书》、《希古楼金石丛书》五种丛书和单印本《影宋四史》、《晋书斠注》等对后世都有很大贡献。尤其是他们刻印了一批被清政府列为禁书者，如李清《三垣笔记》、屈大均《安龙逸史》等。对于他的刻书，就连鲁迅先生都曾作过称赞。况且他的刻书并非为营利目的，而很大部分都分送给有关学者，甚至好多日本学人都曾向刘氏讨过书。我们还要特别指出的是，他为一生不得志，死后生平事迹又一直被埋没的章学诚刻印了《章氏遗书》，最为值得称道。章学诚在去世前一年就已双目失明，故临终前数月不得不将平生所著文稿委托友人萧山王宗炎代为校定。在著名史学家沈曾植的鼎力推荐下，刘承干乃依据王宗炎所编之目，搜罗增补，于1922年刊行了《章氏遗书》五十卷，从此章氏著作遂得比较完整地刊行于世，也正因如此，章氏著作也就比较完整地得以流传下来，因而章氏之学能够显于天下。刘承干之功劳自然不能抹杀，若不是他的刊刻，章氏有些著作也很可能会流失，可见许多藏书家他们刻书的重要意义。

　　以上所列这些事实，足以说明我国历史上这些藏书家，他们都是相关方面的专门名家和学者，由于他们执著的追求精神，使我们丰富的文化典籍才有可能一代一代地承传下来，他们都为发展、繁荣祖国学术文化默默无闻地在作贡献。浙江今天所以能够成为这样的文化大省，与一代代藏书家的辛勤劳动是分不开的，然而，今天还能有多少人能够知道他们，记得他们呢？因此，在浙江全省提出建设文化强省的今天，何先生编写出版《浙江藏书家史略》一书，自然是非常适合时宜的，作者编写此书目的非常明确，首在将那些早已被历史尘埃所湮没的浙江藏书家们的事迹加以发掘，对他们聚书、治学的坚毅、顽强、执著的宝贵精神和在创造浙江丰富文化中所作出的贡献加以宏扬，为建设文化强省而借鉴。所以我们认为这是一本有着丰富文化内涵、记录着浙江文化发展历程的重要书籍，同时又是一本雅俗共赏、面向大众的好书，故在该书行将问世之际，特写下自己的一点读后感，谨以此向作者表示祝贺，并向广大读者推荐，读此书必定是开卷有益。

仓修良

写于浙江大学独乐斋

2006年5月14日

自　序

何槐昌

　　浙江是藏书文化大省，不仅藏书家多，且藏书极富，藏书时间又早。据文献记载，春秋晚期，鲁哀公五年（公元前490）越王勾践臣吴还越，在越之弋猪处筑石室于乐野，以为"休谋"之处，并藏书其中，"昼书不倦，晦诵竟旦"，以求一伸覆吴之志。后人将越王勾践在石室诵读的典籍称为"石室藏书"。晋初吴郡钱塘已出现范平、褚陶两家私人藏书，藏书量均在五千卷以上。南北朝藏书之家已多至五、六家，其中武康沈约藏书逾二万卷，而当时国库的藏书也不过二万卷，故时人称"京师莫比"。到了宋代，据现有资料搜集整理，全省藏书家已达六十多家，遍及全省各府县。台湾学者潘美月《宋代藏书家考》著录两宋时期最著名的一百二十八位藏书家，其中浙江有三十一位，居全国之首，可是这样一个藏书文化的大省，至今没有一部搜集较完整、文字较正确、内容较详实的藏书家传略，实觉惭愧。我搞古籍工作三十余年，早有心想编撰一部浙江藏书家传略，故在七十年末参加全国古籍善本书目编辑时就有此计划，碍于工程量较大，无足够时间，当时趁"总目"工作巡回检查华东各省市及本省各市县图书馆时，就留心搜集有关资料，于1985年先编撰《浙江近现代藏书家小传》，1999年由《浙江文史资料》第六十四辑收录出版。

　　2001年始完全脱离工作，才有较充裕的时间搜集资料整理编撰。历二年多的努力，在浙江图馆古籍部、地方文献部，临海博物馆等同志的大力协助下，给我多方面提供书刊，郑丽军同志帮助电脑打印、校对，全部稿子得以完成。全稿共收录八百余家，近二十万字，暂定名为《浙江藏书家传略》。

　　前辈金天游先生曾编撰《中国藏书家考略》，全书收录藏书家七百六十余人，其中浙江籍占两百余家；吴晗教授编撰《江浙藏书家史略》，全书收录八百九十九余家，浙江籍占三百九十九家，以上两书收录的浙江籍藏书家基本上是重复的，这次我收录的藏书家根据新资料绝大部分均作补充修改，内容要比原来详实得多。还加上我发表在《浙江文史资料》上的《浙江近现代藏书家小传》，王松泉先生编撰《民国杭州藏书家》部分，在收录时也作了重大的修改和补充。因为我编撰时不是根据一种资料的辑录，而是尽可能根据多种资料的参照辑录。其编撰体例一般为：姓名、生卒年（无法查到的缺）、字号、籍贯、科举、仕途简历、藏书斋名、藏书数量、藏书史（藏书后转入浙图的都有较详细的叙述）、生平专业、著作出版、藏书印章等。今所编撰的《浙江藏书家传略》，收录内容均比前两种同类书详实，且更具实用价值。

浙江藏书家是浙江图书馆古籍藏书的巨大源泉。浙江图书馆能 有江南三鼎足之美称（南京、上海、浙江），成为全国四大古籍藏书多、古籍善本书多的图书馆之一，藏书来源主要是依靠本省历代藏书家有偿或无偿的捐献，捐献大致可分三个时间，建国前，浙江图书馆孤山馆舍落成后，孙氏寿松堂赠售藏书，其中有浙图镇馆之宝，宋刻《新刊名臣碑传琬琰之集》；庄氏兰味轩、章氏（章钦）百联楼捐书都各在数千卷以上。新中国成立后，是浙江图书馆古籍藏书重大发展时期，不仅量多，质也高。著名的有王氏（修）诒庄楼，1935年举办的浙江省文献展览会，他是提供展品的大户之一。他所捐献藏书仅入浙图善本书目的就达五、六百种之多，朝鲜铜活字印本尤觉珍奇。刘氏（承幹）嘉业堂，捐献藏书楼一幢，藏书达十六万多册。李氏萱荫楼、蒋氏衍芬草堂、黄氏五桂楼、连氏枕湖楼、余氏寒柯堂、李氏丹井书屋、陈氏石墨楼等捐书均在万卷以上，且其中均有大量珍贵古籍，如李氏宣荫楼捐入的藏书珍本就达四百余种，陈氏石墨楼，捐碑帖万余卷，浙图碑帖基本上为陈氏家藏。第三个时间为动乱的"文革"，全省极大多数藏书单位或个人都受到毁灭性的冲击，浙图不但没有受到任何冲击，相反还接纳了十多万古籍图书，其中有珍本千余种。主要藏家为徐氏延伫阁、陶氏（承杏）、马氏（一浮）和浙大等。浙图古籍藏书能达到今天的规模，在全国享有较高的声誉。在编辑全国古籍善本书目时，当时负责《总目》的国家文物局长王冶秋曾在传达周总理"一定要把全国古籍善本书目编出来"的指示会上说："如能把北京、上海、南京、浙江四馆的古籍善本编好，全国古籍善本书目就完成了百分之八十。"浙图有此荣誉，是与浙江先辈藏书家的辛勤搜集、校订、整理、保护分不开的。

浙江藏书家中还有一批考订、校雠、出版专家，他们把所藏之书，经多方互校、考订、出版较高质量新书。著名的有天一阁范钦、瓶花斋吴焯、文瑞楼金檀、退补斋胡凤丹、嘉业堂刘承干等。他们既是著名的藏书家，又是优秀的出版家，他们出版了大量经史子集丛各类古籍图书，在浙江出版事业中占有重要地位，为浙江文化事业繁荣与发展作出了巨大的贡献。特别如丁丙、刘承干刊印的古籍均在百种以上，在全国出版界，乃至东南亚出版界都具有较高的声誉。

　　勤奋读书，潜心著述，又是浙江藏书家的美德，我在编撰过程中，深受其感动。清钱塘藏书家吴农祥，家之藏书与常熟钱氏埒，构宝名楼于别业之梧园储之，与弟农复登楼而去其梯，不闻世上语，尽发所藏书读之。学识渊博，著作等身。如朱彝尊、黄宗羲、全祖望、周广业、周春、吴骞辈，皆是博览群书，一代宗师。周春三十余年居著书斋，插架环列，起卧其中，四部七略，靡不浏览，潜心著作，至老不倦。近代藏书家台州王棻，好学嗜书，生平著述达七百年卷。清季藏书家绍兴李慈铭，终日手不释卷，丹黄不离案，经他手校批注、题跋、考证的书达二百多种，二千七百余册。故可以说，中国历史上丰富的典籍，得以护藏与传播，发展与广大，中国藏书家的功绩不可忘。

　　最后值得一提的是，浙江藏书家对纂修《四库全书》所作的贡献。浙江是全国征集遗书最多的省份，如天一阁范懋柱、瓶花斋吴玉墀、寿松堂孙仰曾、振绮堂汪宪、裘杼楼汪孟娟、知不足鲍廷博、开万楼汪启淑，都是进呈藏书百部至五百部以上，故乾隆各奖《佩文韵府》一部。

　　此稿在编撰和出版过程中，曾承毛昭晰老师、孟炳南同志等指导和帮助。敬表衷心致谢，尚有不足之处，恳切专家指教。

·丁仁像

二　画

丁仁 (1879—1949)

原名仁友，字辅之，号鹤庐，杭县（今杭州市）人。清季诸生。金石书画家丁松生从孙，西泠印社创始人之一。其家以藏书闻名海内。工诗词嘉绘画。尤其擅长篆刻，其篆刻用刀致健，布局安详，得浙派趣。他也是著名金石收藏、鉴赏家，收藏有西泠八大印人篆刻藏书印章有八百余方。辑有《西泠八家印存》、《秦汉丁氏印谱》等，于印学贡献颇多。

丁丙 (1832—1899)

字嘉鱼，别字松生，晚号松存，清钱塘（今杭州市）人。系杭州著名藏书家、著作家、出版家。自幼博极群书，于学无所不窥。其祖父掌六慕先世名颙者，藏书八千卷，其言曰："余藏书多年矣，必有好学者为吾子孙。"爱筑小楼于梅东里，梁山舟题其额曰"八千卷楼"。其父洛耆往来南北，尝得秘籍以归。丙兄弟晨抄夕写，补其未备，贮藏益富。检家藏四库著录之书，作堂储之，额曰"嘉惠堂"。又于嘉惠堂后筑室五楹，上为后八千卷楼。又辟一室于西，曰善本书室，专藏善本书，又曰小八千卷楼。后八千卷楼所藏之书皆四库未收录，以甲乙丙丁标其目。总名藏书之所为"嘉惠堂"，藏书近二十万卷，为清季全国四大藏书家之一。光绪丁未（1907），

· 丁丙像

· 书库抱残生

· 丁丙手迹

· 钱塘丁氏正修堂藏书

其子经商失败，由江阴缪荃荪介绍将全部藏书转让金陵图书馆。现藏南京图书馆。

丁丙著作极富，辑刊《武林掌故丛编》、《武林往哲遗著》、《杭郡诗三辑》、《当归草堂丛书》等，自著《善本书室藏书志》、《武林坊巷志》、《西溪诗集》、《三塘渔唱》、《续东河棹歌》、《北隅缀录续录》等。

咸丰年间抢救、收集和光绪八年补抄文澜阁《四库全书》，深受浙人的钦赞。藏书印章有"丁松生"、"竹书堂"、"丁居士"、"汉晋唐斋"、"求己室"、"风木庵济阳文府"、"甘泉书藏"、"东门菜依"、"书库抱残生"、"八千卷楼"、"八千卷楼所藏"、"曾藏八千卷楼"、"八千卷楼藏书印"、"曾经八千卷楼所得"、"八千卷楼藏书之记"、"八千卷楼收藏书籍"、"八千卷楼藏阅书"、"八千卷楼珍藏善本"、"后八千卷楼"、"嘉惠艺林"、"嘉惠堂藏阅书"、"嘉惠堂丁氏藏书"、"嘉惠堂丁氏藏"、"钱塘丁氏藏"、"嘉惠堂藏书之记"、"嘉惠堂丁氏藏书之印"、"钱塘丁氏正修堂藏书"、"善本书室"、"泉唐丁氏竹舟申松生丙辛酉以后所得"、"辛酉劫后所得"、"光绪壬午年嘉惠堂丁氏所得"、"光绪庚寅嘉惠堂所得"、"光绪壬辰钱塘丁氏嘉惠堂所得"、"光绪癸巳泉唐嘉惠堂丁氏所得"、"光绪辛巳所得"等近四十方。

丁丙不仅嗜书极笃，广储珍秘，更为嘉惠学者，乐于刊书。计自同治二年（1863）避难上海，始刊《童蒙训》，迄光绪二十五年（1899），先后刊校《武林掌故丛编》、《武林往哲遗著》、《当归草堂丛书》、《医学丛书》、《西泠五布衣遗著》、《于忠肃集》等二百余种。

丁申（? —1880）

字竹舟，清钱塘（今杭州市）人。诸生。少笃学，薄仕进，温谨博雅。于乡邦文献最为谙熟。咸丰十一（1861）冬，太平军再陷杭城，家室遭毁，其与身幸免者，仅《周易本义》一书。后目击文澜阁书遭摧裂，与弟丙共同组织力量抢救，得八千六百八十九册，依类编

目，借储杭郡学尊经阁，左宗棠为题《书库抱残图》以张之。光绪七年（1881）文澜阁修复，申与弟丙以阁目为本，以附存为翼，出家藏书及汪氏振绮堂、范氏天一阁等诸家所遗，缮补阁书，达七年之久，以复旧观。申朝蓄夕求，或购或抄，随得随校，积二十年，聚书八万卷，视阁目几及九成，较楼额已逾十倍。浙省奏开书局，多籍其家藏本以补校勘。

丁朴 （生卒年不详）

字敦甫，清归安（今湖州市）人。藏书之富，时推月河丁氏。朴以湖俗惑于风水多拘忌，因证古籍，力辨其非。著有《风水祛惑》。

丁英 （生卒年不详）

清钱塘（今杭州市）人。丁丙丁申之父，八千卷楼传人。藏书数万卷。

丁杰 （1738—1807）

字升衢，号小山，又号小疋，清归安（今湖州市）人。少贫不能得书，日就书肆读之，自朝至晡以为常，肆主悯之，为其食，不食也。久之，博学多通，乾隆四十年（1775）举于乡，入都，交朱竹君、卢召弓、戴东原、程易畴诸人，学益进，聚书益多。所藏书，皆手自审定，博稽他本同异，以纸反覆细书，下签其中，往往

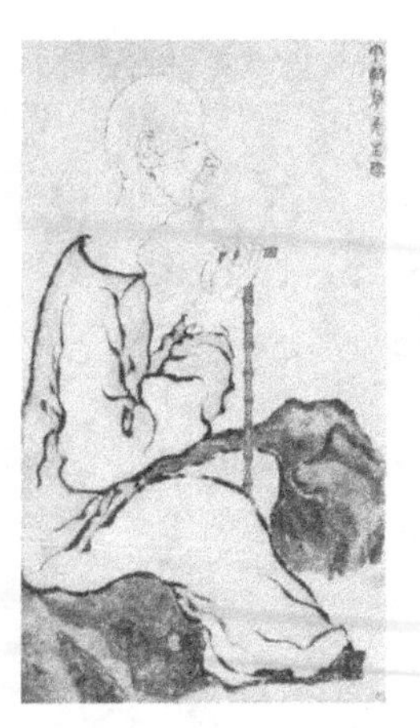

·丁敬画像

·丁敬身印

·丁敬手迹

·丁敬之印

倍其原书。孙志祖尝戏之云："君书颇不易读，遇风，纸辄四散，不复可铨次，奈何？"居燕京时，所居曰北学斋，与翁方纲对门，常相过从，共几展卷，审正鱼漏，其书每以厚糨粘纸八九层为面叶底叶，见者辄笑曰："此丁氏藏书也。"四库馆开，翁与朱、戴共延丁氏助理校勘之事，丁氏未列名馆职，实私人资格助理馆事，为当时之特例也。著有《周易郑注后定》、《大戴礼记绎》、《小酉山房文集》。

丁敬 (1695—1765)

字敬身，号纯丁，别号龙泓山人，清钱塘（今杭州市）人。乾隆元年（1736）举博学鸿词，不就。家在候潮门外，市肆酿酒自给。晚年，家道愈贫，但不趋炎附势，洁身自强。好金石文字，穷岩绝壁，手自摹拓。尤精篆刻，吸取秦汉印之长，又别面目，形成"浙派"之代表人物，"西泠八家"之一。工书能诗，善文，也善绘画。喜聚书，小楼三间，铜石盈案，部帙无次，率多异本。著《武林金石录》、《砚林诗集》、《龙泓馆诗钞》等。藏书印章有"丁敬之印"、"丁氏敬身"、"敬身"、"龙泓馆印"等。

丁立中 (1866—1920)

字和甫，号禾庐、宜堂，丁丙子。光绪十七年（1891）举人。能世其家学，继承父业嘉惠堂藏书。编有《丁氏八千卷楼书目》二十卷。著有《禾庐诗钞》、《禾庐新百咏》等。又辑编《松生府君年谱》、《宜堂类录要》等。光绪三十三年（1907），因经商失败，亏欠公帑，尽鬻其产，所藏八千卷楼善本书，以七万元代价全部出售给江南图书馆，现为南京图书馆珍藏。乡邦文献，遗惠石头城，洵非始料所及。

丁立诚 (1850—1911)

字修甫，丁申子，清钱塘（今杭州市）人。光绪元年（1875）举人，官内阁中书。幼颖悟，家有藏书，目录之学如泻瓶水，而尤致力于诗。著有《王风》一卷。《小槐簃吟稿》、《武林杂事诗》、《永嘉三百首诗》等。

丁安义 (1097—1151)

字居中，湖州德清人。知秀州，海盐县丞，通判韶州，累阶右承议郎。后辞官教子，建家塾，聚书万卷，馆名士与子孙游。

丁桂芳 (生卒年不详)

字筠溪，晚号知白居士，清嘉善人。贡生。肆力于古，所居素园，有林泉之胜，构读书楼，图书碑版，积累充栋。著有《方谷诗钞》二十卷。

丁维时 (生卒年不详)

字驭青，清嘉善人。诸生。《辑雅堂诗话》卷上："驭青藏书万卷，丹黄不去手，颇似吴兔床、陈仲鱼一辈人。书画篆刻亦绝工雅，惜不多见。"著有《拙渔诗存》。

丁嗣徵 (生卒年不详)

字集虚，号雪庵，清平湖人。诸生。为大司空清惠之孙，与裔沆为孪生，状貌言语性情无勿同者，同以能诗，名一时。性嗜古，喜藏书，颇耽心禅悦。著有《雪庵诗存》。

三　画

万经 (1659—1741)

　　字授一，号九沙，清鄞县（今宁波市）人。长在杭州，就读于鄞县。博通经史、性理及金石家言。承传家学。康熙四十二年（1703）进士，改翰林院庶吉士，散馆授编修。时值方苞以文字狱被株连下狱，经万经救援得以开脱。生平俭朴，家无剩遗，乃以卖字维持生活。晚年重修《宁波府志》，增补万斯大《礼记集解》、《春秋定哀二公》，又重修万斯同《历代纪年》。续纂万言《尚书说》、《明史举要》，以成万氏史学、万氏经学。万经八十二岁那年，家遭大火，先世遗书悉焚，所藏秘本也俱烬。万经终日涕泪，以为负罪先人，逾年卒。所著今仅存《分隶偶存》二卷。

万表 (1498—1556)

　　字民望，晚号鹿园居士，明鄞县（今宁波市）人。正德十四（1519）武举乡试第一名。次年参加会试，本可得第一名，因"策论"有抵触时事的话，遂改第十八名。多年担任漕运总兵，熟悉各河道的情况，曾提出许多有益于漕运和垦荒的建议。抗击沿海倭寇和巩固边防也卓有功绩。

　　万表虽是将门之子，但好读书藏书，通晓经典，又与罗洪先、唐顺之、王畿等友善，常一起讨论理学，号称儒将。擅文工诗。生平著作很多，主要有：《海寇前后议》、《经济文录》、《学庸志略》、《淮上稿》、《论语心义》、《济世良方》、《灼艾集》、《玩鹿亭集》等。藏书印章有"明浙江都指挥万表民望书籍"。

万泰 (1598—1657)

　　字履安，晚号晦庵，明鄞县（今宁波市）人。崇祯九年（1636）举人，自称诸生。与黄宗羲、陆符从学于刘宗周，毅然以名节自任。偕同邑陆符加入复社，积极响应抗清复明活动。清兵渡浙，万泰遁入深山，衣道士服，隐居不出，气节凛然。万泰长于文学，以诗兼史事，宁波文学风气，实由万泰开创。藏书以兵燹散佚无复存者，有诗记其事，著有《续骚堂集》、《寒松斋稿》。

万广泰 （1712—1750）

　　字循初、晴初，号柘坡，又号筠园，清秀水（今嘉兴市）人。乾隆元年（1736）举博学鸿儒，同年中举。博学工诗文，尤工算学，尝纠正庞迪我、利玛窦等人之误多处。又善山水，精音韵之学，尤善篆刻。与同里钱载、汪孟锅为文章性命之交。著有《方程管窥》、《方程详说》、《算学新说》等多部算学著作。

万斯同 （1638—1702）

　　字季野，号石园，门人私谥贞文，清鄞县（今宁波市）人。少从黄梨洲游，与闻蕺山刘氏之学。专意古学，博通诸史，尤熟于明代掌故。康熙戊午（1678）举博学鸿词，力辞免。以明末遗民自居绝意于科举仕途，一生中除了读书别无其他嗜好。博通诸史，于明十三朝之实录，几能成诵，对邸报、野史、家乘，也无不遍览熟悉，随举一人一事问之，即能详述之，听若悬之泻。康熙十八年（1679）修《明史》，徐元文延之至京师，以布衣参史局。《明史稿》五百卷，先生手定也。其后乾隆中刊定《明史》，皆以《明史稿》为本，而加以增损焉。季野于前史体例，贯穿精熟，指陈得失，洞中肯綮，刘知几、郑樵不能及也。马、班史皆有表，而《后汉》、《三国》以下无之，刘知几谓无关得失，先生则曰："史之有表，所以通纪传之穷。有其人已入纪传而表之者，有未入而牵连以表之者，表立而后纪传之文可省。读史不读表，非深于史者也。"

　　所著《历代史表》六十卷、《纪元汇考》四卷、《宋季忠义录》十六卷、《南宋六陵遗事》一卷、《庚申君遗事》一卷、《河源考》二卷、《河渠考》十二卷、《儒林宗派》八卷、《石经考》二卷、《石鼓文考》二卷、《群书疑辨》十二卷、《书学汇编》二十二卷、《周正汇考》八卷、《历代宰辅汇考》八卷、《石园诗文集》二十卷，而《明史稿》及《读礼通考》刻为书。先生在京

·万斯同画像

·万斯同手迹

师携书十数万卷，及卒，旁无亲属，编修钱名世以弟子为丧主，兼取其书去。时论薄之。

卫湜 (生卒年不详)

字正叔，南宋嘉兴人。南宋庆元进士，调太常寺丞，迁将作少监，皆未赴任，宝庆二年为武进县令。著有《文章奏议》五十卷、《礼记集说》。湜酷嗜典籍，独以藏书为乐趣。于石浦建藏书处栎斋，其居豪华，有园林之胜。与叶适有密交，叶适作《栎斋藏书志》记其藏书甚详。

卫公佐 (生卒年不详)

字辅之，宋嘉兴华亭人，侍奉继母以孝闻。行慷慨，族中有缺资不能婚嫁者，悉资助。礼贤下士，藏书甚富，邑中有人求书，面无难色。时邑中未设学堂，又捐地为学舍，与弟公亮、公望行义相助。宋神宗时，官至扬州助教卒。

卫公佑 (1068—1077)

宋海盐人，藏书数千卷，并延师捐地办学，以教子弟。

马洵 (生卒年不详)

一作询，字伯泉，号小眉，又号小麋，别署小眉者所颜。海昌（今海宁）籍，清秀水（今嘉兴市）梅里人。性耽风雅，多藏书籍，藏书处为著五千卷室。著有《五千卷室诗集》六卷附《饼隐词》一卷。

马鼎 (生卒年不详)

字念匡，号彡石，清道光间海宁人。藏书处为碧萝馆、蟫隐庐。

· 马廉像

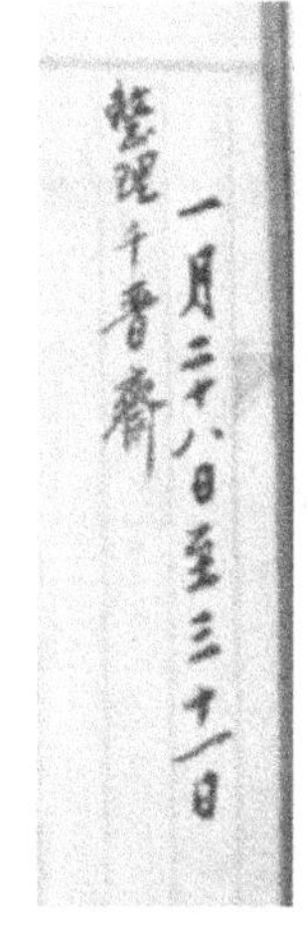

· 马廉手迹

· 千晋斋

马廉 （1893—1935）

字隅卿，别号平妖堂主人，排名称马九，故别署劳久，鄞县（今宁波市）人。因收藏多明清小说戏曲及明季文献，自嘲不登大雅之堂，故取其为室名。另尚有云雨窗欹枕室、千晋斋等室名。生平精明清小说戏曲之研究。《清平堂话本》为其最早发现及收藏，后归北京大学图书馆。廉曾任北京大学教授。著有《旧本三国演义板本的调查》。

马端 （1252—1318）

字信卿，号宗启。祖籍开封，宋靖康年间（1126—1127）祖扈从南迁，定居盐官（今海宁）黄湾，以盐业起家，富豪一方。建藏书楼曰看山楼，以聚书万卷而享誉江南。元末楼毁于兵燹，藏书荡然无存。

马衡 （1881—1955）

字叔平，鄞县（今宁波市）人。有凡将斋藏书。清光绪七年（1881）五月二十四日生。少时随父在上海读书，光绪二十七年（1901）上海南洋公学毕业。自学经史、金石、碑帖，广集文物、古籍。民国十一年（1922）以后兼任清华大

·马衡像

学、北京大学、北京女子师范大学教授。民国二十二年（1933）任故宫博物院院长。新中国成立后仍任院长。1927年，吴昌硕先生逝世后，被推选为西泠印社第二任社长，"遥领社职"，对抗战胜利后西泠印社活动的恢复和发展，起了很大作用。1955年3月26日因病去世，终年七十五岁。所遗文稿数十万言，以及历年所藏万册图书、文物等，全部由其子马太龙、马彦祥捐献给国家。

马瀛 （1750—1820）

·马瀛之印

·二槎

字仁槎，亦字二槎，海宁人。监生。富藏书，书大半来自同邑陈仲鱼向山阁物。多海内孤本。因得宋刊《后汉书》、《晋书》，故以汉晋名其斋。其《晋书》为天籁阁故物，有弇州手钞补缺之卷。藏有《咸淳临安志》抄本。故自号"宋临安三志人家"。撰有《吟香仙馆书目》。与硖石蒋光熙为中表亲，与蒋梦华、钱泰吉等相交。藏书印章有"马氏吟香仙馆收藏"、"马瀛之印"、"马大"、"二槎文艺"、"二槎"、"海昌马氏汉晋斋收藏经籍记"、"马氏吟香仙馆收藏"、"宋临安三志人家"、"马氏收宋元刊精钞秘本经籍之印"等。

马一浮 （1883—1967）

·马一浮像

原名浮，又字一佛，幼名福田，号湛翁，晚号蠲叟，蠲戏老人，绍兴人。清光绪间举人。1901年与马君武、谢无量在上海合办《二十世纪翻译世界》杂志。不久赴日本、德国留学。回国后，娶汤寿潜之女为妻，婚后不久，夫人病故，立誓终身不再娶，蛰居杭州，遍读文澜阁《四库全书》，潜心考据、义理之学。他擅长书法，合章草、汉隶于一体，自成一家。丰子恺曾赞之为"中国书法界之泰斗"。抗战期间去西南主持复性书院，自任院长。解放后，曾担任中央文史研究馆副馆长、浙江省文史研究馆馆长、全国政协委员。他一生爱好藏书，最多时达十万余卷，新中国成立后，其藏书一部分归广东中山大学图书馆，一部分赠给浙江省文史研究馆。1966 年"文革"初，他所留图书及珍贵字画被"红卫兵"抄毁，浙江图书馆得信后，去人劝解，并从中抢救了一部分，其中包括马老所书手稿、复性书院讲稿、字幅，以及名家字画等。后又从杭七中"红卫兵"处挑选了一部分图书，共计数千册。藏书大都盖有智林图书馆藏书印章。1980 年，马老侄女汤氏将这部分藏书捐赠给浙江图书馆，省文化局发给奖状与奖金三千元。马老不仅是著名学者、书法家，且著作也极为宏富。主要有《泰和会语》、《泰和宜山会语合刻》、《尔雅台答问》、《蠲戏斋诗编年集》、《避寇集》、《朱子读书法》、《蠲戏斋诗》、《复性书院讲录》等；并汇刻《复性书院丛刊》。先生也擅长词曲，著有《录鬼簿跋》、《仙吕点绛唇》、《天下乐》、《哪吒令》、《混江龙》、《曲苑珠英序》等。

· 马一浮手稿

马千里 （生卒年不详）

字伯良，明平湖人。廪膳生，少博学雅慕高义，岁饥请赈，活人甚众。同庠有挂于理者，力解救之，季父珣无嗣，迎以归奉之。终身课弟千乘，不以家政烦之。比弟贵，事兄亦若严父。居恒淡泊凝静不慕声利，坐一室，右右图书怡然自乐。其子维铭任太平知县，归里，于东湖畔筑"牧圃"以藏书。

马玉堂 （生卒年不详）

字笋斋，清海盐人，道光元年（1821）副贡。性耽书籍，闻善本必展转购录，颜储书处曰"汉唐斋"，庋藏秘籍甚多。兵燹后藏书大都散出，为陆氏皕宋楼、丁氏八千卷楼所收。著有《读书敏求续记》、《十国春秋补传》、《论书目绝句》。藏书印章有"马氏玉堂印"、"马

· 笋斋珍藏之印

· 马玉堂

· 笋斋

· 汉唐斋

· 马叙伦像　　　　· 马叙伦手迹

氏玉堂"、"笏斋"、"玉堂笏斋"、"笏斋藏本"、"古盐马氏笏斋珍藏之印"、"笏斋珍藏之印"、"古盐马氏"、"武原马氏藏书"、"道光甲午岁武原马氏汉唐斋收藏书籍"、"笏斋藏书记"、"扶风书隐生"、"读史精舍"、"汉唐斋"、"得之有道传之无愧"、"游好在六经"、"购此书不易愿子孙勿轻弃"、"马叔静图书记"等。

马叙伦 (1884—1970)

字彝初、夷初，号石翁、寒香。清仁和（今杭州市）人。现代学者，藏书家。据其书目所藏有一千八百种，捐献国家的有二万二千余册。藏书处名天马山房。早年就读养正书塾。历任教职于清华、北大等。建国后曾任教育部部长。藏书数万册，多近代人词集。30年代初，转让辅仁大学二万余册。1950年，将杭州藏书一千九百四十四册捐赠浙江大学，文物捐赠浙江博物馆。主要著作有《读书小记》、《读书续记》、《说文解字六书疏证》、《庄子义证》、《天马山房丛著》、《马叙伦学术论文集》、《马叙伦墨迹选集》、《天马山房藏书总目》、《天马山房书目》等。

马宣教 (生卒年不详)

以行称万十一，元末明初海宁人。以煮盐致富，与黄冈贾氏兄弟并以资甲一郡，复起楼聚书万卷，延徐一夔、贝琼诸名儒教其子弟。

·马氏道古楼图书之印

马思赞 （1669—1722）

　　字仲安，又字寒中，号术斋，又号南楼，清海宁人。本姓朱，宋紫阳之后也。工诗绩学，查嗣琛说他"寒中窥经史，旁及百家，以至二氏六艺、虫鱼鸟兽、山水草木、法书名画、篆刻组绘、珍奇玩好之奇，无一不探索。而遍交东南名下士，一时争相把臂。好购书，尤精鉴赏。其插架者多人间未见本，可与云林清闷阁相埒。"藏书之所曰道古楼、曰红药山房。尝以购书过龙山查氏，见案头有宋刊《陆状元通鉴》，百计购之不可得，后查氏谋葬其亲，所卜吉壤，则马氏田也，思赞觇知之，大喜曰："书可得矣。"即诣查氏自陈，愿效祊田之易，凡十亩，书卷尽付焉。抱书疾归，若惟恐其中悔也。及后书散，多为同邑吴兔床所得。编有《马氏道古楼书目》一卷。藏书印章有"马印思赞"、"思赞之印"、"海昌马思赞印"、"古盐官州马思赞之印"、"古盐官州马氏南楼书籍印"、"红叶山房收藏私印"、"宋本甲"、"宋本乙"、"玉音孝友著于家庭信谊隆于乡党"、"永以为好"、"前身是罗浮头陀"、"古盐官州马素邨书画印"、"仲翰"、"术斋"、"马氏术斋"、"术斋师友传遗之物"、"古盐官州灵泉乡华山马氏术斋图书"、"华山马中安藏善本印"、"仲安一字渔邨"、"中安一号渔邨"、"渔邨子仲安印"、"仲安"、"马氏道古楼图书之印"等。

马春熙 （生卒年不详）

　　近代东阳人。藏书数千卷，多名贵画谱。藏书处为旭斋。

马翼赞 （1672—1727）

　　马思赞弟，字叔静，又字素村，号寒将，清海宁人。雍正元年（1723）进士，曾官山东观城知县。著有《宝颖堂诗钞》。翼赞亦喜藏书，藏书处为宝颖堂。藏书印章有"古盐官州马素村书画印"等。

四　　画

丰坊 （1494—? ）

　　字存礼，为清敏公稷之后裔，明鄞县（今宁波市）人。正德十四年（1519）乡试第一。嘉靖二年（1523）进士，官礼部主事。以吏议免官。后更名道生，字人翁，别号南禺外史。读书注目而视，瞳子尝堕眶外半寸，人有出其左右者，不知也。性嗜研墨，家有万卷楼，藏书数万卷。负郭田千余亩，尽鬻以购法书名帖，心摹手追，夜以继日。书学极博，五体并能，诸家自魏晋以来，靡不兼通，文征明深契坊书，每曰丰先生无一点一划不自古人中来。迨道生晚得心疾，其家丧失殆尽，而楼上之书，凡宋椠与写本，为门生辈窃去者几十之六，其后又遭大火，所存无几。劫余之书尽售与范钦之天一阁。不幸晚年穷困潦倒，贫病交加，乃至寄居萧寺，客死僧舍，令人叹惜。著有《易辨》、《古书世学》、《鲁诗世学》、《春秋世学》、《诗说》等书。藏书印章有"清敏公家"、"发解出身"、"南禺外史"、"四明"、"人翁"、"天官大夫"、"丰氏人季"等。

丰稷 （1033—1107）

　　字相之，宋鄞县（今宁波市）人。甬上有丰清敏稷，徽宗时，除御史中丞，以忤蔡京贬谪台州，其后嗣多喜聚书。全谢山《天一阁藏书记》谓"万卷楼之储，实自元佑以来启之"，即谓稷也。谥清敏。

14

·丰稷画像

丰子恺（1898—1975）

　　曾用名丰润、丰仁、婴行，字仁，号子恺。崇德（今桐乡）人。我国现代画家、散文家、美术教育家、音乐教育家、漫画家和翻译家，是一位卓有成就的文艺大师。他的文章风格雍容恬静，漫画多以儿童作为题材，幽默风趣，内涵深刻，耐人寻味。

　　丰子恺自幼爱好美术，1914年入省立第一师范学校，从李叔同学习绘画和音乐。另一位对他有较大影响的老师则是夏丏尊，他称李叔同为"爸爸"，夏丏尊为"妈妈"，这两位老师尤其是李叔同，对他的一生影响甚大。1918年秋，李叔同在杭州虎跑寺出家，曾写作文《怀念李叔同先生》以纪念恩师。1917年与同学组织桐荫画会。

·丰子恺手迹

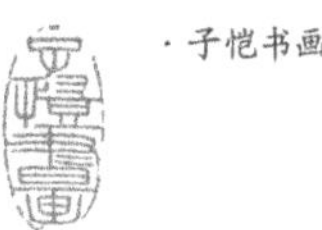

·子恺书画

·丰子恺

·续续堂

·丰子恺像

1919 年师范学校毕业后，与同学数人在上海创办上海专科师范学校，并任图画教师。1921 年东渡日本短期考察，学习绘画、音乐和外语。1922 年回国到浙江上虞春辉中学教授图画和音乐，与朱自清、朱光潜等人结为好友。回国后从事美术、音乐教学，曾任上海开明书店编辑、上海大学、复旦大学、浙江大学美术教授。同时进行绘画、文学创作和文学、艺术方面的编译工作。1924 年，与友人创办立达学园。抗战期间，辗转于西南各地，在一些大专院校执教。文艺刊物《我们的七月》4 月号首次发表了他的画作《人散后，一钩新月天如水》，并冠以"漫画"的题头。自此中国才开始有"漫画"这一名称。解放后曾任中国美术家协会常务理事、美协上海分会主席、上海中国画院院长、上海对外文化协会副会长等职。被国际友人誉为"现代中国最像艺术家的艺术家"。

丰子恺是我国新文化运动的启蒙者之一，早在二十年代他就出版了《艺术概论》《音乐入门》《西洋名画巡礼》《丰子恺文集》《丰子恺散文集》等著作，一生出版的著作达一百八十多部。十年动乱期间，遭受迫害，积郁成病，于 1975 年不治而逝，享年七十八岁。

丰子恺的藏书多种多样，书斋名"缘缘堂"，藏书数千卷（也有人说有一两万卷）。包括多年搜求聚藏的近万册图书和珍贵书画等，还有他的老师李叔同剃度前赠送他的画具、画箱、早期作品和照片等，都收藏在缘缘堂中。惜抗战中缘缘堂毁于日寇炮火，其藏书无一幸免。

孔休源 （469—532）

字庆绪，南朝齐梁间山阴（今绍兴市）人。齐明帝建武四年（497）州举秀才，为太尉徐孝嗣所赏识。为西邸学士。梁朝初建，为太学博士，后官至宣惠将军、监扬州事。中大通二年（530），加金紫光禄大夫，深得梁武帝信任。休源为人刚强正直，明练治体，虽屡居要职，又为武帝所宠，而性情缜密，常以天下为己任。好藏书，所藏达七千余卷，均经亲手校理。生平所作奏议、弹文，编为十五卷。

文莹 （生卒年不详）

宋僧，字道温，钱塘（今杭州市）人。工诗，喜聚书，尤留心当世之务。收古今文章著述最多，自国朝至熙宁间，得文集二百余家。文莹至长沙，首访故国马氏天策府诸学士所著文章。以及搜集蜀民、楚民、秦民三家所献书，其书虽多剥脱，也不放弃。著有《湘山野录》、《玉壶清话》。玉壶，隐居之地也。

文鼎 （1766—1852）

原名元鼎，字学鼎，一字学匡，号后山，又号后翁，清秀水（今嘉兴市）人。咸丰元年（1815）征举孝廉方正，力辞不就，以布衣终身。著有《五字不损本室诗稿》。鼎精鉴别，好收藏。所居停云旧筑，藏金石书画甚富，多为精品。曾得商仲彝、周象觯、汉元延三斗，楔帖五字不损本及原拓娄寿碑等，藏书处为三斗锅斋、五字不损本室。藏书印章有"瓣香"、"后"、"山"、"后山"、"后山鼎"、"后山斋"、"后翁"、"后翁书屋"、"乐渔"、"乾隆丙戌生"、"三斗锅斋"、"文"、"鼎"、"文鼎"等。

· 文鼎画像

方愨 （生卒年不详）

字性夫，宋桐庐人。性至孝，父死，庐墓三年，边守孝边从事《礼记》的集解。领乡荐表。徽宗政和三年（1113），愨乘进京游学上庠（古代大学）之机，上表将《礼记集解》进献朝廷，颇受赞许，诏赐"上舍释褐"，而颁其书于天下，学者宗之。政和八年（1118）进士，官至礼部侍郎。家置万卷书堂，虽老手不释卷。

方九叙 （生卒年不详）

字承天，明钱塘（今杭州市）人。少慕于古，冀托不朽。长与海内诸名家唱和，甚有称。释褐除兵部主事，守三海关。明习边务，将卒惮服。葺仓贮粮，散种食于民，不征息。多购群书，勤为士子讲析，比行，群下泣送载路。官至承天太守。天性毅直，屡忤巨珰。罢归，益讨故业，聚书至数万卷。著有《方承天遗稿》。

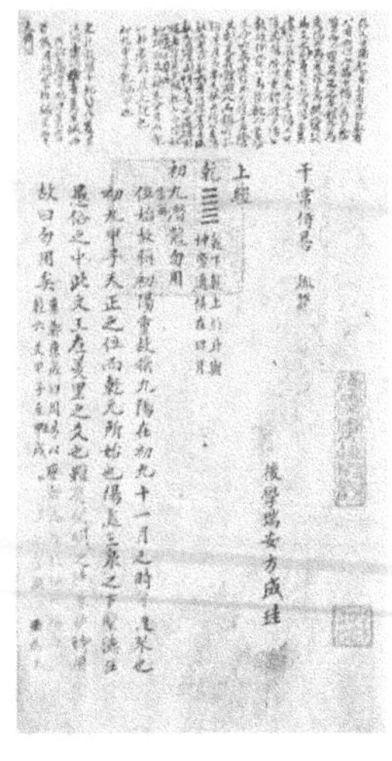

· 方成圭撰《干常侍易注疏证》稿本

· 敬业堂

方成圭 (1785—1850)

字国宪，号雪斋，清瑞安人。嘉庆十三年（1808）举人，官宁波教授。室名宝研斋、敬业堂。研精小学，勤于校雠，官俸所入，悉以购书，储书数万卷，丹黄殆遍。尝谓古韵书之存者，莫善于《集韵》，因据宋本及近时段玉裁、严杰等校正曹刻之误，复以《方言》、《说文》、《广雅》、《经典释文》、《玉篇》、《广韵》诸书正宋刊及景佑元修之误，为《集韵考》五十卷。又以晋干宝《易注》亡于北宋，因广搜佚文，详为疏释，为《干氏易注疏证》二卷。其他著作有《方校注字鉴》、《敬业堂诗校记》、《宝研斋吟草》。

方国泰 (生卒年不详)

字爻二，号警斋，清金华人。张作楠《旧雨录》记载："警斋诗宗汉魏，兼工乐府。好聚书，乾隆中毁于火，复弃产购之，今我楼藏书尚赢万卷。"曾创建我楼诗社，后加入北麓诗社。著有《我楼诗稿》、《我楼乐府》。

毛常 (1881—1951)

曾用名翔，字夷庚，小名有根，江山人。宣统元年（1909）为拔贡榜首。民国时曾任厦门大学、英士大学、河南中州大学教授。毛常家境贫寒，当过商店学徒，全凭刻苦自学成才。不仅好学，也嗜书，潜心钻研中国古典文学，尤精《易经》。毛常一生生活俭朴，所得俸金除救助贫困学生外，就是买书、藏书。缥缃盈室，藏书不重版本，以实用为主，多为清代刻本，但精刊写刻本也不少。总藏书量在万册以上。

毛云鹏 (1875—1934)

字酉峰，江山城关人。清光绪间廪生。光绪三十一年（1905），知县李钟岳委其于文溪书院，创办江山县中学堂，任学监。云鹏改革科举旧习，推行新学，延请马叙伦、余绍宋等讲授文史等课。三十三年（1907），任县劝学所总董事。1912年，当选为第一届省议会议员，并与马叙伦创办《彗星报》，自任主笔。工书精鉴赏，收藏法书名帖颇多。

毛奇龄 (1623—1716)

原名甡，又名初晴，后改今名，字大可，一字齐于，又以郡望号为西河，学者称之西河先生，清萧山（今杭州市）人。明诸生。康熙十八年（1679）以廪监生荐举博学鸿儒科，被授为翰林院检讨，充明史馆纂修官，后充会试同考官。

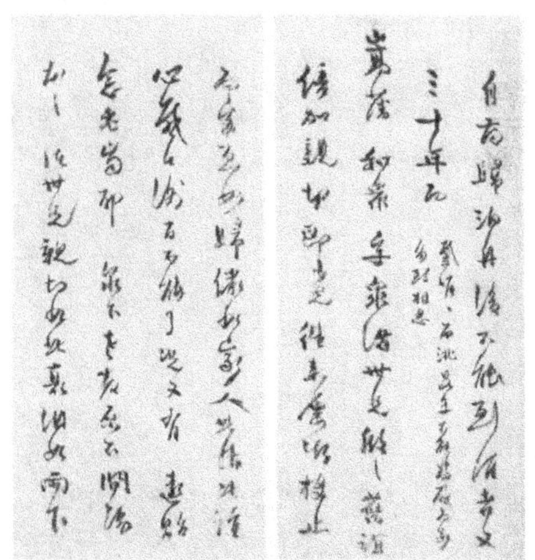

· 毛奇龄手迹

· 毛奇龄像

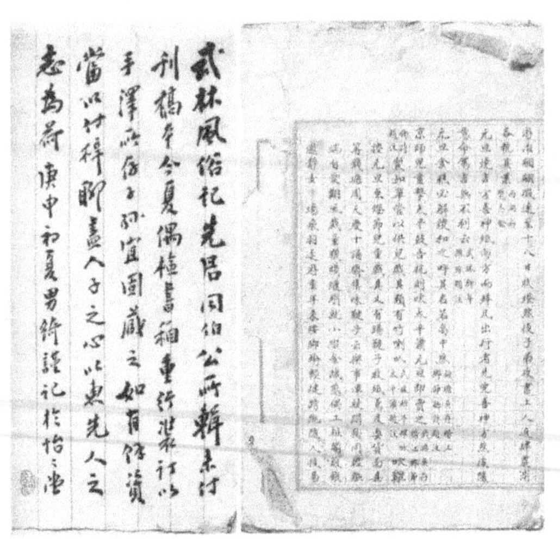

· 王同《武林风俗记》手稿

　　毛奇龄博览群书，又聪颖过人，好治儒家经典，其辨正图书，排击异学，多有功于经义。据某说云：“毛西河夫人绝犷悍，西河藏宋元版书甚夥，摩挲不忍释手，夫人病焉，谓此老不恤米盐生计而般弄此花花绿绿者胡为也？一日西河出，竟付之一炬。”著有《古文尚书冤词》、《西河全集》等；著述凡五十余种之多。

王同 (1897—1953)

　　字肖兰，一字同伯，别号吕庐老人。仁和（今杭州市）人。清光绪三年（1877）中进士，官刑部主事。后乞养归，曾任诂经精舍监院、杭州紫阳书院山长。喜聚书，亦爱搜罗金石拓本，所藏金石文字，均系未经装裱的原始拓片。大多藏品则均经考证，用宣纸记录下他的考证结果，或写成跋文，粘贴其上，以提高品位。他对杭郡的历史，地方掌故颇有研究。著有《杭州三书院纪略》、《杭郡麈谈》、《塘栖志》、《武林风俗记》、《文澜阁志》等。

王羽 (生卒年不详)

　　字仪之，明钱塘（今杭州市）人。洪武二十三年（1390）解元，二十四年（1391）进士。历官礼部仪制司郎中，升太常少卿。为人端重简静，文章悉根义理。修《五经》、《四书》、《性理大全》。家富藏书，鉴别最精。乞归，改余杭教授。

王均 （生卒年不详）

字平治，号梦阁，岁贡生。清平湖人，负俊才，七列高等，五膺首荐。而卒困场屋。生平搜访文献甚勤。见乡先哲遗集积钞至三百余家，汇为《柘上遗诗续编》。为人性极和雅，而勇于为善，尝独力建东湖滨石梁。著有《畅真机室诗稿》《梦阁谜语》等。

王纲 （生卒年不详）

字秦望，清海盐人。庠生。敦品力学，藏书数万卷，多手订校正。从游甚众。积修脯增置祭产，与兄纯更迭唱和，娓娓不倦。著有《觐卿记》、《秦望诗稿》等。

王昙 （1760—1817）

初名良士，字仲瞿，一字檽田，号禾人，别号蝶隐，一号秋泾生、韵园主人、昭明阁外史。秀水（今嘉兴市）人，居秋泾。乾隆五十九年（1794）举人。工诗文，善山水。其藏书处为烟霞万古楼。张鸣珂《寒松阁谈艺琐录》卷一云："烟霞万古楼，楼五楹，轩窗明爽，水木清华，塔影风帆，近接几席。楼中图书卷轴、笔砚琴尊、金石彝鼎，位置精雅。楼板上穴一圆洞，主人一跃而上，客至则挟以俱登焉"。清藏书家张宗祥《五千卷楼随笔》中，有其藏书简介。著有《烟霞万古楼文集》四十四卷、《历代神史》一百卷、《随园金石考》四卷、《诗选》二十卷、《烟霞万古楼诗选》二卷、《居今稽古录》二十卷、《翻帘集》一百卷、《墨林今话》、《耕砚田斋笔记》等。藏书印章有"王章昙生"、"善才读过"、"鸿隐楼夫妇鉴赏"、"韵园主人鉴古"等。

· 王纲

王修 (1897—1936)

　　名福怡，字季欢，一字修之，号杨盦，长兴人。祥生大令承谷季子。曾任财政部佥事。搜购古籍甚勤，所得除宋元明椠及抄本、稿本外，以日本、朝鲜两国旧刊为多，其中《文选》六十卷为朝鲜世宗十年（明宣德三年，1428 年）铜活字印本，为国内罕见。编有《诒庄楼书目》八卷。曰诒庄者，以壬戌（1922）时在燕京，厂贾以其七世祖笠云知蒙城时所刻《古蒙庄子》见诒也，故名诒庄楼。1933 年、1936 年浙江图书馆举办文物与文献展览会，从所记载的展品看，诒庄楼送展的品物与文献均为第一，且展品中都是珍品。如宋刻《狐首经》二卷，始见陈振孙《直斋书录解题·刑法类》，陈氏以后，已鲜见于著录。王氏除搜藏我国古籍外，尚广搜博聚朝鲜铜活本、刻本和日本各种旧刊、精抄，约有 300 种千余册。王修不仅遍读所藏图书，还对大多所藏图书批校题跋。惜 1927 年黄埔小住，四月灾罹无妄，所藏损失十之五六。新中国成立后，王修亲属将诒庄楼部分藏书，包括外国印本，都赠送浙江图书馆。其生平著作有《长兴诗存》、《长兴先哲遗著征》、《绥州金石志》、《杨盦诗存》等多种。王修赠送的藏书不仅质量高，且数量也多，据初步统计入古籍善本书目的就达三百三十多种，占 1956 年编的甲编善目的 18%。他是充实浙图藏量的大功臣。

22

王奎 (生卒年不详)

　　字运壁，鄞县（今宁波市）人。自幼颖异，无书不读，倦于进取，僦居南城黄氏负郭园三十余年，潜心经史，尤熟于乡邦文献，随问随答，无一字遗漏，闻有异书，力不能致者，乃从藏家借录，寒暑不辍。如郑元庆《礼记集说》等皆自手校写，频年伏案，背为之驼。史雪汀注《昌谷集》五十卷，尝以重金购之。书凡两库，半属手钞及旧家善本，惜今则散归各家矣。

王柏 (1197—1274)

　　字会之，少慕诸葛亮之为人，自号长啸，金华人。工诗善画，著述甚富，有《鲁斋集》、《研几图》等。家有藏书万卷，手帖石刻数百种。自认为足以资探讨，足以穷古今，足以涵养义理；以之治心，以之修心，以之游艺，无所往而不可。然不能不藉田以安其为学之心，尤不可不藉书以保其衣食之源。为防书籍散逸，而部分有序，编有书目十有五卷。

王济 （生卒年不详）

字伯雨，明乌程（今湖州市）人。所居有长吟阁、宝岘楼，图史鼎彝，夺目充栋。所著有《宫词善说》、《今词归》、《古意》等。

王相 （1789—1852）

清代人。字三台，号雨卿，别号惜庵，因喜诵苏东坡《夕庵铭》，亦书作夕庵，晚号聱叟，本秀水（今嘉兴市）人，有曾祖宦游江南，寓宿迁，中岁迁回秀水桃源之郑曲营。少弃举业，学为诗古文辞，日以著述、藏书、吟咏为事。相好藏书，聚书数十万卷，金石图书插架充栋，多宋元善本和明清精刻本，还有唐宋明清名人字画，其中庋藏明人集部最富。其《无止境续存稿》卷十《自序》尝云："生也有涯，吾不复能为世用矣，遂营百花万卷草堂，聚书数万卷，闭户课子，意将终焉。"其子王裘之撰其父《行状》（《无止境续存稿》附录）记云："先世藏书迁徙零落，府君力购补之。搜辑之勤，不专善本，多方借校，随手丹铅，用是数十年，储蓄益富，金石书画，称是手泽。"民国时，其书多归沈知方粹芬阁。沈知方《粹芬阁珍藏善本书目》自序云："自民国纪元迄今垂二十余载，搜罗所得，计先后收进秀水王氏信芳阁、会稽徐氏铸学斋诸藏。"藏书处为信芳阁、百花万卷草堂、沁绿轩、池东书库。

惜庵又喜刻传典籍，尤著名者是选辑清初至嘉庆年间三百余家诗文精粹，成诗选巨制《信芳阁诗汇》，共四十函。辑有《秀水王家藏集》、《香雪庵丛书》、《池东书库诗汇》、《清贻堂存稿》、《诗说考略》，《友声集》等数种，收录明清文集几十种。著有《无止境初存稿》、《乡程日记》、《百家姓考略》等。

藏书印章有"王氏信芳阁藏书印"、"为天下惜物，为朝廷惜贤，为祖父惜家声，为自身惜福，为子孙惜阴骘，为家惜用，为学业惜光阴，为年龄惜精神，为终老惜名节"等。

王宾 （1873—1938）

字荫渠，号陶陶庐主，安吉县递铺人。其藏书楼陶陶庐藏书三万余册，编有目录。抗战爆发后，除一万余册藏书和金石书画由其子王六辰捐献省政府外，其余藏书皆毁于战火。

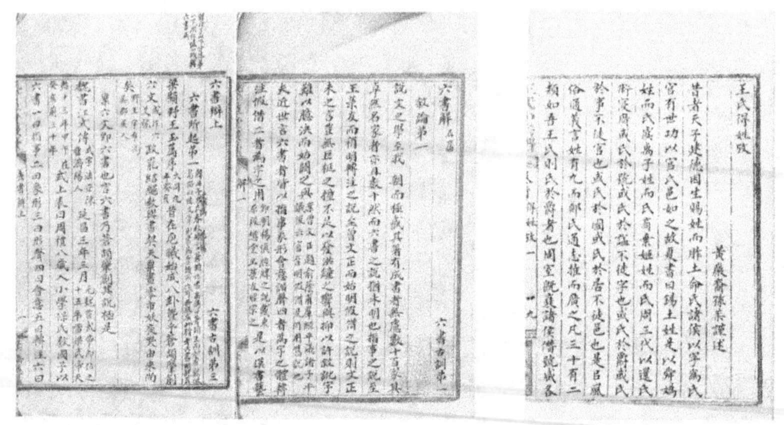

· 王棻《六书古训》稿本　　　　　　　　　　· 王棻《柔桥王氏家谱》稿本

王涛（生卒年不详）

字一清，明缙云人。博学端行，家藏书万卷，号"墨庄"，著有《愚泉集》。

王棻（1828—1899）

字子庄，号耘轩，别号海东散儒，黄岩（今台州市）人。好学嗜书。学识渊博。尤精经典，同治八年（1869）开辟九峰精舍，筑名山阁，购置经史百家之书一万五千卷藏之。藏书之精，为清季台州之冠。1912年，九峰精舍改为黄岩县立图书馆，当时藏书达到六万五千余卷。故现黄岩县图书馆所藏古籍，在全省县市馆中也是佼佼者。生平著述甚富，达734卷，台州近代首推第一。曾自订《柔桥全集》五十八卷，无力梓付，卒后由王舟瑶编选为《柔桥文抄》十六卷付印。

王淮（1127—1190）

字季年，原籍太原，五季避地至婺，居义乌之凤林，后徙金华县大云乡安期里。官少师观文殿大学士鲁国公致仕赠太师。冲澹寡欲，自奉至薄。食不重味，衣至十年不易。素不喜酒，外物一无所好，屏绝声色之奉。一意笃学，聚书数万卷，无所不观。退坐静室，饮食亦不释卷，夜则使子弟读而听之。制诰尤有体要。著有《诗文制草奏议》四十卷，藏于家。

王晫 (1637—1687)

　　初名棐，字丹麓，清初仁和（今杭州市）人。诸生。性好博览，家藏经史子集数万卷于霞举堂纵观之。每读一书，必首尾贯穿始放去。其所论著，终始条贯斐然，成一家言。生平好客，客至，典衣命酒，士大夫至武林者，多与纳交。晚辟墙东草堂，吟啸其中，堂中设量书尺，每岁积四方投赠诗文于除夕量之，准以六尺上下。著有《遂生集》十二卷、《今世说》八卷、《霞举堂集》三十五卷、《杂著十种》十卷、《兰言集》二十四卷、《峡流词》三卷、《墙东草堂词》。辑刊有《檀几丛书》。

　　王晫不仅著书，还刊印书籍，《兰言集》、《霞举堂集》、《峡流词》、《墙东志》、《今世说》都是霞举堂刊印。他的著作《贩书偶记》都有记载。

王琰 (1295—1353)

　　元剡县（今嵊州市）人。训经斋中有藏书万余卷。

王鈗 (1659—1684)

　　字声远，萧山（今杭州市）人。性耽书，曾辑左、国以下，傍及子史与诸家集，未竟而卒。妻汪氏乃命孤洪源承父遗志，陆续积书，遇有秘笈即购之。合得数万卷，藏之一楼。从来东江书府极推范氏天一阁及山阴祁氏东书堂，而今渐散失，唯萧山王氏书巍然独存。

王毅 (1303—1354)

字刚叔，其先自琅琊徙居处之龙泉。十有三世为农。六岁知好书，父命牧牛，挂书牛角而读之，随牛而东西行，日入忘归。后为教授，束脩之上，悉以购书，积至万余卷。精思疾读，唯恐其不尽。夜分灯屡涸，犹闻其吟讽声，或至达旦不寐。扁书室曰木讷斋，人因称木讷斋先生。

王瓘 (生卒年不详)

字元圭，鄞县（今宁波市）人，宋元丰五年（1082）进士。瓘为说子，该从子，致从孙，继三大儒后，富有收藏，而瓘尤喜书，以文行称于时。

王又曾 (1706—1762)

字受铭，号谷原，清秀水（今嘉兴市）人。乾隆十六年（1751）中举，十九年（1754）进士，官刑部、礼部主事。未久，即以疾归。工诗，与钱载齐名，自成一家，为秀水诗派主干，在清代诗坛占有较高地位。性豪放，又工书法，好聚书。著有《丁辛老屋集》。藏书印章有"丁辛老屋"。

王大隆 (1901—1966)

王祖询次子，王荫嘉弟。更名欣夫，字补安。目录学家。1949 年以前供职于上海圣约翰大学，1952 年调任复旦大学中文系教授。精目录、版本之学。平生治学服膺惠栋、钱大昕、王念孙、顾广圻。著有《万娱楼诗草》、《学礼斋文存》、《补三国兵志》、《管子校释》、《影刊元贞本论语注疏解经考证》、《四库全书总目提要补正》、《许癫学林》等，编有《文献学讲义》、《戊寅丛书》、《笺经堂遗集》、《蛾术轩箧存善

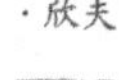
·秀州王氏珍藏之印

·欣夫

·大隆审定

本书录》二十七册（上海古籍出版社 2002 年出版）。藏书中名人稿本、抄本、批校本居多。善本约有 1200 种。稿本有明朱大韶，清曹元弼、曹元忠、胡玉缙、陈倬、沈盉、姚椿、郑文焯、沈炳垣、沈炳巽、冯桂芬、张尔耆、顾广誉、林颐山、杨沂孙及苏州潘氏一门著述。自抄本及赵诒琛、曹氏兄弟抄本比比皆是。所藏大多得自赵氏天放楼、曹氏笺精室、贵池刘氏父子、独山莫氏、赵氏旧山楼、刘氏嘉业堂、丁氏嘉惠堂等。藏书处为蛾术轩、学礼斋、抱蜀庐。藏书印章有"欣夫所置"、"欣夫所得"等。

王子余 （1874—1944）

名世裕，笔名余子，晚号霁庐山人，绍兴人。秀才。1902 年任会稽县学堂督办。曾开设万卷书楼，印刷与销售新书刊。资助徐锡麟等办明道女校，创刊绍兴第一家报纸《绍兴白话报》。1906 年春，加入中国同盟会，被选为浙江咨议局议员。辛亥革命后，曾任绍兴军政分府总务科长、嵊县知事、山东高等审判厅书记长、绍兴中国银行行长、绍兴商会会长等职。从中国银行退休后，倡议纂修绍兴县志，编印《绍兴县志资料》两辑，第一辑共 20 册，分 6 次印完，第二辑因日军窜犯绍兴，未能付印。喜聚书籍，尤嗜搜集乡邦文献、乡贤著作，藏书数万卷。

王广文 （生卒年不详）

原名世彦，字雨楼，清归安（今湖州市）人。清代藏书家。文学博雅，好古喜收秘笈。藏书万卷。据叶昌炽《藏书纪事诗》，雨楼与朱绪曾、金望欣、徐廷烺等交游，可知其人生活于嘉庆、道光年间。李锐跋《宝祐会天历》引徐廷烺语，称雨楼"博雅好古，喜收秘笈"。金望欣则说他"收藏古书最富"。据朱绪曾《开有益斋读书志》、陆心源《皕宋楼藏书志》著录，雨楼所藏宋刻本有王禹偁《小畜外集》、旧抄本《宝祐会天历》、丛书堂校宋抄本《嵇康集》等。

王书竹 （生卒年不详）

近代镇海（今宁波市）藏书家，民国初年于县城后大街王家祠堂内设清芬书馆，收藏古籍及各地志书。"文革"期间，1967 年藏书多被付之一炬，仅遗少量今藏于宁波市镇海区"文管会"书库。

王元地 （生卒年不详）

　　字坤为，号西朋，清海宁人。郡庠岁贡生。其学根柢经史，尤熟于诸子百家，家贫无力购书，手自缮录，不上五六百种，丹黄校勘，至耄年不倦，著有《说经连珠》、《读史随笔》，又分韵编辑《艺苑琼林》正、续二编，网罗宏富，人艳称焉。弟丹墀（1779—?），字觐颜，号水村，师事其兄。与同邑蒋楷游，楷精鉴赏，每得图书彝鼎必偕丹墀歌咏之。兼工倚声。所著《菽欢堂诗集》十六卷、《菽欢堂诗余》四卷。

王文禄 （生卒年不详）

　　字世廉，明海盐人，诸生，喜声乐，精骑射，少举乡荐。遇不平事，叱骂不避权贵。性嗜书，遇有异书辄倾囊购之。得必手校，缥缃万轴，贮一楼，俄失火，大呼曰："但力救书者赏，他不必也。"年八十余犹计偕北上不屑，就乙科秩。著有《藝草》、《邱陵学山》、《邑文献志》等。

王文韶 （1830—1908）

　　字夔石，又字耕虞（一作耕娱），清仁和（今杭州市）人。所居清吟巷大学士府今仍存。清咸丰二年（1852）中进士，同治三年（1864）任湖北安襄郧荆道盐运司，后经左宗棠、李鸿章荐任湖北按察使，此后宦途通达顺利，历任湖南巡抚、兵部侍

· 王文韶《王文韶日记》手稿

· 王文韶像

郎入直军机处、云贵总督、直隶总督、北洋大臣、户部尚书、协办大学士入直军机处，为军机总理衙门三大臣之一，官终武英殿大学士。卒后追赠太保，谥文勤。

其藏书楼名退圃，清吟阁亦为其藏书处。藏御赐内府刻本和抄本甚富，为外间不易见之书。文韶故世后，其子孙将藏书悉数捐赠与盛宣怀在上海创办的愚斋图书馆。藏书印有"赐书臣武英殿大学士王文韶敬藏"等。

王正己 (1119—1196)

字正之，旧名慎言，宋鄞县（今宁波市）人。官至太府卿除秘阁修撰，朝议大夫，庆元二年（1196）卒，年七十八。正已幼警悟，少长益嗜书史，自力于学，多识前言往行。藏书 6 万余卷储于酌古堂。楼钥《酌古堂文集序》称其"自少至老聚书六万余卷，多自雠校，为之目甚详，名堂以酌古。"

王正功 (1133—1203)

宋鄞县（今宁波市）人。性嗜学。多录未见之书。藏书 2 万余卷，有唐代诸皇实录、略录写本及版行者各万余卷，以唐朝诸帝实录著称。

王永俊 (1669—1749)

字友功，号帆川，绍兴人。弱冠补博士弟子员，官安阳县尉。家有藏书数万卷，闭门却扫，穷昼夜而综群籍之精蕴，发为文辞，雄丽典瞻，时惊其座人，即邑中先达素号能文者，亦莫不以为后起之隽，莫君若也。顾久困场屋，南北凡十一试，屡荐而不售，遂襆被负书遨游燕晋楚粤江淮间，足迹几遍海内，所过山川都邑有迹可寻，登临唱和之所及者，悉于诗文发之。不复仕途。著有《帆川诗文集》十卷、《类集》二十卷。《纲目摘注》二卷、《杂录》十卷等藏于家。

王甲荣 (1850—1930)

原名厚培，字部昀，一字步云，号次逸，晚号冰镜老人。室名二欣室、斜桥老屋，嘉兴人。光绪十五年（1889）举人，历游邵友濂、裕禄幕。官广西富川、永淳县知县。庚子遭八国联军入侵，京师破，走沧州，书籍三万余卷及手稿一箧尽毁于战火。著作有《古今医术最录》、《二欣室诗文集》等。辛亥革命后寓居于沪。

王记善 （生卒年不详）

清山阴人（今绍兴市）。清代史学家、文学家章学诚极称道其藏书。

王兆杏 （生卒年不详）

字第花，清仁和（今杭州市）人，乡试举人。道光年间曾任浙江德清教谕，因家道清贫所藏皆为普通读本，有知悔斋藏书，编有书目《知悔斋总目》，后藏书为王存善之父王寿微继承。

王兆森 （1811—1861）

字茗召，号梦坡，清桐庐金牛乡（今金西乡）金山庄人。绩学能文，兼工吟咏。道光丁酉科（1837）拔贡。试京兆，归购殿版书数千部，藏书之富，为一邑冠。兆森乐善好施，尤精医理，贫病之家受其惠者不可胜数。

王光经 （生卒年不详）

字景济，明永嘉人。万历三十五年（1607）二甲进士第一，授礼部主事，册封淮府，转刑部郎，后迁广东岭南道副使，卒于官。平生无他爱好，嗜藏书，达万余卷，手不释卷，常曰："士大夫一日不读书，则性情疏散，义理荒错，致君将凭何术？"时以为名言。

王存善 （1849—1916）

字子展，仁和（今杭州市）人，王寿微之子。光绪二十六年（1900）迁居上海。

因擅长理财而受盛宣怀赏识，曾主持招商局，并担任中国最早的钢铁联合企业汉冶萍煤铁厂矿公司（简称汉冶萍公司）董事等职。其家世有藏书，宣统三年（1911年）编书目《知悔斋存书总目》。民国三年（1914）编《知悔斋检书续目》，著录图书 20 余万卷，其中精善本如宋刻明印《圣宋文集》，卢文弨校本《宝剑丛编》等。藏碑版亦富，多宋拓。辑刊有《寄青霞馆奕选》。其子王克敏，曾任北洋政府财政总长，后堕落为汉奸。抗日战争胜利后，藏书被充公，浙江省图书馆得 432 箱，计50615 册。

王师晋 （1804—1880）

字敬斋，清秀水（今嘉兴市）人。藏书处为资敬堂。

王至言 （1560—？）

字昭文，号夕庵居士，署半罗山房，明永嘉人。王光蕴长子，王叔果孙。太学生。万历二十八年（1600）副榜，以荐与修玉牒。四十四年，授太常寺典簿。善古文词，有学有识，且谙佛道典籍。卒年七十余。著有《笙鹤轩诗集》、《笙鹤轩杂著》。友人形容他有"缥缃琼笈三千轴"。藏书处为太玉楼。

王舟瑶 （1858—1925）

字星垣，一字玖伯，号黙庵，清黄岩人，光绪己丑年（1889）举人。历主九峰精舍、清献书院、东湖书院、文达书院。曾任上海南洋公学、京师大学堂经史教授，两广方言学堂监督。辛亥革命后，筑后凋草堂，著书以终。广搜古籍，尤留心乡邦文献，收藏台州先哲遗书甚富。撰有《光绪台州府志》、《台州文徵》和《台诗四录》等书。

王克敏 （1873—1945）

字叔鲁，王存善之子。光绪二十三年（1897）举人。曾任驻日使馆参赞、汪伪华北政务委员会委员长。至他时，"知悔斋"藏书已历四世。民国六年（1917）以

后，王克敏继承知悔斋这大批藏书，少数携在北方京津寓所，大部分仍封藏于杭州故居。他在征逐财界官场之余，也偶尔发兴购书，曾以八千元购买贵阳陈氏的全部藏书。民国十七年（1928）离京时又将行笈所有一百余箱藏书，以五万元代价售于邓翔。在杭州部分藏书由当地政府拨给浙江省立图书馆，计有432箱，计50615册。他父亲王存善批校的《南朝史精语》十卷、《缉雅堂诗话》二卷，收录《浙江图书馆古籍善本书目》中。

王寿微 （约1824—1894）

原名斯恩，字虎生，清钱塘（今杭州市）人，王兆杏之子，王存善之父。优贡。官广东从化知县。守其父知悔斋藏书，覃思四部之学，藏书尤多。其精本细书校勘，几编卷内，字体劲秀。后所藏多毁于太平军攻陷杭州之兵乱中，仅余24箱运抵广东，重加整理编成《燹余存书总目》。

王应玘 （1634—1713）

字剡公，明末清初鄞县（今宁波市）人。性忠孝戆直。初为诸生，客同里张煌言军，署巢县知县七日。及煌言死，恸哭入山为僧。后师天童晳公，名元月，亦曰等月，字印千。本师殁，掷其衣钵归，筑室独居，中奉先人，旁列图史，日访求异书，纂录无暇晷。入夜一灯荧然，光射水际，弹琴弄笛，度一曲，舟过其下，疑若神仙，不知其甚于哭也。诗逼汉魏，书画绝工。士大夫兼金求之不与，每为村人取去，有入尽给宗人之贫乏者。又以朋友为性命，始难于合，合则终身不舍。卒年八十。

· 王应麟画像

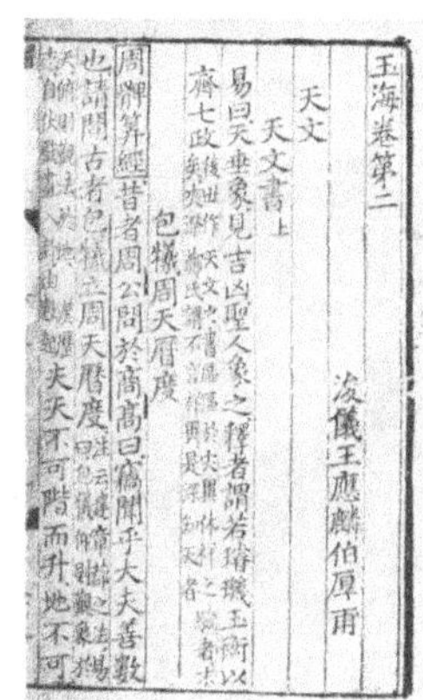

· 王应麟《玉海二百卷辞学指南四卷》庆元路儒学刻本

王应麟（1223—1296）

字伯厚，号深宁居士，先世居浚仪（今河南开封），曾祖南渡迁庆元府（今宁波市）。应麟父以不中词科为耻，必欲应麟、应凤兄弟有成，乃广借书籍以资钞读。后受理宗御书"汲古传忠"、"竹林"之赐，遂名其堂曰"汲古堂"。应麟九岁通《六经》，十八岁参加国子监考试，十九岁举进士。官至礼部尚书兼给事中。生平好学嗜书，每入秘书府必手录以归。其著书至六百八十九卷，淹博精深为宋代冠。所撰《困学纪闻》一书，清代考据家笺注者多至十余人，尚未穷其涯涘。子昌世承父业，藏书至数万卷。孙子厚校雠祖所著，孜孜不倦。

王志和（生卒年不详）

字体乾，明秀水（今嘉兴市）人，居竹里东圩溪南。擅长画牡丹花，水墨设色，长卷巨幅，工丽中有生趣。多闻好古，嗜藏书籍，聚书数千卷，又藏名人所镌石印数百纽。

王际华（1717—1768）

字秋瑞，号白斋，清钱塘（今杭州市）人。清乾隆十年（1745）乙丑科钱维城榜进士第三人，授翰林院编修。官职最高达到户部尚书兼刑部尚书。赠太子太保，谥文庄。其藏书被收入《四库全书总目》的有 37 种 147 卷。

王咏霓 （1838—1915）

字子裳，号六潭，清黄岩人。光绪庚辰（1880）进士，为翁同龢门人，官安徽太平知府，曾随许景澄出使欧洲。所居函雅堂，聚书数万卷。殁后善本书多为其婿陈烈性携去，余亦散鬻殆尽。著有《函雅堂集》。与王棻同编有《黄岩集》三十三卷。

王国陛 （生卒年不详）

字德载，东阳人。康熙五十九年（1720）举人。性肫笃纯孝，惧疏定省，一上公车不第，不复出。母卒作《述哀诗》七章以志感慕。父耄年寝息与俱，如影附形，一时传述。性嗜书，收藏甚富。著有《学耨堂书目》、《学耨堂草》。

·王国维像

王国维 （1877—1927）

字静安，一字伯隅，号观堂。海宁盐官人。清末诸生。曾留学日本物理学校，回国后在南通、苏州等地的师范学校讲授哲学、心理学、伦理学。后至北京，治宋元以来通俗文学，而于宋词、元曲致力尤多。1925年受聘为清华研究院教授。晚年从事甲骨文、金文和汉晋简牍考释，主张以出土文物考订古籍记载。1927年4月，自沉于颐和园昆明湖。卒后，部分藏书归国家图书馆。王国维著述宏富，有《静安文集》、《王忠悫公遗书》、《观堂集林》、《观堂古金文考释五种》、《宋代金文著录表》、《国朝金文著录表》等。藏书印有"静安"、"王国维"、"雪堂"等。

王学增 （生卒年不详）

清杭州人。藏有宋刻本《咸淳临安志》等珍本。

王宗炎 （1755—1826）

字以除，号谷塍，又号晚闻居士，萧山（今杭州市）人。乾隆四十五年（1780）进士，截取知县。卒于宣宗道光六年，年七十二岁。谷塍学问淹博，性尤淡退，通籍后，杜门不出，筑十万卷楼，以文史自娱。工古文词，著有《晚闻居士遗集》。藏书印有："王宗炎"、"谷塍"、"王宗炎手记"、"宗炎校读"、"王宗炎所得书"、"宗炎图书"、"晚闻居士"、"南阳善人里"、"王氏藏书之印"、"十万卷楼藏书"、"萧山王氏十万楼藏书记"、"十万卷楼钞本"、"王宗炎所见书"。浙图所藏的清抄本《湖海集》三卷有"十万卷楼藏书"、"王宗炎所见书"两印记。

王定祥 （1855—1888）

清慈溪人。藏书于坦园，多善本。

王尚赓 （1791—1848）

字云舫，丽水诸生。性孤高，平时以研读图册史籍自娱。善书画，癖嗜断碣残碑，剔苔藓摹之。嗜收地方史料与金石文献。纂《续括苍金石志》四卷。丽邑向无志，赓独留心采访，抄录甚夥。道光二十六年（1846）修丽水志，皆其力也。著有《淳化阁帖释文辨正》十卷、《云岛诗钞》一卷。卒年五十八。

王昌世 （1268—1327）

　　字昭甫，号静学居士，王应麟次子，元初庆元人。以父荫补承务郎，未及禄，而宗社已墟。于名理经制治道之体统，古今礼典之因革，殊闻异见，靡不究悉。蓄书万余卷，毁于火。露钞雪纂，至忘寝食，书以复完。

王绍文 （生卒年不详）

　　字思齐，生于宋末元初，天台人。官至广州总管，推恩封赠中顺大夫、江浙等处行中书省理问官、上骑都尉，追封天台郡伯。家小屿，溪水环其屋壁，门前松枝压径，梅竹缘坡，又杂莳兰鞠，风至则左右纷披。有名帖千卷，书万卷。裳冠大袖，日课倍诵五经，又旁通百氏之书，下笔千余立就。及闻里中有大役，则奋袂而兴，或造公府，不避是非利害，必俟众议归于公正乃已。

王绍兰 （1760—1835）

　　字畹馨，号南陔，自号思维居士，清萧山城厢（今杭州市）人。乾隆五十八年（1793）进士，官至福建巡抚，闽浙总督。精郑孔小学，家中藏书甚富。嘉庆二十二年（1817）因审案有谬，罢官回乡，闭门谢客，专心著述。绍兰至雠校精工，分析真伪，非炫饰斯文，徒专排比者可拟也。著有《许郑学庐存稿》、《管子地员篇注》、《汉书地理志校注》、《南陔杂记》等 30 余种。藏书印章有："绍兰过目"、"知足知不足馆人"、"王绍兰记见"。

王英孙 （生卒年不详）

　　字才翁，宋会稽（今绍兴市）人。博通经史，历官将作监主簿。辞归，值越中大饥，发私廪以赈，全活甚众。道上有弃孩，辄收恤之。晚年尤嗜书，积藏书至数千卷。著有《修竹集》。

王金铦 （生卒年不详）

字湛庐，号霭士，清仁和（今杭州市）人。增贡生，候选教谕。家多藏书。藏书印章有"王金铦印"、"王印金铦"，"霭士湛庐"、"湛庐藏书"、"湛庐藏书记"、"小罗浮馆"、"文字禅"。

王厚之 （1131—1204）

字顺伯，号复斋，诸暨姚王村（今属萃溪乡）人。南宋金石学家。乾道二年（1166）进士。历任望江令、淮西通判、江南东路提点刑狱、直显谟阁等职。庆元年间，与朱熹、赵如愚等遭宰相韩侂胄排挤，斥为"伪学"，世称"庆元党禁"。厚之深谙金石之学，刻意搜集彝器石刻，每得一书一刻，必校勘整理。著有《钟鼎款识》、《金石录考异》、《复斋碑录》、《考古藏书印章》、《石鼓音释》等。

王彦威 （1843—1904）

字弢夫，原名禹堂，号渠城，黎盦，清黄岩人。同治举人。尝从俞樾、孙衣言受经术及古文义法。曾入黄体芳幕。历官工部主事、员外郎、军机章京，任方略馆、会典馆纂修。入值枢垣，得见军机处等所藏档案，摘抄案卷甚勤。庚子（1900）之役，慈禧携光绪帝西逃，召赴行在。光绪三十年（1904）补太常寺卿。曾将未刻之道光、咸丰、同治三朝《筹办夷务始末记》录副本收藏，复抄辑光绪朝中外交涉文件成《光绪朝筹办夷务始末记》，未及付梓即卒。其子亮复补辑之，续成全书，易名《清季外交史料》付印。彦威又辑有《西巡大事记》，著有《清朝掌故》、《清朝大典》、《黎庵丛稿》、《史汉校勘记》、《秋灯课诗屋书目》等。其家收藏史料书籍甚多，后逐步散失。藏书室名秋灯课诗之室。

· 王彦威

王祖询 (1869—?)

　　字次欧，号蟫庐，清秀水（今嘉兴市）新塍人，迁居苏州。经营丝绸致富。光绪十七年（1891）优贡，十八年（1892）朝考一等一名。授湖北通城知县，与张之洞畅论时事及经史源流，终日无倦容。善书法，专长欧阳询，名满艺林，著有《蟫庐日记》四册。祖询性喜聚书，手校经籍善本至数千卷，所藏宋元善本书30余种，以后归张之洞之宋椠《陶渊明集》最有名，归傅增湘之小字本《通鉴纪事本末》、归周叔弢余仁仲本《周礼郑注》、涵芬楼《四部丛刊》之明弘治本《陈伯玉集》，均为其家之秘本。藏书处为二十八宿研斋、渊雅堂、楞伽山房、蟫庐等。藏书印有"祖训长寿安乐"、"次欧"、"臣王祖询次欧小印"、"以学愈愚"、"蟫庐"、"蟫庐藏书"、"渊雅堂藏书记"、"苏州渊雅堂王氏图书"、"文章忠孝世家"、"官学博士"、"楞伽山房"、"乞食扬州市上"、"宋沂国共之后"、"臣询长寿"、"望"、"祖询"、"秀水王祖询印"、"雨亭"、"甘霖"、"臣询私印"、"祖询之印"、"虎"、"秀州王氏珍藏之印"、"曾藏王氏二十八宿砚斋"、"王氏二十八宿砚斋秘籍之印"等。其藏书后流散于各家，如张之洞、傅增湘、张元济等人手中。

王祖锡 (1858—1908)

　　字二郎，号梦龄，又号惕安、惕盦，嘉兴人。精书画鉴别，喜藏书，收藏书籍、字画、端砚甚富。藏书处为镂香阁。藏书印有"镂香阁法书名画"、"镂香阁中神品"、"邵念堂书画记"、"惕安"、"惕安藏廉州画"、"惕安欢喜"、"惕安鉴赏"、"惕安秘玩"、"惕安秘藏"、"惕安清秘"、"惕安心赏"、"惕安珍藏"、"惕安珍赏"、"王二郎"、"王氏之玺"、"王惕盦秘箧印"、"曾藏王氏镂香阁"、"曾藏王惕安处"等。

王荫嘉 (1892—1949)

　　王祖询长子，王大隆兄。原名大森，字殷泉，号苍虬，别署百剑主人，秀水（今嘉兴市）新塍人，寓居苏州。荫嘉博览群书，好金石考据、目录版本、钱币之

· 兰泉涤我襟
杉月栖我心

· 荫嘉

· 王氏二十八宿砚斋藏书之印

学。曾协助其弟校注清叶昌炽《藏书纪事诗》。藏书处为二十八宿砚斋，以其藏有端砚一方，有二十八眼，称二十八宿砚，故名其斋。有《二十八宿砚斋善本书目·吴中文献之属》稿本三册，1937年夏编，以应王謇之请，著录吴中文献数百种，录他人所写题记及序跋，颇可观。又有《二十八宿砚斋珍藏书目》稿本一册不分卷。藏书印章有"王荫嘉印"、"荫嘉"、"兰泉涤我襟，杉月栖我心"、"王氏二十八宿砚斋藏书之印"、"曾藏王氏二十八宿砚斋"、"变化气质陶冶精神"、"荫嘉藏泉"、"荫嘉手拓"等。

王逢圣 （生卒年不详）

字子麟，明黄岩人。例贡生。官鸿胪寺序班。性嗜书史，牙签万轴。

王逢辰 （1802—1870）

字玉荫，号苣亭，清嘉兴竹里（今嘉兴新篁）人。廪贡生，官候选训导。工诗文，善画兰。著有《携李谱》一卷，咸丰七年刊本，同治九年重刊本。另撰《槐花吟馆集》三卷、《竹里诗辑》、《竹里秦汉瓦当文存》、《自靖录考略》八卷、《外编》一册等。嗜金石，家藏鼎彝古器甚多。藏室名曰槐花吟馆、秦瓦晋砖之室。

王崇炳 （1653—1739）

字虎文，号鹤潭，清东阳人。贡生。少负才名，于诸经无不诵习，采辑传注精要语以期贯穿，继乃肆力于诗古文，后笃志理学。登毛奇龄之门，讲论甚合。累试不得志，以诸生贡太学。耄年为一乡学者领袖，聘掌郡书院教，立学规十一则，以启迪后进。生平好学嗜书，喜聚书，筑学耨堂，以贮书，藏书数万卷。尤留心乡邦文献之传，唯恐失绪。辑《金华徵献略》、《金华文略》，有功于桑梓。著述有《学耨堂文集》、《东藕塘诗稿》。校订其祖文安公遗集，辑注《通鉴前编》、《大学疏义》，撰《论孟考证》、《尚书表注》等。乾隆己未（1739）正月初六无疾而卒。享年八十八岁。

王望霖 （生卒年不详）

字济仓，号石友，清嘉庆时上虞人。由太学生入赀授中书。少聪颖，博涉群书，尤好吟咏。性喜翰墨，工书法，间写兰竹有奇趣，藏书数万卷。善鉴名人墨迹，择尤精者钩摹镌石，号天香楼藏帖。现保存在孝女庙。年六十四卒。子振纲辑其遗稿四卷藏于家。

王绶珊 （1873—1938）

原名体仁，原籍绍兴。幼失怙，母茕无所依，刻苦好学，孜矹自励而博得秀才。经人推荐至同里小营巷盐商顾少岚为西席。不久，亦跻身盐政，且名声藉甚。寓居杭州田家园（浙一医院旁）。1923 年，张宗祥发起补抄文澜阁《四库全书》时，他捐洋五百元。四十岁后，抗心希古，喜蓄缥缃，广收明版佳椠，进而罗致宋元珍本，又挽人介绍收得常熟铁琴铜剑楼宋刊本八种，后又获致邓氏和傅氏两家珍本遗书，于是蔚为巨观，有东南后起大藏书家之誉。其藏书处曰"九峰旧庐"。他犹留意于方志之网罗，冥搜博访，先后弋获达二千五百余种，其中未见于各大图书馆及藏书家书目者，约四百种，可以觇其藏书之富与珍贵也。编有《九峰旧庐方志目》若干卷。藏书印章有"九峰旧庐珍藏"、"绶珊经眼"、"绶珊鉴赏"、"杭州王氏九峰旧庐藏书之章"等。王氏九峰旧庐所藏之书，在 1938 年初春，王谢世后，由其家人先将宋元刊本及地方志书陆续出售，至解放初期，所藏珍本已十去七八。

王曾祥 （生卒年不详）

约 1723 年前后在世。字麐征，号茨檐，清仁和（今杭州市）人。康熙末诸生。工诗，与厉鹗、金农相唱和。家甚贫，事亲至孝。生平不修边幅，和蔼可亲；

然遇要人富子有不当意者，即掉臂去之不理。于书无所
不读，肆力诗古文词，深入古人之室。书法颜真卿、欧
阳询。因三次赴试不售，绝意仕进。学使雷鋐闻其名重
之，强召之，始谒见。著有《静便斋集》十卷，前五卷
为诗，后五卷皆杂文。所藏自宋元明以来的名迹甚多。

王朝志 （生卒年不详）

字宁寰，明山阴（今绍兴市）人。诸生。幼颖异，
日记数千言，老而靡倦。手录经史诸子万家书积十六
笥，出其门者成名甚众。著有《五经要论》、《敬斋心
录》、《敬斋文集》、《玉山集》。

王端履 （1776—？）

一名履端，字小毅，清萧山（今杭州市）人，宗炎
子。嘉庆十九年（1814）进士。官翰林院庶吉士。富藏
书，名其楼曰十万卷楼，又曰南野草堂、重论文斋等。
著作有《重论文斋笔录》等。藏书印章有"端履"、"小
毅"、"王端履印"、"端履图书"、"端履手钞"、"萧山王
端履四十岁后所见书"、"萧山王端履年六十后所见书"、
"嘉庆甲戌进士"、"官翰林院庶吉士"、"孟生藏书记"、
"重论文斋珍藏"、"南野草堂"、"昔者吾友尝从事于斯
矣"、"惟丙申吾以降"、"王端履字福将号小毅"等。
浙图藏《韩诗外传》十卷，明嘉靖十八年芙蓉泉
书屋刻本，有"十万卷楼藏书""、"王端履字福将号小
毅"二印。

·萧山王端履年六十岁后所见书

·端履图书

王德棠 （1877—1928）

原名义裁，乳名大水，后改德棠，字懋之，号狮
峰居士。清朝秀才。永康人。凡珍贵古籍书画，不惜

重金，倍价购买，先后买书花去约三千块银元，成为当时金华八县颇有名气的"书迷"。藏书有《廿四史》，《十三经注疏》，《全唐诗》及《诸子百家诗文集》等古籍善本八千余册。王德棠爱书如宝，这些古籍书刊的线装本多半是官堆纸（比毛边纸略好一些），为了便于保存，用榧树薄板，上下钻四个孔，穿线绷紧，三间楼上几十个书橱都装书。书橱很讲究，全是樟木所做，还请清举人金华名画家蒋连僧画上画，请金华书法家金兆丰、永康夏杜曹曹世治、唐先施商霖等题了字。为了便于翻阅，分为"经、史、子、集"四部分编排，藏书在金华时，还有一间阅览小楼专供借书人阅读。吴晗当时在金华七中读书时，就经常来阅览，他一边阅读，一边记笔记，非常认真。1927 年王德棠雇了两只船把藏书从金华运回永康象珠，本想赓继增补，并在象珠溪沿一块叫"八十"的田里造图书馆，供人阅读，以益后学。不幸，次年夏从杭州返永途中，突患脑溢血，病逝在东阳南岭脚，图书馆没有造成。1946 年其子王佳孙把父亲留下的珍贵藏书馈送给金华中学，现珍藏八咏楼。藏书印有"王德棠藏书印"，书底有"狮峰居士"和"不可一日无此君"等。

王德溥 (1720—1768)

　　字容大，号澹和，清钱塘（今杭州市）人。诸生。事亲至孝，其父钧字驭陶，耄年归里，辟养素园以自娱，树石池馆之胜，甲于里中。德溥天质纯懿，性尤勤敏于学，绮妙之年，即已声噪艺林，为侪偶所推，乃益喜聚四库书，又筑宝日轩为藏书之所，秘册古椠，充牣其中，键户披诵，严督课其诸子，暇则手自编纂旧闻，勤勤不已，尝辑《北郭诗钞》。汪剑秋先生题诗有"武林藏书家，吴赵王与汪"之句，注云：吴氏瓶花斋，赵氏小山堂，王氏宝日轩及君家振绮堂，皆著名者。

计芬 (1783—1846)

　　计楠次子。初名炜，字小隅，号儋石，别署寒玉馆主，清秀水闻川（今嘉兴市）人。工诗善画，著有《二砚斋诗集》。藏砚不下三百方，以莲叶、红丝两砚为最，故名其室为莲叶红丝两砚石室。又名其藏书处为饮寿堂。藏书印有"宾客"、"宾客书画"、"儋石道人"、"儋石生"、"计芬"、"分石"、"儋石砚主人鉴赏真迹"、"计芬之印"、"金宾馆"、"金宾花馆主"、"老宾"、"莲叶红丝两砚石室"、"莲叶侍者"、"莲叶研主"、"炜印"、"先花后果"、"小隅"、"小隅之笔"等。

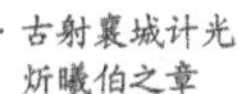

计光炘（1803—1860）

字曦伯，号二田，清秀水（今嘉兴市）人。慕沈石田、恽南田而署其斋曰二田，因以自号。张鉴《秀水计氏泽存楼藏书记》："秀水计氏二田，介王征士研农，以所受尊甫慕云先生藏书来请为记。二田承余绪非一世，筑泽存楼，缩衣节食，引而弗替。凡得自书贾书船以及长塘鲍氏借钞者，总经史子集为卷六万二千有奇。……"校刊族祖《菉村遗集》，为里人钱彦瞿刊《脉诀》一书。又喜搜藏画帙，特多沈石田、恽南田真迹。藏书印章有"计光炘印"、"守甓斋藏书"、"计曦伯家珍藏"、"光炘私印"、"古射襄城计光炘曦伯之章"等。

邓蔚斋（生卒年不详）

清象山人。好聚书，至千百余万卷。辛酉（1861）之乱，群书遭惨劫。有《晚翠轩书目》存世。

五　　画

· 冯浩画像

冯浩 (1719—1801)

集梧父。字养吾，号孟亭，清桐乡人。幼颖异，博通经史。乾隆十三年（1748）进士，授编修，改庶吉士。入翰林，充国史馆纂修，与修《续文献通考》。著有《孟亭居士文稿》五卷、《孟亭居士诗稿》五卷、《横塘纪闻》等。浩好藏书，喜抄书。抄本有《元和郡县志》三十六卷、《至元嘉禾志》三十二卷等。藏书处为德聚堂。

冯一梅 (1849—1907)

字梦香，一作梦乡，清慈溪人。光绪二年（1876）举人。冯为诸生时，就读于杭州诂经精舍，师事俞樾。光绪二年（1876）入浙江官书局，延聘为校书多年。后主讲衢州正谊、西安鹿鸣、镇海鲲池、余姚龙山、新昌鼓山诸山院。性好蓄书，束修所得，见书尽购。藏于家，颜其书楼曰"述古堂"。研经之余，尤喜治《老子》、《黄帝内经》，算术亦多心得。著有《述古堂诗》、《述古堂经说》、《老子校勘记》等。此外，还为绍兴徐氏编辑《古越藏书楼书目》，纂修《龙游县志》等。

冯云濠 (1807—1855)

字文漪，号五桥，清慈溪人。道光十四年（1834）举人。家富藏书，藏书处，颜其名曰"醉经阁"。凡经史子集皆有，并多善本，较之范、卢两家，仅差逊一筹耳。尝得黄宗羲、全祖望辑订《宋元学案》，与同年王梓材校补完善，并于道光十七年（1837）在醉经阁镌版印刷出版。又与王梓材辑《宋元学案补遗》一百

"

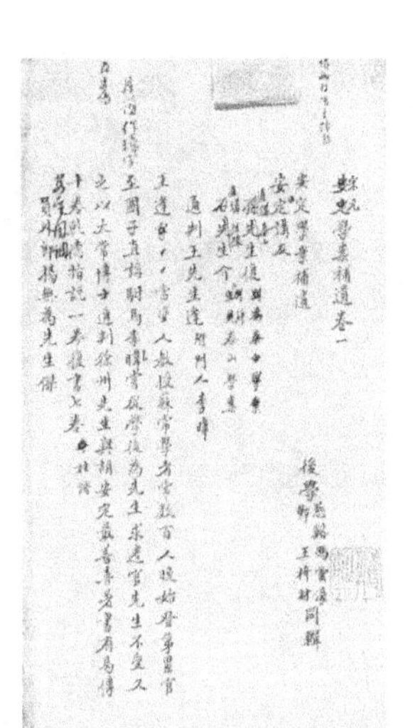

· 冯云濠王梓材辑《宋元学案补遗》

· 五桥珍藏

· 醉经阁第二图

卷，序录一卷，首一卷，别附三卷，稿本藏浙图。惜冯家保守不密，自民国初年以来，时有散出，至民国二十三四年时，始检点存书，得合族同意整批售出，承购者为吴人李某，为当地士绅反对，后当地钱业巨子秦润卿购得。浙江图书馆藏有冯云濠编《醉经阁书目》一册，系传抄本。藏书印章有"五桥珍藏"、"慈溪冯氏醉经阁图籍"。

冯文昌（生卒年不详）

字研祥，梦桢孙，清嘉兴人。诸生。寓于杭，后移居仁和塘栖，储藏甚富。有宋刊《金石录》十卷，极宝爱之，手跋其后，又为刻印文曰"金石录十卷人家"。长笺短札，帖尾书头每每用之。著有《吴越野民集》。藏书印章有"冯文昌印"、"字研祥"、"冯氏三余堂收藏"、"冯子玄家藏书印章有"、"平安馆印"、"冯氏图书"、"文字之祥君家其昌"、"茅斋玩赏"、"清旷之域"、"茅屋纸窗笔精墨妙"、"冯印文昌"、"文昌之印"、"快雪堂图书印"、"金石录十卷人家"。

· 金石录十卷人家

· 冯氏三余堂收藏

· 茅斋玩赏

· 抱珠楼正门

· 抱珠楼

冯本怀 （生卒年不详）

字慎旂，号酉卿，清慈溪人。道光十九年（1839）举人。输饷擢道员。喜聚书，藏书达数万卷，名抱珠楼，与冯云濠醉经阁、冯汝霖寄月楼相匹敌。冯本怀所居住的全部楼房称抱珠山房，北面的后楼即为藏书楼，名抱珠楼，原貌现尚存。冯本怀还乡后，肆力于学，居恒手不释卷，暇则饮酒赋诗。还刻印了尹元炜辑的《溪上遗闻集录》十卷《别录》二卷等书。著作有《抱珠山房诗存》等。

冯权奇 （生卒年不详）

明嘉兴人。冯梦桢子，字首川。承家学，富藏书。

冯汝霆 （1809—1864）

字廷雨，号耳堂，清慈溪人。贡生，授同知。屡试不得志，肆力于诗古文词，尤酷诗，所作清微淡远，与《长庆集》为近。家富藏书，多达数万卷，颜其书楼曰"循陔书屋"。著作有《循陔书屋吟稿》等。

冯汝霖 （1794—1837）

字听帆，少孤，以监生入赀为郎，与从父冯云濠各捐万金建慈湖书院。好读书，所居寄月楼，藏书数万卷，校雠精核。

·冯贞群像

·冯贞群手迹

·伏跗室正门

冯贞群 (1886—1962)

　　字孟颛，慈溪人。清季诸生，居宁波城西水浮桥畔。少孤，好读书，喜考索，苦藏书不足以供探讨（其父求恒斋遗书仅两千册有奇），乃屏嗜欲，节衣食，搜访坟典。清季废科举兴学校，世视故书雅记以为无用，如赵氏种芸仙馆、董氏六一山房、柯氏近圣居、徐氏烟屿楼、赵氏贻谷堂、陈氏文则楼，辗转流散，贞群专收有用之书，罗列室中，手披目览，脱误虫伤即为补治，历三十年而所蓄之本达三千三百六十七种，三万一千册十二万卷，碑刻四百余品，藏书中多甬上各家之作，或四明掌故，而术数、艺术、小说词曲舍而不录。其友马隅卿廉与其相反，专收说部、词曲，秘本极多，自署书斋曰不登大雅之堂。廉卒后，其书多归北京孔德学校、国立北京图书馆。马廉尝笑贞群曰"君所藏殆正统派之作"，此堪为其定评。张寿镛编刻《四明丛书》时，贞群出其所藏乡先贤遗著五六十种，刊布行世，且为协助采辑。其室名颜曰伏跗室。藏书印有"伏跗室藏书印"朱文方印等。他谢世后，其全部藏书归天一阁文保所保管。"文革"中，他的藏书部分运来杭州警卫处（设在净慈寺），后警卫处撤销，把书送给浙江图书馆。"文革"后，此书为宁波天一阁运回。1986 年 11 月，市政府决定把伏跗室藏书（除善本书外）从天一阁划出，设伏跗室文保所。……2009 年 12 月宁波市全面修缮伏跗室，命名冯孟颛纪念馆，以崭新的面貌向市民开放。

冯应榴 (1740—1800)

　　字贻曾，号星实，晚号踵息居士，清桐乡人。自幼秉承家学，博闻强识，才华横溢。乾隆二十六年（1761）进士。官内阁中书，后历任军机处大臣、四川学政、

· 冯应榴画像

江西布政使等，仕途三十余年，均有政绩。家富藏书，藏书处曰踵息斋。沉酣于东坡诗者有年，又得宋椠五百家注，元椠百家注旧本，参以施注残本，稽其同异，而辨正之。他历经数年校雠刊印《苏文忠公诗合注》五十卷附录五卷，清代著名史学家钱大昕为其作序，称其注兼永嘉王氏、吴兴施氏、海宁查氏三家注本之长。尚著有《金檀高青邱诗笺注》、《学语草》、《踵息居士诗文集》等。

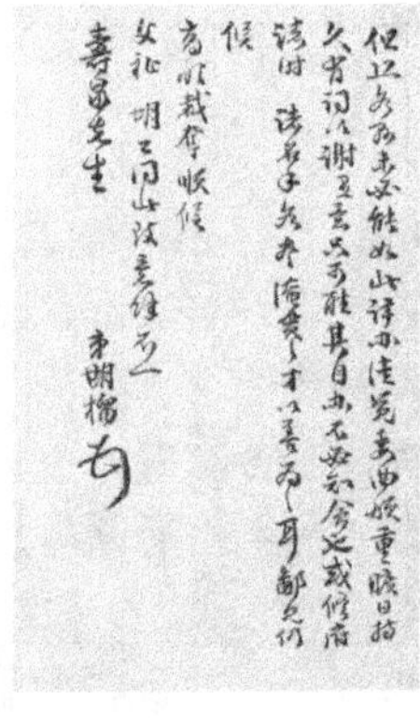

· 冯应榴手迹

冯洪业（1584—1661）

又名耘庐，字茂远，号兼山，又号当湖学人，明当湖（今嘉兴市）人。万历四十三年（1615）举人。著有《百六十吟》、《睡庵六书》、《易羲》六卷。刻印过玄奘译《大乘大集地藏十轮经》十卷、《佛说大方广十轮经》八卷、《径山藏》等多种经本。洪业乐善好施，行善乡里，曾为平湖、嘉兴两地学宫的修葺各捐银两千，捐田五百亩惠及宗党，修筑汉塘五十里，并施棺施衣不计其数。冯氏好藏书，在县治西建传书阁，阁之左有万卷楼，用以珍藏图书。曾集古今文献，分类辑《耘庐汇笺》，计千余卷。

· 慈溪耕馀楼

· 冯氏辨斋藏书

冯祖宪（生卒年不详）

字辨斋，清慈溪人。仕履不详。以营运起家，构耕馀楼以藏书，所藏颇富。孙德祖于光绪六年（1880）作《耕馀楼藏书记》云："辟其塾为书藏，颇师范氏天一阁意，插架为三行，南北而奇，其中以象坎，而目其楼曰耕馀。"此后四五年，书即售与上海书贾。书上多钤"冯氏辨斋藏书"、"慈溪耕馀楼"诸印。

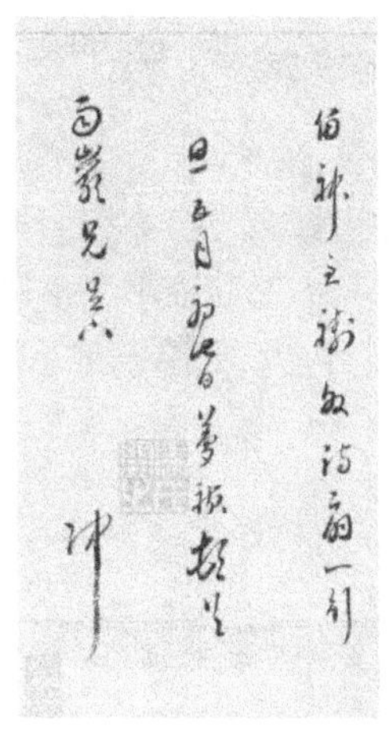
· 冯梦祯手迹

· 冯梦祯画像

· 冯梦祯印

· 真实斋图书记

冯梦祯（1546—1605）

　　字开之，号具区，明秀水（今嘉兴市）人。万历五年（1577）进士，官编修，后迁南京司业，历祭酒，颇以圣贤之道激励诸生。因得罪张居正，被劾罢官。遂不复出，移家杭州，筑室孤山之麓，因家藏王羲之《快雪时晴帖》，遂以此名其室曰"快雪"。冯梦祯为人高旷，落落世外，少仕态。尝与布衣野衲啸傲湖山，讨论典籍。好读书，亦好聚书，丹黄满几，不事刻镂。著有《快雪堂集》、《快雪堂漫录》、《历代贡举志》等。藏书印章有"冯氏开之"、"冯氏图书"、"冯氏快雪堂藏书记"、"孤山草堂"、"真实斋图书记"。

冯登府（1783—1841）

　　字云伯，号勺园，因少与同里周桐北、史竹南、屠梅西结为四友，故又自号柳东，清嘉兴人。嘉庆二十五年（1820）进士，授福建将乐县知县，但不久离职，归于故里，筑勺园以贮书著述自娱。

　　冯登府一生以著书立说为业，不愿为仕途所羁绊。自汉唐宋以来诸儒学家经义，百家传注，莫不广闻博记，对经学造诣颇深。工诗词，并精篆刻、喜声律，谙熟金石掌故，尤专于训诂学。所著《石经补考》，是后代研究石经者必不可少的要籍。他的著作极丰，浙图《古籍善本书目录》著录他的著作就达九种之多，其中《石经阁丛书》、《三家诗异字诂》、《柳东先生腾稿》等稿本就有五种。藏书印章有"登府手校"、"柳东曾斠"、"柳泉三家诗室"、"经生词客"、"玉堂春梦"。

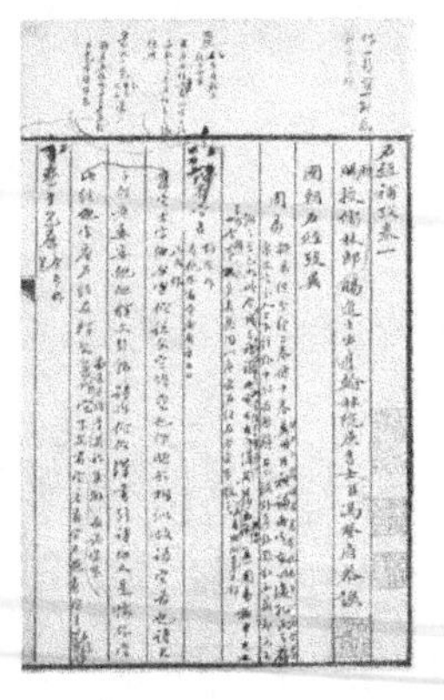

·冯登府《石经补考》手稿

·勺园

·登府手校

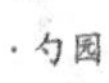

·冯登府印

50

冯集梧 （1752—1807）

字轩圃，号鹭庭，浩幼子，清桐乡人。幼聪慧，称神童。拔贡，执教于慈溪县。乾隆四十六年（1781）进士，入翰林院，授编修，家多藏书，精校勘。尝刻《元丰九域志》、《杜樊川诗注》、《惠定宇后汉书补注》。著有《贮云居稿》。

包汴 （生卒年不详）

字元京，明嘉兴人。包柽芳父，明嘉靖己未（1559）进士。授南刑部主事，历江西司员外、云南司郎中、湖广佥事等，多藏书。

包虎臣 （生卒年不详）

初名锟，一作乃锟，一作名子庄，字虎臣。清季归安（今湖州市）人。诸生。与妻陈贞莲均爱收藏。家藏宋元明真迹、旧椠、旧抄及名人稿本、校本甚多。其所藏于民国初年即有散失，至抗战期间损失殆尽。所藏珍本多钤有"包氏夫妇印记"（如鲁迅校读影明吴匏庵丛书堂抄本《嵇康集》卷首）。子庄精书法，篆隶宗邓石如，亦善治印，兼善山水，胸有丘壑，笔无俗尘，有《题画诗》一卷。

包鸿逵 （生卒年不详）

包柽芳孙，字振瑞，号仪甫。明万历三十八年（1610）进士，官湖南湘潭知县。有祖父之风，喜藏书，著有《湘潭志》、《治潭纪事录》等。

包柽芳 (1534—1596)

字子柳，号端溪，明嘉兴人。嘉靖三十四年（1555）中举，次年成进士。知魏县，迁刑部主事，后至仪制郎中。与礼部尚书高拱有隙，迁南通州分司判官，州旧有范堤，岁久倾圮，人多溺死，柽芳作外堤卫之，名曰包公堤。归里后，捐田赡族有限于葬婚者，悉胪之。优游林下三十余年。好学喜书，闻有异本，即僻巷环堵，必徒步相访。得之，则分命左右传写，手自摘录，垂丙夜不休。客至，散帙纵横几案，几无所布席，而了不为异。

卢址 (1725—1794)

字青崖，一字丹陛，清鄞县（今宁波市）人。诸生。生平博学嗜古，尤喜聚书，遇有善本，不惜重价购之。朋友中有异书古本，必想尽一切借抄，晨夕雠校，往往废寝忘食。其书得诸全氏双韭山房外，他若菉竹堂叶氏、千顷堂黄氏、汲古阁毛氏、澹生堂祁氏、倦圃曹氏、古香楼汪氏之书亦多。搜罗得之故书中，多有是数家之印记，象山倪象占曾为校正并作《藏书记》。搜罗三十余年，得书十万卷，几出天一阁上。其中有《古今图书集成》稿本一万卷，明钞洪武、永乐、宣德等十四朝实录，宋刻《开庆四明续志》十二卷，皆海内罕见之秘籍，建楼藏之。并亲编书目，把藏书分经史子集四部，依类排列。取韩愈《寄卢仝诗》中"春秋三传束高阁，独抱遗经救终始"句意，书楼取名"抱经楼"。抱经楼名与余姚卢文弨同，实非一家也。文弨、寓杭州，址家甬，故一时浙中有"东西抱经"之称。卢址对天一阁极为推重，不但书楼的式样仿照天一阁，而且在藏书的管理上也学习天一阁的经验。卢址也极重视乡邦文献，见所编志乘未能编及的，经多年搜集，汇编了一部《四明文献集》，共一百四十卷。晚年患眼疾，令弟子诵读于侧而己专心听之。著作有《和陶诗》等。

51

· 报经楼

· 四明卢氏报经楼藏书印

藏书印章有"抱经楼"、"四明抱经楼卢氏藏书印"、"四明卢址抱经楼藏书印"等。

惜太平军兴，散佚殆尽，邑之富室杨坊以二千六百金购得什之七八归之。洎清末犹存二千一百余种，民国五年（1916）尽为后人斥鬻于上海古书流通处，而分散国中矣。编有《抱经楼书目》四卷。

卢椿 （生卒年不详）

清鄞县（今宁波市）人。椿为镐孙，址之族人也。书室曰敬遗轩，藏书虽无多，然颇有旧本。其藏书印记有"四明敬遗轩卢氏家藏书籍朱文方印"。

卢镐 （1723—1785）

字配京，号月船，清鄞县（今宁波市）人。乾隆十八年（1753）举人，试礼部不中，授平阳县学教谕。少奇颖，偕同里杨尔音游，喜好搜讨僻书奇字。后从史荣研究经史，又执全祖望之门。全祖望每年客游大江南北藏书家，抄本捆载至数百册而返，卢镐与诸友相互递阅，于是经史之学更长。卢镐为人静穆，寡言笑。诗文宽和有涵容，犹如其人。书法洒脱清丽，小楷极秀劲。又酷爱聚书，家藏书籍达万册以上，仅地方志书就达六百多种。后因其子孙不能守，尽散失。

卢文弨 （1717—1795）

字召弓，一作绍弓。号矶渔，又号檠斋，晚号弓父，清仁和（今杭州市）人，祖籍余姚。乾隆十七年（1752）进士，官侍读学士、广东乡试正考官、提督湖南学政等。博学嗜古，尤喜聚书，恒以重价购善本。贮书之处曰"抱经堂"，盖取昌黎赠玉川子语也。生平好

·卢文弨手迹

·抱经堂印　　·卢绍弓

校书，自少至老，寒暑无间。自经传史子，下逮说部诗文集，一经披览，辄加丹黄，如无别本可勘同异，必为厘正字画然后快。

家藏图籍数万卷，皆手自校勘，精审无误。一生所校之书，仅赵吉士辑《卢抱经先生手校本拾遗》所载就达二百一十种之多，注释的经子诸书汇刻为《抱经堂丛书》。著有《抱经堂文集》、《钟山札记》、《龙城札记》、《宋辽金元各史艺文志补》。

藏书印章有"卢文弨印"、"臣卢文弨"、"臣印文弨"、"武林卢文弨家经籍"、"武林卢文弨手校"、"卢文弨字绍弓"、"文弨校"、"东里卢氏"、"御史之印"、"弓父书册"、"弓父手校"、"弓父手藏"、"文弨读过"、"文弨借观"、"范阳卢氏"、"抱经堂"、"抱经堂藏"、"抱经堂写校本"、"抱经堂校定本"、"东里抱经堂记"、"数间草堂藏书"、"数间草堂"、"精校善本得者珍之"、"不学便是面墙"、"白首尚钞书"等。

厉鹗 （1692—1752）

字太鸿，号樊榭，清钱塘（今杭州市）人，康熙五十九年（1720）举人，著书等身，搜奇爱博，尤热衷于宋元以来丛书稗说，无人敢难之者。词直接碧山、玉田。乾隆元年（1736）浙江总督程元章荐应博学鸿词科，试日，误写论在诗前。罢报。居扬州马曰琯小玲珑山馆数年。著作有《宋诗纪事》、《南宋院书录》、《辽史拾遗》、《秋林琴雅》、《东城杂记》、《湖船录》等。其诗幽新隽妙，刻琢研练，尤工五言，取法陶、谢及王、孟、韦、柳，而别有自得之趣，有《樊榭山房集》。乾隆十六年（1751），高宗南巡，演以迎驾，总名《迎銮新曲》。藏书印章有"厉鹗"、"厉鹗之印"、"樊榭山民"、"樊榭山人过目"、"太鸿"、"香雪"。

· 厉鹗画像

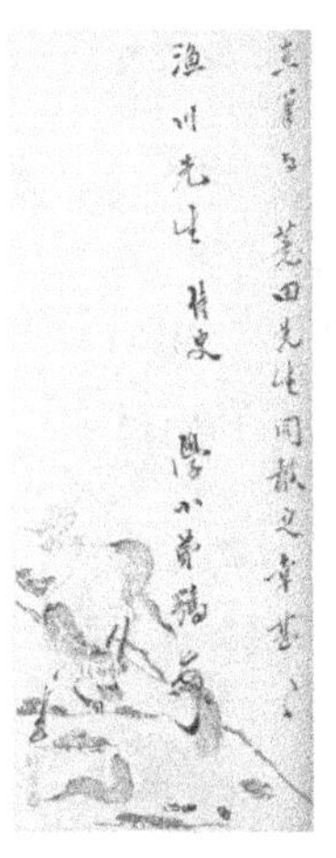

· 厉鹗手迹

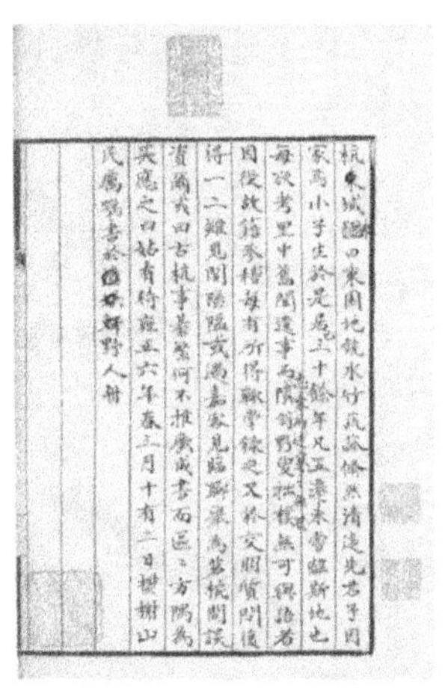

· 厉鹗《东城杂记》稿本

· 史浩画像

· 碧沚旧址

史浩（1106—1194）

字直翁，南宋时鄞县（今宁波市）人，藏书地名旧学复隐。绍兴十四年（1144）进士，任余姚县令，后为温州府学教授，升太学正、国子博士。累官至丞相。他上任做的第一件事就是为岳飞平反，并且任用了大量抗金名臣，包括推荐陆游入朝，力请朱熹出山为国尽力。史浩也是一位著名的诗人，和陆游、范成大、杨万里、尤袤同称为"南宋中兴五大诗人"。和辛弃疾一起，狂歌奋起，诗歌唱尽北伐声。"晚治第鄞之西湖上，建阁奉高宗、孝宗两朝赐书。又作堂。上为书'明良庆会'名其阁，'旧学'名其堂。……绍熙五年（1194）薨，年八十九，封会稽郡王。"

史守之（生卒年不详）

字子仁，宋鄞县（今宁波市）人，以承事郎监平江府粮料院。从沈焕、杨简、袁燮游，心非其叔弥远所为。主管绍兴府千秋鸿禧观，以朝奉大夫致仕。中年避势远嫌，退居月湖之松岛。著《升闻》以寓规谏，诏书累起之，力辞不出。杜门讲学，又学古文于楼钥。不与时谐，以道自任，弥远甚畏之。每有所为，辄戒其家，弗使十二郎知。宁宗御书"碧沚"二字赐之，乃建碧沚亭于湖中。守之尝自署九六子，牙签最富。所藏书籍如宋人小楷《史记》、《却扫编》、《艺文类聚》。后吴中旧书家有"旧学史氏"及"碧沚"、"旧学史氏复隐书印"、"旧学图书"、"史氏家传翰林收藏书画图章"印者，皆其遗书也。

史弥大 （生卒年不详）

字方叔，南宋明州鄞县（今宁波市）人。史浩长子。乾道五年（1169）进士，历官秘书丞、浙西提举，官终礼部侍郎。能守父亲两朝藏书，并有所增益。后将所有藏书及书画传于其子守之。

叶书 （1847—1908）

字伯丹，号鹤帆，清临海人，舟之孙。廪生。倜傥嗜古，工诗善文。聚书博览于乡邦文献，兼嗜金石断碣残碑，与其弟鸥舫深山穷谷摩写殆遍。所居荫玉阁，多储乡邦各种写本，并置备聚珍版。藏书达 3 万余卷，并择所藏乡贤名著陆续排印，名曰《荫玉阁丛书》三十六卷。尝分纂《台州府志·金石志》、《古籍志》两门，及《临海县志》。他的著作尚有《松麓愁吟诗稿》六卷、《临海金石志》三卷、《台山纪游》及《三台诗遗》等。他谢世后藏书多散鬻。乡邦文献多归其同乡许达夫茂才谦善及项士元寒石草堂。

叶炜 （生卒年不详）

字允光，号意亭，清慈溪鸣鹤人。鸣鹤叶氏为宁波望族，家世富盛。叶炜生有至性，以孝名乡里。嘉庆元年（1796）诏举孝廉方正，力辞不就。后由监生官刑部安徽司主事，以母老归养，不复出，行德乡里二十年。曾倡建祖庙，增置祀田，捐金四千多两修建白湖堤和杜湖碶闸。与兄叶燕、叶焕并以诗名，著有《扫叶山房诗稿》八卷。其诗清真潇洒，论者以为似白乐天。叶炜性喜图籍，古书秘本不惜重价购之，或从友人借抄，藏书弄至数万卷，其藏书楼为"扫叶山房"。叶炜有二子，名叶元墀、叶元阶，亦具以诗名，都是藏书家。

叶淳 （生卒年不详）

字伟三，号质生。清龙游人。诸生。与戴敦元至好。工草书，神采俊逸，水墨画亦擅长。收藏颇富，尤多书画作品，精于鉴赏考订。

叶蕃 (1415—1490)

明永嘉人。筑小楼于水滨，贮书千余卷，号"富墨窝"。

叶子渐 (1906—?)

近代余姚人。聚书六千余册。有《叶子渐赠书目录》，著录五百七十九种，约二千六百册。

叶为铭 (1866—1948)

·叶为铭像

原名铭，字盘新、品三，号叶舟。原籍安徽徽州，世居杭州。所居曰铁华盦。博学多识。善刻石、拓碑。尤富金石、考古图书。精金石考据。篆刻宗法秦、汉之余，追踪宋、元，铁线朱文尤灵秀。光绪甲辰（1904），与丁仁、王褆、吴隐在杭州孤山共同创设西泠印社。从"明月千秋"、"自是人中风"两方印来看，深得秦、汉人神韵。著有《铁华盦印集》、《广印人传》《金石家传略》《叶氏印谱存目》《歙县金石志》《列仙印玩》等。抗战期间杭州沦陷时，叶家避难离杭，藏书均为人盗卖，至胜利回杭，已无一物留存，不久去世。

叶元阶 (约1803—1840)

名一作元堦，字仲兰，号心水、赤堇，别号赤堇山人，清慈溪人。县学诸生。室名得一居、枕湖吟舍。工诗，与兄元墀倡诗社，共藏书多达十万余卷。其兄承先志筑杜湖石堤，未成殁，命弟元阶竟之。所藏之书后逐步散出，杭州丁氏藏明闽刊《周易兼义》九卷，《略例》、《音义》各一卷，有"得一居珍藏"印，即叶氏藏书也。著有《赤堇诗钞》、《毛诗说》、《杜诗心说》等。

叶元墀 (1798—1833)

字午生，又字绍兰，别号海药生，清慈溪人。室名海药生、揽碧轩、小隐山庄。道光十二年（1832）举人，官刑部主事。曾与仲弟元阶，倡诗社于月湖之揽碧轩、白湖之小隐山庄，时与名流觞咏。家富藏书，多达十余万卷。涉猎几遍，尤治经学。著有《海蒳轩词稿》。

叶正阳 (生卒年不详)

号晓园，清乐清人。道光十六年（1836）恩贡，著有《晓园诗抄》。自谓拥有万卷藏书。

叶自合 (生卒年不详)

字永和，清兰溪城南隅人。少诵读，不治举子业，工书喜抄录，尝言古人抄书之多无过庄蓼堂，予不可逊，因自号蓼庵。凡婺中先贤遗集悉有手抄本，与东阳王崇炳友善。著有《虚舟载笔诗集》。

叶希明 (生卒年不详)

字璋伯，号欧侣，一字松雪。清杭县人（今杭州市）。西楣长子，性冲淡，善古琴，工篆隶，蓄金石小学书甚多，兼治印绝精。著《松雪庐诗草》。藏书室名"松雪庐"。

叶恭绰 (1881—1968)

原名裕甫、玉甫，字誉虎，号遐庵、矩园，晚年号遐翁。祖籍余姚，生于广东番禺。乃近代史上著名政要人物，文学艺术上亦颇有建树。曾任北洋政府交通总长、孙中山广州国民政府财政部长、南京国民政府铁道部长。1927 年出任北京大学国学馆馆长。建国后曾任中央文史馆副馆长。专志于书画金石诗词图籍，藏书甚富，所藏法书名画，闻名于世。

　　叶氏自其祖上叶衍兰始即富藏书，叶恭绰自言"自少颇有志于史学及文艺，先以搜罗资料及实物为准备"，故也雅好藏书，其藏书甚富，且颇具特色。据《番禺叶氏退庵藏书目录序》所云，其藏书有三类。序曰："系统分明，博搜精鉴，其尤为专嗜者盖有三类：当年掌领交通，周谘乡邑，整理古迹，瞻礼梵音，因收名山、胜迹、寺观、书院、乡镇之志，蔚为大观……；此外有清人词集类，为从事《清词抄》之选辑，备一代风俗之史，若别集、总集通行者，咸列插架，并有罕见秘籍，为海内所无；又有美术考古类，拟撰《识小录》为经眼文物之考证，若国内外所著有关我国文化之图谱、照片，广事搜罗，几无不备。"除此三类外，叶氏又好藏佛书，其"精研佛典，于宋椠释典颇有收藏"。叶还能藏以致用，根据所藏四千余种清词文集，纂集《清词抄》；据所藏《五代文钞》，扩而充之成《全五代文》；据所藏佛教典籍，校印《碛砂佛典》，撰著《历代藏经考略》。叶恭绰又具有开放的藏书理念，不独私其藏。他后来将方志、山志、书院志、寺观志、古迹志及关于文献考古诸函札、图片悉赠上海合众图书馆，清人词凡三千余种赠与陆微昭，佛教文物捐赠上海法宝馆，普通图书文物能散者则散之，以备不虞，毁于一旦。叶氏室名"丰闲堂"，又有"矩园"、"退庵"之称。有"叶恭绰"、"退庵长寿"白方印。

叶颂清（1879—1936）

　　原名敷翊，字子布，号道根，民国年间宁海人。毕业于江南陆师学堂，清末在浙军中任职。后在秋瑾影响下参加光复会，成为辛亥革命在浙江的骨干力量。辛亥革命时参加宁波独立。民国后，仍在军事部门任要职，授陆军中将衔，任浙江第六师师长。所藏之书系其官京杭时所购，有三千余部。

· 叶梦得《石林燕语》明刻本

· 叶梦得画像

叶梦得（1077—1148）

字少蕴，原籍江苏吴县，晚年定居吴兴弁山石林谷，故自号石林居士，又被称为吴兴人。宋绍圣四年（1097）登进士，初官丹徒尉，历官尚书左丞、翰林学士，知杭州、建康府、江东安抚大使，累官至户部尚书、崇信军节度使。

叶梦得自幼勤恳好学，能诗，善词。亦酷嗜藏书，尝自述云："本朝公卿名藏家，如宋宣献、李邯郸，四方士民，如亳州祁氏、饶州吴氏、荆州田氏。吾皆见其目，多止四万许卷，其间颇有不必观者。唯宋宣献家择之甚精，至二万许卷，而校雠详审，皆胜诸家。吾家旧所藏，仅与宋氏等。……"据文献记载，叶氏靖康前藏书已达三万多卷。南渡后，少蕴少年贵盛，广收旧家散出之书，在吴兴弁山石林谷建楼贮书，最盛时藏书逾十万卷，为宋代两大藏书家之一。惜丁卯（1147）冬，其宅与书俱荡一燎。

叶维庚（1773—1828）

字贡三，号两垞，清秀水（今嘉兴市）人。嘉庆十九年（1814）进士，改翰林院庶吉士。历任新喻、宝应、江阴县知县，官至泰州知州。维庚勤学不辍，肆力于史，著有《钟秀山房诗文集》、《三国志地理考》及《纪元通考》十二卷。亦好藏书，藏书处为钟秀山房。

·叶景葵像

·叶景葵手迹

·景葵秘籍印

·景葵所得善本

叶景葵 (1874—1949)

字揆初，号卷庵，别号存晦居士，晚年号书寄生，仁和（今杭州市）人。十六岁入县学为生员，光绪二十九年（1903年）进士。曾任湖南巡抚赵尔巽幕僚、财政总局会办、大清银行正监督等职。辛亥革命后，叶景葵除经营银行业之外，还拥有中兴煤矿公司、海盐面粉公司，并担任商务印书馆董事、监察人。

叶喜聚古籍，收藏有大批稿本、批校本、秘籍古刊、珍贵抄本。缥缃万轴，罗而袤益，天禄琳琅，亦不殊斯，藏书处名卷盦。撰有《卷盦书跋》，为顾廷龙先生所编，跋中提及之书，以购自杭州抱经堂书肆为多。抱经堂店主朱君曾在绍兴旧家中购得顾祖禹所著之《读史方舆纪要》手稿本，运杭后视作瑰宝秘不告人，因保管不善，虫蛀破损不堪，事为葵老所闻，徇请而情让之，经请高手何君长生细加修补，耗时两年，使书完整如新，不损毫发，后为商务影印行世，在书林传为佳话。1936年，将所藏珍贵的宋衢州刻本《魏志》等，参加全省文献展览会。1936年5月，与张元济、陈陶遗等发起在上海创建合众图书馆，并将所藏图书捐献给该馆。新中国成立后，合众图书馆藏书并入上海图书馆。

揆初先生早年喜读医书，常为人处方治病。甚为人称颂。也对草药针灸和植物畜牧方面颇有研究，曾撰有《畜牧要诀》、《炎康物产表》。此外，尚著有《卷盦诗文存》、《卷盦誊稿》等。藏书印章有"景葵秘籍印"、"景葵所得善本"、"杭州叶氏藏书"、"武林叶氏藏书印"、"杭州叶氏藏"等。

叶嘉檙 (1744—1811)

字秀林，号箬林。清平阳人。布衣终身。著有《象义别闻》、《诗义解颐》、《方国珍乱郡考》、《东瓯建置考》、《尚志堂诗文集》、《仰止集》等。有尚志堂藏书。

左峴 （生卒年不详）

字襄南，一字我庵，清鄞县人。康熙九年（1670）进士，十九年（1680）知龙岩县，捐俸修学宫，公余与士子讲论读书作文之法，亹亹忘倦。二十三年（1684）迁知威州，请招远方商人垦田，俾为世业。历官至广东提学道。峴嗜经学，其宋元钞本自校者一百数十种，世传昆山徐氏通志堂所雕，皆峴架中物也。尝作《玉垒记》，谓威州与灌县皆有是山，《蜀都赋》所云者，今威州之玉垒，乃湔水所出，《太平寰宇记》以为在茂汶间者也。若《唐书·地理志》在导江者，今灌县之玉垒，杜工部赴青城寄杜回诗所云题书心乱者是也。其考据精核类此。

帅骧 （生卒年不详）

字玉树，人称力林先生，清昌化人。诸生。笃学好古，家多藏书，晨抄暝写，点勘丹黄，不遗余力。

平步青 （1832—1895）

字景孙（孙一作荪），号栋山樵，别号常庸，或号侣霞，霞外，亦署三壶佚史，清山阴（今绍兴市）人。咸丰五年（1855）举人，同治元年（1862）进士，官编修。

·平步青《南辕纪程》手稿本

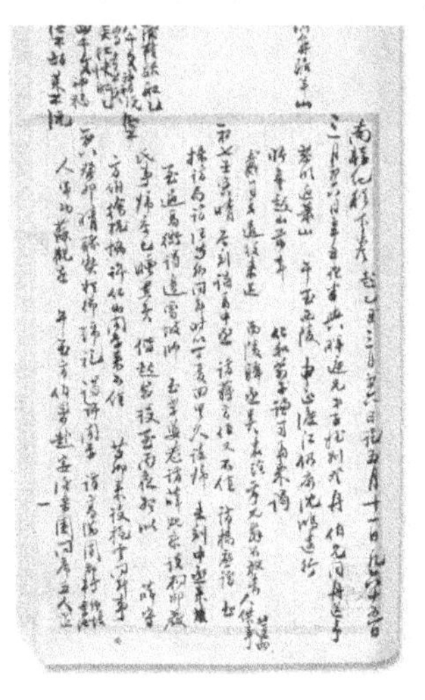

·平步青手迹

丙寅（1866）大考一等，擢翰林院侍读，丁卯（1867）授江西督粮道，戊辰（1868）署江西布政使。后引疾归戢影湖堧，自号栋山樵。唯以读书为事。早岁历馆藏书，遂成奇博，室名小栖霞、两负堂、味不味斋、香雪庵等。治学严谨，尤娴熟掌故校勘之学。有《群书斠识》一百二十余种。晚年自订所著为《香雪庵丛书》二十种藏于家。光绪乙未（1895）年卒，年六十四。藏书印章有"步青之印"、"景孙"、"栋山樵"等。

石公弼 (1061—1115)

初名公辅，字国佐，宋新昌人。元祐六年（1091）进士，官至兵部尚书。持正不阿，善断案，敢直言。曾劾蔡京罪恶，章数十上，京始罢。待蔡京复出，罗织其罪，罢官。家富藏书，为当时越州著名藏书家，《嘉泰会稽志》称："越藏书有三家，曰左丞陆氏、尚书石氏、进士诸葛氏。而石氏当尚书无恙时，书无一不有。又尝纂集前古器为图记，亦无一不具。"

石邦哲 (生卒年不详)

字照明，南宋新昌人。石公弼之子。曾官福建参议。筑堂名博古，藏书二万卷。每抚其子继曾而叹曰："吾是书以遗尔，无恨矣。"

石待旦 (985—1042)

字季平，号石城，宋新昌人。登进士第，志操不凡，隐居县南石溪。宋咸平二年（999），创建石溪义塾，亲自掌教。"首创义塾三区，以上、中、下为别"。亲加督教，供给食宿。求学者达数百人之多。尊师重教，师长他就，依依惜别，相送到离塾二里的凉亭，望不见身影为止，后人称"古望师亭"。他办义学的业绩闻于朝，特赐"待之景公问宗孝正奕祖"十字。天禧年间（1017—1021），又在县西建鼓山书院，延聘名儒程颐、石子重讲学，负笈来游者甚众。范仲淹任越州知州时，尊称他为"石城先生"，聘请他为稽山书院山长，四方前来受业者甚众。藏书于万卷堂。

六　　画

全祖望（1705—1755）

　　字绍衣，号谢山，学者称谢山先生，清鄞县（今宁波市）人。雍正十年（1732）中顺天乡诚，乾隆元年（1736）进士，入庶常馆，为翰林院庶吉士。家富藏书，其庋藏处曰双韭山房。尝曰："自先侍郎公，藏书大半抄之城西丰氏，其直永陵讲筵，赐书亦多，所称阿育王山房藏本者是也。侍郎身后，书卷法物玩器，多归于宗人公之手，以其为长子也。先和州公仅得其十之一。而宗人子孙最无聊，再传后尽以遗书为故纸，权其斤两而卖之，虽先集亦与焉，遂荡然无一存者。先宫詹公平淡斋亦多书，其诸孙分而有之，遂难复集。和州春云轩之书，一传为先应山公，再传为先曾王父兄弟，日积月累，几复阿育山房之旧。而国难作，尽室避之山中，藏书多，难挈以行，留贮里第，则为营将所踞。方突入时，见有巨库，以为货也，发视则皆古书，大怒，付之一炬。于是，予家遂无书。难定，先赠公授徒山中，稍稍以束修之入购书。其力未能购者，或手抄之。先君偕仲父之少也，先赠公即以抄书作字课。已而予能举楮墨，先君亦课以抄书。尝谓予曰：'凡抄书者，必不能以书名。吾家自侍郎公以来，无不能书，而今以抄书荒速废业也。'予至今检点手泽，未尝不叹遗言之在耳也。但吾乡诸世家遭丧乱后，书签无不散亡，只范氏天一阁幸得无恙。而吾家以三世研田之力，复拥五万卷之储胥，其亦幸矣。双韭山房者，亦先侍郎之别业，在大雷诸峰中，今已摧毁，而先赠公取以颜其斋者也。"又曰："年来陆走软尘，水浮断梗，故园积书之岩，偶津逮焉而不能暖席。特篷窗驿肆，不能一日无此君。家书五万卷中，常捆载二万卷以为芒屩油衣之伴。舟车过关口，税司诸吏来肒箧者如虎，一见索然，相与置之而去。雍正癸卯（1723），献艺于仪曹之贾，货不中度，南辕已有日矣。俄而因他事留滞不果，长安米贵，居大不易，于是不能不出其书质之，适监

· 全祖望像

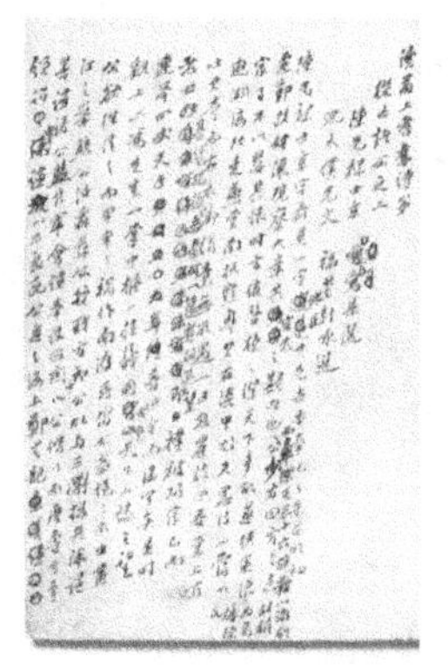

· 全祖望《续甬上耆旧诗》手稿

仓西泠黄君闻予之有是举也，请归之于其邸。……黄君之邸，与予有十里之遥，过此以往，萧晨薄暮，偶有考索，策蹇驴而为剥啄之声者，非予也耶？鸡黍之请，自此殷矣。"

全祖望其学渊博无涯，著作等身。著有《鲒埼亭集》、《经史问答》等十数种。藏书印章有"全谢山所藏书画印"。

关注 （生卒年不详）

字子束，自号香岩居士，景仁子，南宋绍兴五年（1135）进士，官至大学博士。景仁多藏书，注承其家学，益增其所未备。尝教授湖州，与胡瑗之孙滌哀瑗遗书，得《易解》、《中庸义》，藏之学官。又录瑗言行为一帙，意在美风俗，新人材。著《关博士集》十二卷行世。

关槐 （1749—1806）

字柱生，号云岩，又号晋轩，清仁和（今杭州市）人。生时母梦旭日照巨槐上，寤而得男，遂名曰槐。九岁善隶书擘窠，尝书"观海"二大字于弢光石上。乾隆四十五年（1780）进士，入翰林直南书房，历充四库馆武英殿提调。退息之所，有两古松，翠荫几案，于是赐诗有"松下敞书寮"之句，因恭篆"松下书寮"四字，颜其楣。由内阁学士擢礼部右侍郎，第在骆驼桥。少得赵氏小山堂天文遗书、筹算、笔算、奇门遁甲凡三百余种，因留心勾股之学。咸丰初其书次第散出，宋椠元雕颇多异册，并有内廷陈设退出之籍，白纸朱丝，庄书整订，非寻常所有。丁申曾得其零编残简数百种，旋亦失于辛酉之劫。

关景仁 （生卒年不详）

字彦长，宋钱塘（今杭州市）人。嘉祐四年（1059）进士。嗜古好学，藏书甚实。

刘俣 （1152—1215）

字允叔，旧名次皋，号雪堂，晚年又号阆风居士，南宋三都礼村（今属西店镇）人。祖上原是汉代皇室之后裔，隐居天台，后代有迁居新昌，再迁宁海者。父向再，封从政郎荣赐朝奉大夫。刘俟少年时求学于四明学者沈国录先生，同学后来都是甬上著名之士。及长入太学，其间得陆象山（九渊）、朱熹等著名学者青睐，学业长进很快。嘉定元年（1208）以特奏名中举，仕黄坡县（今属湖北省）主簿，有政绩。当时正值国家动荡之际，外有金、元压境，时有鲸吞之心；内则权臣当道，对百姓横征暴敛。皇帝腐败无能，小朝廷风雨飘摇。刘俟目睹现状，遂弃官返里，隐居在家乡的阆风山上。山上有一地势平广面积亩许的岩石，称阆风台。有石室、石井、西洞等名胜，刘俟就在此筑"阆风吟室"，堂构精致，书房以"雪斋"为名。日夕在此读书、作诗，或约酒友共斟，或邀诗友吟唱。故址即今宁海城关阆风巷。刘俟著作丰富，且"藏书逾万卷，皆手自编辑，晚于'易'有得，编成'自义'；'诗'与'论语'皆有解；有'老子'和'杜诗'增释；'阆风集'若干卷，皆未会萃"。后人将其遗著收集编成《黄坡集》若干卷。

刘桐 (1758—1803)

　　字舜辉，号疏雨，例贡生，候选州同，清嘉庆间乌程南浔（今湖州市）人。好交游，喜谈艺，年未三十，即弃举业，锐志聚书。织里一乡，居者皆以傭书为业，出则扁舟孤棹，举凡平江远近数百里之间，简籍不胫而走。不数载，家积至十余万卷。凡宋椠及精写本，不惜重金罗致。插架之富，自天一阁、瓶花斋而外，皆莫能及。筑眠琴山馆为藏书之所，编有《眠琴山馆藏书目》。属奚铁生写访书图以寄意。大江南北及浙东西，知名好古之士，或扁舟过浔上，靡不题襟延接，出奇书以相欣赏。嘉定少詹钱大昕许作藏书记，未就而桐卒，享年四十五岁。子烺幼弱，山馆之书鼠窃鲸吞，不数月，尽归乌有。杨秋室题其身前访书图云："自古图书厄，多经劫火亡。未闻豪贾夺，举作债家偿。"当是时，里中如杨凤苞、施国祁、邢典、张鉴、范锴诸人，各擅才识，然皆苦贫无书，大半借桐所藏始得考订撰述。施及后世，流风未艾，桐之功不可没。桐女婿温曰鉴，字霁华，号铁花，监生，从杨凤苞及邢典游，亦好蓄书，并嗜金石文字，精舆地之学，于南北朝疆宇分合郡县侨置考索尤详。刘桐著作有《楚游草》、《楚游续草》、《听雨轩稿》等。藏书印章有"刘桐所藏"、"刘桐珍赏"、"疏雨薰习"、"眠琴山馆珍藏"、"老来徒费买书钱"，"偶为乌程刘氏珍藏"。

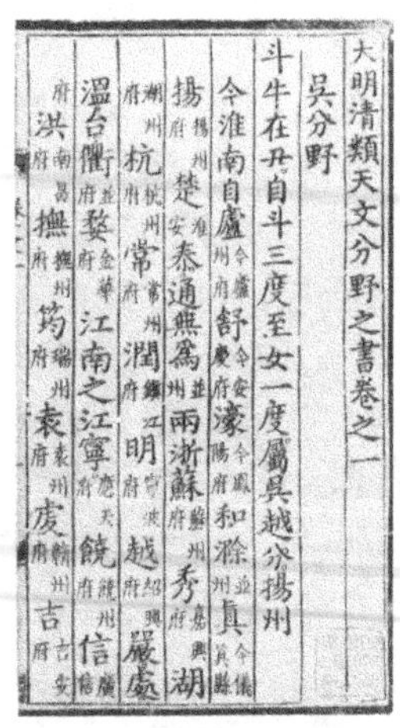

· 刘基《大明清类天文分野之书》明初刻本

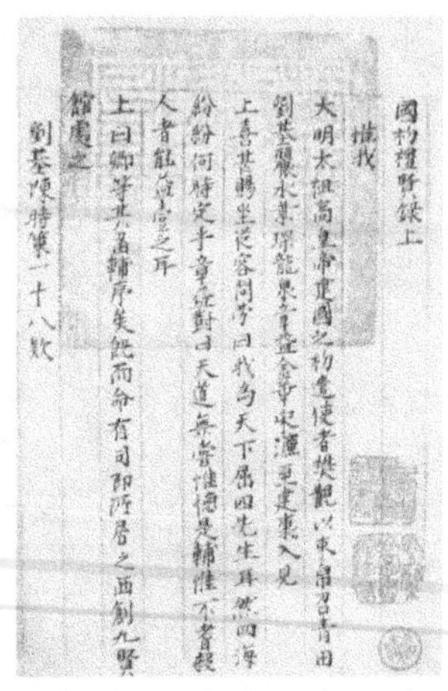

· 刘基《国初礼贤录》明抄本

刘基 (1311—1375)

　　青田人。元朝进士。明初大臣、文学家。与宋濂并为一代之宗。刘基对天文、气象有很深的造诣。早在做元朝高安县丞时，他就结识了进贤人邓祥甫。邓学识广博，对天文很有研究，家中藏书也颇为丰富，刘基经常与他谈论天文地理方面的问题。邓钦佩刘基孜孜不倦的治学精神和其对天象的独特见解，就将自己的全部藏书送给了刘基。因此，刘基得以在天文、地理方面有了更深入的研究，并利用与朱元璋征战的空闲，著写出了《天文秘略》、《观象玩占》、《白猿经风雨占候》等一系列著作。刘基擅长行草，工画山水、梅花。还著有《郁离子》、《覆瓿集》、《写情集》、《犁眉公集》等，其中《郁离子》一百九十五篇，是古代著名的寓言集。后人编有《诚意伯文集》二十卷。

刘焜 (1867—1931)

　　原名振书，字藏香，又字治襄，兰溪人。住杭州蔡官巷。光绪二十七 (1901) 进士、探花。民国后，任浙江省议会副议长，浙江巡按使公署秘书长、内务部总务厅长。在杭时，广收古籍，多由秘书出面经手代买。秘书李某不懂版本，取舍多听从店主推荐，故杭州书肆奉之唯恐不及。藏书数量确也不少，但旧本精抄不多。著有《数律天根》、《庚子西狩丛谈》、《藏香吟草》等。

刘毅 （1559—1630）

字健甫，明山阴人（今绍兴市）。明万历十七年（1589）会试第六，官至广西布政使。藏书颇富，人有以典故叩者，必曰此某集某卷，无讹也。所著有《宝纶堂遗稿》八卷。

刘大白 （1880—1932）

原名金庆棪，字伯贞。辛亥革命后，更改姓名为刘靖裔，字大白，曾用笔名汉胄。绍兴平水镇人。前清举人，现代著名诗人，文学史家。"五四"运动前就尝试用白话写诗，早期积极参加了"五四"新文化革命运动，是新诗的倡导者之一。主要著作有：新诗集《旧梦》（后分编为《卖布谣》、《丁宁》、《再造》、《秋之泪》四个集子）和《邮吻》；旧诗集《白屋遗诗》；诗话《白屋说诗》、《旧诗新话》；还有《中国文学史》等。有《刘大白先生藏书目》，著录约四千种，收书新旧并纳，兼容并蓄。藏书后归浙江大学图书馆，计三千三百余种，一万四千余册，另有报刊三百余种，二千一百余册。

· 刘大白像

刘凤章 （生卒年不详）

字艺兰，清鄞县（今宁波市）人。凤章笃学嗜古，最喜宋人说经之书，生平搜罗乡邦文献用力最勤，尝预修鄞县、慈溪、镇海三邑之志，编《四明艺文志》及《甬上方言考证》。家富藏书，藏书处曰青藜阁。后毁于火。

刘学恂 （1855—1935）

字问刍，原籍广东，早年曾中科举，光绪末年，寓住杭州，在西湖景区营造别墅即现名之刘庄。因家产豪富，性喜书出巨资购置古籍。因不善辨识版本，故藏书虽多，但旧刊精钞不多。为使入藏图书整齐美观，所收书籍全部经修补装帧，加外函套。缘学恂公不识古椠秘册，店肆往往把赝本作秘本，丛书另本作正本，高价售之，藉图厚利。抗战起，避难外地，所藏之书，多为散失。

刘承干 （1881—1963）

字贞一，号翰怡，清吴兴南浔（今湖州市）人。光绪三十一年（1905）秀才，1963 年病逝于上海，享年八十二岁。其父锦藻，清季进士，编有《续清文献通考》。伯父安澜，无子早逝，承干继为长房重孙，独承祖业一份，成为豪富。承干早年就好蓄书，颜其名曰求恕斋，藏书沪上。1920 年始在南浔镇鹧鸪溪畔构书楼一座，斥金十二万两，1924 年落成。1914 年因捐巨款为光绪帝皇陵植树，逊位皇帝溥仪题赠"钦若嘉业"九龙金匾，故将书楼命名为"嘉业藏书楼"，书斋名为嘉业堂。1917 年抄《纶旅金鉴》七卷呈溥仪，又得"抗心希古"匾。他是个酷爱藏书的世家子弟。趁辛亥革命前后，社会大变动，大批古籍涌向社会之际，他收购了甬东卢氏抱经楼、独山莫氏影山草堂、仁和朱氏结一庐、丰顺丁氏持静斋、太仓缪氏东仓书屋等十数家的藏书。他自称历时二十年，费银三十万元，得书六十万卷。

据资料记载，在藏书楼全盛时期（1925—1932）藏书有宋刻七十七种，元刻七十八种，地方郡县志一千二百余种，丛书二百二十余种。刘氏不但以搜集古籍闻名国内外，而且以雕版印书蜚声海内，先后刻书有《嘉业堂丛书》、《吴兴丛书》、《求恕斋丛书》、《留余草堂丛书》，著名的景宋前四史，还刻印不少清代的

·刘承干像

·嘉业堂

·求恕居士

·吴兴刘氏嘉业堂藏

禁书。凡有嘉业堂刻印的书，大都经名家仔细校勘，有的书还有刘氏的题跋。刘氏由于开支浩繁，不善经营，1933 年以后，嘉业藏书楼大量珍贵古籍，逐渐"自我得之，自我失之"（刘先生自语）。抗日战争爆发前，一些宋刻本、明抄本、名家手稿本，陆续出售，多归长沙张氏圣泽园。抗战开始后，又将一千三百多种明刊本，及三十多种名家抄本售予重庆中央图书馆。四百多种明刊本售予上海张叔平。当时，一批极珍贵古籍准备出售时，日本人愿出高价。刘氏出于爱国心，拒绝出售，后由郑振铎等人多方集资买下来了。另据《图书展望》杂志刊登的消息，浙江大学图书馆在抗战胜利后购得嘉业堂藏书二万二千余册，"文革"中浙大把这批书送给浙江图书馆，可称完璧归赵。新中国成立之初，又售给复旦大学图书馆二千余种。1951 年刘氏向浙江图书馆捐赠藏书时，嘉业堂尚存藏书十一万余册，明刊以上的善本、珍本已失，基本上是清代刻本。浙江图书馆接收后，特别是"文革"后，将藏书楼进行了全面整修，充实了藏书。现在书楼焕然一新，藏书已达十六万多册。

刘锦藻（1862—1934）

原名安江，字澄如，南浔人（今湖州市），南浔首富刘镛次子，刘承干之生父。光绪十四年（1888 年）举人，光绪二十年（1894）进士。光绪二十七年（1901），出资赈陕西灾区，依例授四品京堂候补衔。同年写成《清续文献通考》四百卷进呈，赏内阁侍读学士衔。1925 年出资修复清室东陵，溥仪赠"温仁受福"匾额。其著述尚有《南浔备志》三卷，《坚匏盦诗文钞》四卷。藏书处为坚匏盦。

刘毓盘（1867—1927）

字子庚，号椒禽，履芬子，江山人。光绪二十三年（1897）拔贡。曾任知县。幼承家教，精研词学。有词作《濯绛宦词》刊行。民国初年，与朱自清、俞平伯、陈望道等著名学者，执教于浙江第一师范学校。民国八年（1919）秋，应蔡元培校长的聘请，到北京大学文学院国文系讲授词史、词典学、中国诗文名著等课。民国十一年（1922）编成《词史》，未刊而卒。毓盘一生专心治学，生活俭朴，所得薪俸多而购书储之。他著作除《词史》外，尚有《中国文学史略》、《诗心雕龙》、《词话》、《词学斠注》等稿本，可惜大多毁于战火。

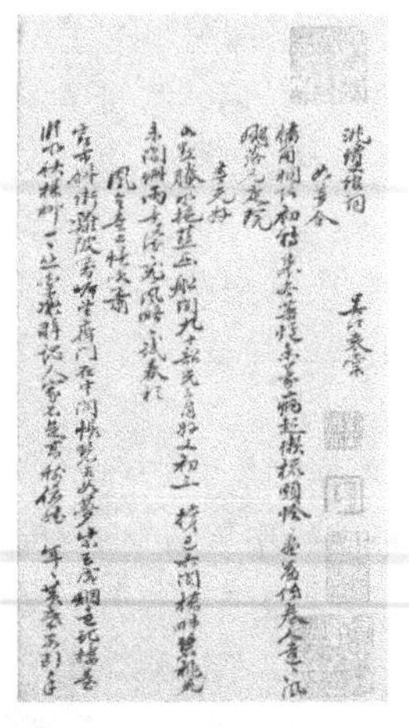

· 刘履芬《古红梅阁词录》手稿

· 吕抚《精订纲鉴廿一史通俗演义》
清雍正活字泥板印本

刘履芬 (1827—1879)

字彦清，生于云间，故号泖生，清江山人，随父客居苏州。以同知直隶充苏州书局提调。光绪五年（1879），署嘉定县事。酷爱诗词，通晓音律。性嗜书，遇善本必倾囊购之。其不能得者，手自抄录，日课数十纸。终日伏案矻矻，未尝释卷。卒后，书亦散失殆尽。著有《古红梅阁集》。浙江图书馆收藏有他的稿本《秋心废稿》一卷、《皋庑偶成》一卷、《淮浦闲草》一卷，批校本《三国志》六十五卷。藏书印章有"江山刘履芬彦青甫收得"、"刘履芬印"、"泖生手校"等。

吕本 (生卒年不详)

明余姚人。藏书处名御书楼。

吕抚 (1671—1742)

字安世，新昌人。性至孝，母丧哀毁骨立，庐墓三年。幼读父书，痛自刻励。年十五，补弟子员。喜藏书，与兄析产，不受广厦腴田，独检集遗书以去。又自购益之，筑逸亭藏其中。恣意翻阅，遂精于天文、舆地、兵法、性理、皇极之学。勤于著述，适海宁查氏狱起，因毁板焉。传有《三才图》、《四大图》，《廿四史通俗演义》。乾隆元年（1736）举孝廉方正。

吕坤 (1536—1618)

号北野，明杭州人。《武林藏书录》卷中："吕园在塘栖镇北，吕都事北野与弟鸿胪寺丞水山（按水山名需）别墅也。积石累山，规模宏敞。其藏书之所曰樾馆，王伯谷篆额；曰喜声馆，陈眉公题额；曰绵庆楼，文衡山书额；曰一本堂，周天球书额。北野子似野，官光禄；肖野，官太仆。当时宾客之盛，第宅之侈，甲于杭郡。"何东甫《塘栖志略》称塘栖镇藏书之富，推吕氏北野，卓氏入斋。可想见当时之盛矣。

吕天成 (生卒年不详)

明余姚人。收藏戏曲剧本就达五百多种。

吕兆禧 (1573—1590)

字锡侯，桐乡人。生有异才，美姿容，年十二，能文章，意乐千古，买书万余卷，与士莽翻诵，矻矻丙夜不休，早卒。所著《笔记》一卷，搜汇东方曼倩、潘黄门、梁简文帝、任彦升诸集行世。

吕甫中 (生卒年不详)

清石门人（今桐乡）。字无咎，吕留良次子，吕葆中之弟。藏书印章有"吕甫中无咎"、"无咎"、"吕印甫中"、"南阳讲习堂印"。

吕居恭 (生卒年不详)

字觉我，海宁盐官人。万历间两中副榜。庄学礼曾师事于其门下。著有《系词醒》、《易解正宗》、《五经正误》、《四书疏解》、《左史手评》、《超然斋集》、《读书楼集》。藏书颇富，四方士人皆仰慕，争相负笈。藏书处为读书楼。

吕留良 （1629—1683）

原名光轮，字庄生，号用晦，又号晚村，清石门人（今桐乡）。矢志以图反清，故康熙间多次召荐，均辞退，隐居不出。康熙二十年（1681），又以隐逸举，吕留良闻知，吐血卧病，即在枕上削发，以出家求免，从此改名耐可，字不昧，号何求老人。当山阴祁氏澹生堂书散出之初，时黄梨洲讲学于石门，留良父子俱北面执经。约定以三千金合作求购澹生堂书。交易既毕，留良之使者，于中途取卫湜《礼记集说》、王偁《东都事略》以去。梨洲大怒，绝其通门之籍。其后禁书事起，庄生所著《晚村文集》、《天盖楼诗》等版皆销毁。藏书印章有"光轮印"、"耻斋"、"南阳讲习堂"等。

吕渔溪 （1890—1957）

嵊县（今绍兴市）人。名磻，又名清渠，字渔溪，以字行。1911 年 11 月，考入南京金陵法政专门学堂。1921 年被调至东三省特别行政区哈尔滨特别地方法院任推事、律师。后从事教育事业。1957 年辞世前将二十四件字画，八百零五件古籍、碑拓，无偿地献给国家。其中三十件二百余册是明、清时期的作品或版本，都是珍品。另有一部分地图及档案资料也全部捐献给国家。

吕章成 （1607—? ）

清余姚人。有蓼园藏书。

吕渭英 （1855—1927）

永嘉人。富藏书，温州籀园图书馆创办时，赠书达三千二百八十九册。

吕葆中 (? —1707)

吕留良长子。原名公忠，字无党，号观稼，又号耻斋，清石门（今桐乡西南）人。康熙丙戌（1706）一甲第二名进士，官至翰林院编修。著有《竿木集》。承其父志，好藏书，又喜抄书以藏，一生抄书甚多。所抄书"留"字皆缺最后一笔，为避父讳。藏书楼曰吾研斋、观稼楼、明农草堂、不远复堂、讲习堂、玉乳山房等。藏书印章有"无党"、"无党校正图书"、"葆中"、"无党手钞"、"御儿吕氏讲习堂藏书"、"东来吕氏明农草堂"、"东来吕氏明农草堂图书印"、"难寻几世好书人"、"吕公忠印"吕氏藏书、、"不远复堂"、"观稼"、"玉乳山房"、"吾研斋藏书印"等。雍正时父子遭文字狱，书禁版毁，印本流传极稀。金农《冬心先生随笔》云："……吕氏破残，巢无完卵，其书不知归谁何插架矣"。

孙介 (1114—1188)

字不朋，祖籍余姚烛湖，是北宋末年南宋初年的学者。因著《雪斋野语》一书被人们尊称为"雪斋先生"。郡庠生。授书自给，发愤求学，至老不倦。自诸经正义、诸子书、战国策、两汉至五代史、百氏文集、异闻杂说等，悉手抄。

·孙介画像

孙峻 (1864—1936)

字极于，号康侯，仁和（今杭州市）人，岁贡。为浙中大藏书家之一，寿松堂孙氏后裔。家学渊源，承其先德遗绪。少时雅耽簿录鉴藏，博学工文。曾佐丁氏校辑《武林掌故丛编》及《武林往哲遗著》，为书林名籍。后丁氏辑《武林坊巷志》，耄年未就，亦以属先生续辑。先生学识博，掌故熟，补缀甚多，尤为当时儒林所共称。先生著述等身，著作尚有《莲居庵志》十卷、《虎跑寺志》八卷、《仁和县志稿》不分卷、《醧略补》四卷、《天竺志备》、《中天竺法净寺志》、《六和塔志》、《筑圩图说》等。清末先生受命掌文澜阁《四库全书》。辛亥革命后，曾参与冯国璋幕。先生藏书不慎于火，所藏半付劫灰。赋性恬澹，无意仕进。闭门却扫，补收珍籍，牙签之储，渐复旧观。尤留心乡邦文献，不殊曩昔，广为搜集。1932 年先生将家藏宋刻精本《名臣碑传琬琰集》，以三千银元让给浙江图书馆。以后复以宋刻《淳化阁帖》石数十块相诒。先生谢世后，其子君木将所藏书三千多卷，全部捐赠浙江图书馆。所赠书有《杭州孙氏寿松堂捐赠书目》可以查考。

孙琮（1636—?）

字执升，号寒巢，清初嘉善人。诸生。早自高隐，所居山晓阁，乔木参云，皆数百年物。藏书万卷，手不停披，每评选一书出，人争购之。晚岁放迹名山，笠屐所经，悉发于题咏。著有《山晓阁诗文集》。

孙锵（1856—1933）

又名礼锵，字高康，一字仲鸣，号玉仙，别号砚舫居士，奉化长寿乡人。光绪二十年（1894）进士，以中书科中书授越隽厅篆。其地彝汉混居，土瘠民贫，文化落后，锵力创农桑，尤重办学，广立学堂，刻印《开化入门》等书，补旧学之不足，购置图书万余卷，移藏于书院，供师生借阅，且月授三课，遣学生去成都和浙江等地学习，或日本留学，时人誉称"文翁化蜀"。辛亥革命时寓德阳好古山房。一生嗜书，搜集甚丰，建藏书楼，额曰"七千卷藏书之楼"，曾捐三千卷为乡里湖澜书塾，筹资校刊《宋文宪公全集》，纂《越隽厅全志》，著有《砚舫文集》。所藏之书皆四库未收秘籍。有藏书楼名"好古山房"，收藏图书、画帖极多。晚年于上海爱丽园筑藏书楼名十二万卷楼。

孙鑛（1542—1613）

字文融，号月峰、湖上散人，明余姚人。隆庆举人，万历二年会试第一，殿试成二甲第四名进士。历仕文选郎中、兵部侍郎、加右都御史，南京兵部尚书，加封太子少保，参赞机务，人称其"手持书卷，坐大司马堂"。有《绍兴府志》五十卷，系与张元汴同撰。此书以纲统目，统属有秩；并有图六十余幅，附入各类次；资料

·孙鑛画像

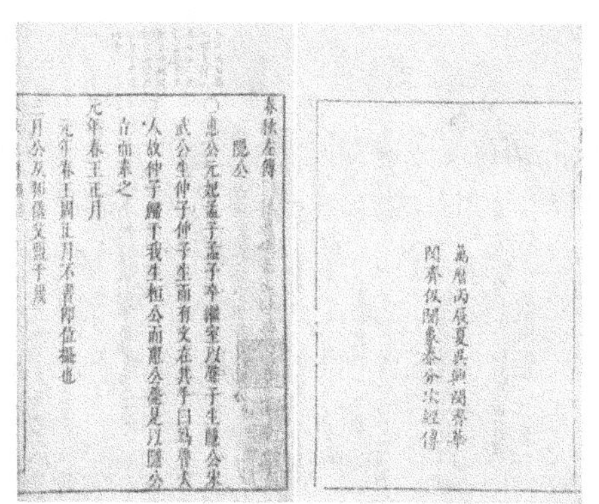

·孙鑛批点的《春秋左传》刻本

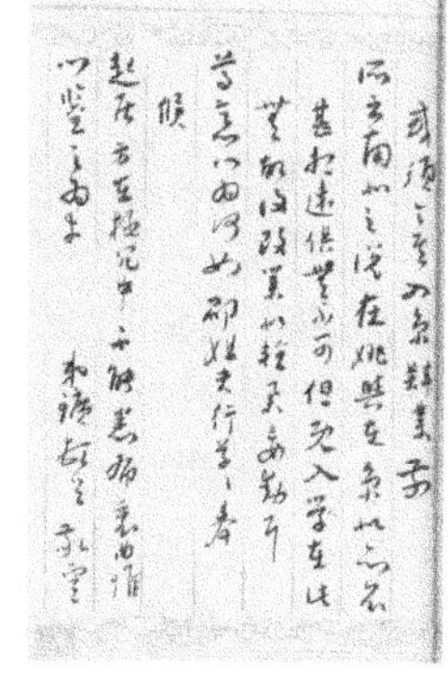

·孙鑛手迹

采撷丰富，编辑亦得法，能发前志所未明，补旧志之未备。另有《今文选》、《孙月峰评经》、《孙月峰全集》等。有月峰藏书。

孙九叙 (1164—1211)

字功甫。天台人。亲既殁，凡室庐田产器物，听伯仲所自取，不以介意。好买书，延良师以教子。

孙之琮 (生卒年不详)

字元襄，清仁和（今杭州市）人。少负逸才，广搜异书、典故，为文古雅轶荡。学使者试辄第一。晚年结茅西溪，冯徵君洪业招致之，遂移家鹦鹉湖上。洪业好客，每当名流会集，酒酣援笔数百言立就，著有《史论》一卷、《粗细草》一卷、《纂类》十卷及《舆地山川图》行世。

孙凤钧 (1839—1904)

字铨伯，清海宁人。所藏蜀大字本《魏志》、抚州本《公羊》，南宋初年所刻宋公序本《国语》，皆世间稀有之本。著有《国语札记》、《家语校记》，其序跋载《海昌艺文志》。

孙世伟 (1883—1958)

　　字俶人，号徽庐，原籍绍兴，寄寓杭州。光复会党人。早年在东北任事，民国初来杭定居，任浙江都督府秘书、浙江实业司司长、内务司司长。喜罗致典籍，常至城站福缘路抱经堂书店购置古帙，与店主朱慎初颇相友好，曾为朱慎初先生题《抱经堂藏书图》手卷，诗文并茂。家中虽多善本，殊鲜宋元珍集，专注重搜罗先贤手札名迹或名人抄本。民国二十五年（1936）秋浙江省举办文献展览会，应征参展所藏著作十种，咸为名人手稿本。所藏有潍县陈簠斋所辑光绪十九年（1893）原拓《十钟山房印举》一书，整洁完好，世甚罕见，民初上海商务印书馆曾照原拓影印行世。抗日战争期间，幸赖家中老佣忠诚，竭力设法保护，故所藏之书，损失不多。解放初期，分批售与上海古籍书店。

孙古徐 (生卒年不详)

　　清山阴（今绍兴市）人。好聚书，尝得《王佐北征日记》，《张岱石匮文编》。亦擅画，山水、花卉，深得恽寿平神韵。

孙仰曾 (生卒年不详)

　　字虚白，号景高，宗濂子。清仁和（今杭州市）人。岁贡生。候选盐运司运同，曾胚胎家学，赓续绪余，宋椠元雕，充牣几架。鼎彝碑版，罗列文厨。梁山舟学士、王梦楼太守相与题评考跋。乾隆癸巳（1773）应诏进书数百种，内有《乾道临安志》三卷，仰邀御题，并赐《佩文韵府》全部，士林荣之。编有《寿松堂书目》四卷，经乱失去。

孙仲鸣 (生卒年不详)

　　清奉化人。聚书七千卷。藏书处名七千卷楼。

孙延钊 (1893—1983)

字孟晋，瑞安人。孙诒让之子，玉海楼藏书传人。其父去世后曾将玉海楼藏书的一部分捐入籀园图书馆（温州图书馆的前身）。1956 年为杭大教授时将数万卷藏书捐献给杭大。"文革"前夕又将数种珍本捐赠给北京图书馆。编有《玉海楼丛书细目》，著录丛书一百三十一种，近七千册。又有《瑞安孙氏玉海楼藏温州乡贤遗书目》，著录四百六十二部。

孙廷璋 (1825—1866)

字仲嘉，一字莲士。曾更名淳溥，同治元年复故名。清会稽（今绍兴）人。幼精悍趹弛，善为刻雕藻绘之文。甫冠，应童子试，擢第一，补诸生。道光二十九年（1849）充拔贡生，旋举于乡。次年试国子监学正学录第一，授学录，升助教。咸丰三年（1853）告归，改教职，选遂安教谕，未赴。入赀，以知府候选，浙抚王有龄檄治文案，以事被劾。太平军破绍兴、杭州，遁出，入广东，客肇庆知府、龙川知县幕各一年，所至龃龉，乃挈家浮海归。咸丰间与李慈铭交，益治经史，务为本原之学，作诗"务□镂隐僻，几至腐颖，每一篇出，千锻百炼，必于奇丽"。著作有《元艺堂文集》、《勉憙堂诗集》及《玉井词》一卷。

孙廷翰 (? —1917)

字问清。诸暨人。世居上海。光绪十五年（1889）进士，授翰林院检讨，历充国史馆纂修、文渊阁校理。癖嗜古书画及旧版书籍。

孙衣言 (1815—1894)

字劭闻，号琴西，晚号遁叟，清瑞安人。道光三十年（1850）进士。官至太仆寺卿。自撰《玉海楼藏书记》："予家自先大父资政府君，隐居种学，好聚图籍，儿时见先世旧藏，多前朝善本，丹黄殆遍，经乱无复存者。予初官翰林，稍益购书，以禄薄不能尽如所欲。同治戊辰（1868），复为监司金陵，东南寇乱之余，故家遗书，往往散出，而海东舶来，且有中土所未见者。次儿诒让，亦颇知好书。乃令恣意购求，十余年间致书约八九万卷。虽视深宁所见，未能十之四五，然颇自谓富矣。……乃于

· 孙衣言像

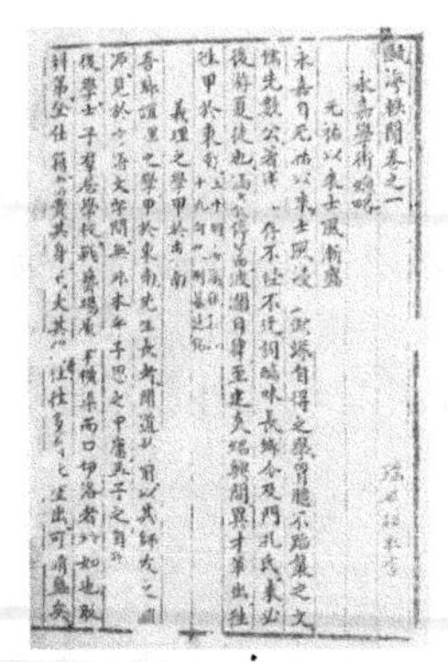

· 孙衣言《瓯海轶闻》稿本

· 玉海楼

金带桥北，别筑大楼，南北相向，各五楹，专为藏书读书之所，尽徙旧藏，庋之楼上。"即现存的玉海楼。同治时，主讲杭州紫阳书院，尝从文澜阁及丁氏嘉惠堂、朱氏结一庐借所藏永嘉诸先贤著作钞校。著有《逊学斋诗文钞》，辑有《瓯海轶闻》。

孙衣言生平秉性刚直，学术上表彰永嘉之学，尤服膺于桐城古文学派，喜辑乡贤辈遗文佚事，曾以《宋元学案》缺少永嘉诸儒史实，而补撰《永嘉学案》。校辑《永嘉丛书》，校勘精审，可称善本。

孙志祖 (1737—1801)

字颐谷，一作诒谷，号约斋，清仁和（今杭州市）人。乾隆三十一年（1766）进士，历官江南道御史。中年以后告病回籍，无宦情，遂不复出，著书校雠为事。性孝友，颖悟过人。少得毛奇龄集，灯下读之，不寐者累夕，凡读经史必求释其疑而后已。暇即手一书，键户校书，无问寒暑，所藏书籍丹黄几遍，著有《家语疏证》等凡十余种。寿松堂者，孙氏藏书之处，有乾道、淳熙间刊本王弼注《周易》十卷，为其家五世藏本，后归丁氏善本书室。浙江省图书馆藏有他的增订本《谢氏后汉书补逸》六卷。藏书印有："孙志祖"、"志祖校过"、"寿松堂收藏宋本"。

孙诒让 (1848—1908)

字仲容，号籀庼，清季瑞安人。孙衣言之子。同治六年（1867）举人。捐过刑部主事。继承父业，生平殚心文献，尽力搜购书籍，尤留意温州地方文献典藏。孙家父子均推重宋代学者王应麟，王应麟博览群书，著作达六百多卷，其中巨著为

·孙诒让画像

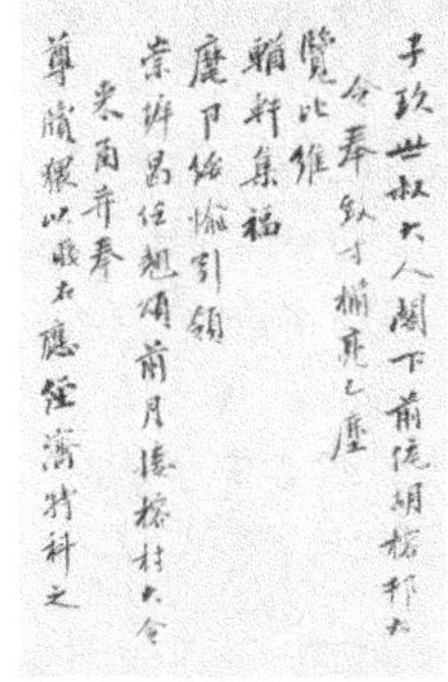

·孙诒让手迹

·孙诒让《古籀拾遗》稿本

《玉海》二百卷，故孙氏将其家的藏书室命名为玉海楼，盖取意贵为世宝而又无所不备也。楼在瑞安县城内金带桥北，光绪戊子（1888）建，为二层楼口字形建筑。据《玉海楼书目》所载，有藏书十万卷。依"四库"例序目，其藏书始自同治六年、七年，终至光绪后期，来源以南京为多，次则北京、上海、武昌等地，并有东海舶来者。所藏书多有诒让、其父衣言、其叔锵鸣之批校、题跋。藏书中宋元乡哲遗书，都三百种，宋元以前人著，不及百种。先生博古通今，著作极富，所著之书，已完成的有二十六种，未完稿的七种。其中著名的有《周礼正义》八十六卷，是解释《周礼》比较完备的书籍（稿本藏温州博物馆与温州文管会）；《墨子间诂》，为研究笺释《墨子》最具权威性之书；《契文举例》是考释甲骨文最早的著作。先生谢世后，其子延钊（字孟晋）将藏书的一部分捐入籀园图书馆，即现在温州图书馆的前身。1956 年，杭州大学建成，孟晋为杭大教授，将数万卷藏书捐献给杭大。"文革"前夕又将数种珍本捐赠给北京图书馆。现在玉海楼藏书已不上万卷，为县文管会管理，珍品有宋明道年间刻的一卷《藏经》。

孙秉之 （1903—1952）

原名振麟，号滌斋，别号雪映庐主，平湖人。幼年天赋聪颖，酷爱读书，在入德商禅臣洋行期间，白天工作，晚上自学英语。后回乡，参加家族修谱工作，在修谱中，悉心搜集古籍及乡邦文献。日久，嗜古兴趣越来越浓，不仅与本地书商经常联系，还发信给杭、嘉、湖、沪、苏等地古籍书商联系购买。日积月累，藏书渐富，把书房取名"雪映庐"，含义是借古代孙康映雪读书之意。经十多年的苦心搜集，藏书达五千余册，其中不乏旧椠精抄，手稿多种珍贵本。编有《雪映庐藏书书目》。著有《当湖历代画人传》九卷，辑有《孙氏家乘》六卷。

1952 年先生谢世后，其夫人顾氏将全部藏书分别捐献与平湖图书馆、上海文物管委会、浙江图书馆。浙图藏《建文朝野汇编》二十卷，明万历刻本，有"秉文"、"当湖孙氏雪映庐振鏖藏"二方印。除以上二印外，尚有"当湖孙振鏖字秉之雪映庐珍藏金石"之印记等。

孙宗濂 （生卒年不详）

· 寿松堂

字栗忱，号隐谷，清仁和（今杭州市）人。乾隆九年（1744）举人。尝一试春官，不见收，即息辙乡里。藏书数万卷，以枕葄为乐。终日丹黄，矻矻未尝一日废书也。庭有嘉树，构堂曰寿松。有友六七人，皆高岸，无凡情，时来偃息。年四十三卒，一时士论惜之。藏书印章有"寿松堂"。

孙祖同 （生卒年不详）

民国著名收藏家，字伯绳，号破梦居士，藏书处名虚静斋。祖籍山阴（今绍兴市），最迟自其祖父孙士达起已寄籍江苏常熟，但其书画鉴藏书印章仍作"会稽孙伯绳鉴藏书画"、"会稽孙伯绳平生真赏"、"会稽孙氏虚静斋收藏书画印"。孙士达起家寒儒，却善于经营，先后参曾国藩、李鸿章幕，治外交，办洋务，一时名动公卿间。官至天津海关道，卸任后息影林泉，以尽天年。孙伯绳曾为编纂《孙竹堂观察书牍辑要》，辑录祖父同光间上呈曾、李等政要的函件数十通，是研治近代史的有益资料。孙伯绳的父亲直斋是常熟富豪，早年即以收藏中国书画出名，后痴情善本书，变卖所藏书画转藏古籍善本，并得宋刻本《花间集》，著有《虚静斋宋元明本书目》。此人原在上海拥有不少地产，还开设了数处钱庄，亦曾富甲一方。这些便为孙伯绳成为上海著名的书画收藏家奠定了物质基础。孙伯绳绮年即能诗，刊有《虚静斋诗初定稿》、《虚静斋诗胜》，同学东吴大学时已

有籍籍名矣。能诗，亦难掩其藏家之名。他的虚静斋，以鉴藏书画名盛一时，曾印
《虚静斋藏画集》行世，后痴情善本书，斥字画购善本，得宋刻本《花间集》（陈隆
恪1952年诗《再叠韵答伯绳》句中自注有云："君近得宋版《花间集》"），后又得
宋医书一、元椠一。编藏书目、志各一册。有《虚静斋宋元明本书目》传世，著录
一百四十四种，单明刊本就有一百二十种。嗣后祖遗旅社，其业不振，负重债，拟
鬻书以救燃眉。北京图书馆闻之，以近亿金购之去。架上空而心中泰然矣。

孙家淮 （1881—1946）

字翔熊，或作祥熊，宁波人。性好典籍，日坐书肆，先后收得者分藏木箱，凡
四十有四。居于城南塔影巷，楼屋三楹为藏书之所，名蜗寄庐。斋中陈设端砚、古
墨，明窗净几，用宣纸挥毫，手临法帖，兼习白描人物，书画、奇器罗列几案间。
其藏书也，讲究版刻，初收艺术小品，渐及四部。遇有精本，辄以前所蓄新刻益以
银币易而得之，故其所藏版本精美，而数量不多。尝出百金兑初刻印本《庚子消夏
记》二册。书友以其能出高价也，于是故家散出之书，莫不先往孙家，使之得以从
容选择。珍本有宋刻《隋书》八十五卷、元刻至元本《荀子》二十卷等。明钞本大
部分为天一阁流出者。新中国成立后，大部分藏书归入天一阁文保所。藏书印章有
"鄞蜗寄庐孙氏藏书"朱文方印、"南湖蜗寄庐藏"白文方印、"蜗庐长物"朱文长方
印、"翔熊所藏"朱文方印。

孙智敏 （1881—? ）

字廑才，杭州人。光绪三十三年（1907）翰林，是清朝最后之翰林公。宣统元
年（1909）任浙江图书馆会办。辛亥（1911）后任建德、龙游两县知县，又任杭州
高等学校监督、之江大学文理学院教授。喜藏书。早年常往清河坊文元堂书店选购
喜爱之书，是文元堂书店之常客，后又至城站抱经堂书店求访古籍，数十年来家中
藏书甚富。如人至其家拜谒，口叫孙老时，只听其在书房内回声，不见其人，因孙
老坐在四面环抱之书房中，故自称为"书巢主人"，可见其藏书之多。但无罕见善
本，均普通一般刊本，以集部类为主。孙老整日坐书斋中，爱不释手阅览古籍，或
动笔写字。又喜饮酒，可说每餐必饮。擅书法，但所书均是清代通行之馆阁体，方
整清秀，字如其人。如亲友向其求墨宝者，无不应命。孙老故世后，藏书由家人陆
续售完。孙老早时曾和钱塘丁辅之、仁和叶为铭、王寿祺三人同辑《西泠印社志》，
并由孙老作序。其著述尚多，惜均未付印而遭散失。

孙瑞泉 （生卒年不详）

字芝台，一字拜石，清桐庐窄溪人。窄溪孙氏为文学世家。泉性豁达，喜购书帖，由拔贡授湖州府武康县教谕。生平不蓄一钱，任满囊书归，贮于一琴书屋，计数千卷，手加参注。尝曰："积金不如遗经。"以文学名于时。又工诗，著有《九里洲梅花吟》，刊入《挹芬集》中。

孙熙元 （1780—? ）

字邵庵，清仁和（今杭州市）人。国子监博士。手抄善本几及千卷。

孙锵鸣 （1817—1900）

孙衣言之弟。其海日楼所藏多地方先贤遗著。

· 孙锵鸣像

孙德之 （1191—1274）

字道之，号东白山人，宋东阳人。博学赡文章，登嘉熙二年（1238）进士。又中宏辞科为国子博士。出倅建宁，擢秘书监丞。著有《续东莱大事记》，起汉武征和之世，迄后周显德之终，约计千五十年，通为书一百卷。德之南宋咸淳四年（1268）在故里建藏书阁，文天祥命其名曰文昌阁，并书匾额，撰《文昌阁记》。

孙鹤皋 （1888—1970）

奉化萧王镇人。1910 年日本长崎高等商业学校毕业。回国后任长春吉长铁路局会计处副处长、大冶铁矿

·孙鹤皋旧居

会计处处长。1921 年起在上海从事证券交易、经商。1927 年参加北伐，历任国民革命军总司令部参事、浙江省政务委员会委员等。后转任四明银行常务董事兼总经理，大来商业银行董事长。

　　鹤皋一生嗜古，聚书万余卷，藏书处曰天孙阁，大多藏书系抗战期间出资一万七千余元从慈溪董氏处购得。为避兵火，几经搬迁，散失较多。解放后，部分藏书入浙图，其中收入浙江图书馆古籍善本书目的有四十余部。较珍贵的有明刻《皇明奏疏类钞》六十一卷、《左国腴词》八卷、《甘泉先生古诗选》五卷等。

孙颢元 (1778—?)

　　字华海，一作花海，清仁和（今杭州市）人。诸生。尤富书画收藏。著有《异撰斋稿》。藏书数千卷。亦多书画，尤精鉴别。明刊本《东坡先生诗集注》卷内钤其藏书印。藏书印章有"颢元"、"颢元花海阅过"、"孙氏花海藏书"。

庄仲方 (1780—1857)

　　字芝阶，清秀水（今嘉兴市）人。嘉庆十五（1810）举人，官内阁中书。博览群书，读书崇尚朴实之风，不屑以辞章博取声誉，好古精鉴别，工古文辞，生性淡薄利禄，长期云游在外。晚年居嘉兴用里街，筑映雪楼。藏书五万卷，编有《映雪楼藏书目》。其自跋云："余生平所嗜惟书与花，而书尤甚。积五十年得书几五万卷，合经史子集区为十卷，注为三编。内编有醇无疵，外编有醇疵参半，附编多伪书或浅陋疵类者，各著撰人名氏爵里，略及行事并著书之意。他日书即云散，留此一目，亦足以见余精神所寄矣。”又精通史学，辑《碧血录》，收录明前忠臣义士二百余人事迹。又著有《映雪楼文稿》等。庄仲方感于总集自《文选》以后，唐、北宋、元、明诸朝各家均有成书，只有南宋和金朝没有，于是搜罗群书，汇编成《南宋文苑》七十卷，又编辑《金文雅》十六卷。

庄祖基 (1843—1890)

字守斋，别署兰味轩主。其先祖为江苏武进望族，后迁浙江秀水（今嘉兴市）。以军功历保知县，加同知衔，知武宁县事。光绪十六年（1890）三月卒，年五十有余。先生生平无他嗜，独好蓄书，手自钩校，日夜不休，积宋元以来善本至数万卷，藏书处曰兰味轩。文孙泽定、泽宣等克承先志，以遗书一部分，捐赠浙江图书馆。冀先人遗泽，与世共之。藏书印有"毗陵庄祖基守斋氏藏书印"、"秀水庄氏兰味轩收藏印"、"庄印兆印"等。1934年，其孙庄泽宣将藏书二十七箱捐赠给浙江省图书馆。当时有《捐赠书目》一册，其中有明慎独斋刻本《文献通考》，明精刊《白孔六帖》、《文章辨体》、《陶学士文集》、《念斋文集》等。浙江省图书馆在《浙江省立图书馆馆刊》上刊载有《本馆新得庄氏兰味轩捐赠图书目录》报道。

朱至 (生卒年不详)

字履伯，清海宁人。弱冠以奉莪、仲鱼两陈子受经，习汉唐诸儒故训。多购异书，留意金石文字。歌诗乐府，骏伟踔厉，婉而多风，仿佛抱遗老人。著有《壶口山人诗》、《庚庚石室近稿》。

朱勋 (生卒年不详)

字定国，号阳华，明鄞县（今宁波市）人。少为诸生，朱氏为鄞之世族也，勋祖源以孝友好义著，父应桂曾官藩幕。万历二十五年（1597）举于乡，三十二年（1604）任清江知县，廉明慈爱，疏河渠，罢无名之征。三十五年（1607）升松江知府，善治盗，除郡中大猾，治行赫然，为同官所忌。罢归，居石桂桥，后迁黄家墩。有留余堂，后为遗安堂，堂之后有五岳轩，题额为董文敏笔。勋与王世贞友善，馆其家。性嗜古，所居五岳轩，购先代彝器、名迹充其中，博古家所载某物在四明朱氏，即五岳轩也。勋子陛，孙钺、曾孙泂皆能守其业。

朱祚（生卒年不详）

字天锡，号拙斋，明海盐人。明官员，诗人。正统元年（1436）举人。官尤溪令，改知靖安。顾正、吴昂、徐泰、郑儒泰皆为其门弟子。著有《拙斋漫稿》、《云谷集》，撰《弘治海盐县志》。喜收藏，藏书万卷。

朱偰（1907—1968）

字伯商，希祖长子。海盐人。民国十八年（1929）考取德国柏林大学研究生，获经济学博士学位，1931年回国后，任中央大学经济系教授、系主任。课余对南京的名胜古迹进行调查研究，亲自摄影和测量，编著《金陵古迹图考》、《建康兰陵六朝陵墓图考》、《元大都宫殿考》、《明清两代宫苑建置沿革考》等。解放后，历任南京大学经济系教授、系主任，江苏省政协第一、二、三届委员，江苏省文化局副局长等职。生平嗜古，尤喜古代史研究，承父家业，藏书数万卷。50年代初，分两次将藏书珍品宋版《周礼》、明抄《水经注》，以及南明史料等捐赠北京图书馆。第三次1965年，将藏书数万册全部捐赠南京图书馆。

朱钺（生卒年不详）

字君赏，清鄞县（今宁波市）人。家世多储藏书，其所谓五岳轩者，图书法物甲于天下。吴中好事家簿目有云，是物藏甬上朱氏者不可屈指。君赏清俊闲雅，车骑甚都。尤喜按食经款客。遭丧乱，弃诸生，焚香灌花，萧然人外。其鉴别古玩，半面了然，尤具神眼。拟之前宋遗民，则固草窗一辈也。初避地于黄公林，寻返故居，遭大火，尽丧其所有。快快失态，家亦中落。而一琴一砚，必无下品；一茗一粥，别有清思。历年八十，如一日也。

朱琰（生卒年不详）

字桐川，号笠亭，又号樊桐山人。清海盐人。家贫为母负米百里外，以岁贡应京兆试，联捷，需次归里就馆。乾隆三十一年（1766）进士。曾历主金华、吴江诸书院。为"嘉禾七子之一"。主张"学而求其实用，有裨于国计民生者"。初为江西巡抚幕僚，后授直隶阜平县知县。为政廉慎，捐俸重建学宫。阜平素无志书，朱琰首创编纂，惜未及完稿，积劳过度，卒于任上。好聚书，刻书，收藏甚富。工诗擅文，精小学，尤精鉴别金石缣素，著书宏富，有《金华诗录》六十卷，外集六卷、别集四卷、书后一卷，《明人诗钞》、《唐诗律笺》、《笠亭诗集》十二卷、《金粟山人遗事》等。其中《陶说》一书，记述中国陶瓷制作技术及其发展历程，是我国第一部著名陶瓷史，在国内外有一定影响。藏书处为樊桐山房。藏书印章有"琰"、"笠亭"、"樊桐山房"、"烟云供养"、"龙门百尺"、"一编文字"、"一炉香"等。

朱溍 （生卒年不详）

清仁和（今杭州市）人。朱学勤次子，与兄朱澂同守结一庐藏书。

朱瑞 （1883—1916）

字介人，海宁县人。光复会党人。三岁失怙，赖母氏抚育成人。瑞虽童稚，居恒悉遵母训，能以礼自持，由是邻里交相称誉。七岁始从长兄学，质虽鲁而志笃，弥自锐厉不懈，读《春秋左氏传》至有关战事篇章，如未读熟而不能背诵如流，恒彻夜温读不寐。其治学之专，有悬发锥股之毅力。稍长怀班超之志投笔从戎，进南洋陆军讲学堂，毕业后回浙江任职督练公所参谋处，直至擢为兴武将军浙江都督。因其自幼攻读文史，颇多心得，故军务傍午之暇，雅好搜罗古帙。辄轻车简从，赴杭州清河坊文元堂书店购书。店东杨耀松尽力代觅珍本，如有所获，即嘱其内弟朱华运往衙署以供选择而偿所托。朱华因过往频数，介人先生亦待之如友，且常留之共食。某日运书往公馆，中途遇雨而衣履尽濡，介人先生即命人取自服之衣为之更换，能见其平易近人。间或持书至公馆而介人适不在，则由秘书陈天翰代理审购。著有《浙江朱都督政书初稿》。介人先生藏书，因本人故世后由其家人出售。

朱蔚 （1699—1738）

字霞山，号西菼，仪长子，清桐乡人。廪贡生，年十四补博士弟子，屡困场屋。诗宗汉魏，古文学曾子固。惟凝重，不苟言笑。交友尚气谊，有古人风。好学嗜书，著述甚富。惜殁后遗稿散佚，仅存《春明吟稿》一卷。藏书印章有"紫阳朱蔚图籍"、"新安朱氏文房"、"群雅书堂"、"麟趾本仁"、"朱家月谭"。

朱樟 (1677—1757)

字亦纯，号鹿田，又号慕樵，晚号灌畦叟，清钱塘（今杭州市）人。康熙三十八年（1699）举人，擢部郎，出守泽州。少从毛西河游，颇为所赏。征车所至，必载书以行。涉胜地，吊遗迹，务穷考索，而宣之于诗。归田后，徜徉湖山之胜。《随园诗话》："乾隆初，杭州诗酒之会最盛。名士杭、厉之外，则有朱鹿田樟、吴瓯亭城、汪抱朴台、金江声志章、张鹭洲湄、施竹田安、周穆门京，每到西湖堤上，揭裳联襼，若屏风然。有明中、让山两诗僧留宿古寺，诗成传抄，纸价为贵。《南屏坐雨》：朱云：'一角山昏秋欲晚，满窗叶战雨初来。'"年八十卒。家有日及园，藏书甚富。著有《观树堂集》。惜卒后，藏书散逸已尽。

朱澂 (? —1890)

字子清，清仁和（今杭州市）人。学勤子，纳资为江宁道员。室名结一庐（承袭父朱学勤斋名），自号结一庐主人，撰有《结一庐书目》四卷。叶德辉为之序："……今朱书转归丰润张氏……朱氏有《结一庐书目》四卷，编次极精，每书下注明版刻年月、钞藏姓名，惜只传钞本，不能与海内共读也。余因再三校阅，付之手民。"好聚书，家藏书素富，又裒益之，精本充牣。光绪庚寅（1890）病殁，遗书十八柜，尽归张幼樵副宪佩纶，即朱氏婿也。其中宋十行书《晋书》、宋刊《东西汉会要》、《宋诸臣奏议》、元刻《农桑辑要》等，世所罕见。藏书印章有"仁和朱澂"、"臣澂印""子清真赏"、"子清"等。

朱一新 (1846—1894)

字蓉生，号鼎甫，清义乌人。清光绪二年（1876）

·臣澂私印

·仁和朱澂长寿印信

·西溪朱氏藏书小印

·子清校藏秘籍

进士，复试一等，殿试二甲，朝考一等。改翰林院庶吉士，官至陕西道监察御史。后因疏劾那拉氏宠监李莲英，遭严谴，乞骸骨归。光绪十三年（1887）粤督张之洞延为肇庆端溪书院山长，十五年（1889）移掌广雅书院讲席，以经训性理及史事词章经济课诸生，造就甚众。为学宗旨雅近陈兰甫。所居佩弦斋在今义乌县朱店。为楼五间，藏书数万卷，古本收藏亦多。书斋名佩弦斋。一新殁后，藏书多有散失。解放后，其后裔将全部藏书捐赠国家。现部分保存在义乌县图书馆。著有《质庵丛稿》、《佩弦斋诗文存》。藏书印有："佩弦斋收藏"、"朱鼎甫"。浙江图书馆藏明嘉靖刻《王氏存笥稿》二十八卷钤有此二方印。

朱元吕 (1815—1850)

字律卿，号涣璜，清海宁人。道光十五年（1835）中顺天举人。授内阁中书。癖好金石，尝至陕右历歧阳汉中诸郡访周秦汉唐以来遗迹，又尝登泰岱谒孔陵搜奇抉秘。著《金石粹编补辑》，足匡青浦王氏所未逮，又有《十六国春秋年表》若干卷，亦精核。

朱元炅 (1812—1862)

字炯斋，号海曙，清海宁人。未弱冠，饩于庠，岁科试屡列前茅。廪贡生，候选训导。生平潜心古籍，自经史子集，以及医卜星相诸杂艺，靡不淹贯，尤精小学群经，皆有校勘记。藏书万余卷，藏书处名绿萍仙馆。自遭兵燹，楹书零落。著有《海曙见知闻书目》、《东周列国考略》二卷，浙江图书馆善本书目收有清抄本《东周列国考略》二卷等两种。

朱元弼 (生卒年不详)

朱同生孙，号武原，字良叔，门人谥曰"达隐先生"。明海盐人。著有《敬道会编》、《犹及编》一卷、《独醒庵集》六卷《补遗》一卷、《士林密约》、《大学通注》一卷、《礼记通注》等。万历年间，承祖业，藏书亦富。

朱壬林 (1780—1859)

原名霞，字礼卿，号小云，清平湖人。少年家贫，刻苦力学，嘉庆五年（1800）乡试中举，十六年（1811）以第一名成进士。官至直隶按察使。性嗜书，然非滥于搜罗。故积书至五楹，所录皆谨严有法。藏书达万卷，自诩"小万卷楼"。编有《小万卷楼书目》。平日风晨雨夕，辄手一编。晚年广集先贤百余家遗文及诗五百余首，与邑中名士顾广誉、叶廉锷等汇集为《当湖文系》。壬林为官中外三十余年，谨操守，勤职司。为同僚所推重。告归，自奉俭约，而周济贫乏，虽多金不吝。著有《小云庐诗稿删存》、《小云庐晚学文稿》、《当湖朋旧遗诗》。

朱文钧 (1882—1937)

字幼平，号翼庵。萧山人（今杭州市）。近现代收藏家、文物鉴定专家。早年游学欧洲，回国后曾任故宫博物院特约委员，学术上与傅增湘多有往还。所藏多得自徐坊、盛昱遗藏，解放后其后人捐献国家的古籍有二万余册，碑帖七百余种，书画等文物二十四件，其中有的可称世上极品。藏书处名介祉堂、六唐人斋。以藏有宋本《李长吉文集》四卷、《张文昌文集》四卷、《许用晦文集》二卷及《拾遗》二

·朱文钧幼平甫珍藏印

·萧山朱氏

·幼平珍秘

·翼庵审定金石书画印

卷、《孙可之文集》十卷、《司空表圣文集》十卷、《郑守愚文集》三卷，因名藏书处为六唐人斋。藏书多名校古钞，尤富于集部及宋元人文集。曾参加 30 年代初北京图书馆落成时古籍善本展览，引起重视。后唐、宋、元人文集大多归北京图书馆。1977 年后，其后人秉承遗志将明清善本二万余册捐献国家，现存中国社会科学院历史研究所。经三十余年积累，搜藏汉唐碑版七百余种，有北宋拓汉鲁峻碑、北宋拓唐九成宫碑等。书画亦颇多精品。1952 年由后人全部捐献，现藏故宫博物院。撰有《欧斋石墨题跋》一种。毕生爱护文物，收藏亦富。十年浩劫后，尚遗存端砚、宣炉及明清时家具二十余件，也由后人分别捐献于故宫博物院、浙江承德等地博物馆。藏书印章有"翼庵审定金石书画印"、"副斋"、"朱文钧长寿年宜子孙"、"翼庵欣赏"、"萧山朱氏"、"幼平珍秘"、"朱文钧幼平甫珍藏印"、"朱文钧"、"六唐人斋"、"萧山朱氏书藏"等。

朱文藻（1736—1806）

字映漟，号朗斋，清仁和（今杭州市）人。乾隆时诸生。藏书处名葆醇堂、碧溪草堂。其《葆醇堂藏书录》著录图书约千种。精六书，无不贯穿源流，会其旨要，又能手亲摩写。通史学，凡经传编年纪事通典诸书，辄考其缺略，审其是非。王杰督学浙江延访之。至京师，佐校《四库全书》，又奉敕在南书房考校。尝游山左，孙星衍与之商订金石，成《山左金石志》。后又为王昶修《西湖志》，并纂辑《金石萃编》、《大藏圣教解题》等书。文藻工诗，在刘梦得、张籍之间。清嘉庆十一年卒，年七十二。著有《碧溪草堂诗文集》、《碧溪诗话》、《碧溪丛钞》、《东轩随录》、《东城小志》、《东皋小志》、《青乌考原》、《金箔考》、《苔谱》、《萍谱》、《续礼记集说》、《说文系传考异》等并传于世。

·朱文藻《厉樊榭年谱》手稿

朱长庚 (生卒年不详)

字与白，诸暨人。万历三十七年（1609）举人，官桃源令，调含山，以耿介忤当道罢归。隐居巢山之啸客堂，藏书甚富，类多手评。

朱世杰 (生卒年不详)

字秀岩，清钱塘（今杭州市）人。道光五年（1825）副贡，官湖北竹山知县。好聚书，劫后，钱塘丁氏得其残帙，皆善本。

朱兴悌 (1730—1811)

字子恺，号西崖，清浦江人。岁贡。拥书万卷，无他嗜欲。年至八十，披吟不辍。诗歌力追古人。著撰大半毁于火，今存者有《易说》、《春秋总论》、《三国志笔录》、《金华经籍志》、《随笔》、《西崖诗文钞》、《宋文宪公年谱》。

朱同生 (生卒年不详)

朱祚孙，明海盐人。有书癖，藏书数万卷，其中有朱子手批《杜预左氏春秋》茧纸抄本，凡八册。

朱师辙 (1879—1969)

字少滨，原籍江苏吴县，后改籍安徽黟县。清小学家朱骏声之孙。其家三代藏书。民国初，在参政院工作，并随父孔彰（清史协修）赴清史馆检稽事迹，调查考证。后继其父受聘为清史馆协修。1921 年起先后在北京辅仁大学、中国大学、河南大学、成都华西大学任教。抗战胜利后，在广东中山大学任教授。新中国成立后，退休寓于杭州，潜心著作，曾有著作赠毛主席、周总理、陈毅等中央领导。毛主席、陈毅同志均有复信。据家属云，董老、刘少奇同志也有复信，但未见。"文革"中，"红卫兵"去他家扫"四旧"，头一天只拿走了文物字画，未动书籍。他怕再来，把毛主席亲笔信稿悬挂门上。次日"红卫兵"再来，见主席信稿，不再入门，全部藏书得免。朱氏于 1969 年在杭州去世，1974 年，他儿子与儿媳将全部藏书（包括主席、陈毅同志的信稿）捐售给浙江图书馆。计有藏书五千册，其中明刻本与朱氏三代稿本约有三百余册。较珍贵的有《二十子全书》一百六十九卷，经他祖孙二代批校的朱骏声手稿本《六十四卦经解》八卷。省文化局发给奖状及奖金五千元。先生著作等身，较著名的有《清史艺文志稿》四卷、《清史述闻》十八卷、《商君书解诂》五卷等。

朱邦经 (1751—1820)

字友鹤，清嘉兴人。乾隆四十四年（1779）举于乡，年逾五十以大挑选授杭州府学训导，俸修所入悉以购书，十六年秩满迁国子监学录，曰吾头颅如许，岂能再作春明梦耶！载书而归，署其庐曰小万卷楼。所著古文兼柳州、庐陵之胜，古诗宗陶、谢、韩、苏，近体出入晚唐宋元。工篆分，嗜金石。余事兼擅岐黄术。晚年自定所著为《友鹤山庄稿》。

朱希祖 (1879—1944)

字逖先，海盐人。1905 年留学日本东京，曾随章太炎学习《说文解字》和音韵学。归国后在嘉兴浙江省立二中任教师；辛亥革命后，在北京、广州、南京等地高等学校任历史系教授。五四运动前曾为《新青年》和《晨报》副刊撰稿。1921 年底，与郑振铎等发起成立文学研究会。先生一贯热心乡邦文献，搜罗地方志书甚多，对晚明史料的收集、考订甚勤。据谢国桢《晚明史籍考》云，缪荃孙所藏野史多入其

· 朱希祖像

手。藏书最多时达二十多万册。据浙江省 1936 年文献展览会会刊统计，其送展的晚明史料最多，其中珍贵的史书有《鲁之春秋》、《石匮书》、《甲申朝事小纪》等多部。朱希祖于 1944 年在重庆逝世。当时藏书在屯溪凹下戴东原藏书楼。殁后其藏书也陆续散出，部分已归浙江图书馆收藏。著有明季史籍题跋六十八篇，其他书籍题跋十四篇，大多发表于期刊上，1961 年中华书局为之整理编印成书，名曰《明季史料题跋》。又有《宋代金石书目考》一卷、《赵明诚年谱》二卷、《屈翁山年谱》二卷、《明广东东林党传》一卷等，均未刊。

朱步沆 （生卒年不详）

字沁泉，清长兴人。诸生。行耿介，不轻许可，唯与同邑臧眉卿及其弟子杨岘相交。杨岘作《朱步沆传》云："家巨富，藏书数万卷，储书之楼曰五三楼，与杭州汪氏振绮堂埒。"并有《赠朱沁泉》诗曰："先生厌尘务，习静五三楼。镇日西风里，高吟楼上头。书城豪万卷，词笔命千秋。客至还呼酒，功名付醉侯。"

朱国祚 （1559—1624）

藏书大家朱彝尊曾祖父，字兆隆，号养淳。明秀水（今嘉兴市）人。少时孤贫，万历癸未（1583）进士第一，授翰林院修撰，进洗马，为皇长子侍班官，又进谕德。官至户部尚书，武英殿大学士，礼部尚书，兼东阁大学士。后辞官归里，卒赠太傅，谥文恪，赐祭葬。墓在城区塘汇乡百花庄，今已毁，宅在城内碧漪坊塔弄。家富藏书，所藏钤有"朱国祚印"。惜于清初毁于兵祸。藏书目不详。朱国祚为文醇雅宏畅，善书法，笔力遒劲。不仅藏书，而且著述等身，著有《介石斋集》二十卷、《孝宗大纪》一卷、《册立疏草》一卷。与杨起元辑有《皇明百家文选》十七卷。

朱学泗 （生卒年不详）

字景行，清海盐人。生平嗜钞书，经史百家皆有摘录。积久贯彻，取资为文，丰赡有古色。雍正十年（1732）解元。

朱学斌 （生卒年不详）

字幼思，明海盐人。伟躯便腹，目光奕奕射人，资颖敏强记，提笔数千言立就，性不善治生，又好收藏古书画彝鼎，坐是斥卖，负郭殆尽，每谈锋捷发，四筵咸寂寂，以是多触人忌。晚岁得蹇疾，徙居委巷，犹匡坐摊书无愠色，以文学终。

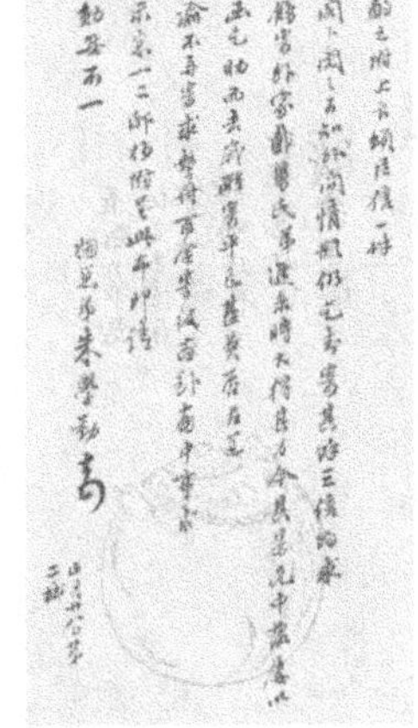

· 朱学勤手迹

· 臣学勤印

· 修伯珍藏图籍

· 朱学勤修伯甫

· 结一庐藏

朱学勤 （1823—1875）

字修伯，清仁和（今杭州市）人。咸丰三年（1853）进士，官至大理寺卿。博通国典，政事之余，以搜罗古籍为事，叶昌炽《藏书纪事诗》注："咸丰庚申（1860），英人焚淀园，京师戒严。持朱提一笒，至厂肆即可载书兼辆，仁和朱修伯先生得之最多。"藏书中宋元明刊及明清精抄本达数百种，其书多得之于长洲顾氏艺海楼，及同郡劳氏丹铅精舍，劳格之藏即多为其所得。当时，学勤居塘栖镇筑书楼，曰"结一庐"。编有《结一庐书目》四卷，编次极精，每书下注明版刻年月，钞藏姓名。著有《结一庐遗文》、《国用岁出岁入总数考》等。藏书印章有"朱氏学勤"、"修伯"、"朱学勤修伯印"、"修伯读过"、"结一庐主"、"结一庐藏书印"、"结一庐图书记"、"唐栖朱氏结一庐图书记"、"朱氏文房"。

朱昆田 （1652—1699）

字文盎，号西畯，彝尊子。清秀水（今嘉兴市）人。太学生。博览群书，勤于著述，诗词独具风韵，人称"小朱十"，意指其诗才可与其父"朱十（彝尊）"媲美。家富藏书。著有《笛渔小稿》、《三体摭韵》等。藏书印章有"朱之昆田"、"朱西畯曾观"。

朱昌燕 (1851—1906)

原名昌龄，字苓年，号衍庐，海宁人。岁贡生。授训导。资性颖异，博览群籍，专精掌故。未冠为蒋果敏公所器重，生平慕朱竹君学使，绘有《拜竹图》。光绪二十年至三十三年间（1894—1907）掌教东山书院。尤喜奖掖后进，五百里内，高才生掇巍科而去者，多出其门下。性好聚书，所居朝经暮史昼子夜集之楼，庋藏甚实。收藏书籍，有关掌故者多。室名有沙明水碧山庄（寓庐名），故自号沙明水碧山庄主人。又室名椒花后舫、沙滨草堂、朝经暮史昼子夜集楼等。殁后藏书尽散。朱昌燕著作等身，大半为未成之稿，惜多已散失。浙图尚藏朱氏《朱衍庐先生遗稿》八卷《补编》一卷，张宗祥抄本；《朱衍庐旧藏钞本书目》一卷，费寅编，稿本。藏书印章有"拜竹龛"、"喜翁"、"昌燕"、"海昌小桃源朱氏朝经暮史昼子夜集楼收藏之印"、"书如水我如鱼鱼不可一日无水我不可一日无书"、"衍庐经眼"、"朱昌燕"、"衍庐"、"海昌朱昌燕原名昌龄"等。

朱祖谋 (1857—1931)

一名孝臧，字古微，一字藿生，号沤尹，又号彊村。归安（今湖州市）人。光绪八年（1882）举人，次年进士及第，授翰林院编修，累官至礼部侍郎。祖谋善填词，与王鹏运、况周颐、郑文焯并称"清末四大家"。生平致力于词集校勘，广收诸

·朱祖谋画像

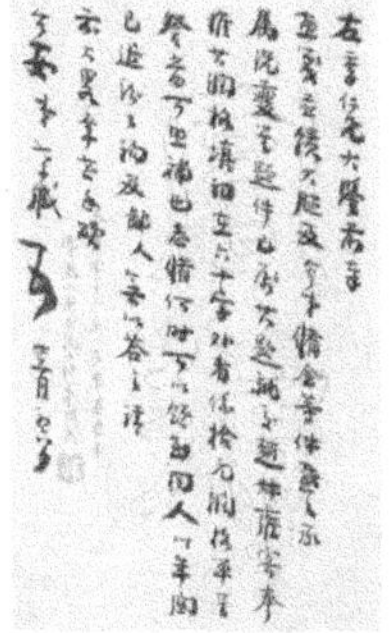
·朱祖谋手迹

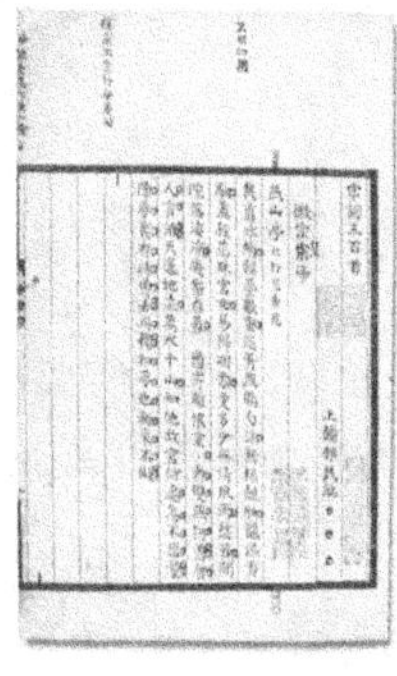
·朱祖谋《宋词三百首》手稿

家词集，积二三十年之功，校编成《彊村丛书》，辑录宋词别集一百二十家。室名"无著庵"、"思悲阁"。

朱祖琪 （生卒年不详）

仁和（今杭州市）人。叶景葵岳父，藏书多精刻本。藏书处名兰笑楼。有《兰笑楼藏书目录》。

朱绪曾 （1796—1860）

字述之，号北山，江苏上元（今南京）人，寓居嘉兴。道光二年（1822）乡试举人，署武义、秀水，二十七年摄海宁州知事，迁嘉兴。精训诂，所撰《续棠阴比事》、《开益斋集》等已佚，今存有《北山集》、《昌国典咏》十卷、《曹子建集》、《研溪笔记》等。绪曾藏书甲于江浙。每遇秘籍，尤喜传抄。藏书处为开有益斋。咸丰三年（1853），太平军攻克江宁，其家藏书十余万卷尽成灰烬。然其在浙江的数十行箧图书仍存。卒后，不知散于何家。

朱彭寿 （1869—1950）

字小汀，号述盦，海盐人。清光绪二十四年（1898）进士。曾任陆军部右丞、左丞等职。辛亥革命后，先任税务处长沙关、宜昌关监督，继任北洋政府秘书、秘书长帮办。嗜古喜聚书，适梅里忻氏不眠懒斋藏书散出，朱所得皆善本。其所藏之书多至数十万卷。彭寿精考订校雠，经考订成书的有二十余种，已刊印的有《旧典备征》五卷、《安乐康平室随笔》六卷、其余已刻未刻的有二十一种二百一十三卷。

朱遂翔 （1902—1967）

绍兴人。字慎初。书商，亦藏书。清光绪三十四年（一九零八年）来杭学习书业于杭州清河坊文元堂书局，拜杨耀松为师，20 世纪 30 年代在中国旧书业中是响当当的"书林巨子"。他当时同写《贩书偶记》的孙殿起合称为"南朱北孙"。在杭州开设抱经堂书局，又在上海愚园路设分店，刊售旧书。室名"抱经堂"。

朱鼎煦 (1886—1968)

字赞卿，萧山（今杭州市）人。民国初年为鄞县法院推事，旋任龙山法政学校教员暨辩护士，后改任律师。常居宁波，性好典籍，遇故家藏书散出，不惜重金得之。常熟毛氏汲古阁、歙县鲍氏知不足斋、余姚卢氏抱经堂、萧山王氏十万卷楼、萧山陈氏湖海楼、慈溪叶氏退一居诸家藏书，流散如水赴壑，集于朱氏。复往来杭州、上海间购所未备。居宁波府侧街，寓庐六楹。藏书处曰别宥斋。插架森森，皆典籍也。节衣缩食，钱币不继，室人交谪，默默不之校。书分两藏：一在鄞城，一在萧山。1940 年冬，日寇入侵萧山，所储明代方志、清初禁书及乡先哲未刻遗著，移藏山阴下沥桥者（未及编目），尽付一炬。其在鄞者，初为避兵迁于白象桥郭氏家，以水厄，又迁之后隆牛背脊之阳堂庵。巨柜累累，转徙流离，盗贼垂涎，逞凶劫掠。不得已，由西郊入城，赁居云石街，白蚁蚕食之。历经火水盗虫四劫之余，精华之本，多归上苍。尝邂逅得宋本《五代史记》，把玩考校，喜而不寐。书友示以顾千里手校《仪礼》，典衣买之。故人号为书痴。举凡说部传奇，科场用书，百家杂说，残稿剩牍，均兼收并蓄。其精刻、罕见本、稿本堪供鉴者不下百余种。特别珍贵的刊本有如《集韵》十卷，明毛氏汲古阁景宋精钞本、书上钤有"宋本"、"希世之珍"、"毛晋私印"、"汲古阁"等印记二十六方，有段茂堂、阮元跋等。又如《唐书》宋嘉祐杭州刊本、《嘉禾志》元至正刊本等。新中国成立后，藏书逐渐散出。"文革"中，书被"红卫兵"抄走。1980 年，其后人将全部藏书约数万卷捐赠宁波市天一阁文保所。藏书印有"萧山朱氏别宥斋藏书印"朱文大方印，"萧山朱鼎煦考藏书籍"朱文长方印，"别宥斋"朱文方印，"煦修阁"朱文方印，"治书轩"朱文方印，"香句室"朱文方印，"乐寿堂"朱文方印，"萧山朱氏"朱文方印、"朱别宥考藏记"朱文方印、"朱鼎煦印文"白文方印、"朱印鼎煦"朱文方印、"鼎煦小印"白文方印、"朱鼎煦"朱文长方印、"朱鼎煦"白文长方印、"别宥"白文方印、"朱赞卿"白文小长方印、"酇卿"白文长方印、"朱家"白文方印、"朱十七"朱文方印、"朱千万"朱文圆印、"朱别宥校"朱文长方印、"酇卿心赏"朱文方印。

朱献臣 (生卒年不详)

原名廷鑢，字余古，清鄞县（今宁波市）人。献臣为朱钛之族人。明清之际值世扰乱，诸家法物多散出者，献臣一一收拾而善藏之，故插架无数，一时有小五岳轩之称。

朱稻孙 (1682—1760)

　　字稼翁，一字芋陂，晚号娱村，彝尊孙，清秀水（今嘉兴市）人。少孤，由祖父抚养。乾隆元年（1736）举博学鸿词，官州判。善诗文，工书法，尤以小楷为精。性刚介，不谐于俗。身虽不达，名重艺林。晚年益穷困，犹保护祖父所遗曝书亭八万卷无损。开设四库全书馆后，他受征部分遗书。晚年追忆旧游，作《纪行绝句》、《拟古乐府》、《罗浮蝴蝶唱和诗》、《烟雨楼志》，又集早年诗作为《六峰阁诗稿》。藏书印章有"梅会里朱氏"、"南书房旧讲官"、"梅会里朱氏潜采堂藏书"、"潜采堂"、"朱印稻孙"、"稼翁"。

朱彝尊 (1629—1709)

　　字锡鬯，号竹垞，又号鸥舫，一号小长庐钓鱼师、金凤亭长，清秀水（今嘉兴市）人。康熙十八年（1679）举博学鸿词。授检讨，参与修《明史》。富藏书，家有曝书亭、潜采堂。至中年，好抄书。及通籍，借抄于史馆者有之，借抄于宛平孙氏、无锡秦氏、昆山徐氏、晋江黄氏、钱塘龚氏者有之。主乡试而南还里门，合计先后所得约三万卷。先人之手泽或有存焉者。归田之后，续收四万余卷，又上海李君赠二千五百卷。于是拥书八万卷，足以豪矣。乾隆修《四库全书》，彝尊进呈藏书六十九种，后著录五种，列存者二十五种。晚年，自谓不能遍读藏书，而铭之曰："夺侬七品官，写我万卷书，或默或语，熟智熟愚？"且皆钤印于卷之首叶，一面刻朱文戴笠小像，一面镌白文十二字曰"购此书，颇不易，愿子孙，勿轻弃"，殆即钟鼎文之"子孙永宝"意也。卒年八十一。著《曝书亭全集》；又辑《经义考》、《明

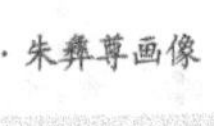

·朱彝尊画像

·朱彝尊《史馆传稿》手稿

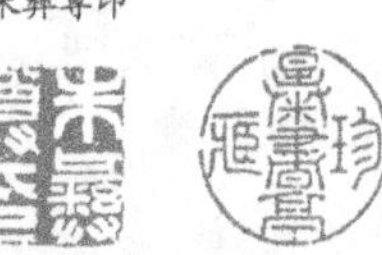

·朱彝尊印

·曝书亭

·曝书亭珍藏

诗综》、《词综》、《日下旧闻》等书。藏书印章有"秀水朱彝尊锡鬯氏"、"朱氏彝尊"、"竹垞小长庐"、"我生之年岁在屠维大荒落月在橘壮十四日癸酉时"、"文恪曾孙"、"鸥舫珍藏"、"秀水朱氏潜采堂"、"梅会里朱氏潜采堂藏书"、"曝书亭珍藏"、"竹垞观书记"、"朱彝尊印"、"彝尊"、"七品官耳"、"南书房旧讲官"、"竹垞读本"等。

江元祚 （生卒年不详）

字邦玉，明钱塘（今杭州市）人。隐居不仕，筑草堂于西溪之横山，堂之上为拥书楼，广储图史。邦玉啸傲其中，读书自得。崇祯十年（1637）夏五月，嘉定马巽甫元调访之，为作《横山拥书楼记》云："自横山草堂盘曲而上，即堂为楼，眉题'拥书'，果睹万卷。或传前朝，或颁内府，縹缃再寻，棐几称是。左史右经，殆将连屋。发为文章，宜有此构。推窗远眺，眼界全碧，千峰若围，隐见树杪。邦玉因言：'吾年三十八，即高揖博士，不愿备弟子员，将尽读楼中书，以自乐其乐。'因略出先世所藏及生平所购，多余所未见古本。又出一时四方名人高士往来赠答诗篇及文章图画，竟日不能尽。后乃示余自所为文，俱有超然自得之妙。"

江树棻 （1892—1962）

字雪塍，号勖庵，又号桐村雪子，西塘（今嘉兴市）人。南社社员。工书法，善诗词，能篆刻。创办西塘私立国民昭华高等女校。集三十余人成立胥社，任会长，并刊《文选》、《词选》、《诗选》三辑。又与当地书画友人发起成立平川金石书画研究社，任会长。被聘为嘉善县修志馆编纂，辑有《大事记》（上），著有《舍北草堂诗》、《三两窠斋词》、《闻樨馆杂缀》等。潜心收藏古籍书画，藏书四千余册，多集部、多清初刻本。书斋兼藏书处为舍北草堂。

汤淮 （生卒年不详）

清鄞县（今宁波市）人。淮聚书颇富，且勤于校雠，故所藏多善本。

·汤寿潜像　　　　　　　　·汤寿潜手迹

汤寿潜 （1856—1917）

　　原名震，字蛰仙，一作蛰先，山阴（今绍兴市）人。光绪十八年（1892）进士，授编修，官安徽寿阳知县。辛亥杭州新军起义，被举为浙江都督。喜藏书，公闲即去文元堂和天禄阁两书肆选购古籍。书贩知道他喜书，经常送书上门，日增月积，数年后藏书甚富，其中不乏罕见的古刊精抄和名人手稿以及名家批校珍本。寿潜先生不仅藏书多，著作也富，著有《庸言》、《危言》、《尔雅小辨》、《理财百策》、《三通考辑要》等。抗战时，杭州沦陷藏书逐步散失。书首均盖"浙东汤氏拱执宦藏"、"见即买有必借窘尽卖高阁勤晒国粹公器勿污坏"两方藏书印章。蛰仙先生在清季时筹集民间资本，创建商办铁路，易政后议归国有，政府追崇劳绩，赍以银币二十万元，辞谢再三，旋将此款从银行中拨付捐与浙江省教育会。该会后移作建筑浙江省图书馆经费，馆在杭州大学路。设计庄严典丽，美轮美奂，气宇恢宏，实耗银二十九万元。除汤氏存银行本息二十六万元外，由政府添补三万元。

汤绍祖 （生卒年不详）

　　字公孟，彬之孙，明海盐人。七岁通古文词，长而耽读，读书恐为人涸，尝置一舫，聚书其中，泊于寂寞处读之，薄暮鼓棹归以为常。喜聚书，闻有异书必百计购求，以故藏帙独富。好骈丽之文，取梁末及李唐之可继萧《选》者为《续文选》三十二卷。著有《清远堂文稿》。

祁承爜 (1562—1628)

字尔光，号夷度，又称旷翁、密园老人，明山阴（今绍兴市）人。万历三十年（1602）进士，官至江西布政使司右参政。少喜读书，嗜书成癖，每闻有未见之书，必百计致之，录副保存。入仕后，每至一地必访求图书。二十年间，聚书达十万余卷。在山阴梅里筑旷园，内建澹生堂以藏书，旷亭以游息，东书堂以读书，所藏书在江东首屈一指。订有《澹生堂藏书约》，分读书训、聚书训、购书训、鉴书训四目，以示子孙。又编《澹生堂藏书目》十四卷。

澹生堂藏书不以宋椠为贵，注重实用为先。于史部尤为重视，凡涉及当代典故者，不特小史，即街谈巷议之书亦尽收录。其次，所藏多抄本，全祖望谓其所收抄本，多人所未见，校勘精核、纸墨洁净。承爜一生不仅爱书、读书、鉴书、聚书，又善著书，所著有《澹生堂集》、《两浙著作考》、《国朝征信丛录》等。藏书印章有"臣爜敬识"、"旷翁手识"、"旷园"、"山阴祁氏藏书"、"山阴祁氏藏书之章"、"宪章世代"、"澹生堂经籍记"、"澹生堂藏书记"、"子孙永珍"、"子孙世珍"等。

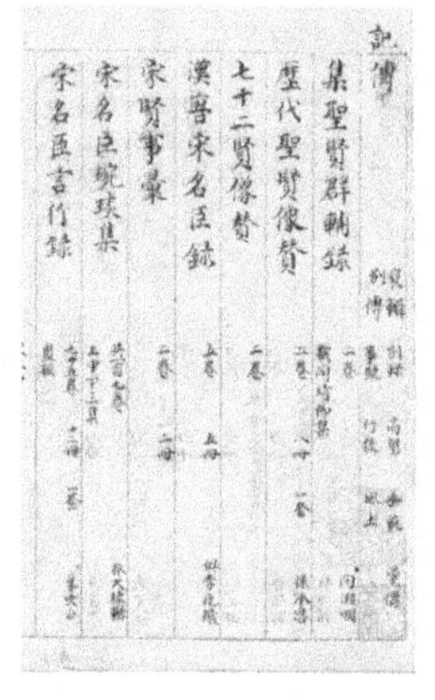

· 祁承爜《澹生堂藏书目》明末抄本大连图书馆藏

· 祁奕度图书印

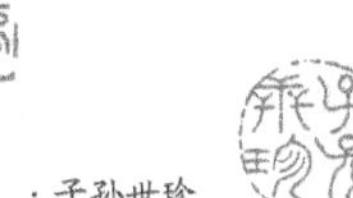

· 子孙世珍

· 寓山藏书

祁彪佳 (1602—1645)

字虎士，又字幼文，号世培，别号远山堂主人，明山阴（今绍兴市）人。天启二年（1622）进士。累官右佥都御史，谥忠敏。承爜子，世家仕宦，富藏书。自幼寝馈书卷中，缥碧诸函，牙签如玉，风过有声铿然。其所藏则不若其父之精。为官清廉，不惧权势，深得民心。后被马士英毁谤、排挤，称病辞职归乡。崇祯八年（1635）随刘宗周讲授程朱之学。明亡后，投水自尽。生平著述甚丰，有《远山堂曲品》、《远山堂剧品》、《救荒全书》、《祁忠敏公日记》、《寓山注》、《祁彪佳集》等。浙江图书馆藏有《祁忠敏公疏稿》和稿本五种，明

· 祁彪佳画像

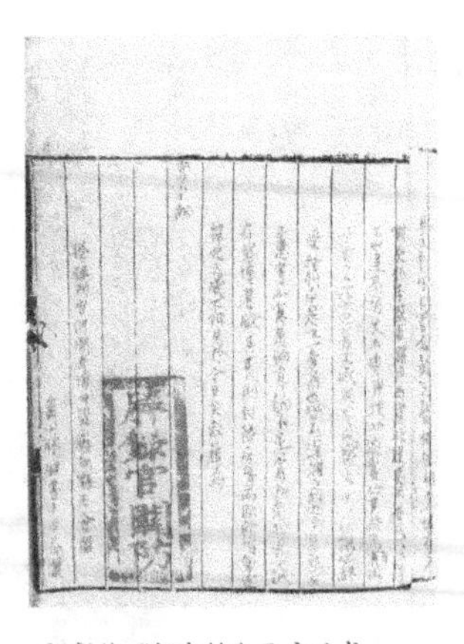

· 祁彪佳《祁忠敏公天启壬戌
　会试朱卷不分卷》明抄本

· 祁彪佳《翁贤书思贻
　先生赞》手稿残本

抄《祁忠敏公揭帖》二十二通，远山堂抄本多种，共计十种。藏书印章有"寓山藏书"、"彪佳州台"。

祁班孙（1633—1673）

　　字奕喜，小字季郎，彪佳次子，明末清初山阴人（今绍兴市）。喜聚书，工诗。与朱士稚、魏耕、钱缵曾来往甚密，日俱诗名。以倾家之财支持刘宗周恢明。顺治十八年（1661）受魏耕、钱缵曾之累被捕。后削发为僧，主毘陵马鞍山寺，称咒林明大师。平日好议论古今，不谈佛法。每语及先朝，则掩面而哭。著有《东行风俗记》、《紫芝轩集》。藏书印章为"祁班孙印"。

· 祁班孙手迹

祁骏佳 （生卒年不详）

字季超，承爣长子，明末清初山阴人（今绍兴市）。朱彝尊曰："季超先生有道之士，然颇嗜奇。"继澹生堂藏书，以读书自娱。与彝尊友善，常往来唱和。工书画，尤精小楷。《曝书亭集》有《梅市饮祁四居士骏佳宅》诗。藏书印章为"男骏佳印"。

祁理孙 （1627—1687）

字奕庆，号杏庵，彪佳子，清山阴（今绍兴市）人。明末随父抗清，明亡后，绝意仕进，以读书养母为事。终日手不释卷，或遇善本、珍本不论价值购之，构奕庆藏书楼储之。尤加意校雠。初究心于经史之学，旁及诸子百家，后肆力于诗古文辞。为文醇正，诗则闳肆卓劲，而成稿往往毁弃之，不轻以视人。澹生堂藏书因反清被查抄，部分为黄梨洲和吕晚村所购入，但大部分精品如祁承爣、祁彪佳等人的著作稿件和亲笔批校本，由子孙代代相传，冒着杀头灭门的危险保存下来，有的甚至藏入夹壁之中。解放初，农村土改才被发现，其中祁彪佳的稿本《远山堂明曲品明剧品》中，著录了许多未曾获见的剧曲达三百六十七种之多。这批精品为上海作家兼藏书家黄裳先生所收藏。著有《诗学内传》、《寓山诗稿》等。另编有《奕庆藏书楼书目》。浙江图书馆藏有他的稿本《祁忠敏年谱》一卷。藏书印章有"理孙"、"理孙之印"、"奕庆"、"祁奕庆藏书印"、"祁奕庆图书记"、"奕庆藏书"。

纪云倬 （生卒年不详）

字象贤，号蔷国，清吴兴南浔（今湖州市）人。淳厚方古，家多藏书，年七十余，犹手不释卷。

羊复礼 （1840—1892）

字干生、敦叔、敦夏，号辛楣、心梅，又号裎庵，海宁人。同治三年（1864）举人，官至广西泗城府知府。好藏书，重视收藏乡邦文献。著有《海昌诸家诗文钞》、《六唐人斋藏书录》、《蚕桑摘要图说》、《辛楣诗钞诗余》；辑有《广西通志辑要》、《海昌丛载》、《容庵遗文稿》、《容庵存诗钞》、《止溪文钞》。藏书处为传卷楼。

老韦 _{（生卒年不详）}

清湖州人。李文藻《琉璃厂书肆记》"瑞锦堂，即老韦之旧肆，本名鉴古堂，八年前书甚多。"又云："延庆堂刘氏，在路北，其肆贾即老韦，前开鉴古堂者也，近来不能购书于江南矣。""韦颇晓事，而好持高价。查编修莹、李检讨铎，日游其中。数年前，予房师纪晓岚先生，买其书，亦费数千金。"又云："韦年七十余矣，面瘦如柴，竟日奔走朝绅之门。朝绅好书者，韦一见谂其好何等书，或经济，或辞章，或掌故，能各投所好得重值，而少减辄不售，人亦多恨之。"

许槤 _{（1787—1862）}

初名映槤，字叔夏，号珊林，清海宁长安镇人。道光十三年（1833）进士，选直隶知县，未赴。荐修《国子监金石志》，书成，擢知州，任山东平度，以吏事精敏，善决疑狱著称。槤嗜书成癖，所藏甚富。藏书处为古韵阁、行吾素斋、红竹山馆、红竹草堂、澹吟仙馆、亨金宝石斋、黄武镜斋等。藏书印有"古韵阁"、"许槤珍赏印"、"臣槤私印"、"许氏珊林"、"珊林手校"、"古韵阁主人"、"海昌许氏古韵阁藏书"、"许氏古韵阁印"、"许槤"、"亨金宝石斋主"、"亨金宝石斋校本"、"黄武镜斋"、"行吾素斋"、"木连理"、"许槤真赏"等。

· 许槤画像

· 亨金宝石斋主

· 黄武镜斋

许棐 (? —1249)

字忱父，号梅屋，南宋海盐人。嘉熙年间隐居于秦溪水南（今海盐通元镇新友村梅园里），筑小庄于溪北，在屋的四周遍植梅树，故自号为"梅屋"。许棐工诗词，著作甚丰，是南宋著名诗人。藏书数千卷，丹黄不休。他在所作《梅屋书目》的自序中云："余贫喜书，旧积千余卷，今倍之，未足也。肆有新刻，知无不市；人有奇编，见无不录，故环室皆书也。或曰：'嗜书好货，均为一贪。贪书而饥，不若贪货而饱；贪书而劳，不若贪货而逸。人生不百年，何自苦如此？'答曰：'今人予不知之，自古不义而富贵者，书中略可考也，竟何如哉？予少安于贫，壮乐于贫，老忘于贫，人不鄙夷予之贫，鬼不揶揄予之贫，书之赐也。如彼百年，何乐之有哉？'"著有《梅屋稿》、《献丑集》、《樵谈》、《春融小缀》。

许焞 (生卒年不详)

字醇夫，又字纯也，号慕迁。清海盐人。馆卿惟模子，幼秉奇姿，日诵数千言。稍长即能以余力作诗。雍正元年（1723）进士，官编修，即乞归。闭户读书，肆力于诗古文辞。已而与张莘皋、陈古民辈讲论道学，一言一动皆准先民矩矱。自其祖汝霖（字时庵，官至礼部尚书）以来藏书甚富，而焞尤笃嗜，搜拾遗文，故所藏宋元未刻之集多至百十种。尝汇辑汉唐以下迄于清代之诗文各五十卷，卷百叶，名曰《文海》、《诗海》，手自丹黄而甲乙之。所著有《慕迁斋诗文集》、《学稼轩诗文集》十卷、《学稼轩书目》三册。藏书印章有"许焞收藏"、"个是醇夫手种田"、"长茎苦菜平生志"等。

· 许增手迹

· 许增画像

许楣 (1797—1870)

许楗弟。字金门，号辛木。清海宁人。与兄许楗同登道光十三年（1833）进士。曾任户部主事。性淡泊，道光丙申年（1836）辞官归里，致力于学问，举凡经史、辞章、金石、历算无不精通，精医理，尤长外科。曾在南通敦善书院主讲。著有《钞币论》、《真意斋随笔》、《真意斋诗文集》、《真意斋续诗》二卷等，校刊有《订正外科正宗》十二卷。与兄许楗同喜藏书，藏书处为真意斋。

许增 (1824—1903)

字迈孙，号益斋，别号榆园、娱园，清光绪间仁和（今杭州市）人。官道员。工填词。精校勘之学。于金沟桥附近构筑榆园（亦名娱园），盛植花木，广贮图史，觞咏极盛。著有《娱园老人函牍》一卷，入浙江图书馆善本书目录，还刊有《榆园丛刻》，另辑有《白石诗词评论》。

许瑾 (生卒年不详)

宋嵊县人。藏书千卷。

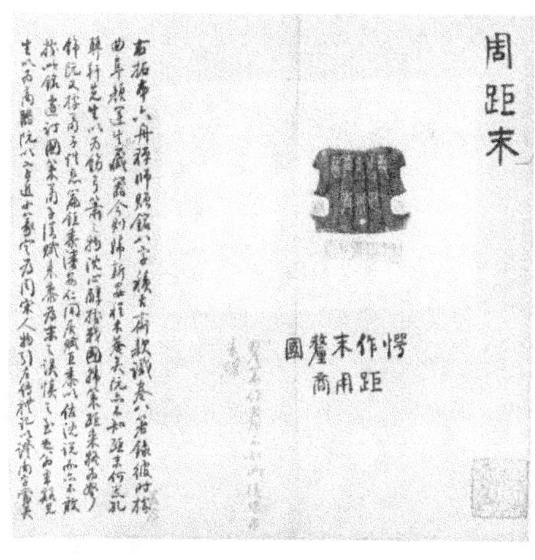

· 许瀚《攀古小庐金文集释》稿本

许瀚（生卒年未详）

字紫澜，清石门（今桐乡）人。乾隆十八年（1753）拔贡。历任江都、甘泉、阜宁、山阳知县。工诗善画，尤精书法。著述有《攀古小庐金文集释》一卷、《攀古小庐瓦当文字》。藏书颇富，藏书印有"许瀚之印"。

许一元（生卒年不详）

明东阳人。明万历初，集众创建彭山书院的松风阁，藏书万余卷。

许乃普（1787—1866）

字滇生、季鸿、经崖，号观弈道人，清钱塘（今杭州市）人。嘉庆二十五年（1820）一甲第二名，官至尚书，卒谥文恪。家多藏书，室名养园、闲健斋，李滂为编《许文恪书目》一卷，未刊行（见《书目长编》）。太平天国起义后，曾屡次上疏献策。工书，法二王，与祁寯藻、陈孚恩、赵光称四书家。亦善画花鸟。兄乃济，弟乃剑均为进士，并有著作。

许弘勋 (1643—1692)

清代人，居绍兴。积书数万卷。

许汝霖 (1638—1720)

原名汝龙，字时庵，号且然，清海宁硖石人。康熙壬戌（1682）进士，选庶吉士。历任江南学政、礼部侍郎、吏部侍郎、礼部尚书兼理吏部等。归里后，创办东山书院，集当地文人学士讲学课艺以终。筑"也园"于东南湖，以藏书、读书和著述为乐。藏书处为德星堂，所藏典籍颇丰，单宋元未刻之集就达一百一十种。汝霖熟读经史，文章词醇理正。著有《易经说》十二卷、《德星堂文集》八卷《续集》一卷、《诗集》五卷、《河工集》一卷、《四书大观》、《钝翁文钞》等，另有《国朝三家文钞》三十二卷传世。

许克勤 (生卒年不详)

字澡身，号勉甫，清海宁人。廪贡生。幼聪慧异凡，随其叔父客吴中，师事元和金静之有年。生平不苟言笑，重然诺。读书寒暑无间。虽在舟中手不释卷，数十年如一日也。先是李侍郎文田主试江南，提倡实学，若苏州正证、江阴南菁、上海求志、格致各书院，肄业皆知名之士，克勤与试，夺一席焉。膏奖岁入千金，悉购书籍。手自雠校，丹黄满目，于舆地之学，图绘尤工。宿学若王士俊、胡玉缙皆博极群书者，独推服克勤。著《读周易日记》、《经义杂识》、《论语古注集笺补正》、《十三经古注》、《方舆韵考》、《方言校》若干卷。

许宗彦 (1768—1818)

字积卿，又字周生，清德清人。嘉庆四年（1799）进士，授兵部车驾司主事。喜读经史，善属文，生平寡嗜好，惟爱购异书，不惜重金，藏弆满楼，于书无所不读。实事求是，旁及道经释典名物象数，必殚其奥而后已。尤精天文、历数，自制浑金球，探测地球公转自转规律，曾观测到天王星。其藏书处曰鉴止水斋。有《鉴止水斋书目》传世。著《鉴止水斋集》。惜兵燹后散亡殆尽。只知宗彦藏书充栋，竟有多少？徐乃昌《鉴止水斋书目》跋："《鉴止水斋书目》，内分经史子集四部，凡经部六厨，史部十厨，子部十一厨，集九厨，共三十六厨。所载各书，类多精善。如史部顾亭林《肇域志》原本二十册，尤为珍秘。"

许宗彦治学继承黄宗羲等大师遗风，尚博通，主张"达于当世之务"，既深钻经学，又博览儒释道各家。所著有《考周五庙二祧》、《考文武二世室》、《考太岁太阴》、《鉴止水斋集》。

· 许宗彦画像

许勉焕 （生卒年不详）

字陶初，清海宁人。父惟楷构一可堂于室西偏，广蓄典籍。勉焕复扩充之，邑中号藏书家。性至孝事父，又能恤孤济困。务竭力为赞成，甲子夏村间被火，则倾囊遍给之。悉取古今医书葬经编排手纂，成《名医类案》一百二十卷、《平垾纂要》十卷。

许厚基 （1884—约1959）

· 许厚基

字博明。清吴兴（今湖州市）人，寓居苏州。家饶于财，大力收书。后经变故，家业荡然。有《怀辛斋书目》，内载宋元明刻本一百四十九种，明抄本十六种，清抄本八十三种，多为范氏天一阁故物。室名有"怀新馆"、"澹宁居"、"甲申阁"等。藏书印章有"吴兴许氏怀辛斋藏"、"许厚基"、"怀辛主人"、"甲申阁"、"许氏藏书"，"云川许氏怀辛图籍"等。

许相卿 （生卒年不详）

字伯台，号云村，自署云村老人。明代人。世居海宁黄山，因喜爱海盐紫云村山水胜地，徙家居村南茶磨山，因自号云村。正德十二年（1517）进士。嘉靖初授兵科给事中，补礼科致仕。以敢于直谏著称。相卿善书法，喜藏书，藏书处为明德堂，藏书万卷。著有《云村文集》十四卷，又名《黄门集》、《云村集》、《许相卿全集》（《四库全书》著录），《史汉方驾》三十五卷、《革朝志》十卷（均为《四库全书》存目），《赍隐存编》四卷、《革朝王忠传》一卷、《桃源死事传》一卷、《良方辑要》、《校正海昌续志》、《许黄门集》十二卷《附录》一卷、《品藻》一卷、《许氏贻谋四则》一卷、《贻谋录》一卷、《桃源死事录》一卷、《许氏世载》等。

许闻造 （生卒年不详）

相卿孙，字长儒，号星石，明海盐人。万历四年（1576）举人。任河间推官，擢贵州道监察御史。著有《地理纂要》、《许氏家乘》、《盈缶集》、《蚕谱》一卷。闻造承祖父业，喜藏书，继承藏书，又购图籍万余卷。曾刻其父遗稿《云邨先生文集》十四卷及自撰《先谏议云邨府君遗事》一卷、《浙许云邨先生年谱》一卷等。

许惟楷 （1667—1744）

字端平，号宜斋，清海宁人。质鲁体羸，顾以坚毅求道，苦心孤诣，为文一空雾障。康熙乙酉（1705）丙戌（1706）联捷成进士。兄惟枫殁，力肩抚孤，遂息意仕进。闭门矻矻，手不释卷。蓄书一可堂中，丹黄无虚帙。晚年文益简奥，史断百篇，不随人毁誉。诗亦畦径自辟。卒年七十八。

达受 （1791—1858）

字六舟，又字秋楫，号万峰退叟，俗姓姚，清海宁石井人。出家为僧，居盐官北门外白马庙。后主持西湖净慈寺。精鉴赏，喜金石，诗书画刻均精妙，摩拓

110

· 达受画像

· 达受私印

· 二十八宿井砖之室

古铜器尤称绝技。行迹半天下，名流硕彦多所交流。收藏丰富，唐代怀素小草《千字文》尤为稀世之珍，故又自号小绿天庵僧。曾筑"墨王楼"藏王羲之《清宴帖》及怀素墨宝，筑"玉佛楼"储隋代玉佛。著有《小绿天庵吟草》、《金石书画编年录》等。

过庭训 (1574—1627)

字尔韬，号成山。明平湖人。明万历三十二年（1604）进士，授江陵知县。当时江浒有汙田数万亩，为楚藩所占。过庭训上任后，将所占田地收回，全部分给百姓，并酌量收税。平反冤狱，整治吏政。百姓安居，卓有政声。升为云南道御史。熹宗天启元年（1621），擢为应天提学御史，以疾乞归。不久又升为应天府丞，未及上任而卒。

过庭训出身名门，家藏书甚富。喜读书，好濂洛之学。嘉靖中其家藏书遭倭寇焚掠，继又毁于火，所藏尽失。万历初年，因授经于南大司寇孙简肃和佑山冯给谏家，始又得博览群书。做官以后，仍利用闲暇，广采博录，随笔札记，继之聚书。生平著述等身，主要的有《直省分郡人物考》、《圣学嫡派》、《性理翼明》、《平平草》、《名臣类纂》等书。

邢澍 (1759—1823)

字雨民，号佺山，阶州（今甘肃武都）人，居嘉禾（今嘉兴市）。乾隆五十五年（1790）进士，任浙江永康、长兴等知县，官江西南安、饶州府知府。邢澍鸿才硕学，著述十分丰富，已知的有十五种。今确知已刊行的有《关右经籍考》、《金石文字辨异》、《两汉希姓录》、《金石札记》、《寰宇访碑录》等著作，都具有相当高的学术价值。他和钱大昕等编纂的《长兴县志》成为清代地方志中的善本之一。邢氏精于史学、天文、舆地之学，专治各史表、志、目录。曾博考秦代图籍，撰写秦代目录史料，竭两年之力，精心搜采，辑成《全秦艺文录》八十卷。工于书法、金石、碑板，其著述以取材博而用心审著称。曾与孙星衍同辑金石学名著《寰宇访碑录》行世，收录碑石七千七百零六种。搜购古籍三万余卷，与黄丕烈友善，黄丕烈曾数次造访其家，知所藏宋元人文集甚富，称"其书俱有渊源"。

邢佺山 （生卒年不详）

　　字号及仕履不详，与黄丕烈为同时人。清嘉禾（今嘉兴市）人。黄丕烈《荛圃藏书题识》卷四有其旧抄本《石门集》二册。黄丕烈跋云："辛未（嘉庆十六年，1811 年）春闰月三日，有事至嘉禾，访寓公邢佺山于北门。因佺山同好古书，面未识而神已交也。既晤，诘知所藏宋元人集甚富，如周益公、魏鹤山，皆有旧抄。其书俱有渊源。后于案头见其旧抄本《梁石门集》。"

·齐召南画像

齐召南 （1703—1768）

　　字次风，号琼台，晚号息园，清天台人。雍正十一年，命举博学鸿词，召南以副榜贡生被荐。乾隆元年，廷试二等，改庶吉士，散馆授检讨。十二年，迁侍读学士。十三年，擢内阁学士，命上书房行走，迁礼部侍郎。后以族人周华为书讪上，逮诣京师，吏议坐隐匿，当流，籍其家。上命夺职放归，还其产十三四。召南归，遂卒。著有《水道提纲》等。

七　画

严沆（1617—1678）

　　字子餐，号颢亭，余杭（今杭州市）人。幼读书以孝闻，诗古文浸淫六经，史汉为西泠十子冠。清顺治十二年（1655）进士，历官户部侍郎。祖大纪，始居杭州，今呼为严衙衖者，旧第在焉。沆能诗善画，尝为稽留山作《留山堂图》，五越月始成。筑别业曰皋园，以志皋鱼之痛。有梧月楼、绿雪轩、小太湖、芙蓉亭诸胜。宋荔裳、施愚山皆有题咏。而清校阁，则为藏书之处，达万余卷。后诸子分居省城，康熙中同日被焚，图书遗集，遂无孑遗，仅存《书目》十二卷。著有《奏疏》十二卷、《北行日录》二卷、《皋园诗文集》四卷。

严修（1860—1929）

　　字范孙，别字梦扶，祖籍慈溪，生于河北三河县。光绪九年（1883）进士。近代著名教育家和先驱者。一生著述丰硕，今可见者约二十余种，其中手稿甚多。已刊本计有《严氏两世事略》、《严范孙先生手札》、《严范孙注广雅堂诗手稿》、《同甲吟草》、《严范孙遗墨》等十五种。未刊稿除四十余年所记日记数万言外，尚有《严范孙文存》、《蟫香馆尺牍》、《宣统二年奏折》、《严范孙先生信函底草》、《家信粘存》、《寿诗挽联底稿》等多种。作为曾三赴海外的近代教育家，严修藏书不贪宋元，不尚珍椠，但期致用。特别是西方传人的一些自然科学书籍，严修多有收藏，并亲加研读。由于严修搜罗弗懈，年积月累，其藏书日渐繁富。其藏书处曰“蟫香馆”。作为一名私人藏书家，严修能不为物恋，不私子孙，具有较开放的心态。他在一生中不断地散书，将其所藏分尽赠各处，其大的赠书主要有四次：光绪二十年（1894），严修督学贵州。严修念贵州地处僻远，土子寻书不易，离京赴黔之际，轻装简从，身无余物，唯携书籍，据其笔记所载，共计十四大箱。他说：“诸生好学者苦不得书，而余行笥所携，一经出棚，便须束阁，日久丛积，将饱蟫蠹，商诸广文先生，存之学舍，以供多士讽览，虽不能备，聊胜无也。”这批书凡七十五种，计经部八种，子部十五种，集部三十四种，丛书十七种，类书一种。虽然数量不多，但门类齐全，版本较好的有《土礼居丛书》、金陵书局本《楚辞》诸书。清光绪末年，直隶工艺总局总办周学熙创立了天津教育品陈列馆，内设图书馆，收藏各类图书，分别陈设，供众阅览，为天津最早的官办公众阅览室。严修将家藏图书一千三百余种捐赠该馆，该馆编有目录。光绪三十三年（1907），直隶提学卢靖等设图书馆以饷学子，翌年成立天津图书馆，后曰“直隶图书馆”。图书馆的维持扩充，实赖严修

的声望与地位，严修不仅天天去馆督查，还多方奔走筹划。同时又捐出了自己的一批书，约一千二百余种。严氏所捐之书已无全目，部分载于谭新嘉、韩梯云所编之《天津直隶图书馆书目》，后注"严捐"字样者即是。共著录严捐之书六百六十二种，多为严修日常翻检读用之书。按四部分类，计经部一百五十八种、史部一百一十三种、子部一百八十种、集部一百五十种、丛部六十一种。1924年，严修第四次捐书，将所藏《二十四史》及"九通"等古籍数十种捐赠南开大学图书馆。以上是严修亲手将所藏图籍捐赠给各图书馆。1949年后，严修后人又将严氏遗著、墨迹、日记、书札等数十种，捐献给天津图书馆。至此，严氏所藏及所著有了圆满的结局。

严澍 （生卒年不详）

字伯藩，清桐乡人。贡生。《桐溪诗述》："伯藩负大志，以读书交友为务。尤喜急人之急。藏书数万卷，搜讨古今，娓娓忘倦。"著有《楹语山房集》。

严子厚 （1873—1963）

名至仁，以字行，原籍湖北襄阳，民国初年，寄居杭州东城所巷。好藏书，搜罗丛书、方志、诗文集及中医药古籍。所藏书虽乏旧椠精抄，但缥缃充栋，坐拥书城。编有《宝贻斋书目》，于右任等当时名人为其题字作序。其长子惟善为上海蒙藏学院首届毕业生，其藏书经该校老师介绍捐给了内蒙古自治区文史馆，他本人也被文史馆聘为馆员。

严元照 (1773—1817)

字修能，号九能，（一作久能）自号悔庵居士，清归安（今湖州市）人。诸生。元照治经史务实学，尝受知于大兴朱珪、仪征阮元。江以南乡先生有学者，问其名咸折辈行引以为友。居苕溪，创芳椒堂，聚书数万卷，多宋元椠板。嗜宋椠不计价。杭州汪氏藏宋椠本二十册，索价五百金，元照爱甚，必欲得之，求之急，索值二十六万钱，议既定，顾无从得钱，乃尽卖家所有书，得钱畀之。书癖之名，遂传于一时。晚年移居德清，闭户肆力于诗古文辞，读书处曰柯家山馆，宾友倡和无虚日，诗词皆卓卓可传。著有《柯家山馆诗钞》、《娱亲雅言》、《尔雅匡名》。辑有《芳椒堂书目》，藏书印章有"严印元照"、"元照之印"、"元照"、"九能"、"蕙櫋"、"芳椒堂印"、"严氏修能"、"严氏九能"、"石溪严氏芳椒堂藏书"等。

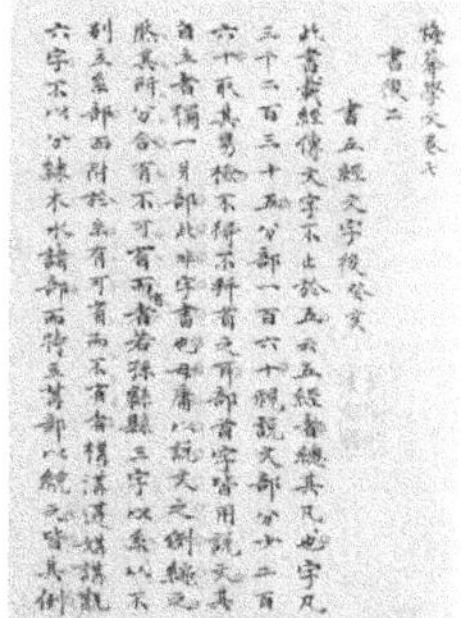

· 严元照《悔庵学文》手稿

· 芳椒堂印

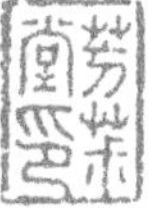

· 元照之印

115

严可均 (1762—1843)

字景文，号铁桥，清乌程（今湖州市）人。嘉庆五年（1800）进士。精于考据之学。弱冠即出游，足迹半天下，南至岭海，北出塞垣，历受同邑姚文田、阳湖孙星衍校书之聘。道光二年（1822）赴建德教谕任，迨归老而著书不辍。早年著《唐石经校文》、《说文校义》，刻以行世。又校辑经佚注佚子书等数十种，就中《孝经郑注》最完善。四十余年来所撰辑等身者，再合经史子集为《四录堂类集》千二百余卷。最后辑《全上古三代秦汉三国六朝文》，多至三千余家，七百四十六卷，皆从搜罗残剩得来，一手校雠，不假众力。购藏书到二万余卷。尝谓宋板书不能得，校宋本以供撰述足矣。遗书未刻者多诗文集，曰《铁桥漫稿》。藏书印章有"严可均印"、"铁桥"。

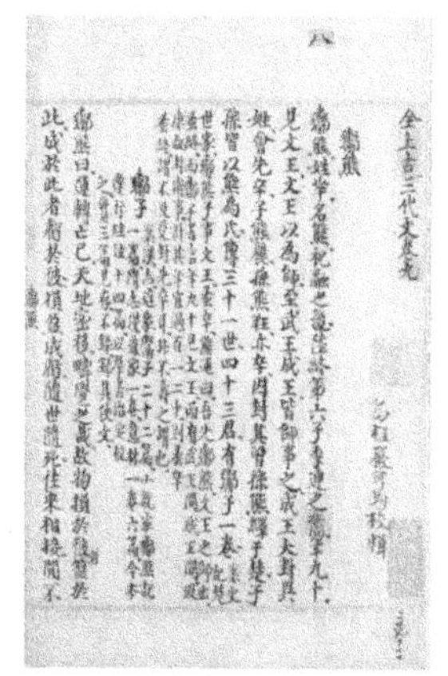

· 严可均《全上古三代秦汉三国
六朝文》手稿

严我斯（1629—?）

字就思，号存庵，清归安（今湖州市）人，有谷子。康熙三年（1664）殿试一甲第一，授翰林院修撰，历官礼部左侍郎。立朝端介，绝党援趋附之习。致仕后，林居十载，杜门谢客，生活寒素，以著述自娱，文章操行为时人所重。著有《尺五堂诗删》。喜聚书。藏书印章为"严氏我斯"。

何恪（1127—1174）

字茂恭，号南湖，宋义乌东河人。绍兴三十年（1160）进士，官永新县主簿，力主抗金，进恢复二十策，与朝论不合，归里。性好古，藏书至万卷。博览而工于文，陈亮常称其奇壮精致，反覆开阖而卒能自阐其意。著有《南湖集》二十卷。

何琪（生卒年不详）

字东甫，号春渚，别号小山居士，一称南湾渔叟，以藏有明伎马湘兰遗砚，亦号湘砚生，或署湘砚主人，又慕宋贤唐子方、石守道之为人，称二芥居士。清乾隆年间钱塘（今杭州市）人，布衣。有《小山居稿》，藏书多善本，钤有小山居藏书印。

何士祁（生卒年不详）

字仲景，号竹芗。清末山阴人。时人称其藏书之富，甲于江浙。道光二年（1822年）进士。十二年，由江苏元和县令调任川沙厅事。政才明敏。后逢岁荒，倡捐廉俸，缓征地漕。捐建川沙观澜书院，培养人才。又开浚诸河，建置义仓，立义学，设恤孩局。创纂《川沙抚民厅志》，独立捐镌。后居丧离去。道光二十九年（1849）重莅川沙，又值大水灾，复请赈，加意抚恤。升松江府同知。博学工书，藏书甚多。

何元锡（1766—1829）

字敬祉，号梦华，又号蝶隐，钱塘（今杭州市）人。精于簿录之学，家藏书处名为"三吾鸿景斋"，家多旧椠善本，纸墨古雅，嗜古成癖，手自钞录，秘书可数百册。尤精审金石，尝于曲阜访求汉碑，则披榛莽，历涧谷，搜幽索险，务获乃已。一日入山迷道，日曛黑不得出，饥火中烧，几不可制，赖野老丐以余食，且导之行，始得归。后游粤中客死。著《秋神阁诗钞》。又编有《竹汀日记钞》。藏书印章有"何元锡印"、"何印元锡"、"钱塘何元锡"、"字敬祉号梦华又号蝶隐"、"何元锡敬祉"、"古杭何氏元锡藏"、"何氏敬祉"、"何元锡借观印"、"钱江何氏梦华馆藏"、"梦华馆藏书印"、"艺芳阁"、"嘉庆甲子后所得书"、"有竹人家"、"布衣暖菜根香读书滋味长"。

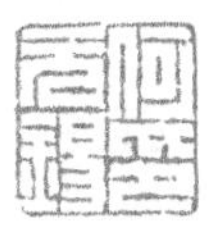

· 何元锡印

· 梦华馆藏书印

· 钱江何氏梦华馆藏

何乔遇 （生卒年不详）

字人徒，明龙游人。博览洽闻。家甚贫，衣食恒不给。藏书数千卷，无不贯通涉猎。

何汝尹 （1567—1637）

字克言，又字太衡，萧山人（今杭州市）。《毛西河全集·墓志铭》卷三《台州教授何公墓志铭》："字克言，……由贡生授台州教授。……端性丰颊，善读书，以经术自命。少受知于提学使苏君，以文鸣于时。生平重然诺，好推予，排解导地，当世称长者。生于隆庆改元（1567）六月，卒于崇祯十年（1637）十二月。子四，之祯、之祺，早世；之裕、之祚，与予友。之裕读书如其父，家藏书数万卷，而自幼食贫，曰公所贻如是。"

何绍韩 （1882—1962）

原名茂生，字竞明，号紫阳山人。东阳玉溪华孙人。浙江官立两级师范博物科毕业。民族实业家，教育家。以"中国硼矿第一人"闻名。1961年，省长周建人亲自聘请他为浙江文史研究馆馆员。次年，何绍韩去世，葬在西湖边，终年82岁。藏书数万卷，尤多矿石开采方面的资料。藏书处为潜庐。

何济川 (生卒年不详)

字作舟，号远堂，清东阳人。岁贡生。平生砥志躬行，言笑不苟，终日手一卷危坐，虽老不倦。留心经学，凡天文、律历、井田、学校、朝聘燕亨、车物礼器，旁搜博考，覆以己意，自成一家。喜聚书，建万卷堂于宅旁，广搜博考，十余年间，得书万余卷。著有《沟洫图说》、《管窥图说》、《宫室图说》、《律吕志》、《九经通解》等。

余忱 (生卒年不详)

字士元，清龙游人。康熙元年岁贡。工书。诗文沉雄高古，天真灿然。与尤侗、李渔诸名流交游，咸有赠答。

余坤 (1807—？)

字子容，号小坡，清诸暨人。清御史缙六世孙。少负异才，邑令杨丹山赏其文，曰："此韩潮、苏海也。"道光己丑（1829）由进士除主事，时上元梅伯言曾亮、桐城姚石甫莹，文章道德翕然为海内所宗，见坤折节订忘年交。一时同人赠答之作，多散见各家文集中。其侨居都中，惑时触怀，辄见诸诗。官俸所入悉以购书。闭户丹铅不倦。

余钰 (生卒年不详)

字式如，明西安（今衢州市）人。清《浙江通志》卷一八一有传，谓其"天资卓荦。藏书万卷，皆丹黄数过，终日下帷，不与外事。古文诗歌，沉郁华瞻。"有《纯师集》存世，现藏于美国国会图书馆。

余集 （1739—1823）

　　字蓉裳，号秋室，清仁和（今杭州市）人。乾隆
三十一年（1766）进士。乾隆三十八年（1773），与邵
晋涵、周永年等同荐修《四库全书》，授翰林院编修，
后直至侍读学士。家富藏书。余集博学多艺，工诗古文
辞，善绘画，书法亦古秀。著作有《梁园归棹录》、《忆
漫庵剩稿》、《秋室学古录》、《秋室诗钞》等。藏书印章
有"余集"、"余氏蓉裳"、"余氏秋室"。

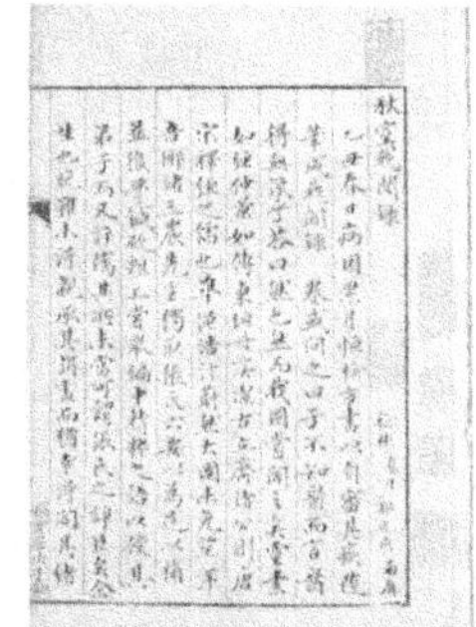

· 余集《秋室我闻录》手稿

余有丁 （1527—1584）

　　字丙仲，号同麓，明鄞县（今宁波市）人。生而秀
异，博记善问。嘉靖四十年（1561）举顺天乡试，明年
成进士，殿试第三人，授翰林编修。后官南京国子监
祭酒。有丁移疾南归，买山东湖中，得古洞，乃披道
抗丘为湖居。更依洞门筑一台，受湖光潋荡，时泛小
舟往来。起白鸥庄，在水口。构亭榭其间，植五柳门
外，因名五柳庄。而一丘一壑一室一牖皆以陶潜《归去
来兮辞》中语命名。神宗御书"名山洞府"赐之。其藏
书处在觉是斋。有丁自撰《五柳庄记》云："觉是斋七
楹……一间左右壁下各装书柜，窗下读书桌一，读书椅
一。"生平校书颇审，南监本《二十一史》尚有其校刊
题识。洎大拜命下，遂初愿违，终其身未尝再涉三径，
而名园、古籍亦颓废漂荡尽矣。

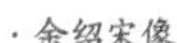

· 余绍宋像

余绍宋 （1883—1949）

　　字樾园，别署寒柯。早年居北平时斋名宝胡堂，
龙游人。清季游学日本，专攻法学。1910 年回国，曾
主持浙江法政学校教务。辛亥革命后，历任司法部佥
事、参事，北京师范大学、法政大学教授。1928 年南
归，定居杭州，专研书画，潜心著述。著有《书画书

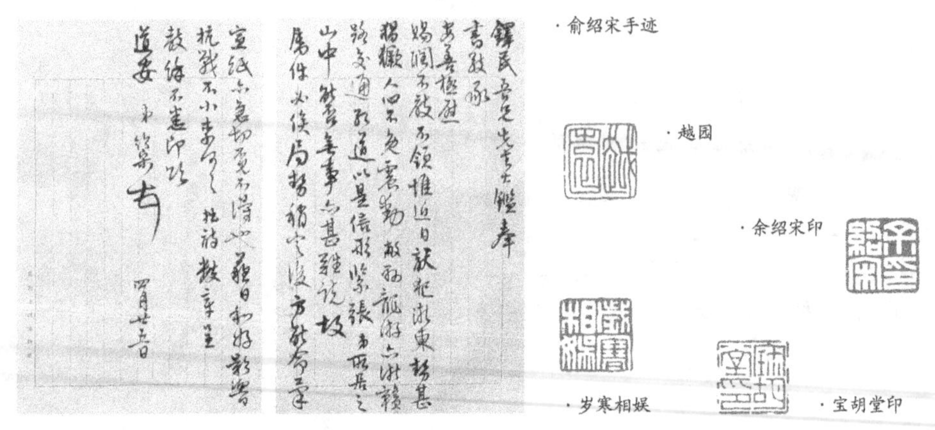

录解题》十二卷、《画法要录》十卷、《寒柯堂集》。主纂《民国龙游县志》、《浙江通志稿》等。先生博学嗜书，蓄书二十余万卷，尤收两浙地方志书，多至数千种，且均写成提要。有先生自著诗为证："簿录集方志，搜罗穷九垓。两浙郡县备，万卷今古赅。提要已垂成，一一绳史裁。"所藏书籍以实用为意，不求精雕，颇喜事校录，丹黄不离手。日寇入侵时，留杭州的大部分书籍被毁。有其亡书诗为证："草堂既遭劫，他物宁足怀？缥缃十万卷，失去良堪哀。尤伤失手稿，一散不复回。……"劫后把八千余卷藏书捐赠给故乡龙游县图书馆，现存金华市图书馆。有其诗一首为证："亡书久兴嗟，顽寇犹猖獗。劫余已几微，况复多残缺。抱守惭未能，聊以供众阅。……"1950年7月，其子翼等把所存全部藏书一万六千余卷、珍贵字画百余轴（字画后转给浙江博物馆收藏）捐赠给浙江图书馆。常用藏书印章有"寒柯堂藏书印"、"龙游余氏樾园藏书柯堂长物"、"劫余书寮"、"归砚楼"、"古龙丘人"、"余庐"、"龙游余氏越园藏书"等。

余重耀（1876—1954）

字铁珊，一字铁山，别号遁庐，又号遁庐居士。清诸暨高湖乡湖沿人。光绪二十九年（1903）举人，后因取消科举改考职，进入翰林院。旋任教沈阳师范学院。后任东三省赵尔巽部提调。辛亥后南归，曾任江西万载、新建县知事，江苏督军署秘书长兼淮盐总栈栈长，1926年应聘为之江大学文学系教授。重耀文宗两汉，诗学唐宋，书法魏晋，好学近乎痴。友人余绍宋、汤寿潜、楼澹庵戏称他为"书呆子"。时云："铁珊不在家，可往书铺找。"与康有为、章太炎、梁启超等有交往。家有藏书万余卷、碑帖数百种，丹黄不离手。所藏释家类书，多有先生朱墨小楷密密批注。

新中国成立之初，大部分藏书归浙江图书馆，批注本多入浙馆善本书目录。先生捐入浙江省图书馆的书，其中善本书也不下数十种，明刻套印本就有《战国策》十二卷等数种。先生著作等身，较著者有《涵雅庐诗文稿》、《遁庐诗文稿》、《佛学丛著》、《医学丛著》等。撰有《遁庐丛著五十七种》八十八册稿本，藏浙江图书馆。

佛咙武 （生卒年不详）

字纯斋，清正白旗人，居近杭之天妃宫，性好藏书。任广平参将，旋调喜峰口，后派塞外巡边，又至和阗、西藏、新疆。回内地后周行几遍，久之归。返杭时，宦橐萧然，惟古籍。著《瀚海雪山游记》八卷，惜兵燹后，散佚无存。

劳权 （1818—？）

字平甫，一字巽卿，又号饮香词隐。清仁和（今杭州市）人。劳经元之子。与弟劳格俱以治经补诸生。后遂不与试，专攻群史。喜抄书，精于校雠之学。兼工词曲，所藏词曲亦富，多唐宋元明各代旧本，校辑宋元词集数十家。藏书之处有铅椠斋、丹铅精舍、木芙蓉馆、拂尘扫叶楼等。藏书印章有"劳权之印"、"平甫"、"巽卿"、"劳权过眼"、"劳参军"、"丹铅精舍"、"玉参差馆"、"蟫隐"、"蟫庵"、"沤喜亭"、"学林堂"、"学林堂平甫劳权之印"。

劳格 （1820—1864）

字季言，经元次子。清仁和（今杭州市）人。平居读书时，每置空册于案，遇有疑义辄笔之。暇时翻阅诸书，互相考证，必至精密而后已。藏书之所曰丹铅精

·劳权抄本《安禄山事迹三卷》

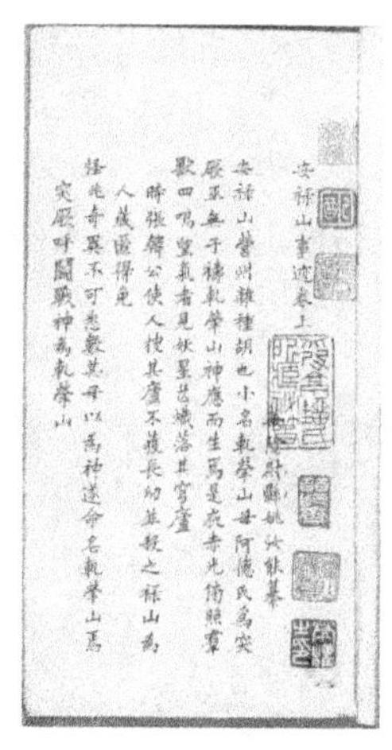

舍，校书之印曰"实事求是多闻阙疑"。叶廷琯《浦西寓舍杂咏》有诗咏之："真读书人贼亦钦，纤尘不使讲帷侵。黄巾知避康成里，汉季儒风又见今。"注云："仁和劳季言，家塘栖，累代富藏书，季言尤以博洽名。贼酋至其门，戒其徒，谓此读书人家，毋惊之。入室取架上卷帙观之，曰：'闻此家多藏秘籍，何此皆非善本，殆移匿他所耶？'徘徊良久，不动一物而去。贼亦知书，异哉！迄今不四十年，遗籍流落尘寰，书目亦散佚不传。书之不毁于寇，此中岂有数邪。"著有《读书杂识》十二卷、《唐御史台精舍题名考》三卷。《唐尚书省郎官石柱题名考》二十四卷，为同郡赵钺创稿，《唐折冲府考》为其父笙士撰，均未脱稿，格续成之。藏书印章有"劳格季言"、"季言汲古"、"实事是正多闻阙疑"、"龙山樵者"等。

劳经元 （生卒年不详）

字笙士，清仁和（今杭州市）人。尝学于武进臧镛堂之门。性嗜收书，恣意流览。熟谙唐代典制，著有《唐折冲府考》，未成稿卒，子格续成之。

吴云 （1811—1883）

字少甫，亦作少青，号平斋，晚号退楼，别署醉石、松叟、三退楼寓公，抱罍子、抱罍生，室名抱罍室，二百兰亭斋，金石寿世之居，听枫山馆等，清归安（今

·吴云手迹

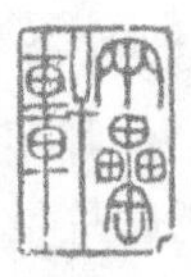

·二百兰亭斋审定

·两罍轩

·吴云私印

湖州市）人。清季诸生。官苏州镇江知府。笃学考古，善书能印，为清代金石家，家富藏书，曾藏《兰亭序》二百种。藏书印章有"吴云平斋曾读过"、"吴平斋读书印"、"平斋藏书之印"、"两罍轩"、"吴云平斋过眼金石文字书画印"、"延陵平斋鉴藏经籍金石书画之章"。

吴昂（1470—？）

字德翼，号南溪，明海盐人，弘治十八年（1505）进士。不久任新建县令。吴昂为官清正，有政绩，体恤百姓，先后任云南按察司佥事，淮徐兵备副使，福建左参政、右布政使等职。吴昂自幼丧父，家境贫寒，但立志求学，拜邻县祝萃先生为师，因学塾书房已住满，以牛棚为住舍，发愤读书。"吴昂牛棚苦读"已成为海盐佳话，广泛流传至今。积书万卷，遍读之。尤好《周礼》，以后儒乱经，参订诸说附见，为书凡四易稿而成。郑晓尝曰：明有两方伯，天台陈公、华亭夏公，皆人杰也。先生学行纯固如天台，先幾明哲如华亭。而安贞履顺，敛华就实，尤不可及。

吴城（1701—1772）

字敦复，号瓯亭，清钱塘（今杭州市）人。监生。尺凫先生长子，承其先业，雅好聚书，储藏所未备者，搜求校勘数十年，丹黄不去手。所居在九曲巷口，与振绮堂汪氏衡宇相望。藏书印章有"吴城之印"、"瓯亭"、"敦复"、"吴城"、"吴城字敦复"、"绣谷亭续藏书"。

· 吴城

· 敦复

吴炳（1828—1884）

字云峰，清嘉善人。少聪颖多才能，习儒之余，兼通百家，擅医术。凡天文、术数之学，靡不从事，后弃去而从医。尝从名医张希自学，尽得其传。善治内、外诸科杂症。著有《证治心得》十二卷，行于世。光绪二年（1876）著有《证治集腋》十二卷，光绪四年（1878）刻有《国朝五家咏史诗钞》。好藏书，藏书处为惜阴书屋。

吴晗 （1909—1969）

· 吴晗像

原名春晗，字辰伯，笔名语轩、酉生等，历史学家。义乌人。据吴晗在西南联大时为妻子北上治病向校方借款时书写的"吴晗申请困难补助及以个人藏书抵押借款事（1946年4月1日、16日）"中提到："……此外并请求学校借予五十万元或六十万元，此款之保证为生私人存在北平之书籍（存新京畿道五号黄仕林家，中文书十六大箱）。到平后，或将书籍之一部分变卖现款，清还；或得学校需要上之同意，径以等值之一部分书籍作为偿款之用，均无不可。"可知其藏书规模。

吴琬 （1449—1521）

字汝秀，号甘泉，明长兴人。约生活于明中期成化至正德年间。少孤，颖绝伦。不习举子业。素与伯氏共炊，家资富。逮析箸，尽剖膏腴与伯兄，仅取其瘠者，独请父藏书数屋，建环山楼于董坞先墓侧，键户二十年不下，博通典籍，尤精皇极经世之学，名动公卿，著述甚富，有《史类》六百卷、《经史文编》三十卷、《三才广志》三百卷、《天文要义》、《太乙统宗宝鉴》二十卷、《环山楼集》六卷等十多种。年七十三卒。

吴隐（1867—1922）

原名金泉，字石潜，号潜泉，又号遁盦（今作循庵）。绍兴县柯桥人。缪荃孙称其"收藏繁富，鉴别精审"。《西泠印社志稿》载其生平曰："家贫客杭，习镌碑板，擅刻印，治六书甚勤。吴俊卿示以钝刀中锋诀，益卷粹可观。光绪甲辰（1904）与叶铭、丁仁、王禔创西泠印社，不辞劳瘁以董其成。社西有堂曰遁盦，渠曰潜泉，斥私财营之，举舍于社而不自私，可风也。又精制印泥，名曰潜泉印泥，其裨益艺林尤巨。编有《遁盦印存》、《古陶存》、《古砖存》、《古泉存印学丛书》……"。

吴焯（1676—1733）

字尺凫，号绣谷，清钱塘（今杭州市）人。贡生，官同知。所居杭州之九曲巷口，与振绮堂汪氏衡宇相望，喜聚书。凡宋雕元椠与旧家善本，若饥渴之于饮食，求之必获而后已。故瓶花斋藏书之名称当代。所著《薰习录》，则记所藏秘册也。家植古藤一本，花时柔条下垂如璎珞，构亭曰绣谷，故自号绣谷老人。焯与赵昱友，每得一异书，彼此必钞存，互为校勘，识其卷首，有小山堂书画印。焯卒后，书悉归广陵马氏。著有《药园诗稿》、《陆渚鸿飞集》、《南宋杂事诗》、《玲珑帘词》。藏书印章有"吴焯"、"吴焯之印"、"尺凫"、"尺凫吴焯"、"绣谷"、"绣谷亭主"、"绣谷薰习"，"瓶花主人"、"蟾华"、"焚香读异书"、"曾给笔札"，"手典山川"，"愿流传勿损污"、"西泠吴氏"、"瓶花斋"、"瓶水花香淮南小队"。

吴源（1876—1933）

字芷泉，一字芷潜，原名养源，乳名樟兴。清义乌义亭乡石塔村人。幼年丧父，赖祖父抚养成人。稍长，师事稠城楼炳文学习经史，攻读甚勤，应县试得第一名，光绪二十六年（1900）补博士弟子员，次年以高等补增生。不久考入国立京师法政学堂，宣统元年（1909）举优贡。次年以最优等毕业于法政学堂，铨叙州判。辛亥革命后，入南京临时政府司法部任主事，后随政府到北京，先后任司法部佥事、刑事司司长、参事兼司法储材馆教习达十七年。1927 年国民政府定都南京，辞职回乡，闭户著述。后到上海执业律师。1933 年病逝于沪寓所。

吴源生活俭朴，操守廉洁，勤奋好学，对外语、文学、法学都有很高造诣。所得薪资大半用于买书。书房命名为耻不逮斋，藏书万余册，碑帖拓片四千余幅。

吴煦 (1809—1872)

字晓帆，又字晓舫，晚号荔影，又号秦望山民，钱塘（今杭州市）人，家住九曲巷。初以捐纳历官江苏宜兴、吴江、嘉定等县知县。后署苏松太道。奉命向英、美、法等国借兵镇压小刀会起义及太平军。升署江苏布政使。喜读申、韩书，家有青来堂，聚书不下五千种，且有不少珍本。特珍贵者为朱子手注《论语》中之《颜渊》一卷，称为镇库之宝。著有《清来堂书目》四卷。煦卒后，宋本书多归吴兴张氏适园。

吴福 (生卒年不详)

字天锡，淳安县云峰人。景泰中会魁，为兵部武库司主事，以能最，赐敕褒嘉，升本司郎中，急流勇退，居家二十余年，造万卷书楼，坐卧其中。

吴骞 (1733—1814)

字槎客，号兔床，清海宁人，祖籍安徽休宁。贡生。能画工诗，为著名藏书家、版本学家和雠校家。幼多疾病，遂弃举业，笃嗜典籍。遇有善本，不惜高价购藏，或借读手钞。常与陈鳣、黄丕烈等赏鉴析疑、互相抄录校对。后又从马氏道古堂、查氏得树楼购得大量旧椠，共计不下五万卷，筑拜经楼藏之。其中不少是宋元珍本，故有"百宋一廛"、"千元十架"之美称。尝得宋本《咸淳临安志》九十一卷、《乾道志》三卷、《淳安志》六卷，刻"临安志百卷人家"藏书印章。每校一书必撰题跋，以辨明异同、勘误析疑。吴骞在收藏古书的同时，也收藏金石古玩，且辨其各物制

·吴骞画像

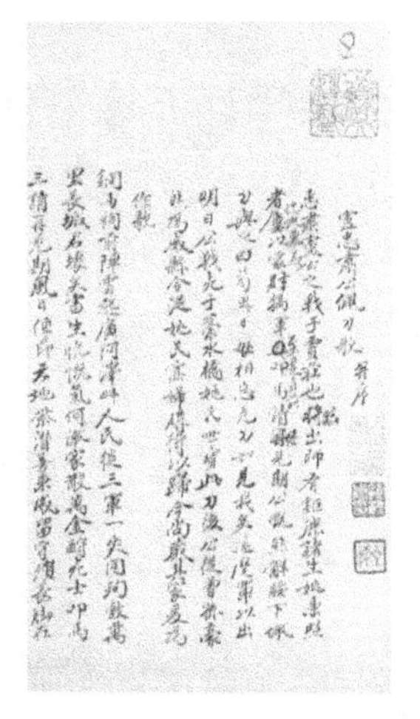
·吴骞手迹

·臣骞

·拜经楼吴氏藏书印

·兔床经眼

·临安志百卷人家

度，稽其时代款识，著之谱录，昕夕摩挲以为乐。吴骞著述甚富，著有《拜经楼诗集》、《愚谷文存》正续、《桃溪客语》、《拜经楼诗话》、校刊《拜经楼丛书》等。藏书印章有"臣骞"、"槎客"、"吴兔床书籍印"、"兔床经眼"、"拜经楼"、"拜经楼吴氏藏书印"、"宋本"、"小桐溪上人家"、"千元十架人家"、"临安志百卷人家"、"兔床山人第一孙"、"寒可无衣饥可无食至于书不可一日失此昔人贻厥之名言是可为拜经楼藏书之雅则"。

吴模 （生卒年不详）

字求履，清初钱塘（今杭州市）人。副使源之子，性至孝，割股救亲。为诸生有名，中年谢去，隐居铁冶岭，名小小园，聚书数万卷，啸咏其中。著《前史实用》、《五伦奉持》、《四书五经解》、《大易图书解》、《历代史评》、《一代文评》、《宝田堂集》。

吴士鉴 （1868—1933）

字絅斋、炯斋、进思，别号含英、公詧，杭州人，吴庆坻子。自号九钟主人，九钟老人。因尝得鲁原编钟凡九，故即以名其斋。晚号阵湖遗老，为晚清榜眼，官

·吴士鉴手迹

至翰林院侍读、江西学政、资政院议员、国史馆纂修。著有《清宫词》、《含嘉室诗集》、《九钟精舍金石跋尾》、《商周彝器例》、《晋书斠注》等。藏书数万卷，多史地金石类。编有《吴氏藏书目录》七卷，所藏古籍多毁于"文革"中。

吴之振 （1640—1717）

字孟举，号橙子，又号黄叶村农，清石门（今桐乡）人。康熙时贡生，官中书科中书，是有名的山林诗人。家有名园，曰黄叶村庄，藏书多秘本。与吴自牧、吕留良合编选《宋诗钞初集》一百零六卷，多从秘本中录出，每个作家的作品前都附以小传，并加品评考证。自著诗颇近宋人，有《黄叶村庄集》行世。藏书印章有"吴印之振"、"孟举"、"延陵季子"、"黄叶村庄"。

吴之桢 （生卒年不详）

字青城，清孝丰（今安吉）人，康熙间岁贡。砥砺廉隅，胸无城府。少笃学，攻经史，藏书数千卷，悉手自校雠，乡里推为耆宿。

吴之淳 （1810—1845）

字醇和，一字周官，号鲈乡，清海宁人。骞孙，寿旸子。诸生。藏书家，室名云根室、拜经楼。克守遗籍，校读不倦。海宁乾、嘉间百年以来之藏书家，若前步桥许氏之惇叙楼，遗籍散尽，楼亦毁矣；胡陈村胡氏华鄂堂所藏，少有存者；独拜经楼完好无恙，盖子孙善守之效也。藏书印章有"吴之淳印"、"竹下书堂"、"鲈乡"等。

吴之器 （1596—1686）

字赐如，号神岳，吴存中子，明末清初义乌人。崇祯十五年（1642）举人。与斯一绪、龚士骧、陈达德、章有成等建八咏楼社。家有抱瓮园，藏书十余楹，之器坐卧其间，流览诵读。闭户著作。著有《婺书》、《婺书别录》、《明月斋稿》、《明月斋后刻稿》等。可惜刊印流传的不多，尚存《婺书》八卷。

吴为金 （生卒年不详）

字象青，一作篆青，城子。尝从王曾祥游，攻读不息，能自力于文章。善诗词。储书数十万卷。所交游赠答皆当世名士。

吴五凤 （生卒年不详）

字穉威，号竹巢，清安吉人。乾隆五十二年（1787）进士，官隆安知县。告归，居鄣吴山村中，闭户著述。多藏书。德清陈斌、仁和宋咸常时过访焉。

吴允嘉 （1657—1729）

字志上，又字石仓，清钱塘（今杭州市）人。性孝友，雅好吟咏。为文原本六经，旁通史汉，而章法顿挫，刻意规抚苏欧。于经世之学尤所殚心。生平爱藏书，丹铅点勘，晨书暝写，凡山经地志、墓碣家乘，下逮百家小说丛残之书，搜讨不遗余力。晚年嗜好尤笃。有《四古堂文钞》、《石甎山房诗集》、《石仓诗稿》、《石仓笺奏》、《武林文献志》藏于家。《碧溪诗话》云："石仓先生为湖墅耆宿，嗜学好古，积数十年苦心。殁后藏书散落人间，予在汪氏振绮堂见其手钞书可数百册，楷法醇古，毫无俗焰，望而知为有道之士。其他散处于书贾求售者更不知凡几。尝辑《武林耆旧集》，自汉迄明，其稿在吴鸥亭处，予借录一过，编定为二十卷。又尝手辑《钱塘县志补》，皆魏志者所未备者。"其临殁时，口占一绝《示儿辈诗》云："几卷残书几亩田，祖宗相守已多年。后人穷死休相弃，免使而翁恨九泉。"

吴天庆 （生卒年不详）

原名谷，字明农，号栗园，仁和（今杭州市）人，道光二年（1822）举人。家藏书颇多。教授里中，所成就者甚众。

吴太冲 （生卒年不详）

字默真，号宫允，继志子，明钱塘（今杭州市）人。弱龄沈酣六籍，天启七年（1627）登贤书。崇祯四年（1631）进士。选翰林院庶吉士，授检讨，改编修，后移南京国子监司业，转右春坊右中允。宫允生平侃侃直言，尤以正人心，敦士行，破门户为急。继志固多藏书，至太冲鼎贵，则家益有赐书，藏书愈富。轴带帙签至数万卷。

吴文江 （1857—1897）

字可舟，清奉化裘村镇人。贡生。生平以提携后进、搜罗乡邦文献为己任。曾创丛桂文社，集里中弟子讲肄其中。家有藏书近万卷，日夕披阅，名其楼瓶酥楼。性喜吟咏，著有《瓶酥楼诗稿》若干卷。1893 年起编纂《忠义乡志》，历四年成稿，1901 年由友人刘绍琮等校刊问世。

吴文晖 （生卒年不详）

字翼万，清海盐人。乾隆十二年（1747）举人。笃学敦行，父母病昼夜侍奉，殁哀毁骨立，见者动容。积书数万卷。以经术教授，远近宗仰，称大师。澉水百余年来，人文散佚，文晖悉力搜采，文献赖以有征。著有《灯庵诗钞》四卷、《澉浦诗话》二卷、《补萝书屋日记》一卷、《灯庵藏书跋尾》一卷。

吴文溥 （生卒年未详）

字博如，一字冻帆，号澹川，清嘉兴人。嘉庆十年（1805）贡生。工诗文，好藏书，藏有宋刊元印本《通鉴纪事本末》四十二卷。藏书处为砚山堂、南野草堂。藏书印有"砚山堂"、"南野草堂珍藏图记"。

吴东发 （1747—1803）

吴文晖次子。初名旦，字侃叔，号耘庐，又号芸父。与兄并称两孝子。承父志，喜藏书，藏书逾万卷。早年崇奉理学，壮年潜心于经学，尤精通《尚书》。工诗文，通六书，擅写山水花卉，山水师吴仲圭、沈启南。精于金石文字，凡商周秦汉之文，多有考究，有"大篆吴东发，小篆邓石如"之称。虽一介布衣，声誉极高。尝从钱大昕游，大昕引为畏友。浙江巡抚阮元慕名微服至澉浦吴宅登门造访。著有《群经字考》、《读经笔记》、《书序镜》、《尚书后案质疑》、《经韵》、《六书述》、《石鼓文读》、《商周文拾遗》、《钟鼎款识释文》及《遵道堂诗文稿》、《续澉浦诗话》等近20种。受阮元之请，参加编辑《经籍籑诂》。阮元的《积古斋钟鼎彝器款识》吸收其不少见解。藏书处为遵道堂。

吴以照 （生卒年不详）

清余姚人。书藏于晚香楼。弟吴以煦也是藏书家。

吴玉墀 （生卒年不详）

字兰陵，号小谷，又号二雨。清钱塘（今杭州市）人。焯子。乾隆三十五（1770）举人。由太平教谕，历官贵阳府长寨同知。乾隆间诏征遗书，玉墀进经部《陆氏易解》等九十余种，史部《四明它山水利便览》等二十余种，子部《东宫备

览》等三十余种，集部《李退叔文集》、《风雅逸篇》、《石洞遗芳》三种，蒙御题《说文篆韵谱》、《吕祖谦历代制度详说》二种，并赐《佩文韵府》。著有《味乳亭集》。

《天禄琳琅》前编，宋元明外，仅金刻一种，《后编》始有辽刻《龙龛手鉴》，有"吴玉墀印"、"吴兰林西斋书籍刻章"诸印。彭元瑞识云："于是宋辽金元明五朝俱全，足以见绣谷所收之富。其旧藏宋刻许浑《丁卯集》，失传廿余年，瓯亭忽于京师重得之。"

吴仲贤 (1822—1887)

初字慕周，更字牧驺，号萃思，又号鲁儒，别署小匏庵，清嘉兴人。咸丰二年（1852）进士，曾任云南罗次、昆明知县，武定知州，署理迤东道。善诗词，初学李商隐，后师朱彝尊，工力甚深。晚年主讲武水鸳湖书院，历二十年。光绪初，知府许瑶光延聘其主纂《嘉兴府志》，著有《小匏庵诗存》等。亦好藏书，藏书颇多，藏书处为小匏庵。

吴任臣 (1628—1689)

字志伊，一字尔器，初字鸿征，号托园，清仁和（今杭州市）诸生。康熙十八年（1679）荐试博学鸿词，列二等，授检讨。好读奇书，家贫教授里中，会兵乱，江南大姓皆窜匿，里中少年载其书入市，以一钱易一帙，托园罄修脯以为市，于是吴中书悉归之。并昼夜读之，久益淹博。应大科，时冯相国延馆之。入翰林院，十年不迁。会词臣奉命校书，多谬误，奉诘责，众惧，竞以书致，乞代校。迫于情，竭四十昼夜乃终卷。而心疾作，迨中允之命下，而托园已先一日死，卒年六十二。所著有《周礼大义》、《礼通》、《山海经广注》、《字汇补》、《春秋正朔考辨》。又取唐季诸霸国事为《十国春秋》一百四十卷，尤称详核。按《十国春秋》自订凡例云："五代迄今六七百年，世代久远，正史故多遗失；而欧史载十国事尤缺略。是编所采古今书籍无虑数百余种，若《册府元龟》、《太平御览》等书，愚辄荟萃成书，都为一部。倘臆说杜撰，率尔无征，实所未敢。"托园先生当兵燹之余，留心经籍，生平著作等身，观其引征之多，即可见其收藏之富矣。

吴农祥 (1632—1708)

字庆百，号星叟，一号大涤山农，太冲子，清钱塘（今杭州市）人。康熙十八年（1679）举博学鸿词。少异敏，一览成诵。家多藏书，盖其祖继志实聚之，且勤于掌录，秘阁之钞逾万卷，轴带帙签，至与山阴祁氏、常熟钱氏埒。构宝名楼于别业之梧园储之。与弟农复登楼而去其梯，不闻世上语，尽发所藏书读之。学益博。与吴任臣齐名，武林呼为二吴。为文条贯，骈散文诗赋小词俱工。著有《萧台集》二百四十卷、《梧园诗文集》稿本藏浙图、《流铅集》、《诗余》等。藏书印章为"星叟农祥之章"。

· 吴农祥《梧园诗文集》手稿

吴如愚 (1167—1244)

字子发，宋钱塘（今杭州市）人。家世以积善闻名。如愚生而岐嶷，骨象异凡，其父武翼，笃意义方，择名士为师课之。家多藏书，一览成诵，辄通晓大义，甫弱冠，于诸子百家靡不究竟。定省余闲，尤刻意经学，所得日富，世味澹然，不以仕途为念。安贫乐道，私淑同志，匾其室曰准斋。赵彦悈雅厚之，尝奉诏以贤能才识举。端平更化，复以行义纯固可为师表荐，嘉熙戊戌（1238）孔山乔当国，特授从政郎，充秘阁校勘。如愚皆辞之。如愚著述甚富，所著书已刊已授之外，犹存手稿十五册，或以书问，发明义理，或以酬唱，形诸赋咏，或解经析理，为之训说。篇目尚多，别为一集以传。现存《准斋杂说》一书外，所著尚有《易诗书说》、《大学中庸论孟》、《阴符经解》，惜皆佚。

吴克谐（1735—1821）

字夔庵，号南泉老人，清石门（今桐乡）洲泉人。终身布衣，喜刻画山水。30 岁后为幕宾，尤得中丞谢启琨赏识，与谢成为莫逆之交。后受赠谢在乌镇一所典当，家道日殷。于是在祖居的南泉村建宅树滋堂，另建有写韵楼、有朴斋、春雨轩等。克谐好藏书，遇真迹不惜以重金购之。较有名者有宋刻《河南二程全书》、明嘉靖刊本《本草纲目》、明刻本《陶渊明集》、明弘治刻本《医学引壳》和《萍湖脉经》等。藏书处为南泉书屋。亦好古砚，家藏古砚盈百，佳者有 28 方，故另辟一室，名曰二十八砚斋。著有《自办成案》、《南泉诗草》、《夔庵自道》等。

吴寿旸（1771—1831）

字虞臣，骞子，岁贡生，清道光间海宁人。生时，其父得宋刻《周礼》二十卷，故小字曰周官。其父尝授以宋椠《东坡先生集》，因自号苏阁。时取苏集依宋本编排，拾遗补阙别为一编。又取拜经楼书，有题跋者手录成帙，为《题跋记》。见者咸叹其善承父志焉。子之淳，字鲈乡，诸生，亦能守遗籍，校读不倦。海宁百年来藏书家，若前步桥许氏之惇叙楼，遗迹荡然，楼亦毁圮；胡陈村胡氏之华鄂堂所藏，仅有存者，独拜经楼完好无恙，乃贤子孙善守之效。

· 吴承志《汉书地理志水道
图说补正》稿本

吴承志 (1844—1917)

字祁甫。钱塘（今杭州市）人。著有《横阳札记》，甚精博。而其生平精力所瘁，尤在舆地之学。著有《汉书地理志水道图说补正》、《山海经地理今释》、《今水经注》、《唐贾耽记边州至四夷道里考实》诸书。藏书数万卷。

吴昂驹 (生卒年不详)

骞侄，《曝书杂记》："吴春煦，字子撰，兔床先生之侄，濡染家学，校雠极精审，其兄醒园昂驹，亦好古籍。"居海宁新仓，藏书处曰竹初山房。

吴昌绶 (1868—1924)

字伯宛，号甘遯，别号印丞，清仁和（今杭州市）人。光绪二十三年（1897）举人。尝佐吕尚书海寰、吴侍郎重憙幕，以少时随宦吴中，工于公牍、章奏签启。尤好刻影书，为著名出版家。据双照楼影刊词目所载，刻影宋元珍本不下数十种。著称者有影宋吉州本《欧阳文忠公近体乐府》三卷，影宋本《醉翁琴趣外篇》六卷，影宋本《闲斋琴趣外篇》六卷，影宋本《晁氏琴趣外篇》六卷、影宋本《酒边词》一卷，影宋本《可斋词》七卷，影宋本《芦川词》二卷等。特别是影刊于武昌者，以绝精美之奏折纸，最上品之御制墨印之，故书至为精美。民国时曾任司法部秘书。著有《松邻遗集》、《梅祖庵杂诗》等。

· 吴昌绶手稿

吴春照 (1783—?)

　　字子撰，号迟卿，清海宁人。诸生。春照作文萧疏淡荡，如其为人。既不得志于场屋，遂纵酒自娱，酒后清言，时见名理。暇则寄情绘事，旁及操琴、布算、攃蓍之学。兼通岐黄，尤深于小学。精校雠，家藏数千卷，丹黄几遍。钱塘汪氏重刊《咸淳临安志》，延春照为校勘，并校《史记》、《汉书》，惜未竟其业，以豪饮得噎疾卒。

　　案《曝书杂记》："吴春煦字子撰，兔床先生之侄。濡染家学，雠校极精审。其兄醒园昂驹亦好古籍。"警石在海宁有年，记载当亦不致有误。但查《海宁州志稿·典籍志》著录有吴春照无春煦其人。未悉孰是，待考。

吴继志 (生卒年不详)

　　字惺阳，明钱塘（今杭州市）人。官云南越州卫经历。好聚书，且勤掌录，秘阁之钞逾万卷，轴带帙签至与山阴祁氏、海虞钱氏埒。

吴铄文 (1706—1769)

　　清山阴（今绍兴市）人。藏书十万余卷。

吴崇福 （1163—1246）

宋代东阳人，出身世家，博闻强记，知礼仪，识大体，工笔札、书画。藏书万卷。藏书处为东阁。成婚时，婆叶氏已去世。崇福摄理家政，经营耕稼、莳花艺蔬，井井有条。绍兴年间，以早年为婆婆叶氏所建高塘庵改创高塘书院，礼聘一代文宗钱文子主师席。各方儒生纷至，游学者接踵于门，年登录入册五百人，皆供给米盐。家中经济时或拮据，不能按时接济书院所需，即变卖奁抵充。嘉泰末，夫早逝，子未成家，女未出嫁，崇福夙夜不懈，勤劳特甚。鼓励诸子专心治学，勿为丝粟外事而分心累志。礼尊师生，始终如一。钱文子应诏出宰长沙，荐叶味道主师席。书院建高阁，藏书万卷，参知政事楼钥为之题匾名"东阁"。

吴淳伯 （生卒年不详）

字思元，杭州人。因家藏有宋米芾真迹，取室名为"宝米斋"。原籍本为安徽休宁，固自明万历间，吴氏祖上经营木材生意，才定居杭州湖墅。晚清举人，无心仕途。因家资产雄厚闲居在家读书吟诗。酷喜兰花，多至三千余盆。著有《兰蕙小史》。淳伯工书，尤擅治印。藏书甚富，有八十大箱，又收集名人书画和金石文字数千种，实为杭城民国间著名藏书家之一。惜抗战时多有散失。晚年因为办厂失败，忧郁成疾而故，卒年六十。

吴道镕 （1852—1936）

原名国镇，字玉臣，号用晦，会稽（今绍兴）人。光绪进士，授编修。但不愿入仕，以讲学终其身。历任潮州韩山、广州应元、越秀等书院的山长。1904 年任两广高等学堂监督。中华民国成立后，以遗老自居，杜门著述。注重广东地方文献的收集。晚年崇信道教。博通经史，善书法、工诗，尤其擅长古文辞，作学不拘一格，旁及自然科学和欧美新学。著述甚多：有《海阳县志》、《明史乐府》、《澹庵诗存、文存》、《广东文征》等。1936 年 5 月在广州病逝。

吴锡麟 （1746—1818）

字圣征，号谷人。钱塘（今杭州市）人。藏书处名有正味斋。

吴颖芳 （1702—1781）

字西林，号树虚，清仁和（今杭州市）人。出身商人世家。十五岁时父亲去世，家业沦入奸商之手，所得父业财产不到一半。少端重沉默，寡言笑。幼赴童子试，为隶所诃，以为大辱，因一志读书，遂不复应举。颖芳博览群书，尤精六书音乐，能诗善文，通古文。著有《临江乡人诗集》四卷、《吹豳录》五十卷、《说文理董》四十卷、《音韵计论》四卷、《文字源流》六卷及《金石文释》六卷，均《清史列传》并传于世。

吴衡照 （生卒年不详）

吴霖长子。字夏治，号子律，清海宁新仓人，寓居仁和（今杭州市）。嘉庆十六年（1811）进士。曾官金华教授。精通诗词音律。后家居孝养，学而不仕。与钱塘汪小米、嘉兴张叔未、武进汤雨生结东轩吟社，亦好藏书。著有《莲子居词话》、《辛卯生诗》等。藏书处为莲子居。

吴燨文 （1706—1769）

字朴存，清山阴（今绍兴市）人。世居舟山。藏书十余万卷，建一楼贮之。著有《朴亭诗集》。

吾点 （生卒年不详）

字子与，户部郎中祖望子，清海盐人，读书稽古，有董帷匡壁之风。乾隆五十九年（1794）举人。嘉庆六年（1801）大挑知县，自以非百里才，改授开化训导课士，以绩学敦行，人咸重之。秉铎十年引疾归。好校书，丹黄不去手。藏书万余卷，皆手自勘定。自言：

"《十三经》、《史》、《汉》皆熟读,《晋书》以下则惟翻阅数过而已!"所注《杜樊川诗文集》,考订极精。晚筑舍于泊樗山西,抚松种菊,绝迹城市,人罕识其面。卒年八十,著述遭乱,散亡殆尽。

吾衍 （1268—1311）

又名丘衍,字子行,号竹房,贞白,开化人。意气简傲,不为公侯屈色,尝自比于郭忠恕。家富藏书,经史子集无不罗揽。寓居钱塘生花坊一小楼,楼上图书四壁。嗜读古书,通经史百家,熟谙音律。精篆石,尤擅刻印,称"印人柱石",印学界赞其为"起八代之衰"。

吾衍藏书既富且精,巨州元人藏书中首屈一指。明陈继儒的《妮古录》记有:"明代赵期颐以藏书精妙而著称于世,而其书多得吾丘衍处。"吾衍博极群书,著作颇多。经史类有《晋文春秋》、《楚史梼杌》、《学古编》、《说文续解》、《尚书要略》等,诗文类有《闲居录》、《竹素山房诗集》等,印学类有《周秦刻石音释》、《印式》等,音乐类有《听玄集》、《造玄集》、《九歌谱》等。

宋震 （生卒年不详）

字道亭,明兰溪人。为人倜傥负奇,芥视一第甚。既屡试不售,中弃去。摄古衣冠,筑别墅曰雪溪堂,聚书万轴,卧其中,经史子集环向恣读之。间发为诗歌盈帙。

宋濂 （1310—1381）

字景濂,由金华潜溪移居浦江青萝山。元末,因荐授翰林院编修,以亲老固辞,避入龙门山著书。入明,官至翰林学士。博极群书,孜孜圣学,皆师表当世,明太祖称之为开国文臣之首。明初的诰制朝仪,大多出于宋濂之手笔;一代礼乐制作,多为他所裁定。宋濂一生勤奋好学。幼年借读他人之书,必手自抄录,即使遇严寒,墨水结冰,手指冻僵,也不懈怠。为访求学,不怕跋涉远行,翻越深山巨谷。向师求教必谦恭虚心。

宋濂在文学方面有很高成就,由于他经历过元末长期兵荒马乱,对现实生活有所感受,写出了许多富有现实意义的作品。著作有《孝经新说》、《周礼集说》、《浦阳人物记》、《龙门子》、《宋学士全集》等。

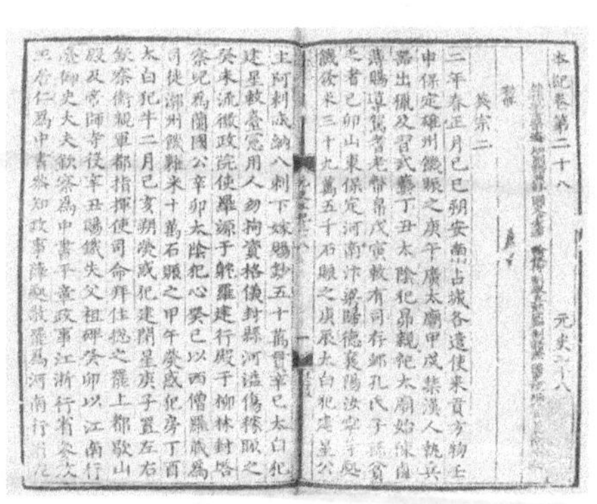
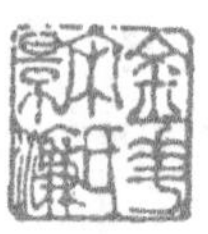

·宋濂《元史》明刻本

宋濂藏书亦富，卒谥文宪。《澹生堂藏书约》有云："胜国兵火之后，宋文宪公读书青萝山中，便已聚书万卷。"宋濂不但藏书多，还藏有世罕珍宝宋版《长庆集》。《百宋一廛赋》："庐山《长庆》，见取六丁；金华太史，独著精灵。"下注曰："《长庆集》，北宋时镂版，所谓庐山本者。庚寅（1650）一炬，种子断绝。唯此金华宋氏景濂所藏小宋版，图记宛然，古香可爱，推希世珍矣。"藏书印章有"金华宋氏景濂"、"景濂"等。

140

宋大樽 (1746—1804)

字左彝，号茗香，清仁和（今杭州市）人。乾隆四十二年（1777）举人，官国子监助教。好聚书，工校雠。王宗炎《尔雅新义序》："宋山阴陆氏《尔雅新义》为世所罕觏，吾邑陆君芝荣、陈君培得、仁和宋助教大樽手校本，审定镂版。"马定枏《赠茗香助教诗》云："辛苦风尘两载余，摊书尽日对窗虚。棠梨暑影分明在，遥忆先生国子庐。"严元照《书手录云烟过眼录后》："自武林归，经塘栖里，访宋茗香，观所藏书，中有丁泓龙先生手钞《云烟过眼录》一册。"著有《学古集》、《牧牛村舍外集》。

宋世荦 (1765—1821)

字卣勋，号确山，清临海人。性颖悟，读书过目不忘，长究心经学，兼工词翰，为朱国相珪所器，引置门下。乾隆五十三年（1788）举人，补咸安宫教习，后选福建大田知县。嘉庆十九年（1814）选授陕西扶风知县。握篆七年，廉声卓著。扶风为古来都会，碑碣如林，世荦一一摹拓装潢成帙，缀跋册后，以资考证。生平喜考订经史，搜集乡邦文献，尝刻《台州丛书》。

世荦为官廉洁著称，引退之时，身无他物，唯藏书万余卷，金石彝鼎而已，储书处曰红杏轩。著有《台诗三录》、《古铜爵书屋金石文》、《周礼故书疏证》、《仪礼古今文疏证》、《诂经文字古义通释》、《确山骈体文》、《红杏轩诗钞》等。

宋经畲 (生卒年不详)

字心芝，世荦子。嘉庆十八年（1813）拔贡，选乐清训导。丁父忧，归服阕，选象山教谕，辞不赴，杜门谢客，继承父业，红杏轩藏书略有增益，著书读书自娱。工书兼精篆刻，又癖嗜古砖，自吴建衡以下迄于明得三百余，编次成集，详为考证，题曰《砖文考略》。又著《心芝述闻》、《瓴甋录》等。

宋春舫 (1892—1938)

别署润春庐主人，吴兴（今湖州市）人，王国维表弟。早年毕业于上海圣约翰大学，后留学瑞士，修西洋戏剧，获日内瓦大学硕士学位。1916 年回国，先后任圣约翰大学语言学教授，清华大学、北京大学、东吴大学和青岛大学教授。在介绍西方戏剧和提倡中国现代戏剧艺术方面，均有成就。春舫收藏世界各国各种不同版本、不同文字的戏剧书籍，被誉为世界三大戏剧藏书家之一。藏书处为褐木庐。"褐木庐（Cormora）"三字是取春舫喜欢的法国戏剧家高乃依（Corneille）、莫里哀（Moliere）和拉辛（Racine）的起首两三个字母组合的音译。有《褐木庐藏剧目》，著录藏书近万册。著有《宋春舫论剧》、《五里雾中》、《一幅喜神》、《原来是梦》等。

宋咸熙 (1766—?)

字德恢，号小茗，清仁和（今杭州市）人。国子监助教宋大樽之子。嘉庆十二年（1807）举人，官桐乡教谕。小茗先生家学渊源，藏书甚富，藏书处名曰"思茗斋"。《思茗斋集·借书诗》序："藏书家每得秘册，不轻示人，传之子孙，未尽能守。或守而鼠伤虫蚀，往往残缺，无怪古本日就湮没也。先君子藏书甚富，生时借钞不吝。熙遵先志，愿借于人。有博雅好古者，竟持赠之，作此以示同志。诗云：'金石之物亦易泐，况兹柔翰厉多年。能钞副本亟流播，劫火来时庶不湮。羃予老病子犹痴，过眼云烟看几时。浊酒一瓶何用报，先公泉下亦怡怡。'"小茗承遗训，绍家传，守流通古书之约，其有功于载籍者大矣。尝辑注《夏小正》，剧精核。《耐冷谭诗话》，亦传布艺林。秉驿于桐乡时，辑有《桐溪诗述》二十四卷，搜采甚博。嘉庆初年在杭州诂经精舍协助阮元，参与编撰国学巨著《经籍纂诂》。校刻《古易音训》二卷，为当时学术界所重。一生考订经史古籍，皆据实事求是，其学术笔记结集成《惜阴日记》一书。著《思茗斋集》十二卷，道光五年（1825）刻行。阮元《惜阴日记序》："仁和宋氏咸熙潜修力学，丙辰、丁巳间，助予纂集《经诂》，在精舍中为前一辈学者。嘉庆辛未入都，以所著《惜阴日记》相质，其间考订经史古籍，皆据实事求是，非沈笃淡雅之才能若是乎？"

应璹（？或作璕）（1622—?）

字岂石，号卧园，兴胤子，清黄岩人。诸生。生平无他经营，惟收藏先世手泽及乡邦文献，兢兢不敢失坠。辑有《黄岩诗传目录》三十卷。

应廷皋 （生卒年不详）

字正友，号鹤亭，清末鄞县（今宁波市）人，为甬之望族，业甲一乡。鄞东二十里，上河之港有水沧漕，一名菱池（昔应正友先生居地），因以菱池命为室名，课子孙读书于此。遂于其东筑一楼，颜曰桂隐，为藏书之处，藏书颇富。后渐渐散失，其流落于坊肆者，间有"桂隐楼印"之白文方印。廷皋族人会洽亦喜聚书，数达五千余卷。族人朝光，博洽工文，蓄书亦多，今皆散失殆尽。董澜撰《廷皋六十寿序》："年五十以后，杞梓盈庭，兰荪竞秀，乃构新居，规模宏敞，其巽隅有古桂一本，扶疏畅茂，花发时香闻数里。"

应伯震 （1217—1291）

字长卿，元鄞县（今宁波市）人。早悟，长从西轩黄先生受诗，深得本旨。眼空流辈，试辄黜，不自沮，所业益力。筑花崖书院，藏书五千卷，延良师教子侄。家有来青馆、濂爱轩、卷勺亭、抱瓮圃，游息藏修，各适其所。有佳趣，写之于诗。手抄自作诗十四帙，曰："我死而敛，当以衬也。"性直气盛，不能佞人，晚逢百罹，隐约自全。卒年七十五。

应宝时 （生卒年不详）

清光绪年间尚在世。字敏斋，号可帆，原籍永康，世居杭州忠清里（今新华路）。曾就读敷文书院。道光二十四年（1844）举人，曾官江苏按察使，署布政使。同治四年（1865）官苏松太道时，创建书院，专宗宋儒之学。藏书颇富，浙江图书馆得其遗书二十余种。曾协助丁丙重建文澜阁及补抄《四库全书》，颇有功绩。藏书处称射雕馆、秀芝堂。藏书印有"敏斋"、"应氏家藏"等。

张凤 （1887—1966）

字天方，嘉善人。17 岁为秀才，1922 年赴欧留学巴黎大学研究院，1924 年获文学博士学位。精于考古学，致力于中国古文字学的研究，兼及外国古文字研究。工辞章之学，所作诗文才气横溢。历任暨南、持志、复旦等大学教授。新中国成立后，作为民主人士曾被选为省县各界人民代表大会代表，县政协委员。被聘为杭州大学教授。1960 年退休后，受聘为浙江省文史馆馆员。他重视文化事业。1913 年在上海发行《善报》，1928 年出版《张凤字典》，发明"面线点检字法"。1929 年后，编著有《汉晋西陲木简汇编》、法文《孔雀东南飞》、《中国诗坛近况》、《甲骨刻辞考异补释》、《日退三舍吟》等。张氏生平喜藏书，收集乡邦文献特多。藏书达数万卷，藏书处名奎公楼。1966 年其家属遵先生遗志，将全部藏书捐赠给浙江图书馆；文物、字画捐赠给省博物馆。

张纮 （生卒年不详）

号南村，元平·湖城南人。筑舍为诵读之所，名南村书堆。藏书甚富。

143

· 南村书堆

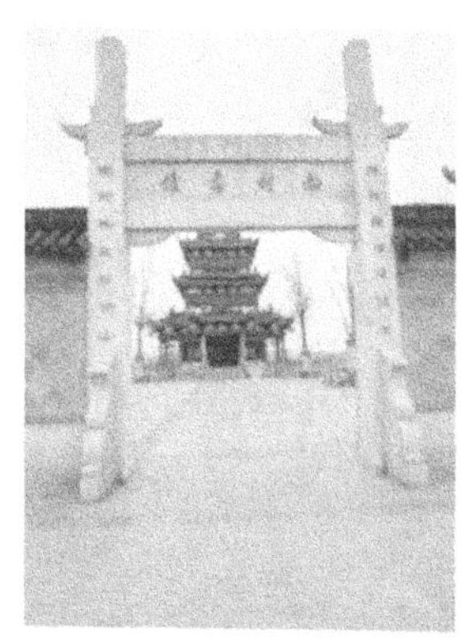

张庚 （1685—1760）

原名涛，字溥三、长庚，后更名庚，字溥山，号公之干、瓜田逸史，晚号弥伽居士，又称白苎村树桑者，秀水（今嘉兴市）人。乾隆元年（1736）举博学鸿儒。工诗、书、画，时称"三绝"。张庚学识渊博，著有《国朝画征录》、《强恕斋题跋》（未刊）、《通鉴纲目释地纠谬》六卷《补注》六卷等十多部著作。庚好藏书，藏书处为强恕斋。

张枢 （1292—1348）

字子长，元东阳人。幼聪慧爽朗，受教于父，观光外家潘氏，蓄书数万卷，金石遗文千余卷，枢尽取读之。尝为《春秋三传归一义》三十卷，刊定《三国志》六十五卷，又别撰《汉书本纪》附以魏吴，《续后汉书》七十三卷。凡三国之臣，有能忠节于其君者，旧史或讳不书，或书而失实，或仅见于异代之史，皆为更定。而于《汉书》则备载，以明正统。或一事数说，必参订归一，是非疑似抑扬予夺，咸有论著，系于各篇之末，名曰《训志》。此外又有《宋季逸事》若干卷、《林下窃议》一卷、《张曲江年谱》一卷、《敝帚编》若干卷。

张雨 （1277—1348）

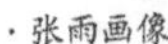

·张雨画像

一名天雨，字伯雨，号句曲外史，道号贞居子，元钱塘（今杭州市）人。自幼即具逸才英气，为人潇洒不拘。二十余岁弃家为道士。往来于华阳、云右等地。与当世名人赵孟頫、虞集、揭曼硕等吟咏酬答，日以吟咏书画为事，超然自然。晚居三茅观修《玄史》，历纪道家高士。自序曰："老子，玄足者也，是集不与焉，尊之也。"作黄篾楼，储古图

史。作水轩于浴鹄湾，营墓于灵石坞。售系腰作梁，名玉钩桥。桥南数十步，作藏书石室，自勒铭，而吴睿隶古。著有《元品录》五卷、《寻山志》十五卷、《贞居集》七卷等。张雨博学多闻，善书画，工诗文，亦作散曲。书法师李邕，间学怀素，气势雄迈而能自具风骨。画善写木石，用笔古雅，意趣横生。元季红巾寇杭，而诸书多散佚。藏书印章有"句曲外史"、"贞居"、"伯雨私章"、"左廉察祭酒"等。

145

张宽（生卒年不详）

字栗之，明海盐人。由贡为腾骧卫经历。能诗工篆隶，有集古句藏家。子璿字廷美，诗画篆隶为时所重，性嗜酒，乘兴挥毫与伯方洲无异，流传于世莫辨也。

张柯（生卒年不详）

字晋樵，一字东谷，清海盐人。官杭州训导。张氏为浙西望族，其先罗浮先生以给谏起家，城南乌夜村有涉园，其别业也。晋樵与朱笠亭、陆太冲辈日坐啸其中，图书彝鼎，望而知为故家物，著《擢云楼诗稿》。藏书印章有"涉园主人鉴藏"、"古盐张氏小白珍藏"、"古盐涉园张氏守白斋珍藏书画之章"。

张涛 (生卒年不详)

字铁庵，清海宁人。性酷嗜典籍，虽日处阛阓，市声喧聒，处之怡然。小楼藏书万卷，人定后篝灯披读，辄达旦忘倦。文章超迈，雅近眉山，论史诸篇，尤有卓识。诗不屑规唐摹宋，而卓然自成一家。所著有《补读楼诗》六卷、《文》一卷、《杂著》一卷。

张珩 (1915—1963)

字葱玉，号希逸，吴兴（今湖州市）人。藏书家。室名韫辉斋。祖父钧衡，父乃熊，祖孙三代相传藏书。收藏古籍名画甚富，有宋刊本《忠经篆注》、元刊本《范文正公政府奏议》等，明刊本数百种。今藏台湾中央图书馆。解放后曾任职于文化部文物局。著有《怎样鉴定书画》。

张隽 (? —1663)

一名僧愿，字非仲，又字文通，乌程（今湖州市）人。诸生。楼居积书甚富，手录者千余卷，拥列左右。南浔庄廷鑨聘修《明史》，为作有明理学诸儒传，其稿别行，名《与斯集》。史案未发，自知其非，逃于僧舍，年已七十。后与潘柽章、吴炎诸人，同受刑死于杭州。著有《西庐诗草》四卷。藏书印章有"张隽之印"、"字文通"、"张隽一字文通"。

张琴 (生卒年不详)

民国鄞县（今宁波市）人，藏书颇多。解放后赠与宁波市古物陈列所收藏，1957年归宁波市图书馆古籍部。

张楧 (1260—1325)

字仲实，元杭州人。先为杭儒学录，寻迁宜兴教谕，转平江府儒学，擢两浙都转运盐使司知事。幼而警敏，甫冠而学业大成。是时宋社既墟，而典章文物犹存。咸淳间士淫于举业，楳独锐意复古学，于经阐明奥旨，承先世之遗，图书富有。曾与邓善之分一居室，相与读书其中，如此者十年。戴表元《学古斋记》称"早起盥沐，焚香振册"。知其得力于简策者，良有以也。著有《学古斋稿》、《格物编》。

张雯 (1293—1356)

字子昭，元杭州人。其先祖浚仪人，祖世居吴，南渡迁居钱塘（今杭州市）。雯少力学嗜书，精律吕。时宋亡已二十余年，故老遗黎，尤有存者，雯从其人问宋遗事，得其什一。喜游钱塘山川城邑，徘徊踟蹰，感叹不能已。兼通声律，家临市衢，构楼蓄书，自经传子史，下逮稗官百家，无不备，日翻阅研读。《天禄琳琅书目》中著录《说文解字》，有"子昭"印，《铁琴铜剑书目》中著录《简斋外集》，卷首有"张子昭印"，皆雯所藏书也。著有《继潜录》、《书画补遗》、《墨记》。

张瑞 (生卒年不详)

明鄞县（今宁波市）人。瑞为元张文英裔孙，读书为义，世守不易，两经荐辟，以母老力辞。隐居不出，筑甬洲书庄，聚书万卷，与子孙讲习其中。

张鉴 (1768—1850)

字春冶，号秋水。清归安（今湖州市）人。嘉庆九年（1804）副贡生。以博通经史，受阮元之聘，讲学杭州孤山诂经精舍，并任其幕僚。长于考据，著《十三经丛说》，旁征博引，辨析前人之讹，多所创见。又留意西夏史，所撰《西夏纪事本末》，首尾完整，并附有《年表》、《西夏堡寨附图》、《历代疆域节略》、《职方表》，是研究西夏学的重要典籍。尚著《两浙赈灾记》、《海运刍言》、《东南半壁纪事》、《隋朝行宫录》等。其中《海运刍言》，力主发展海上交通，受到朝廷重视，得以实施。诗文收入《冬青馆甲乙集》。藏书处为冬青馆。

张熊（1803—1886）

又名张熊祥，字寿甫，亦作寿父，号子祥、鸳湖外史、鸳湖老人、鸳湖老者、鸳鸯湖外史、西厢客。清秀水（今嘉兴市）人，流寓上海。所居银藤花馆，收藏金石书画甚富，藏有一万余件古董珍玩，名扬艺林，被称为"沪上寓公之冠"。藏书印有"子祥"、"张子祥"、"张熊"等。工诗，精篆刻绘画，著有《题画集》、《银藤花馆诗钞》。

张翱（1394—1475）

原名珍，字济时，一字羽皋，号介然，明仁和（今杭州市）人。其先汴人，扈驾南渡，始寓钱塘，后徙仁和睦亲坊。自幼颖异，气宇冲粹。尝业儒，探索隐奥，五经六史靡不究心，尤精《周易》。暇则涉猎九流百家之书。至于推步天文，其往往奇中。或时占风望气，其应立见。家世厚积，传及乃父彬，富甲里闬。翱志出尘，视财若浼，其所应得者悉以归兄，惟知进修，日益渊邃，以故时多推重。晚岁垂情著述，惜多散逸不存。据《张氏家乘》，张氏子孙，迄恭懿公而下，由甲科仕籍百余人，郡城北司前石阙上书"恩荣世美"四字，而以官阀题名其右。流泽既长，藏书遂富。自明迄今，凡四百年，历数武林阀阅之家，必以张氏为巨擘。而储藏之富，日积月累，遂为武林诸藏书家之冠。尝读王氏《居易录》云："杭州孝廉高式青，说其乡张氏藏书甚富，造楼水中，庋置甲乙，悉有次第，以小舟通之，晡后即禁往来。"

张鲲（生卒年不详）

字象崖，号厍薑，清鄞县（今宁波市）人。乾隆岁贡。张氏藏书，始于鲲祖，孙父子皆能世守其业，不论寒暑孜孜不倦，手校经史子集皆有眉评，侧注蝇头蚁脚，朱墨鲜明，字划书亦首尾雠正，藏书处颜曰"习静楼"。子烜，历任州县，亦嗜古，能承家业，父出仕所藏多散佚不全，烜从书肆中购归增益之。孙恕，能守祖业。

张一韶（1577—1634）

字尚成，明浦江人。由邑生员进太学。癖好藏书，罄产访购，积书数万卷。学识渊博，自刑法、钱赋、礼乐，旁及方舆、氏族、星历、医卜，无不精究。慨然以著作自负。聚四方知名文士，与之辩论大义，复纵游各地。自是文益雄迈。乃作咏史诗三百篇，援引驳据，率自成一家言。晚岁善病，坐卧一榻中，然不废吟咏。著有《贻燕堂集》三十卷。

张乃熊（1891—1942）

字芹伯，一字芹圃，吴兴人。近代藏书家。继承其父张钧衡适园遗书，搜书之兴不下其父，鉴别之精则有过之。编有《芹圃善本书目》。后传给其子张珩，为祖孙三代藏书家。

张乃骥（1902—？）

字叔驯，张钧衡之子，吴兴（今湖州市）人，因得大齐通宝自号"齐斋"。家藏金石碑版及宋元明书画甚富。精于鉴别，不惜巨资大力搜求，各地珍奇多为所获。其藏金石钱币富甲江南，与方若并驾，时人称为"北方南张"。"北方"以刀布胜，"南张"则以圆钱胜。著有《齐斋泉乘》等。

张千里 (1784—1839)

字子方，号梦庐，祖籍嘉兴，后居桐乡乌镇后珠村。清道光年间名医。以教书为生，兼行医。曾以廪贡历署绍兴府新城训导，应闽浙总督无锡孙文靖公之聘至闽。工诗。著有《珠村草堂医案》十二卷、《珠村草堂集》十卷《四时感证制治》、《外科方案》等。亦好藏书，藏书万卷，藏书处为珠村草堂。

张之铭 (1872—?)

号伯岸，晚号遽翁，民国鄞县（今宁波市）人。侨居东京横滨凡若干年，久之，自设实学通艺馆，凡诸器材之出骎骎与远物方驾矣。之铭于书惟粗涉其大意，不甚求了解，而嗜之逾于性命，自四部、释典、道书以逮碑版书画，靡不备致，闻有孤本珍椠务搜致百方，即赀不继，奔走乞贷假无所惜。先是于东京京桥区构精舍三楹，用以庋藏，颜其室曰"古欢"。朝夕寝馈其中。日本大地震，室所储荡焉无存。之铭仅以跳免。顾不以是挫其志，居一年返上海，则益增广群籍，如在日本时，即所居通艺馆为书藏之所，藏书计一千种有奇，古今兼收，细大并蓄，采其希见之本。印曰"张之铭珍藏"朱文方印，"恒斋书藏"朱文长方印。

张之鼎 (生卒年不详)

清钱塘（今杭州市）人。万卷书藏于丰庵斋。

张之鼐 (生卒年不详)

字仲谋，号半庵，别号超微，清杭州人。博览群书，长于诗文。隐居横潭别墅，诗文唱和，韵林中无不知横潭张半庵也。喜著述，日居卧痴楼半庵斋，拥书万卷。手辑《栖里景物略》十二卷、《神仙通纪》百卷、《横潭草堂词》若干卷。

张云雷 (1883—1977)

原名烈，号云雷，以号行。乐清西联乡汇头村人。清光绪三十一年（1905）赴日本早稻田大学留学，在日本结识何香凝等。先后参加同盟会、光复会，积极从事辛亥革命活动。杭州光复后，被聘为浙江都督参议。民国二年（1913）当选为省议员、国会议员。后与张东荪在上海创办《时事新报》，刊登一些介绍和研究马克思主义的文章。民国十一年（1922），被总统黎元洪委任为总统府顾问。同年冬，因倦于仕途，归里，张在家创办慈善事业。好聚书，积书至万卷。解放后，当选为县人大代表、省政协委员、文史馆馆员。生平擅长诗词，与陶成章、苏曼殊、柳亚子、陈叔通等诗书往来。卒年九十五。

张元济 (1867—1959)

字筱斋，号菊生，海盐人。光绪十八年（1892）进士，选翰林院庶吉士，历官刑部主事、邮传部参议、总理各国事务衙门章京、学部副大臣等。曾参加维新运动，主张政治改革，提倡向西方学习。维新运动失败后，离京到上海，经夏瑞芳介绍参与经营商务印书馆，创办《外交报》杂志。1929年，主持编辑《四部丛刊》初、续、三编。继又编成《续古逸丛书》、《百衲本二十四史》等。先生悉心文教，当鼎革之际，古籍沦胥，先生四出访求，所获渐富，琳琅万卷，甲于东南。先筑涵芬楼藏之，继而扩充为东方图书馆，所惜东方馆藏书大多毁于日寇。新中国成立后，先生参加中国人民政治协商会议第一届会议，并当选为全国人民代表大会代表。著作有《校史随笔》、《涵芬楼烬余书录》等。元济六世祖宗松，字楚良，号青在，别号蠓庐，家富藏书，鉴别最精。藏书处曰清绮斋。族祖宗橚、载华（均宗松弟）俱清代藏书名家。涉园

· 张元济手迹

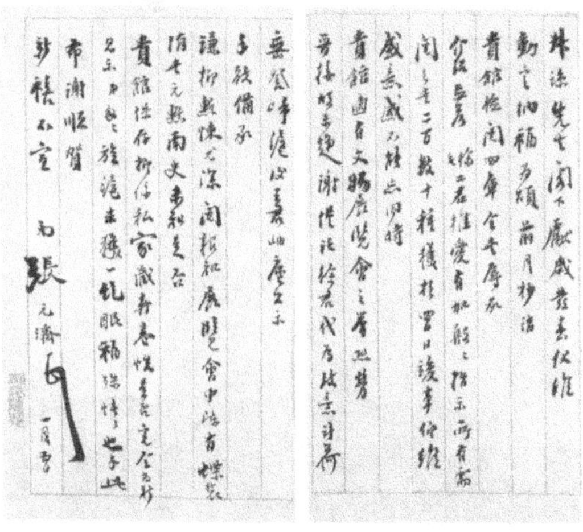

· 张元济像

· 海盐张元济经收

· 海盐张元济

为元济十世祖（万历癸卯举人）大白公（名奇龄）读书处。先生藏书极富，除乡邦文献与旧刊、名人手稿、校本外，尤精心搜罗张氏先世藏书与先世著述。其藏书于1946年全部捐献上海合众图书馆。新中国成立后合众图书馆合并于上海图书馆。藏书印章有"海盐张元济"、"海盐张元济经收"、"海盐张元济庚申岁经收"等。

张元鼎 （生卒年不详）

宋余姚人。有风雨斋藏书。所谓"筑室听风雨，书史堆满床"。

张凤翔 （? —1777）

字方海，初名秉岳，清上虞人。邑庠生。生而聪慧，为文有奇气。家有藏书多善本。有《方海诗集》行于世。

张正夫 （生卒年不详）

民国时期奉化方桥西张村人，卖田地购书，藏有《大不列颠百科全书》、《资本论》（初译本）等图书，供友人借阅，后因生活所迫贵重图书已被亲手卖掉，一部分毁于"文革"。

张兆镛 （1879—1948）

张宗祥侄。字漱泉，号警须老人，海宁硖石人。清末诸生。工书法，真草隶篆各体皆擅。与程宗伊、李叔秉齐名，被尊为硖石三书家。亦工小学，能治印。好藏书，喜收乡邦文献。藏书处为六有斋。

张光第 （1875—1916）

　　字渭渔，号盟鸥，海宁人。癖好书画金石，尤富乡邦文献，于盐官镇建小清仪阁，以弆藏。朱昌燕谢世后，朝经暮史昼子夜集楼藏书，辗转为张光第所得，合己所藏，数量颇为可观。编有《张渭渔遗书目录》。他手抄的《花溪志补遗》一卷藏浙图，有张光第题识，王国维跋。藏书印章为"小清仪阁校藏"。

张廷济 （1768—1848）

　　原名汝林，字顺安，一字说舟，又字作田，号叔未，又号海岳庵门下弟子，晚年号眉寿老人，清嘉兴人。嘉庆三年（1798）解元。以后几次参加科举考试，都未得中。精金石考据之学，尤擅对金石彝器的鉴定。喜收藏各类古器奇物，自商周至近代凡鼎彝、碑版及书画，无不搜聚，并筑清仪阁藏之。亦喜藏书，宋淳熙刊《皇朝仕学规范》四十卷为库藏之宝。善书画，能篆隶，尤精行楷。工诗词。清著名学者阮元督学浙江时，对张廷济极为推重。著有《清仪阁题跋》十卷续录一卷。嘉业堂藏书楼园内有虎啸石，石上"虎啸"二字为张廷济所书。藏书印章有"张廷济印"、"张叔未"、"清仪阁"等。

·清仪阁

·张叔未

·张廷济印

·桂馨堂

·张廷济画像

·张廷济《张叔未先生题跋》手稿

张作楠（1772—1850）

字让之，号丹村，清金华人。嘉庆十三年（1808）进士，官徐州知府。丹村禀异质，敦内行，理阐程朱，学探河洛。好学嗜古，著有《四书同异》、《乡党小笺》、《翠微山房文集》、《数学》、《书目》等。

张寿荣（1827—? ）

字鞠龄，又作菊龄，清镇海人。同治九年（1870）举人。《花雨楼丛钞》自序："余承先人业，遗书二万卷，庋阁于花雨楼中。时复有所购置，而口诵，而手披，而点勘，丹黄之不辍，亦庶几好书而聚书矣。虽不敢自谓知书，而于抱经氏所黜为勿录者，循例推广，一再察详，慎之又慎，并有以别白其间。惟念兵燹之余，古籍煨烬，锓椠半虚，因出数种付欹劂，寻又以旧本流传，有经删削而非完善者；有沿讹袭谬未为誜正诒误来学者；有卷帙侈广，行箧挈携致多未便者。于三者而为筹其善，酌其宜，用是一律缮写，鱼虎精雔，复谋诸手民，续次授梓，俾公同好。积册成编，爰署以为《花雨楼丛钞》。阅者得不讪为不知书者之所为，所幸多矣。而余之好书聚书之衷，又庸有既乎哉。"

张寿镛（1876—1945）

字伯颂，又字咏霓，号约园，鄞县（今宁波市）人。清光绪二十九年（1903）中举。任江苏淞沪捐厘总局提调。辛亥革命后，曾任浙江、江苏、湖南财政厅厅长，1924年底，任江苏沪海道尹、国民政府财政部次长、上海国信银行董事长、上海各大学教授联合会主席、光华大学校长等职。先生自幼好书，弱冠至壮年所得皆文集也。藏书处曰约园。后次吴垣三年，在浙三年，在鄂政务冗杂，无暇购书。购藏之广盖自庚申（1920）始，善本之得亦肇于是。乙丑（1925）而降，久居上海，所获益精，而以己巳（1929）之收陶氏涉园书，庚午（1930）之收歙县宋氏一览楼书（书仅二种，即阮校《太平御览》及元天历本《范文正公集》也）为多。自庚辰（1940）至壬午（1942），访书所及于故家抄本亦皆移录。前后费时五十年，储书十六万卷，以私人之力而欲与秘阁抗衡，人称为痴矣。至于编目，第一次，则书贾老丁为之，时在北京西安门内，谓之"丁目"（专载善本）。第二次，则由北京至杭州，由杭至沪，友人刘庆澄为之，谓之"刘目"，时在上海慕尔鸣路。第三次，则移居觉园，先为之者其族弟张寿荪，谓之"张目"。次为之者，其门人陈生楚善，谓之"陈目"。再次为之者，费生和笙也，谓之"费目"。凡开帐式之目录，今存者五种，即丁目、刘目、张目、陈目、费目。其亲手自编订之目，最为完整是《约园元明刊本编年书目》二册，时在丁丑（1937）年秋，居台拉斯脱路时为之。其次，则《约园善本藏书志》二册，实先编年书目为之，时在十余年前，故续购者多未及入目。又其次，则《藏书全目》，合善本普通本编之，经部集部较有眉目，而集部尤完善，史子则略树基础而已。最后命其孙辈先写分藏书目，然后由分藏编为分类书目，更由分类书目而分编善本书目、普通书目，由其五子芝联为之，尚未能竣事也。但其批校本、明钞本、精钞本、稿本，分别列目。

张季言 （1897—1957）

字玥琛，镇海霞浦人。南京师范学院毕业后，执教南京中央大学。不久东渡日本考察。回国后，任中央研究院物理研究所实验室与仪器工场主任，专事研制精密仪器。解放后，任上海精密仪器厂筹委会主任。上海静安区第一、二届人大代表。为纪念其老师樵庄先生，购置大量图书，拟赠霞浦小学，筹建"樵斋图书馆"，后因图书馆未建，遂将五万七千零四十卷图书悉数转赠宁波天一阁，请为别室陈列并存其斋名。

张宗松 （1690—1760）

字青在，一字楚良，又字蠖庐，清海盐人。国学生。性耽吟咏，与马维翰、朱琰友善。少时《村居诗》有"隔水一牛横笛去，盘云双鸽带铃来"之句。海宁杨性夫给谏一见赏之，妻以女。家藏籍甚富，斋名曰"清绮"，著有《清绮斋书目》。凡图书鼎彝之属，鉴别最精。著有《寒坪诗钞》、《扪腹斋诗钞》。尝刊李雁湖注《王荆公诗》，以刘须溪评点，品藻甲乙，有所未当，特芟去之，又惜其无年谱，因以本传补之。

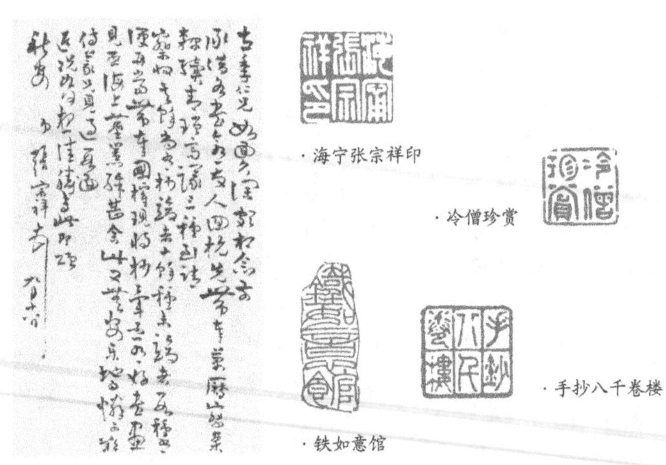

·张宗祥像　　　·张宗祥手迹

·海宁张宗祥印

·冷僧珍赏

·铁如意馆

·手抄八千卷楼

张宗祥 (1882—1965)

　　谱名思曾，读《宋史》因敬文天祥，遂名宗祥。字阆声，别号冷僧，原籍海盐，清初先世由海盐迁居硖石，为海宁人。清光绪二十八年（1902）举人。曾任秀水学堂、嘉兴府中学堂教授。1907年，任浙江高等学堂、浙江两级师范学堂教员。1909年冬，曾和鲁迅、许寿裳、经亨颐等人领导学生跟两级师范学堂监督夏震武作斗争，迫使当局将夏撤换。1910年赴北京考职，殿试一等。1919年任京师图书馆主任，编有《京师图书馆善本书目录》四卷（此目存浙馆），认为是一生中所见奇书最多之时。1922年，任浙江省教育厅厅长，在职期间发起补抄文澜阁《四库全书》，为时两年多，基本上补抄配齐。新中国成立后，曾任省政协常委、浙江图书馆馆长、西泠印社社长、中国美术家协会浙江分会副主席等职。生平精于书法，善绘画，并擅长校勘古籍。由他校订出版的古籍有《说郛》、《国榷》、《罪惟录》等十余种。性好蓄书和抄书，藏书处曰铁如意馆，由五十余年前购得一铁如意而命名。据说此铁如意是明末一读书人毁家抗清所用的武器，故极珍爱之。他还将此书斋名刻成藏书印章，盖在所作字画上。费时数十年，抄书六千余卷。每抄一书，均作书跋或提要，按《四库全书》例编为目录，名曰《铁如意馆手抄书目录》。他在《目录前言》中曾云：“本意欲抄八千卷，与丁氏八千卷楼相匹，今年将七十，恐此愿难偿。”他著作甚多，重要的有《全宋诗话》、《书学源流论》、《卓文君》、《临症杂谈》、《续明文海》等。书画作品有《冷僧书画集》。1965年病逝后，长女张珏遵父遗志，将藏于杭州家里的手抄本、稿本、两部刻本捐献给浙江图书馆。1987年，其长女珏，又将藏于上海的手稿、抄本百余册，赠送浙江图书馆。由省文化厅主持召开赠书仪式，并发给

奖状与奖金。张老历年捐赠古籍中，以《宋刻集锦》为
最珍贵，共计六十种宋刻初印零页一百十三页，是一部
十分难得的宋刊鉴定参考书。藏书印章有"张宗祥印"、
"冷僧"、"铁如意馆"、"阆声"、"手抄八千卷楼"、"读
书余兴"等。

张宗楠 (1704—1765)

张宗松弟，张芳湄六子。字汝栋，号含庵，又号吟
庐。清海盐人。好读书，服膺王士祯，不乐仕进。著
有《吟庐小稿》一卷、《度香词》一卷等，乾隆二十五
年（1760）辑刻《带经堂诗话》三十卷，还刻有《汇刻
渔洋诗话》十卷。宗楠性喜藏书，工文翰。所藏《陶渊
明集》十卷，经查慎行手批本，宗楠重校。藏书印章有
"宗楠手勘"、"吟庐图籍"、"涉园"、"涉园主人"等。

张宗橚 (1705—1775)

张宗松弟，字咏川，号藕村，又号思岩。清海盐人。
性恬淡，不求闻达，唯以诗词自遣。著有《晴雪轩雅词》，
辑有《藕村诗存》二卷，于乾隆四十三年（1778）刊《词
林纪事》三十二卷。家有万卷之藏，遇善本手自抄录。藏
书处除涉园外，还有红药山房。藏书印章有"宗橚"、"咏
川"、"宗橚之印"、"一字思嵒"、"宗橚咏川"等。

张定闰 (1809—1875)

字啸夫，道光时平湖人。附贡生，试用训导，童年
毕读十三经，试即冠军。尝集竹林诗社，与兄子侍讲金
镛、都转炳堃辈晨夕唱和，为士林佳话。性喜书，积卷
累万卷，观名人书画，立辨真赝，有钱天树风。医理得
诸妇翁周如春，治病辄效。著《望云楼焚余草》四卷。

张岱年 （生卒年不详）

字棣笙，号仲青，室名可居。清鄞县（今宁波市）人。官乌程训导。岱年性喜收藏碑帖，能鉴别真伪。陆心源撰《二铭书屋藏碑目序》："四明张棣笙性嗜碑版，收藏甚富，太平军兴，又得范氏天一阁、青浦王氏春融堂，所藏自秦讫元有碑一千余种。任校官时尝辟一室曰可居，其室内琳琅满架，穷年矻矻，老而弥笃，搜罗日富，考订益精。先编为《二铭书屋碑目》。后著为成书。今则已尽归清防阁杨氏。"

张玥琛 （1897—1957）

近代镇海人。藏书一万四千一百六十二册，五万七千余卷。藏书处为樵斋。

张鸣珂 （1829—1908）

原名国检，字公束，号玉珊，晚号寒松老人，嘉兴人。清咸丰十一年（1861）拔贡，官德清县知县，义宁州知州。辞官后，晚年寓嘉兴石佛寺镇。工词，以婉丽著称。治小学，性嗜书，藏书逾万卷。藏书处曰寒松阁。著有《寒松阁谈艺琐录》、《寒松阁诗集》、《寒松阁词》。

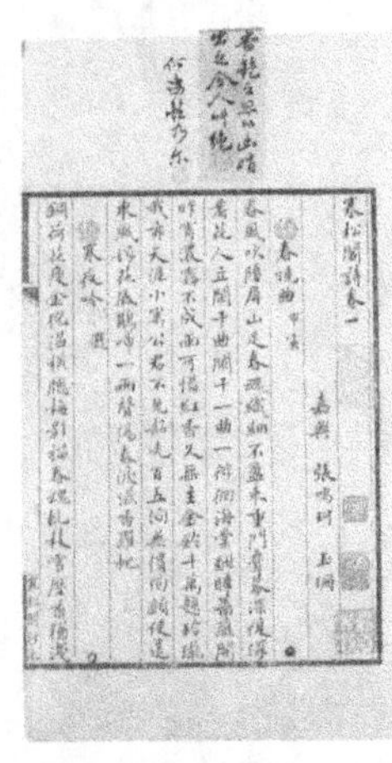

·张鸣珂《寒松阁诗集》手稿

·张鸣珂手迹

·张鸣珂画像

张钧衡 （1872—1927）

字石铭，号适园主人，吴兴县南浔镇（今湖州市）人。光绪甲午（1894）举人。博雅好古，所至辄购书以归。尤嗜宋元椠本，藏书甚富。据《适园藏书志》缪荃孙序云："石铭广收古本，举宋刊四十五种，元刊五十七种。黄尧圃批校二十六种，前人未著录、海内未经见者十余种，名人抄校者几及百种。搜刊七十余种，为《适园丛书》，以广传布。"建适园在吴兴南栅补船村，即明董说之丰草庵黄叶台故址，规模宏丽，有泉石花木之胜。又仿士礼居影印宋元本，有《尚书注疏》、《吴郡志》、《此山先生诗集》等数十种，曰《择是居丛书》，雕刻极精。著作有由缪小珊、沈乙庵、费景韩参加，依"四库"分类的《适园藏书志》十六卷，已梓行；《梁石志》及诗文稿等未刊。

张载华 （1717—? ）

字芷斋，号佩兼，清海盐人。私宅建于涉园东邻，藏书万卷，遇有善本手自抄录，藏书处曰研古楼。刻有《初白庵诗评》。藏书印章有"张载华印"、"张印载华"、"载华私印"、"芷斋"、"一字芷斋"、"松下藏书"、"佩兼"、"芷斋图籍"、"古盐张氏松下斋图书"、"张氏研古楼藏书"。

张培源 （1683—1708）

字江亭，号莼乡，清平湖人。监生。深得家学，嗜书，购宋元精刻积数千卷，藏一楼，寝食其中，寒暑不辍。体虽羸，吟咏不休。年二十六卒。著有《吟香诗集》四卷。藏书印章有"张培源"、"江亭氏"。

张惟赤 （1615—1676）

字桐孩，号螺浮，清海盐人。康熙时由进士累官给事中，既倦仕宦，引疾归田，即城南三里之老屋拓而充之，颜曰涉园，池亭林木之胜，甲于东南。子皓亭名皓，孙葭士名芳湄，增葺台榭，啸歌之暇，率族人读书其中，是以藏书极富，积百数十年，未稍散佚。嘉道之际，如吴兔床、鲍渌饮、陈仲鱼、黄尧圃辈，犹屡至涉园，借书校雠。且尤喜刻书，剞劂流布，为世引重。洪杨之役，园圮而图籍亦失，惟赤九世孙元济于光宣间搜求数年，卷帙略备，而涉园自刻之书，亦渐有归于故主者。

惟赤所著有《螺浮奏议》、《思退轩集》。藏书印章有"涉园主人鉴藏"、"古盐张氏小白珍藏"、"古盐涉园张氏守白斋珍藏书画之章"。

张惠衣 (1898—1960)

名任政，号苇依，以字行，海宁硖石人。毕业于北京大学，历任光华大学、大夏大学、无锡国学专修学校、浙江大学教授，浙江博物馆馆长，浙江省文物管理委员会常委等职。精考古，喜收藏，其所藏陈玉蟾《凤求凰曲》为海内孤本，有吴梅及卢前的跋。藏书处为灵璨阁。藏书印有"灵璨阁"、"张惠衣"、"惠衣"、"灵璨阁主"、"我本淮王旧鸡犬"。

张敬谓 (生卒年不详)

字佩言，号南园，清钱塘（今杭州市）人。南园少力学，婴疾不能试有司，年三十余即卒。家在定乡，辟园宅南曰南园，水木花石，轩廊亭榭之胜称于一时。行药索句，间为小画，逍遥其中以自娱。陆云九明经称其诗纯任自然，机趣横溢，他人冥搜默索所不到者乃以平易出之。不名一家，正复自成一家，盖确论也。园中别构精舍，藏书万余卷，常曰："病躯负庋架物，吾子孙必有能读者。"太平军之乱，园毁书烬矣。著有《等闲集》。

张鲁庵 (1901—1962)

字炎夫，号幼蕉，慈溪人。西泠印社社员，精篆刻，又以善制印泥名驰遐迩。其时北京有徐正庵者，亦以善印泥著闻，两岐并峙，曾有"南张北徐"之雅誉。鲁庵先生癖嗜历代名家印谱，日积月累，藏有各名家印谱四万多家。另又搜藏历代各名家篆刻，达四千余方。其中有少见的何雪渔刻二十一方，鲁庵先生特钤印专集保藏。所藏"放情诗酒"一印，为著名金石家魏稼孙旧物。鲁庵先生治印先学赵次闲及西泠诸家，后以邓石如为依归。治印问世者有《仿邓完白山人印谱》、《鲁庵印选》、《鲁庵印谱》。另辑有《寄黟山人印存》、《横云山氏印聚》、《金罍印摭》等。

张慕毋 (生卒年不详)

原名元器，宇大可，号潜斋，清平阳人。张南英第二子。乾隆丁酉（1777）岁贡，工于诗，有《潜斋诗钞》。其"课子读书"诗云："我有架上书，丹黄遍手泽。百轴排牙签，皆是数世积。"

张德容 (生卒年不详)

字少薇，号松坪。清衢州西安人。咸丰三年（1853）进士，钦点翰林院庶吉士。咸丰六年（1856）因为成绩优异留任，被授予编修一职，正式成为翰林。此后，他又在朝中历任军机处章京、兵部郎中等，职掌军政机要。也就在这一时期，他与晚清的许多饱学之士深有交往，如军机大臣潘祖荫、太傅翁同龢、大藏书家朱学勤、金石家何昆玉等。曾两度出任湖南岳州（今岳阳）知府。在任上他编撰了《岳州救生局志》，并先后两次主持重修了岳阳楼。关心民瘼，颇有惠政，影响深远。诗、书、画无一不精，太傅翁同龢《题张松坪潇湘梦游图》评之："岳州太守贤大夫，吏才诗笔当今无。"著有《衢州备志》、《笺注唐赋》四卷，《评选明文》二卷。张德容是晚清大藏家，收藏以金石碑帖为主，并以藏宋拓《石门颂》为世人惊叹。随着藏品的积累和时机的成熟，1872年在岳州任上，他完成了《金石聚》十六卷，"十余年间服官之暇"，于"草堂养疴时"完成。由于他的斋号是"二铭草堂"，所以书取名《二铭草堂金石聚》。

张燕昌 (1738—1814)

字芑堂，号文鱼，又号金粟山人，清海盐人。乾隆四十二年（1777）优贡生，嘉庆元年（1796）荐举孝廉方正。入省有胥吏弄文阻之，欲其来解也。燕昌拂袖去云："吾若与猾吏接一言，有负荐辟矣。"学使阮文达闻之，即征至省特列荐章。

生平力学爱古，尤嗜金石，搜罗甚实。尝自摹吉金贞石文学，为《金石契》。又尝登范氏天一阁摹北宋石鼓文，勒石于家。与长塘鲍渌饮相友善，常相研讨。卒年

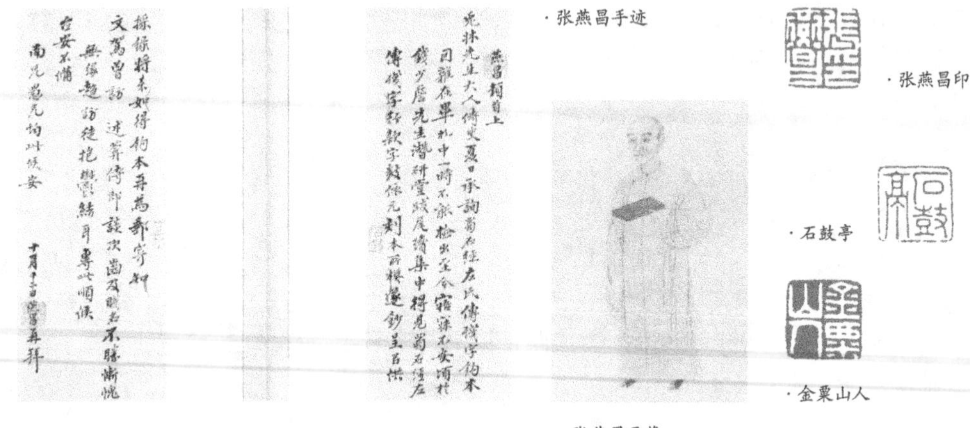

七十七。尚著《三吴古砖录》、《飞白录》、《石鼓亭集》。阮元赠诗云："铭铸鼎彝款象牺，每看一字百摩挲。恰因好古生偏晚，不见苏韩猎碣多。"

藏书印章有"张燕昌印"、"张印燕昌"、"文鱼"、"文渔父"、"石鼓亭"、"白苗嘉谷"、"闲情"、"金粟山人"、"知不足斋主人所贻"。

162

忻虞卿（约1882—1942）

忻宝华，字虞卿，嘉兴梅里人。建书楼"不暇懒斋"以藏书，忻氏藏书于民国初年，为北京书商李宝泉以三千元银圆购去，其中罕见的有俞汝言《渐川集》精抄本。其他善本书多为朱彭寿所得。编有《檇李文系》初稿。

李光（1078—1159）

字泰发，上虞人。崇宁五年（1106）进士，官至吏部尚书、淮西招抚使等职。力主抗金。由是遭秦桧的嫉恨，曾被谪至海南岛。秦桧死后，复官为左朝奉大夫。一生勤奋好学，蓄书数万卷，子孙不肖，且粗率鄙俗，不能保守，散于乡里之豪民家。《挥麈录》有云："叶少蕴书逾十万卷，丁卯（1147）年俱荡一燎。李泰发家旧有万卷，亦以是岁火，岂厄会自有时耶？"

· 李光画像

李庚（生卒年不详）

字子长，宋临海人。绍兴十五年（1145）进士，历官长沙县尉、御史台主簿、监察御史、兵部郎中等职。善诗文。归里后，买屋近郊，楼中聚书至数万卷，并闭门读书，不与人通。所著有《詅痴符》二十卷，又搜辑有关台州先贤遗著成《天台前集》三卷。

163

李诚（1778—1844）

字师林，号静轩，清黄岩人。少时师从泽国戚学标学经学、训诂。嘉庆十八年（1813）二等拔贡。初任云南姚州通判、同知，后任新平、顺宁知县。引种橡树，栽桑育蚕，筑桂香书院，颇有政绩。甚受士民称颂。

居云南通志馆五载，成《云南通志稿》二百二十卷，稿出其手者十之八九，为总督阮元之所称赞。李诚嗜书好学，其经学参酌汉宋，尤精地理，旁及历算、医学。家有敦说楼，藏书数千卷，编有《敦说楼书目》，分经史子集四卷，惟经史二部有评语，余仅记其目。惜卒后敦说楼失火，藏书大部分被焚。著有《云南水道考》、《十三经集解》、《医学指迷》、《敦说楼集》等。

李玮（生卒年不详）

字伟卿，世为农，明鄞县（今宁波市）人，父喜藏书，与名士交，既生玮，乃发所藏书使学之。遂尽读五经子史，作有韵之文，辄得奇语。及壮游京师，见时盛传王李七子诗，竞相仿效，叹曰："此繁声也，今举一世趋之，古意日亡矣。"逾年归，杜门著书，于舍东构草堂，莳菊数百本，每黄花初盛，竖一竿如酒帘状，上书曰："酒熟花开，高怀者来。"足迹罕入城市。性笃孝，留心乡国利病，著《国课》、《论东钱湖赋》，胪列农田水利事甚详。

李峻 （生卒年不详）

李公起，名峻，清鄞县（今宁波市）人。堕地而聋，虽聋，岐嶷孝弟。发及额，闻父李子静侍御公讣，号恸无昼夜，咽枯而嘶，凡五日水浆不入口，乃更哑。免丧，始尽取先世藏书纵读之。不足，则悬金以购。又不足，则从他藏书家抄录。积至数万卷，手自雠校，虽凌寒溽暑弗倦也。既聋而问难辨证之路永绝，凡有疑义俱于经史中沉酣，反复剖析，专力致精，无有罔殆。

李庑 （生卒年不详）

清嘉庆间东阳人。嗜古好学，筑求当未能轩书楼，藏书万余卷。

李镠 （? —1902）

字琅卿，光绪时岁贡生，清临海人。精天元一算法，自云专心钻研，凡三十年，始穷其奥。所居名钟秀庵，藏书颇多。尝取刘徽、李淳风、李冶、朱世杰、张作楠诸算书及西人之算学奇题，为之测算推演，并课试诸草，名曰《衍元海鉴》（亦名《钟秀庵算学》），盖以天元一算为主，合《海镜》、《玉鉴》而为名也。又著有《中庸传谱》一卷。光绪二十八年（1902）选授教谕，惜已先卒。

李士标 （? —1642）

李应徵子，字霞举。明崇祯间举人。承其父志，家富收藏。著有《苍雪斋诗草》二卷，刊有宋高似孙撰《纬略》十二卷。

李之龙 (生卒年不详)

字受一，吴江籍，清秀水（今嘉兴市）濮川（今桐乡濮院）人。以千金收十三经二十一史，购藏古今书籍充栋，颜其室曰膝窝。

李元绣 (生卒年不详)

字裳古，一字斐亭，号竹友，别署老坨老人，清秀水（今嘉兴市）濮院人。肆力于诗古文，尤潜心宋儒诸书。游其门者，成名者多。著《澹凝堂稿》二十四卷。喜藏书，藏书处为澹凝堂。

李凤雏 (1655—1724)

字紫翔，号梧冈。清东阳古堰人。得家学，弱冠工诗。太仓王掞督浙学，凤雏上《梅花诗》十章，王以才士目之。贡入太学，国子师试瀛台观荷花诗，拔萃，名大噪。后乃执贽萧山毛奇龄之门，年五十以教习谒选得曲江令。嗜古富著述，家有藏书数万卷，储之"液水亭"。著作有《春秋纪传》五十一卷、《梧冈诗集》、《叩心集》若干卷、《随笔》一卷。古文及诗余未刻。晚年书法尤佳。

李文缵 (1607—1659)

字昭武，一字梦公，别字礜樵，明鄞县（今宁波市）人。崇祯元年（1628）充贡。学问极博，自星纬、律历、方舆、礼乐、名物，以至诗话、丛谈，无不具有。又深于经学。好学嗜古，生平露钞雪纂，手录书至三千卷。其所著，于三礼则有《注疏》、《诠集》，于《易》则有《舌存》，于《春秋》则有《鲁书》等。

李日华 (1565—1635)

字君实，明嘉兴人。万历二十年（1592）进士，官太仆寺少卿。性格淡泊和易，工书画，精鉴赏，名重古今。明代士大夫好古博物，以董其昌、王惟俭为最负盛名。日华画亚于董，博亚于王，但兼两人之长。好聚书，筑怡致堂藏之。著有《怡致堂

集》、《四六类编》、《李君实先生杂著八种》、《官制备考》、《味水轩日记》等。藏书印章有"李印日华"、"六研斋"、"嘉禾李氏鹤梦轩珍藏书画记"。

李正昰 （1628—1697）

初名彦贞，字我生，一字期叔，后改延昰，字辰山，号寒村，晚号西园老人，明末清初华亭籍平湖人。博学多闻，在平湖西门外饭箩浜隐居学医，精于医理，远近闻名。师事同郡徐浮远，为高第弟子。熟于旧时典故，逢战乱，流寓平湖西宫道院三十余年。喜藏书，病者所给酬金，悉以买书，聚书至五十柜，坐卧一楼，书籍环列，搜罗多明季史料。疾革，适秀水朱彝尊至，乃出其所著《南吴旧话录》、《放鹇亭集》属之，并赠所购书籍二千五百卷。著有《药品化义医学》、《脉诀汇辨》、《痘疹全书》、《明季殉难诸公及诸镇列传》、《证人录》、《甲申因话录》等书。藏书处为放鹇亭。

李光暎 （生卒年不详）

字子中，清嘉兴人。家富藏书，尤喜金石文字，搜罗不遗余力，尝哀集诸家辩论，撰《观妙斋藏金石文字考略》十六卷，此书为清雍正间刻本，浙馆古籍善本书目收有此书。子知敬能承家学，孙三才著有《茹古阁集》。

李安诗 （生卒年不详）

宋会稽人。藏书印章为"李安诗伯之克斋藏书"。

李庆城 (1919—？）

　　字连璇，民国年间宁波人，幼年丧母，出继与从叔母方夫人为子。藏书处曰萱荫楼。他的藏书大都得之于蔡氏墨海楼。墨海楼得之于镇海姚氏大梅山馆，天一阁、抱经楼之书亦间有流入者。楼主为李母方夫人，素娴文墨，于归未几，旋丧夫，"执勤慎己，家获再造"。1930 年，聘蔡和铿馆其家，课其次女访梅及嗣子庆城。夫人既得书，辟其轩之东楼为藏书楼，楼凡三间。1932 年夏，乃延叶君礼华整理之，嘱和铿主其事，尽一月之力，经史子集分别就绪，书凡三千余部，都二百三十六橱。既藏事，因颜其楼曰萱荫楼。盖以是书为夫人方氏所得也。"萱荫"含代代覆荫不绝之意。编有《萱荫楼书目》，以版本分卷，不记撰人。为宋椠十种一卷，其中有明许宗鲁宜静书屋刻《国语》，明袁褧嘉靖刻本《六家文选》两种为明刻本伪装成宋刻（以上两种解放后均归浙馆）。元椠十五种为一卷，明椠五百五十六种分为五卷，抄本一百八十九种为一卷，清椠二千一百零九种分四卷，凡十二卷，都二千八百七十九种，三万零四百三十一册。新中国成立后，部分藏书归浙江图书馆。其中明刊《天工开物》十册、明抄《明实录》三百五十册、明刊正德《福州府志》、《嵊县志》等书提藏北图。李氏藏书入浙图的，据初步统计，收入古籍善本书目的就达三百九十余部，占全目百分之二十。较珍贵的有明刻《武备志》二百四十卷、元刻《玉海》二百卷、元大德刻《新编事文类聚翰墨全书》一百三十卷等。

李汝龙 (生卒年不详)

　　字海门，清秀水（今嘉兴市）梅里人。乾隆间诸生。善古文辞，钻研理学。日有课程，严自刻厉。好藏书，尝刻《梅会诗选》十二卷、《二集》十六卷、《三集》四卷《附刻》一卷。藏书处为寸碧山堂。

李宏信 (生卒年不详)

　　是黄丕烈（1763—1825）时代人物。清萧山（今杭州市）人。号柯溪。藏书处名小李山房。有《小李山房书目》四卷。《柯山小志》称："《小李山房书目》四卷，识者谓不减祁氏淡生堂书目焉。"

李应徵 （生卒年不详）

子伯远，明嘉兴梅里（今王店）人。万历癸酉（1573）举人。选授临安教授，著有《青莲馆集》、《澄远堂集》、《偶寄轩集》、《霍园集》、《寄苕集》、《蓟易集》、《河梁集》、《两都汗漫游集》等。好藏书，藏书处为澄远堂、青莲阁、偶寄轩、霍园等。

李邺嗣 （1622—1680）

原名文胤，以字行，号杲堂，明鄞县（今宁波市）人。年十二即能诗有佳句，十六岁为明诸生。其父李桐官岭外，随侍之。号称"通人"的张孟奇对他极为欣赏，成为忘年交。归里后名声大起。顺治五年（1648），刚刚脱祸于抗清义士华夏之难，复因其父参与四明山抗清被逮下狱，他也被驱至定海，缚马厩中达七十日。后因万泰力救得免。同年七月又被捕下狱，不久被释。李邺嗣白蒙此难，身体虚弱多病，踪迹多在僧寺野庙，而好义之心不改。顺治七年（1650），四明山抗清义军首领冯京弟被捕，监军、黄宗羲之弟黄宗炎也被捕下狱，即将行刑，李邺嗣与冯道济倾家财将黄宗炎救出。康熙初，清兵搜到大陆缙绅与抗清明将张苍水往来之书信，欲按籍而杀，李邺嗣又使计令其中止，保护了一大批人。张苍水被害杭州后，与万斯大等为之营葬。李邺嗣取蕺山之学于黄宗羲，复承章浦（黄道周）之学于何羲兆、吕汉常。入清以后，多与失职之士大夫相游。燕人梁以樟至鄞，偕万泰、徐凤垣、高斗权、高斗魁与之赋诗唱和。乡人组织鉴湖社，仿科考之例，以李邺嗣为主考。康熙十七年（1678），浙江官员举荐博学鸿词，以死力辞。晚年力任地方文献之重任，以地方文献零落，辑《甬上耆旧诗》，搜寻颇费心力；书成，人各有传，开甬上辑耆旧诗之先河。诗文亦卓然成家，文章多记明清之际事。才名甚著，与徐振奇等号为"南湖九子"、李邺嗣有藏书处，曰"东皋草堂"。收藏乡邦文献甚富。其家为文献世家，经过代代传承，至李邺嗣，终于发扬光大，成为一代文献大师。

李孟传 （1136—1219）

字文授，光子。南宋上虞人。少讲学有声，而天资爽迈，无纤毫世俗之气。性嗜书，至老不厌。藏书万卷，悉置左右，翻阅紬绎，周而复始。每得异书，手自校勘，竟其编乃止。多识典故及前辈出处，中朝旧事，历历能道本末，有如目睹。著有《磐溪诗文稿》、《宏词类稿》、《记善》、《记异》等书。

李品芳 (1793—1876)

字增美，号春皋，又号澹翁，清道光间东阳人。博学嗜古，于城内梓城巷筑澹翁书室以储书，藏书数千卷。

李思浩 (1882—1968)

慈溪人。藏书中有袁克文抵押于上海工部局的全部藏书。

李清照 (1084—1154)

号易安居士，宋历城（今山东济南）人。以词名世，是中国文学史上最享盛名的女词人，也是一位大藏书家。其藏书事迹在所撰《金石录后序》中有详细记载："（赵明诚）连守两郡，竭其奉入以事铅椠。每获一书，即同（李清照）共勘校，整集签题；得书画彝鼎，亦摩玩舒卷，指摘疵病，夜尽一烛为率。故能纸札精致，字画完整，冠诸收书家。著有《金石录》"。赵明诚、李清照夫妇收藏极富，仅就藏书而言，尽管因"靖康之难"南下逃亡，"先去书之重大印本者"，"后又去书之监本者"，南渡时"犹有书二万卷，金石刻二千卷"，其中反复提到的有"写本李、杜、韩、柳集，《世说》、《盐铁论》"及"南唐写本书"，皆是书中的精品。李清照晚年定居杭州后以护书为主。

李理山 (1890—?)

字紫东，杭州玉皇山福星观主持。藏书甚多，尤多明刊医书、阴阳家之书。总计有三万八千余册，七万余卷，其室名曰丹井书屋。幼喜习拳，造诣之高，蜚声武

·李思浩画像

169

·李清照画像

林。大江南北四方从学之人甚多。各地道坛，推之为盟主。民国十六年（1927）左右开始搜书，足迹遍及杭城各市肆。新中国成立后，藏书分别为浙江图书馆、上海图书馆接受，部分藏书为善本书。约有百余部，较珍贵的有明刻《两都医案》二卷、明闵氏三色套印本《兵垣四编》五册等。

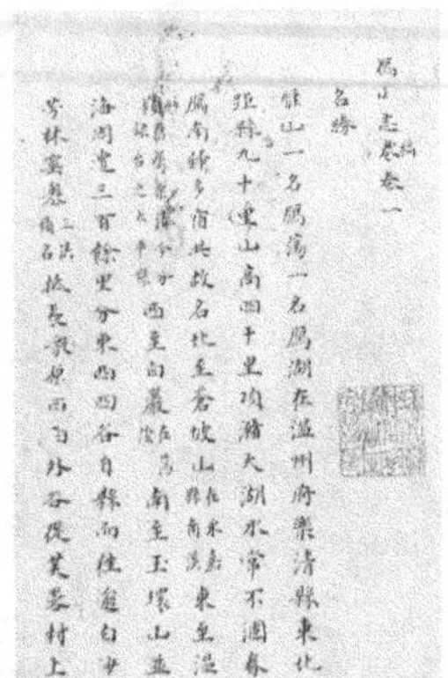

· 李象坤《雁荡山志》稿本

李象坤 (1612—1689)

字宁侯，号菊庵，乐清人，后随父迁居温州。所居西清斋，藏书万卷。喜录乡邦掌故，辑有《雁荡山志》、《南雁荡山志》，著有《菊庵集》。

李富孙 (1764—1834)

字既汸、芗沚，号富庵，又号香子，清嘉兴梅里（今王店）人。嘉庆六年（1801）拔贡生。伯祖父李集精研经学，富孙学有原本，与伯兄超孙、从弟遇孙有"后三李"之称。曾受教于卢文弨、钱大昕、王昶、孙星衍等学者。阮元抚浙，其肄业浙江诂经精舍，深湛经术，尤好《易》。曾任丽正书院山长。有《校经廎题跋》二卷，共三十一篇。《清史列传》卷六十九云："富孙著书就经史传注，诸子百氏，以及汉唐石经，宋元椠本，校其异同，辨其得失。"富孙著述宏富，著有《周易集解腾义》三卷、《校异》二卷、《七经异文释》三十卷、《春秋三传异文释》十二卷、《说文辨字正俗》八卷、《校经叟自订年谱》一卷、《梅里志》十六卷、《鹤征录》八卷首一卷、《鹤征后录》十二卷首一卷、《汉魏六朝墓铭纂例》四卷、《曝书亭词注》七卷、《校经廎文稿》十八卷、《胜朝殉节烈女传》、《兔辑长水掌故》等。富藏书，藏书处为校经廎。

李遇孙（1771—1845）

李富孙从弟，字庆伯，号金澜。清嘉兴梅里（今王店）人。嘉庆六年（1801）优贡生，官处州府训导。幼传祖训，淹贯经史。著有《金石学录》四卷《补录》一卷、《芝省斋吟稿》八卷、《括苍金石志》十二卷《续志》四卷、《尚书隶古定释文》八卷、《北宋石经补考》一卷、《金石原起补考》一卷、《天香录》存六卷、《芝省斋诗文集》十八卷、《芝省斋碑录》八卷、《随笔》六卷、《日知录补正》一卷《校正》一卷、《古文苑拾遗》十卷等。好藏书，喜刻书。金石、碑拓收藏甚富。藏书处为芝省斋。

李慈铭（1830—1894）

初名模，字式侯，亦式甫，更名慈铭，字爱伯，亦字恧伯，号莼客，亦蓴客、柯山，晚署越缦老人，别号花隐生、霞川花隐，会稽人。清光绪六年（1880）进士，官至山西道监察御史。藏书万卷。平常手不离卷，读后多有批校或题跋。惜其藏书已散失殆尽，民国初年临海屈映光购得部分，民国十八年（1929）余藏为北平图书馆所购得。著述等身，学识渊博，对史学功力尤深。诗词古文，名闻天下。又工书，善画山水、花卉。日记三十年不断，朝廷政事及读书心得皆记。主要著作有《十三经古今文义汇正》、《说文举要》、《音字古今要略》、《越缦堂经说》、《后汉书集解》、《北史补传》、《历史论赞补正》、《历代史剩》、《南渡事略》等数百卷。藏书印章为"李慈铭印"。官京时，禄糈所入，悉以购书。直以书为妻奴。编有《越缦堂书目》，计九千一百余册，内中手批手校之书共二百余种，约二千七百余册，考证经史，殊可珍宝。

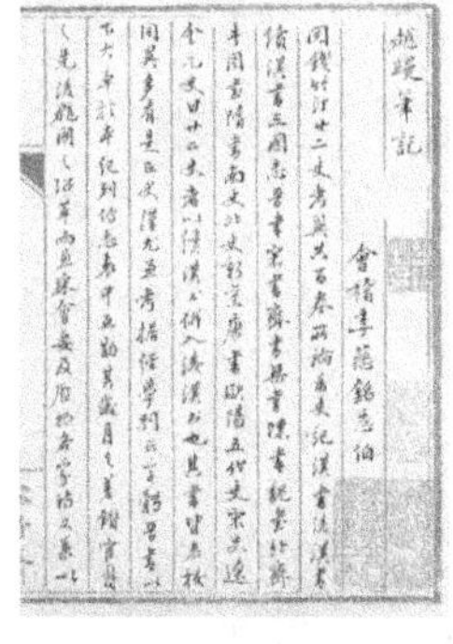

· 李慈铭《越缦堂笔记》手稿
  上海图书馆藏

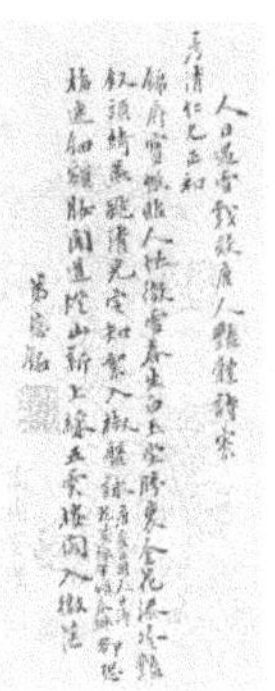

· 李慈铭手迹

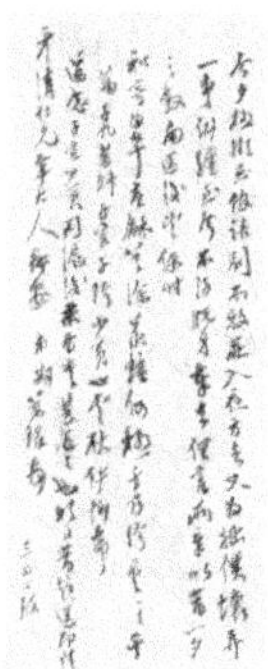

· 李慈铭画像

李嘉福 （1839—1904）

字麓苹，号笙鱼、北溪，又号石佛庵主、语溪老民，清崇德石门（今桐乡）人。擅长山水及篆刻，其画学戴醇士，书问道于何子贞。嗜古成癖，家富收藏，藏有项氏天籁阁旧物。藏书处为阿宝阁。

李肇亨 （1592—1664后），

字会嘉，太仆日华子，明嘉兴人。留意图书，讨论藏弃，尝与谭贞默同主鸳社，先后赋诗者三十三人。工诗善绘事。著有《写山楼》、《率圃》、《梦余》诸草，子新枝、琪枝皆以诗绘闻于时。

杜煦 （1780—1850）

字春晖，号尺庄、尺斋，清山阴（今绍兴市）人。嘉庆举人。博学经史，服膺阳明、蕺山之学。平生以名教自任，一言一行，皆可经法。焚香静居，丹黄万卷，虽疾病弗休。因其搜得汉建初六年（81）《大吉买山记》，即名其藏书楼曰"大吉楼"。其著述长于文，而自谦于笔。工诗词。著有《越中金石记》。藏书印章有"杜煦之印"、"山阴杜氏知圣教斋藏书"、"读知圣教斋"。

杜丙杰 （1783—1817）

字吉甫，号菊生，清山阴（今绍兴市）人。尺庄之弟，嗜学早殁。著有《会稽掇英集拾遗》二十卷《札记》一卷、《知圣教斋书目提要》八卷、《荆花轩诗钞》，兵燹后均散佚。

杜处逸 （1237—1318）

号道坚，又号南谷子，宋末元初采石矶（今安徽马鞍山一带）人。年十四得异书，师葛蒙庵，入茅山作道土，住邑之计筹山升元观。皇庆间，授隆道冲真崇正真人。创通玄观，作览古楼，聚书万卷。后又住武林宗阳宫，忽爆然有声而逝。

杜春生 (1785—?)

　　字子湘，又字禾子，号蕺阳，山阴（今绍兴市）人。室名知圣教斋。杜煦之弟。喜藏书，亦喜钞书。藏书多为善本。是当时山阴藏书名家之一。叶昌炽撰《藏书纪事诗》卷六曰"山阴藏书家有杜煦、杜春生禾子昆弟。汉建初六年（81）《大吉买山记》为其所搜得。"云云。

　　尝与兄煦撰《越中金石志》十卷，辑《祁忠惠公遗集》若干卷。藏书印章为"杜氏知圣教斋藏书印"。

杨坊 (1811—1865)

　　字憩堂，一字启堂，清鄞县（今宁波市）人。多术智，商于上海，与西人习。咸丰三年（1853）刘丽川破上海，苏抚吉尔杭阿知坊才，檄治军糈。率军迎敌，屡建军功，官至常镇通海道。坊性慷爽轻财，尝设难民局于上海，独任其赀。又捐白金三万修海塘，亲监工程。抱经楼卢氏藏书遭乱散佚，坊购得其什之七八。遗命购得图书归卢氏，无偿值。甬上文献赖以征焉。又鄞县光绪志，亦坊出赀纂刊。

杨复 (1866—1945前后)

　　字见心（一作剑心），清钱塘（今杭州市）人。杨文莹之子。曾官清中书舍人。承继丰华堂藏书。又大肆收购古籍，杭州书肆竞相兜揽，趋之若鹜，凡遇善本，即送杨宅，故丰华堂藏书名满江南。1929年藏书售归清华大学时，共计五千七百余种，四万八千余册。有《丰华堂旧藏浙江地方志目录》、《丰华堂藏书目录》。杨复为浙江公共图书馆界耆宿。清光绪二十八年（1902）曾主持杭州藏书楼，并参与倡议将杭州藏书楼扩建为浙江藏书楼。三十年（1904）至三十四年（1908）任浙江藏书楼监理，撰有《浙江藏书楼书目》甲、乙编。宣统元年（1909）任创办浙江图书馆事务所会办，不久辞离。民国二十年（1931）任浙江图书馆编纂处主任。

杨晋 (生卒年不详)

　　民国时期杭县人（今杭州市）。藏图书、书画、碑版、砚石甚富。

杨晨 (1845—1922)

谱名保定，字蓉初，一字定夷，号定孚、定甫，晚号月河渔隐，黄岩人。自幼勤奋好学，有神童之称，同治四年（1865）举人，清光绪三年（1877）进士，授翰林院编修，并充国史馆协修。两次充任顺天乡试及会试同考官。官至山东道监察御史。光绪二十四年（1898）回乡创办越东公司，集资购永宁轮，喜古蓄书，藏书处曰崇雅堂，存有古籍万余卷。据传，藏有宋岳武穆王文墨迹。著有《诗考补订》、《三国志札记》、《三国会要》、《路桥志略》、《台州艺文略》、《台州金石略》、《敦书咫闻》等，辑有《临海异物志》、《赤城别集》、《生辰唱和集》等十四种。

杨鼎 (生卒年不详)

字铭禹，号器之，清山阴（今绍兴市）人。喜藏书，其《检藏书有感》云："辛勤十七载，书卷四万余。积之颇不易，爱惜愈璠玙。旁观多窃笑，此翁何太迂。其瞿类山泽，自称味道腴。饭熟不遑食，发乱不暇梳。非矜插架多，汲古须修绠。由博而返约，寻源得要领。寡过愧未能，鉴古稍自省。虽有豚犬儿，何由望脱颖。竭力营田畴，恐亦成画饼。不若从吾好，疏水乐清静。"其书多得自沈氏鸣野山房。藏书印章有"杨鼎私印"、"山阴杨鼎图书"、"重远书楼"。传有《山阴杨氏鼎重远楼书目》，今未见。

杨文修 (生卒年不详)

宋代名医，杨维桢曾祖，字中理，诸暨枫桥人。生性纯厚笃孝，有德于乡，人称"杨佛子"。及长，父劝其举功名，答曰：母病如此，怎忍为功名利禄离家从师？遂潜心习医。宋乾道间（1165—1173）建杨蔬园以储书，藏书甚富。著有《医衍》、《地理拨沙图》。年九十九卒。

杨文荪 (1782—1852)

字秀实，号芸士，清海宁人。道光七年（1827）岁贡。与存之陆卿两昆有三凤之目。性好聚藏，藏书达五万余卷，藏书处曰稽瑞楼。所选《国朝古文汇钞》，评选精确，世称善本。有《述郑斋集》、《逸周书王会解广注》、《两汉会要补遗》、《南北朝金石文字考》、《南宋石经考》。藏书印章有"海宁杨文荪"、"杨文荪藏"、"海宁杨芸士藏书之印"、"芸士经眼"、"旋树居藏书"、"学剑楼"、"荔红轩"。

·杨文荪字秀实号芸士

·芸士经眼

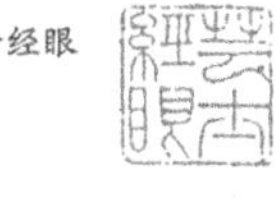

·海宁杨芸士藏书之印

杨文莹 (1838—1908)

清钱塘（今杭州市）人。光绪三年（1877）进士。入翰林院为编修，曾官贵州学政。喜藏书，其丰华堂藏书五千七百二十种四万八千册。还有幸草亭藏书处，著《幸草亭诗集》。

·杨文莹像

杨守知 (1669—1730)

字次也，号致轩，清海宁人。生平嗜古，承祖父之绪，聚书万卷。目数行下，负诗名，书画亦皆入能品。工诗，康熙三十九年（1700）成进士。善治河。曾知平凉府、权河南河道事，均有政绩。

杨容林 (1892—1971)

民国鄞县（今宁波市）人，早年久习经济，志于振兴民族工业，任通利原油厂董事和经理有年。业余之时日披览古籍，尤好碑帖，精于鉴别，其清防阁藏书万卷，多清代中期以后刻本，有善本书数十种。1967年其子女将一万二千一百六十八卷藏书悉数赠予天一阁。

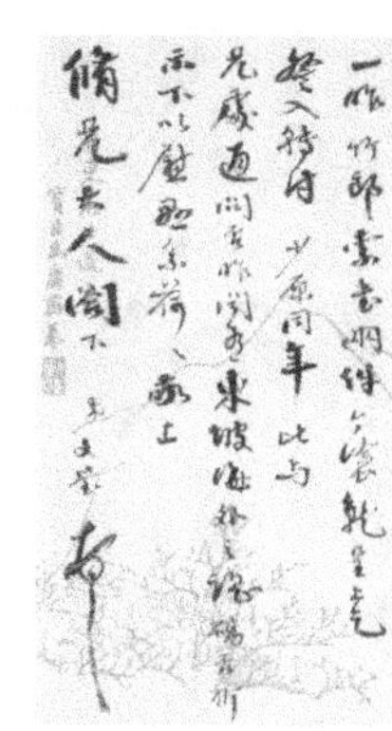

·杨文莹手迹

杨继洲 (1522—1620)

名济时，以字行，西安（今衢州市）人。明代针灸学家，世代从医，父杨益，太医院御医。家藏秘方、验方与医学典籍极富。

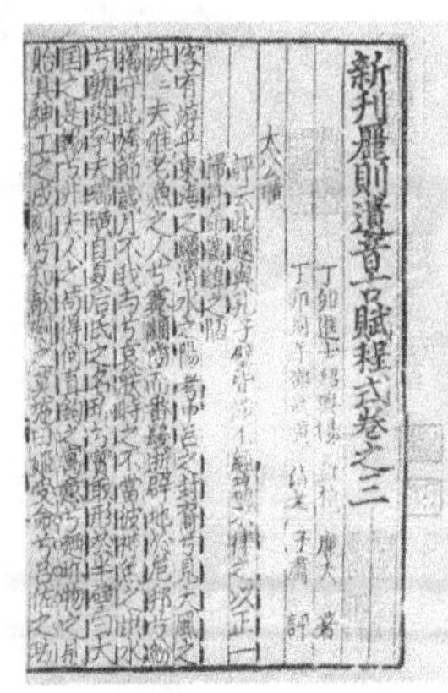

继洲科举受挫后，潜心攻研医术，尤擅针灸，治病常一针，二灸，三服药，有神效。特别是巡按山西御史赵文炳患痿痹百医不治，继洲三针而愈，名扬朝野。他广搜历代医籍及针灸文献，结合实践，以家传的基础，撰有《针灸大成》、《病机秘要》等书。

杨维桢 (1296—1370)

字廉夫，号铁崖，晚号东维子、铁笛道人。元诸暨枫桥人。父宏，筑楼铁崖山中，藏书数万卷，维桢与兄维翰读书其中，不下楼者五年。元泰定四年（1327）进士。官至建德路总管府推官。入明后不仕，优游松江一带。工诗，善书法，有元代诗坛领袖之称。著作有《铁崖先生古乐府》、《复古诗集》、《东维子文集》等。藏书印章有"杨廉夫"、"廉夫"。

汪初 (1777—1808)

字绛人，一字问樵，清钱塘（今杭州市）人。幼从许宗彦学，年十七补诸生，屡赴乡试不售，以坐馆自养。后入都捐资为库大使，试仕于蜀，以军功补县丞，未仕而卒。工诗词，有《沧江虹月词》三卷行世，为青浦王昶称赏。事具许宗彦撰《本传》及《杭州府志》。《沧江虹月词》初刊于嘉庆九年（1804），光绪十五年（1889）其从孙汪曾唯整理旧版，得十之七，重刊于杭州，存词一百四十八首。有许宗彦、迟云老人嘉庆原序，汪曾唯跋。尤爱搜集名迹诗笺。

汪沆 (1704—1784)

　　字西颢，号槐塘，清钱塘（今杭州市）人，诸生。乾隆元年（1736）举博学鸿词，额溢报罢。少与王曾祥、杭世骏、符之恒、张熷称"松里五子"。大学士史贻直欲荐举经学，以母老辞。务为有用之学，自农田水利、边防军政、古今沿革、方俗利病，靡不条贯。屡为大府招致，遇事直言，咸感其诚。分修《浙江通志》及《西湖志》。所著《盘西纪游集》、《沽上题襟集》、《津门杂事诗》、《青囊解惑》、《槐塘文稿》，俱已行世。《论语集注剩义》、《湛华轩杂录》、《全闽采风录》、《蒙古氏族略》、《汪氏文献录》、《新安纪程》、《识小录》、《泉亭琐事》、《说疟》及《小眠斋读书日札》等书俱未梓行。《日札》凡四卷，古今书五百余种，每一书叙其撰人姓氏并序跋，略著书之大义，间参己论。观其读书之博，著述之富，则其藏书之多，可得而知矣。

汪宪 (1721—1771)

　　字千陂，号鱼亭，清钱塘（今杭州市）人，所居名馆驿。乾隆十年（1745）进士，官至刑部主事，迁员外郎。宪博雅好古，于经尤长于《易》。常谓学《易》期于寡过，欲过之寡，惟在知悔，悔存而凶咎渐消，可日趋于吉。因以存悔颜其斋。性好蓄书，丹铅多善本。求售虽浮其值，不惜丰价以购，筑振绮堂储藏。家有静寄东轩，具花木水石之胜。朱文藻常介严可均见宪，宪即馆之东轩，偕同志数人，日夕讨论经史疑义。又悉发所藏秘籍，相与校雠。常以徐锴《说文系传》四十卷，世罕传本，好事者秘相传写，鱼鲁滋多，或至不可句读。宪所得虽属宋影钞本，然已讹不胜乙。因参今本《说文》，旁考所引诸书，证其同异，著《说文系传考异》四卷。又属朱文藻采诸家评论《系传》之辞，及锴兄弟轶事为《附录》二卷。其书缕析旧文，彻首彻末，论者谓其有功小学。他著有《易说存悔》二卷、《振绮

· 钱塘汪氏迈孙所得

· 汪鱼亭藏阅书

堂稿》，又《苔谱》六卷。宪卒后值四库馆开，购求遗书，宪子慎选善本经进，恩赐《佩文韵府》，并择其精醇者御制题咏，仍俾珍藏，以为好古之观云。藏书印章有"汪鱼亭藏阅书"、"旧雨亭书画印"、"钱塘汪氏振绮堂藏书"、"约庵居士"、"怡园主人"。

汪煜 (1657—?）

　　字禹昭，或作寓昭，号平斋，原籍桐乡县，侨居钱塘（今杭州市）。少为武，挽弓控马，胆力过人，后折节读书，闭户绝迹。家多藏书，披摘无遗义，为文兀傲，自成一家，尤工诗。康熙二十四（1685）成进士，任贵州镇远知县。县故古大田溪洞多苗民，难治，煜抚驭有方，兴文劝义，民帖然不为患。戊寅（1698）迁吏科给事中，在职未久，疏凡六上。尝条陈河工事宜，有造于淮。又言宜慎选学臣、引见题补，人咸直之。煜初席丰饶，以锐志学业，不问生产，家遂中落。及官黄门无担石储。死之日，同官助敛。著有《同岑草》、《愿学堂集》，《南归北征录》及《平斋偶存》诸稿。

汪震 (生卒年不详)

　　字晓仙，一字东伯，晚号蘧栵寄庐，清仁和（今杭州市）人。博雅有素，藏书数万卷。好金石文字，汉砖魏瓦，灿然棐几。书法晋唐，画仿苏米。所谓"泼墨度丘壑，下笔走龙蛇"者耶。著《桐香馆诗存》。

汪诚 (1772—1819)

　　字孔皆，号十村，璐子。清钱塘（今杭州市）人，乾隆五十九年（1794）举人。官刑部江西司主事。笃志缥湘，无他嗜好。以先世未著书目，尽发所藏编分四部，详考撰人姓名，并注明得自何本，阅岁而成。凡书三千三百余种，计六万五千卷有奇，虽在病中犹手自缮录。编有《振绮堂书目》六卷。

汪璐 （1746—1813）

字仲连，号春园，宪次子。清钱塘（今杭州市）人，乾隆五十一年（1786）举人。家富藏书，择所藏秘籍录为《振绮堂藏书题识》四卷。著有《松声池馆诗存》四卷。

·汪璐画像

汪二尹 （生卒年不详）

清杭州人。藏书四十万卷余。

·汪文柏画像

汪文柏 （1659—1725）

字季青，号柯亭（一作柯庭），附贡生，文桂弟。清桐乡人。官东城兵马司正指挥，后调北城，改任行人司行人。学问渊博，不亚两兄。海内名流，皆相结纳。别筑古香楼收藏法书名画，暇则焚香啜茗，摩挲不厌。诗文之外，善画墨兰，雅秀绝俗。宦京三年，乞身归，与两兄优游林下。卒年六十七。藏书印章有"展砚斋图书印"、"休宁汪季青家藏书籍"、"平阳季子之章"、"古香楼"、"柯庭"、"汪文柏"等。

·汪文柏

·季青真赏

汪文桂 （生卒年不详）

初名文桢，字周士，号鸥亭，清桐乡人。由府学贡生，考授内阁中书。与弟文梓、文柏，并负时名，世称"汪氏三子"。皆自幼好学，朝夕勖勉，各有成就。弱冠失怙后，以养母不就铨选。家故有华及堂在县城中，又筑裘杼楼，聚书万卷。每日校勘不辍。

·休宁汪季青家藏书籍

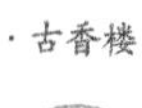

·古香楼

汪文梓 (1653—1726)

　　又名森，字晋贤，号碧巢，清桐乡人。原籍安徽休宁，官广西桂林府通判，调太平，迁知河南郑州事，会丁母忧未赴官。文梓工韵语，警敏嗜学，与兄筑裘杼楼以藏典籍。又筑碧巢书屋，搜罗校勘，日无暇时。与嘉兴周筼、沈进相切磋，复与黄宗羲、朱鹤龄、朱彝尊、潘耒诸大师商榷，艺业益进。一时文采风流名闻吴越间，筑华及堂以宴宾客，海内名士舟车接于远道。尝以粤西舆图考据难资，因博采历代诗文轶事记录成帙。归田后复借朱彝尊家藏书荟萃订补，著有《粤西诗载》二十四卷，附词一卷，《粤西文载》七十五卷，《粤西丛语》三十卷，合称《粤西三载》。又有《小方壶存稿》、《裘杼楼稿》、《华及堂诗稿》等十多种。卒年七十四。其藏书印章有"汪伯嵒"、"晋贤鉴定图书"、"晋贤"、"碧巢秘笈定本"、"休宁汪氏裘杼楼藏书印"。

汪日桂 (1748—1811)

　　字一之，号一枝，清仁和（今杭州市）人，贡生。杭世骏《道古堂集》卷十九《欣托斋藏书记》云："汪子一之，性无他嗜，壹意于群籍。补其遗脱，正其讹谬，储蓄既多，鉴别尤审。余年才舞勺，即具此癖，谓古集皆手定，人不一集，集不一名。《东坡七集》、《栾城四集》、《山谷内外集》，明人妄行改窜，题曰《东坡》、《栾城》、《山谷集》而已。朱子集多至三百余卷，明人编定止四十卷。李纲《梁溪集》多至百三十余卷，《建炎进退志》及《时政》附焉，闽中改刻，题曰《李忠定集》，亦止四十卷。前后互易，古人之面目失矣。宋刻两《汉书》，板缩而行密，字画活脱，注有遗落可以补入，此真所谓宋字也，汪文盛犹得其遗意。元大德板幅广而行疏，钟人杰、陈明卿稍缩小之，今人错呼为宋字，拘版不灵，而纸墨之神气薄矣。甚至《说文》而儳入《五音韵谱》，《通典》而儳入宋人议论，《夷坚志》而儳入唐人事迹，与元书迥不相谋。明人之妄如此。今之挟书以求售者，动称宋刻，不知即宋亦有优有劣。有太学本，有漕司本，有临安陈解元书棚本，有建安麻沙本，而坊本则尤不可更仆以数。《青云梯》、《锦绣段》皆成于临场之学究，而刻于射利之贾竖，皆坊刻也。不谓之宋刻不可也。五十年以前，曾与吴绣谷、赵勿药君断断切究之，自矜以为独得之秘。一之即能登吾堂而跻吾藏，可不谓之夙有神解乎？欣托斋有山池之胜，一之读书其中，即藏书于其中，积卷至二十万有奇，可谓富矣。"

汪日章 (1744—1810)

字云倬，号首禾，日桂兄。官江苏巡抚，声施洋溢，家居义井巷，有春草堂，颇具园林之胜。兄弟十人，登科者五。丁丙家藏宋刊《汉书》，有仁和朱朗斋跋云："武林汪氏有振绮堂，为藏书之所，与同郡诸藏书家，若小山堂赵氏、飞鸿堂汪氏、知不足斋鲍氏、瓶花斋吴氏、寿松堂孙氏、欣托山房汪氏，皆相往来，彼此互易借抄借校，因得见宋椠元钞，不下百十种，不下数百十种，然其中关系经史之大者无多，惟欣托山房有魏鹤山《仪礼要义》一部，为经学失传之本。"

汪曰桢 (1813—1881)

字仲雍，一字刚木，号谢城，又号薪甫，清乌程（今湖州市）人。咸丰四年（1854）举人，官会稽教谕。少受母教，矢志于学，博览群书。生平以书籍朋友为性命，著述自娱。精史学，兼通数学、天文历法。他搜罗群书，致力三十年，编纂成《二十四史日月考》五十卷并附《古今推步诸术考》二卷、《甲子纪元表》一卷。又谙熟乡土历史地理，修撰《乌程县志》、《南浔镇志》等地方志书。又工于填词，精通音韵学，著有《四声切韵表补正》、《随山宇方钞》、《荔墙词》、《历代长术辑要》、《古今朔闰考》、《古今诸术考》、《玉鉴堂诗集》等二十余种。

·汪曰桢画像

汪用成 (生卒年不详)

字成斋、号未山。清钱塘（今杭州市）人。生活于乾嘉时期。藏书处名云峰晚翠楼。善画，藏书画、古籍甚富。

汪兴谷 （1766—1836）

　　字颖斋，号松谷，清仁和（今杭州市）人。为赵诚夫之甥，王容大之女孙婿，以未得亲炙憾。尝于春草园觅"旷亭"额，不得，叹曰："昔赵氏为祁氏外孙，藏书大半归之，复得此额，构亭以存其旧。今赵氏书籍散佚，而王氏养素园所藏亦复零落。余不能珍弄继起，为可愧耳。"

汪如藻 （？—1797）

　　（生卒年未详），字念孙，号鹿园。汪孟绢长子。乾隆四十年（1775）进士。入翰林，官至山东粮道。乾隆年间开《四库》馆，为四库馆总目协勘官，署衔为文渊阁校理，翰林院编修。先世裘杼楼藏书甚富，四库馆开，献家藏书百三十七种。裘杼楼、古香楼、搞藻堂、华及堂、小方壶、碧巢之旧藏尽为其所有。自建拥书楼。藏书印有"拥书楼收藏"、"梧桐乡汪氏拥书楼所藏"等。

汪师韩 （1707—？ ）

　　字抒怀，号韩门，又号上湖，清钱塘（今杭州市）人。雍正十一年（1733）进士，改翰林院庶学士，奏直起居注，张尚书照又疏荐，校勘经史，督学楚南，傅相国恒复又荐入上书房，不久掌教莲花书院。尝请方制府拨银委买书籍，约四百函，经史大书咸备。录书目四册，分存备考。其《上湖文编》中《敬竹轩记》云："舍弟自浮山归，相与启尘箧，检故籍，则其为鼠啮梅黰者十之三四，而况于姻戚之零落，时事之变更耶。于是悬签插架，暇辄雒诵于其中，而并题曰敬竹轩。"所著有《观象居易传笺》、《诗四家故训》、《春秋三传注解补正》、《孝经约义》、《语孟疏注辨异》、《文选理学权舆》、《孙文志疑》、《平于南雅》、《清晖小识》、《韩门缀学》、《诗学纂闻》、《坦桥脞说》、《谈书录》等书。

汪汝瑮 （1744—1805）

　　字坤伯，号涤原，宪长子。清钱塘（今杭州市）人，家富藏书，乾隆三十七年（1772）诏求遗书，汝瑮进呈家藏善本六百余种，御题《曲洧旧闻》、《书苑菁华》二种，赐《佩文韵府》一部，文绮二端。有《北窗吟稿》。

汪迈孙 （1806—1851）

清钱塘（今杭州市）人。汪诚季子。有《振绮堂简明书目》，依橱登录，共约 2000 种。字少洪。振绮堂主人汪宪曾孙。与汪遹孙（字蓉姹）兄弟合编有《振绮堂简明书目》，约成于道光二十七年（1847）至咸丰元年（1851），当时曾请陈奂检校一过，仅有稿本，未及刊印。后人汪康年曾将该目列入《振绮堂丛书》拟目中，亦未印出。1927 年始由上虞罗振玉排印问世，改名《振绮堂书目》。奉书目依书橱次序登录，前三橱为御制、钦定、御定各书共四十四种。第四、五橱为宋元版各书，分经、史、子、集四部，共五十五种。第六橱为稿本、校本、家刻本，共六十三种。第七至十三橱为钞本，亦分四部，共二十八种。第十四至二十三橱为普通本，亦分四部，每部下都有续收各书，共二千三百五十六种。其中明清刊本外，尚有大量钞本、稿本。之所以视为普通，大概不如上列钞本珍贵。全目共著录图书二千七百九十八种。各书著录书名、册数、卷数、作者、版本，并注出刊、抄、校、跋者姓名及原藏姓氏。续得各书仅记书名、册数。振绮堂藏书在清代负有盛名，惜毁于兵火，珍本秘籍仅赖此目考其梗概。此目以宋元本、稿本，批校本、钞本、普通本划分类目，实属版本目录之正体．在版本目录史上有不容忽视的价值。

汪启淑 （1728—1799）

字秀峰，号讱庵，本歙县人。居杭州之小粉场。官工部都水司郎中，颜其厅事曰飞鸿堂。嗜古若渴，集古印万纽，著《集古印存》、《飞鸿堂印谱》，极汉晋金石之大观。有开万楼藏书百厨。乾隆三十七年（1772）诏访遗书，启淑进呈六百种。御题刘一清《钱塘遗事》、许山高《建康实录》两种，并赏《古今图书集成》一部，士林荣之，与鲍士恭、范懋柱、马裕，号称国内四

·汪启淑印信富贵长寿

·启淑私印

·开万楼藏书印

·飞鸿堂藏

大藏书家。少工吟咏，当杭董浦太史归田之后，与樊榭诸老结社南屏。所著有《粹掌录》、《小粉场杂识》、《飞鸿堂印谱》等。藏书印章有"开万楼藏书印"、"飞鸿堂藏"、"新安汪氏"、"启淑印信"、"汪启淑印信富贵长寿"、"开万楼"。

汪远孙 (1794—1836)

字久也，号小米。汪诚子。清钱塘（今杭州市）人。嘉庆二十一年（1816）举人。溺苦于学，尽发先世藏书读之。购别业于水磨头，曰借闲小筑，因自号借闲漫士。家有四世藏书，振绮堂目甲于浙右。藏书分经史子集四部，部各有子目，而所考证其书之佳否真伪及得书之缘起自注于上方甚详，且秩然有条理。所著有《诗考补遗》、《国语明道本考异》、《国语三君注辑存》、《国语发正》、《汉书地理志校勘记》、《借闲生词》。又以杭郡志乘存者惟潜说友《临安志》为最古，仿宋重雕，有功文献。汪氏代衍甲科，门承通德，牙签缥轴，历百数千年而始散。卒年仅四十三。藏书印章有"汪远孙印信"、"小米"。

汪孟铜 (1721—1770)

汪森曾孙。字康古，号厚石，清桐乡人。弟仲钤，字丰玉，号桐石，晋贤之曾孙。乾隆庚午（1750）同举于乡。乾隆三十一年（1766）进士，曾任吏部主事。家故饶，至孟铜时渐中落，又兄弟不事生产，遂贫。而先世裘杼楼万卷藏书故在，孟铜兄弟搜讨其间，锐意攻诗词。又与钱侍郎载、王西曹又曾及万孝廉光泰和祝舍人维诰、陈明经向中、朱孝廉麟、陈明经经业往复讲习，争相濯磨，极一时应求之盛。能诗，精通术数。所著古文辞经术金石杂稿甚多，著有《厚石斋诗集》十二卷、《龙井见闻录》十四卷、《厚石斋集》等。孟铜承家学，亦喜藏书，藏书楼除裘杼楼之外，还有古香楼、华及堂。藏书印章有"裘杼楼珍籍"等。

汪鸣銮 （1839—1907）

字柳门，号一作郇亭，清钱塘（今杭州市）人。同治间进士，选庶吉士，授编修。历督陕、甘、江西、山东、广东学政。历任工部侍郎，吏部侍郎，五城团防大臣。曾主讲杭州诂经精舍、敷文书院。卒年六十九岁。藏书处名万宜楼。《万宜楼善本书目》有宋本十三种，元本十二种，抄本一百五十八种，批稿本六十七种，明本一百四十种。藏书印章有"汪鸣銮印"、"柳门小篆"、"郇亭"、"郇亭审定"等。

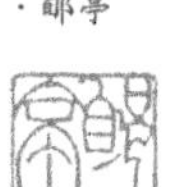

汪砢玉 （1587—1648）

汪继美子，字玉水，号玉卿，自号乐闲外史，徽州人，明寄籍秀水（今嘉兴市）。崇祯间官山东盐运使判官。砢玉承父志，喜藏书，勤于搜罗。藏书处为凝霞阁，贮缥缃墨粉，富甲东南。别置莲登草堂、韵石阁、青人巢等藏书处。砢玉著述宏富，撰《珊瑚网》四十八卷，崇祯间成书，收录并评记所见书画之得失。朱彝尊称其堪与《清河书画舫》、《真迹日录》并驾。还著有《古今鹾略》、《西子湖拾萃余谈》等。

汪继美 （? —1627）

字世贤，号爱荆，别署荆筠山人，徽州籍，明代移籍嘉兴。少好图史，能诗，善画，喜购古玩，与藏书大家项元汴极友善。筑凝霞阁，藏贮古籍字画，收藏富于一时。另筑屋于城南莲花滨，以贮珍秘。

汪继培（1775—?）

字因可，清萧山（今杭州市）人。汪辉祖之子。王绍兰《潜夫论笺》序："《潜夫论》……久无善本，求是去非，盖其难也。昔者吾友汪主事因可，绩学超奇，通心而敏，会萃旧刻，网罗佚闻，宏竉雅言，审定文读，草创于嘉庆己巳（1809）庚午（1810）间。"

汪继壕（生卒年不详）

清萧山（今杭州市）人。汪辉祖之子。家有环碧山房，藏书颇富。藏书印章有"萧山汪氏环碧山房珍藏"、"萧山主人"。

汪康年（1860—1911）

字穰卿，晚号恢伯，清钱塘（今杭州市）人。清光绪间进士，曾为张之洞幕僚。1895 年参加上海强学会。次年与夏曾佑办《时务报》，后改办《刍言报》等。壮游南北，数于书肆搜觅秘书，且借录于朋友，故所藏之书罕见者颇多。屡欲刊刻行世，以绌于财力而止。晚年，乃议用活字版，次第排印，以六册为一集，曰《振绮堂丛书》。宣统三年（1877）十二月，初集甫竣，即逝于天津。著作有《汪穰卿遗著》、《汪穰卿笔记》。

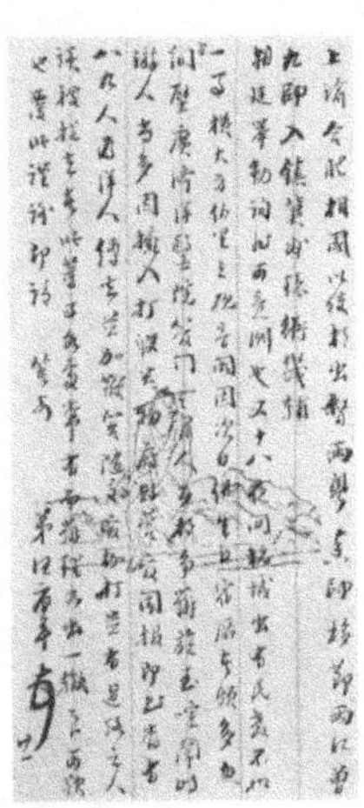

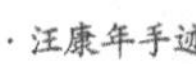

·汪康年手迹

·汪康年像

汪曾学 (1835—1912)

　　字子义，清同治年间杭州人。所藏曹倦圃钞本《江月松风集》题识中云："辛酉（1861）冬杭城复陷，吾家藏书数十万卷，大半化为劫灰。此册亦缺其半，因系前明旧钞本，姑存之。"

汪辉祖 (1731—1807)

　　字焕曾，号龙庄，清萧山（今杭州市）人。乾隆四十年（1775）进士，官湖南宁远知县。县杂猺俗，积逋而多讼。龙庄用书告民，剀切诚至，民读之惭且感，相戒无负好官，不逾月而输赋足额。治事廉平，律之所穷，通以经术。他邑有讼，闻移龙庄鞫之，则喜。以足疾自劾免。归而闭户，积书数万卷，不问外事。暇则手书一编，丹黄铅椠，躬自校雠，以撰述课子孙。嘉庆元年（1796）诏举孝廉方正，邑人以龙庄应，龙庄辞。为文质而有法，诗寄兴深远，尤邃于史，留意名姓之学。读书贵通大义，凡所论述，期实有济于用。所著有《元史本证》五十卷、《读史掌录》十二卷、《史姓韵编》六十四卷、《九史同姓名略》七十二卷、《二十四史同姓名录》一百六十卷、《二十四史希姓录》四卷、《辽金元三史同名录》四十卷、《学治臆说》四卷、《佐治药言》二卷、《龙庄四六稿》二卷、《纪年草》一卷，《独吟草》一卷、《题衫集》三卷、《辛辛草》四卷、《岫云初笔》二卷、《楚中杂咏》四卷、《汪氏追远录》八卷、《越女表微录》七卷、《善俗书》一卷、《庸训》六卷、《病榻梦痕录》三卷。又有《谂愁符词章》二卷，《身见录》、《家传》及序录皆不存目。其书寇乱后唯

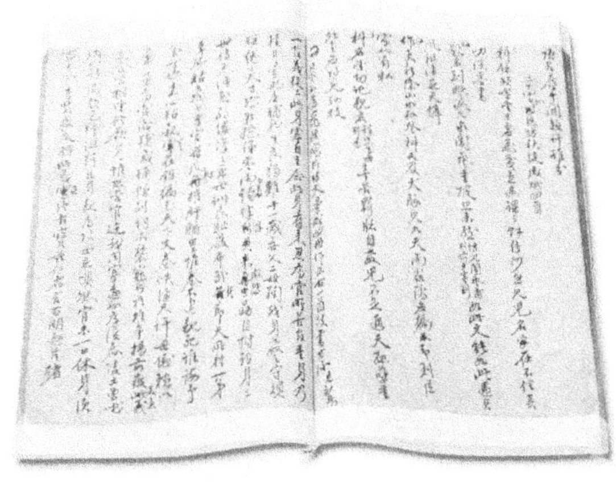

· 汪辉祖《龙庄先生诗稿》手稿

《史姓韵编》、《学治臆说》、《佐治药言》及《病榻梦痕录》有重刻本，《元史本证》有广雅书局校刊本，余稿传本极少。

汪德振 （1910—1973）

字采庭，桐庐新登人。毕业于浙江大学工学院电机系。平生喜收藏古书、字画、陶瓷、石器。所藏以乡邦文献为多，其中明万历四年（1576）刻《新城县志》四卷，为国内罕见之本。藏书万余卷，颜其室名曰当归草堂。并撰一对联："花名施覆药号当归，处则远志出为小草。"其平生致力于教学，专研文史。著有《罗隐年谱》等书。藏书"文革"中被抄。1973 年，浙江图书馆何槐昌、刘慎旃两同志带省革委会政工组公函，经与桐庐县革委会联系，得到他们的同意，将暂存其文化馆的汪家藏书中的万历、康熙、道光刻《新城县志》、文澜阁《四库全书》原抄八册调入馆内。1986 年，落实政策时，其子豹卿因与桐庐文化馆奖金多少不能达成一致，一气之下，将所存全部藏书捐售给浙江图书馆，得奖金四千元。

沈仕 （1488—1565）

字懋学，一字子登，号青门，又号野筠，别署青门山人、东海迷花浪仙，明仁和（今杭州市）人。善诗、散曲，工山水人物。性疏放，喜漫游，又喜藏书，所藏尤以法书名画著称于时，淡泊功名，不求仕进，晚年以鬻画为生。著有《沈青门诗集》及散曲集《唾窗绒》。沈仕所藏书与法书名画后散出，下落不详。

沈约 （441－513）

字休文，武康人。历仕宋齐两代，南朝梁大臣，封建昌县侯，官至尚书令。少年时笃志好学，昼夜不释卷，博通群籍，善为文。二十多岁，即有著述之意。著作有《晋书》一百一十卷、《宋书》一百卷、《齐纪》二十卷、《高祖纪》十四卷。又有《迩言》、《文章志》、《四声谱》等。好坟典，聚书至二万卷，而当时国家藏书也不过二万卷，时人称京师莫比。

·沈约《宋书》宋刻本

·沈约画像

沈初 （1729—1799）

　　字景初，号萃岩，清平湖清溪人。少有异禀，读书一目十行，乾隆二十七年（1762），恭应召试，特赐举人，授内阁中书，次年中一甲二名进士，授编修，擢侍讲，累升礼部右侍郎，迁左都御史，授军机大臣、兵部尚书，赐紫禁城骑马。曾历充四库全书馆、三通馆副总裁，续编《石渠宝笈》、《秘殿珠林》。校勘太学石经，著有《兰韵堂诗文集》等。卒于官，赐祭葬，谥文恪，入乡贤祠。初宽厚谦和，学识渊博，诗文书法卓绝一时，秀水钱陈群称其为奇才。建书隐楼，与宁波天一阁、南浔嘉业堂并称，有"明清江南三大藏书楼"之誉，藏古籍书画富于一方。

沈炎 （生卒年不详）

　　后更名游，字葭士，清秀水（今嘉兴市）人。贡生。性恬退，独嗜吟咏，与计渔溪结澜言社。著《耆英堂集》。藏书处为耆英堂。

沈垚 （1798—1840）

　　字子惇，一字子敦，号敦三，清乌程（今湖州市）人。道光十四年（1834）优贡生，施国祁弟子。性沉默，寡交游，精深地理之学，为何凌汉、陈用光、徐松、程恩泽所称赏。游学京师，客死寓所。张穆编其遗著为《落帆楼文集》三卷、《后集》三卷、《外集》一卷、《别集》一卷、《杂著》三卷、《简札摭存》三卷等。藏书处为补读书斋、落帆楼。

沈思 （生卒年不详）

字持正，宋熙宁时归安（今湖州市）人，隐于县东之东林，因以"东老"名字。家颇藏书，喜宾客。东林当钱塘往来之冲，故士大夫与游客胜士闻其好事，必过之，思亦应接不倦。尝有布裘衣青巾者自称回山人，风神超迈，与之饮食，终日不醉，薄暮取食余石榴皮书诗一绝壁间，有"西邻已富忧不足，东老虽贫乐有余；白酒酿来缘好客，黄金散尽为收书"句。其风雅可想而知矣。

沈恕 （生卒年不详）

字韵楼，清海宁人。家多藏书，室名八咏楼。擅书法，学刘石庵（墉），得其意处，几可乱真。近代书法家张宗祥是其外甥。张氏童年，因受其影响而喜爱书法，后成大家。著有《沈韵楼诗存》。

沈涛 （约1792—1855）

原名尔政、尔振，字西雍，一字季寿，号匏庐，清嘉兴人。嘉庆十五年（1810）举人。官江苏如皋知县。调直隶历任正定府知府等职、转任江西道员，署盐法、粮储两道。家富藏书，藏书处为十经斋、交翠轩、瑟榭、铜熨斗斋等。藏书印有"十经斋藏书印"。涛学问渊博，著作甚多，著有《论语孔注辨讹》二卷、《交翠轩笔谈》四卷、《瑟榭丛谈》二卷、《十经斋文集》四卷、《柴辟亭诗集》四卷、《铜熨斗斋随笔》八卷、《说文古本考》十四卷、《常山金石志》二十四卷、《洛州倡和诗》、《匏庐诗话》三卷、《红药山房诗存》二卷等，还著有《九曲渔庄词》二卷，稿本。

沈偕（生卒年不详）

字君与，沈思子。宋归安（今湖州市）人。宋神宗元丰二年（1079）进士。《齐东野语》卷十一称他及第后，"尽买国子监书以归"。

沈彩（1748—1787）

字虹屏，小名飘香，号希卫，又号芷汀散人、扫花女史、梅谷侍史、胥山蚕妾、青要山人，清长兴人。平湖藏书名家、刻书家陆烜侧室。能诗善画，工小楷，亦擅画梅。有《春雨楼集》十四卷，汪辉祖序之，前有虹屏小像，附《题辞》一卷、《春雨楼词》二卷、《春雨楼书画目》一卷。乾隆间沈彩刻自撰《春雨楼集》。亦嗜藏书、抄书，陆烜所藏书籍有不少为沈彩所抄之书，其跋甚多。藏书处为奇晋斋、春雨楼。藏书印章有"梅谷掌书画史沈彩虹屏"、"侍史沈彩"、"沈彩"、"绣窗余暇"、"簪花格"、"虹屏"、"希卫印"、"梅谷掌书画史"、"虹屏翰墨"、"飘香手装"、"某谷掌书画史"等。

沈谧（1501—1553）

沈启原父，字靖夫，号石云，一号石山，明秀水长溪（今嘉兴南汇）人。嘉靖己丑（1529）进士，授行人，迁刑科给事中，官至江西按察佥事。谧内行醇笃，慕王阳明之学，尝建书院于文湖以祀之，所作皆发明道学之旨，人称"石湖先生"。喜藏书，曾建藏书处万书楼，有万卷书楼三楹。著《石云家藏集》。

沈雍（1638—1702）

字升考，号闲存，明末清初归安（今湖州市）人。室名：玉苍山房、宝宋斋。官平阳教谕，携藏书数万卷上任。

沈衡（生卒年不详）

字南冈，清嘉善人。国子生。博览经史，藏书甚富，类皆质物购之，家因中落。

工书，兼习岐黄，尤精鉴古。游幕淮扬间，颇有声誉。既归，家居不与外事。治人疾多奇验，至老犹徒步往，仍不索酬。性诚笃，廉介自持，乡里咸称长者。卒年七十一。

沈瀛（生卒年不详）

字子寿，号竹斋，南宋吴兴归安（今湖州市）人。绍兴三十年进士，累迁枢密院编修，历江东安抚司参议、知江州。著有《竹斋词》一卷。《齐东野语》卷十二："其后齐斋倪氏、月河莫氏、竹斋沈氏、程氏、贺氏皆号藏书之富，各不下数万余卷，亦皆散失无遗。"

沈可均（1734—1796）

字师衡，号雪鸿，别号半桐居士。清嘉兴竹里人，大令可培兄，诸生。博极群书，诗古文沉着雄毅。藏秘册小集八橱，汉唐碑拓数百通，精心考核。工八分书。子锡庆，后改名桂铣，字秋峦，诗文研丽，书法篆刻皆其所长。

沈本千（1903—？）

嘉兴人，住杭州缸儿巷 52 号，室名"留云阁"。心喜古籍，常至各地搜求，数年来有藏书万余卷，内多明刻善本。最喜购明湖州闵、凌两家所刊套印之书，藏有数十种。"文化大革命"初时，红卫兵各处抄家、破"四旧"。沈夫人同孙儿两人将家中藏书源源抬至废品店当废纸投售。待"文革"结束，偶然在寓中阁楼发现还有不少善本书，如明版李卓吾著的李氏《焚书》、明版《吾学编》等，乃由沈老至上海时顺便带上，陆续售给上海古籍书店。

沈老幼年即善画，在故乡从沈谦、杨国贤学国画。童年考入浙江省第一师范就读，深受经亨颐、李叔同先生熏陶，与丰子恺、潘天寿先生同为该校"桐荫画社"、"乐石社"学友。后进上海美专深造，毕业后任教于浙江各地。他早年酷喜刻印，又擅书法绘画，亦工诗，一身兼四绝，是近代鲜见艺术家。其所作画，笔意挺俊秀逸明净典雅，名远扬于海外。所作山水，有宋元绘人之神髓。又善画梅，有"铁梅"之称誉。其印有"几生修得梅花"。书法基于魏晋，挥笔潇洒；间写殷墟文联，古趣静穆。七十岁时作《西湖长春图》，得沈雁冰、丰子恺、胡士莹、夏承焘等四十余家为之题词，图卷全长十六米，图词相得益彰，可谓珠联璧合。曾任浙江省文史馆馆员、省市政协委员、浙江诗词协会及政协诗社顾问、钱塘书画社副社长、西湖诗社名誉理事、之江诗社顾问等职。

沈老著述甚多，有诗词稿、治印稿、书画稿等。惜多散失。

沈节甫 (1533—1601)

字以安，号锦宇，明乌程（今湖州市）人。明嘉靖三十八年（1559）进士，官至工部侍郎。《玩易楼藏书目录》自序："余性迂拙，无他嗜好，独甚爱书。每遇货书者，惟恐不余售，且去惟恐其不复来也。顾力不足，不能多致，又不能得善本，往往取其直之廉者而已。即有残阙，必手自订补，以成完帙。"

沈仲涛 (1892—1981)

绍兴人。清乾嘉间高士沈复粲后裔。幼承庭训，贤昆仲并酷爱藏书。早年在沪经商时，留意搜访古籍。抗战初，沦陷区诸名藏书家，如合肥李氏、江安傅氏、聊城杨氏、常熟瞿氏、吴县潘氏，所藏颇有散出，先生访旧搜遗，择尤选萃，累藏宋元明珍本至数千册。平日喜研《周易》，多所发明，因颜所居曰研易楼。新中国成立后，移居台湾。其所藏精粹亦运台湾，惜部分佳椠，有随太平轮而沉没。幸存千余册，于1980年九十大寿时赠给在台湾的故宫博物馆，蒋经国有"名留宛委"四字题匾奖励。藏书印章有朱文"研易楼"、"山阴沈仲涛珍藏秘籍"二方印，白文"沈仲涛读书记"。

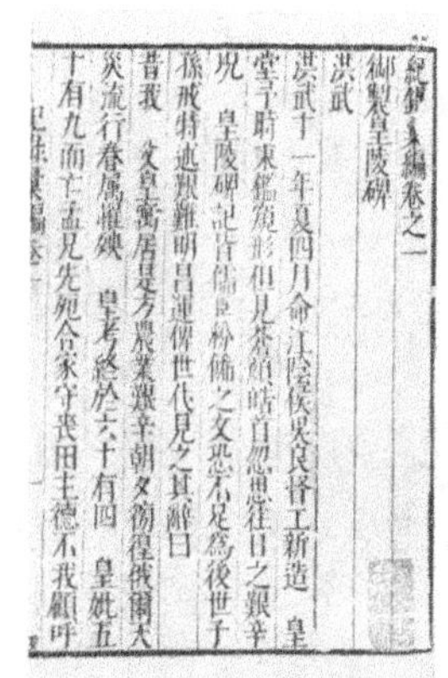

·沈节甫《纪录汇编》明万历四十五年（1617）陈于廷刻本

沈师昌 （生卒年未详）

　　字仲贞，号长浮，自号北山主人，明嘉善麟溪（今池湾东千亩荡）人。明诸生。著有《北山诗文集》。藏书处为小雅堂、涵虚阁、北山草堂。藏书万卷，吟咏萧然。

沈庆云 （生卒年不详）

　　字伯云，清桐乡崇德人。自幼嗜书，通《说文》，精鉴别。光绪十三年（1887）将赴清江，走别缶翁（吴昌硕），缶翁赠以"经涉虎庐"一印，吴滔为绘《四友图》以壮其行。收藏甚富，藏书处为松隐庵。

沈廷芳 （1702—1772）

　　字畹叔，一字萩林，号椒园，清仁和（今杭州市）人。乾隆元年（1736）举博学鸿词，选为翰林庶吉士，授编修，出任山东道监察御史，任间，以古代谏臣自勉，又开常平仓赈济淮、徐、凤、泗四府等。1744年为江南道，巡漕山东，兼理河务。后任山东按察使，因为官清正，甚得百姓称道。家有隐拙斋，藏书甚富。后以崎岖患难，藏书星散。沈廷芳笃志于学，少年曾求学查慎行，后又学方苞。著有《隐拙斋集》、《古文指绥》、《鉴古录》、《理学渊源》、《十三经注疏正字》、《续经义考》。藏书印章有"仁和沈廷芳字畹叔一字椒园"、"古柱下史"、"古杭忠清里沈氏隐拙斋藏书印"、"购此书甚不易遗子孙弗轻弃"、"沈印廷芳"、"研林精舍"、"红椒廷院"、"盥蒙山下卜居沈廷芳印"、"椒园"、"隐拙斋藏书印"。

· 沈廷芳画像

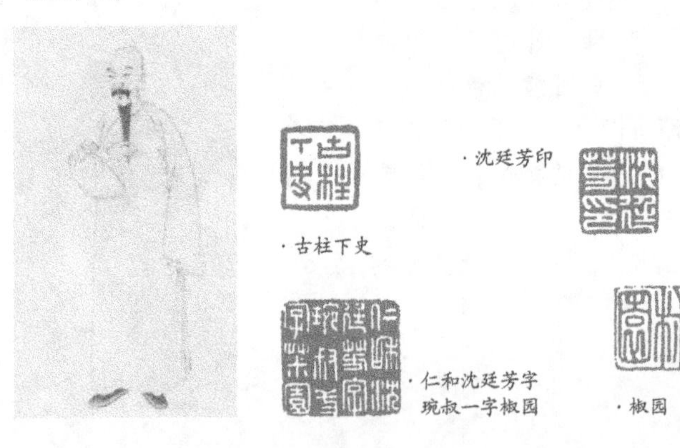

沈成章 (1859—1898)

字达卿，别号陆湖老鱼，清秀水（今嘉兴市）人。诸生。博闻强识，明敏过人，肆力于六经子史，旁通医经释典，好藏书。著有《陆湖遗集》三种。光绪二十六年（1900）曾刊《鹤缘词》。藏书处为敬止堂。

沈自邠 (1554—1589)

沈启原子。明万历五年（1577）进士，授检讨，改庶吉士，修撰《大明会典》，著有《尚书衷引》、《诗文集》、《归省述征》等。承父业，喜藏书。万历十五年（1587），同乡遭大火殃及沈家，所藏之古籍书画毁于一旦。藏书印章有"长溪沈氏图书之章"。

沈达之 (生卒年未详)

字南壁，明初平湖人。乐清溪之美，勤于耕读，建殖学斋，藏书万余卷，日读诵之。沈应奎《清溪沈氏家乘》卷十一《志传一》云："常闲行东阡西陌，麋鹿与游，猿鹤为伍。理乱不及于耳，荣辱不加于身，不求闻达，平时训子弟以服田务学为最，卒之日出所储经史子集数万卷，曰此可付儿曹也。"

沈体仁 (1150—1211)

字仲一，南宋瑞安人，先世避唐时乱，由吴兴迁居温州瑞安。志意闲雅，鄙远声利。叶适称其"沈公秘藏百余载，高阁突兀共堆积"，并颜其藏书处曰深明阁。

沈启南 (1543—1604)

字道明，号志棠，晚年称巢云子，亦称澄源居士。以赀授光禄署丞。著有《市隐草》、《游燕草》、《溪居草》。喜藏书，有藏书楼名"巢云馆"。平生好刻书，所刊有《李太白诗选》、《李献吉诗选》、《晏子春秋》、《李长吉诗选》等。沈启南刊书必有所据，可以推想其藏书当极富。

沈启原 (1526—1591)

字道初，号霓川，一号存石。沈谧之长子。明秀水（今嘉兴市）人。明嘉靖三十八年（1559）进士。官至陕西按察副使。饶于赀，慷慨好施，家居不入城市。平生所笃好惟图籍，上自金匮石室之藏，以至古今文集，悉购无遗。或少缺略，借之储书家，务缮写完好乃已。旧有万书楼三楹，为其先父石云公藏书处。至其所积兹多，复为楼储之，名曰芳润。尝手一编，呻唔室内，至丙夜。虽医药卜筮之书，无不探讨，人称博物君子。好聚书，以"存石草堂"闻名于世，有《存石草堂书目》十卷。藏书印有"长溪沈氏图书之印"、"存石草堂"。

沈孚先 (生卒年不详)

字白生，明秀水（今嘉兴市）人。万历戊戌（1598）进士，曾任国子助教，官至吏部验封司郎中。幼时聪慧，性喜藏书，沉酣六籍，著有《尚白斋诗文稿》。

沈叔埏 (1736—1803)

字剑舟，一字埴为，号双湖，嘉兴人。乾隆五十二年（1787）进士，官吏部主事。生平好聚书。有《颐彩堂文集》。藏书印章有"叔埏"、"剑舟"、"梅石居"。

沈尚杰 (生卒年不详)

沈炎祖父。清秀水（今嘉兴市）人。好藏书，藏书处为双桂草堂。尝于乾隆十年重校梓行《读书敏求记》，是为沈氏双桂草堂本。乾隆六十年，因板片漫漶，沈炎又取善本雠勘，讹者勘之，缺者补之，剞劂之工浃旬乃竣，胡重序之。

沈知方 (1883—1939)

原名芝芳，一名芷芳，自号粹芬阁主，民国年间绍兴人。亦沈复粲后裔。在上创办世界书局。早年在绍兴奎照楼书坊学徒。后任职商务印务馆、利群书局。1912年与陆费逵共创中华书局，任副经理。1917年自办广文书局。1921年创办世界书局股份有限公司，自任总经理。之后陆续盘进广智书局、东亚书局。又创办世界商业储蓄银行，任董事长。继祖志，喜藏书，尤以明刻本为多。室名粹芬阁。1949 年前藏书已逐步散出。编有《粹芬阁藏书目》若干卷。

沈秉成 (1823—1895)

字仲复，号听蕉，自号耦园主人，清归安（今湖州市）人。咸丰六年（1856）进士，改庶吉士，授编修，官至安徽巡抚，署两江总督。同治末年辞官，寓居苏州，购得娄门陆锦涉园废址，扩建成耦园。著有《蚕桑辑要》、《所见书画录》、《鲽砚斋金石款识》等。藏书楼为鲽砚斋。有《鲽砚斋书目》。藏书印章有"沈秉成"、"沈秉成印"、"仲复"、"鲽砚斋"、"鲽砚斋藏"、"丙辰翰林"等。

沈雨薄 (生卒年不详)

字堂村，杭州人。生平嗜古，日坐斗室，缀缉残帙，以易升斗，日加午执养饲母，遂挟赀游坊肆间，见断编蠹简，辄贱易为归，篝竹缀辑如故，历数十年如一日。久之列肆于百福巷，即宋睦亲坊陈道人书棚故址也。排架数十，丛残充栋，精椠秘钞，间一遇之，每书评有定值，每两准钱三百，购者无待较论，以是好古士，咸乐趋之。雨薄又熟故家遗事，古籍源流，津津以道，听者忘倦，故书中夹有名流诗笺尺牍，随拾随褙，积成卷册，易酒以自娱乐，年七十余以寿终，有《书肆十咏》。藏书印章有"沈雨薄藏书印"、"堂村沈雨薄藏书印"、"堂村真赏"。

沈复粲 (1779—1850)

字霞西，晚称霞西翁（晚列龙山九老会而称），清山阴（今绍兴市）人。室名诗巢、鸣野山房，藏书数万卷。编有《鸣野山房汇刻帖目》。一生未入仕途，唯嗜书，好金石。肆力于经史百家，留心乡邦文献。与杜丙杰、春生合辑《蕺山刘子全书》，自辑《刘子书补遗》、《王门弟子洲源录》，著有《越中金石记》、《诗巢》、《瓜瓞谱》

· 山阴沈氏南陔草堂藏书之章

· 鸣野山房

等。又有《熙朝书家姓纂》，为李放纂《清书史》时所未见。藏书印章有"霞西手抄"、"山阴布衣"、"鸣野山房"、"沈氏鸣野山房收藏书画记"、"手抄书卷是家财"、"子孙永宝"。

沈映钤 (? —1881)

号退庵，清钱塘（今杭州市）人。徐树兰、徐友兰兄弟之外祖父。先世藏书，凡四库应有之书略备，尤以诗文集为多，至映钤时，唐宋以来的专集尚余数百种。

沈炳垣 (1820—1857)

原名潮，字鱼门，号晓仓，清海盐人。嘉庆十五（1810）举人。在任娄县（今松江）知县时，倡修苏松水利，因七宝一带地瘠民贫，便捐自己俸禄雇工修筑水利工程，甚得民心。历官上海、南汇、元和等县知县及太仓州知州，都以廉洁、惠政著称。道光二十五（1845）再举进士。尤擅长于汉隶。也好聚书，有《斫砚山房书目》四卷。著有《斫砚山房诗草》、《祥止室诗钞》等。

沈家本 (1840—1913)

· 沈家本画像

字子惇，别号寄簃。清归安（今湖州市）人。光绪九年（1883）进士。光绪二十七年（1901）后历任刑部右侍郎、修订法律大臣，兼大理寺正卿、法部右侍郎等职。制定《大清新刑律》，废除凌迟、枭首、戮尸三项，死罪至斩决而止。著有《历代刑官考》、《历代刑法考》、《刑案汇览》、《读律校勘记》等。家本故居在今北京宣武区上斜街金井胡同1号，内有"枕碧楼"，是其藏书处。重流通，不以枕中之秘视之。藏书多法学书籍，而不甚以珍惜版本为贵。

沈阆昆 （生卒年不详）

字肖岩，号东山外史，清末贡生，德清人，一作归安（今湖州市）人。咸丰八年（1858）官上虞县学训导。性喜藏书，得异本必手自校正，跋而藏之。所积旧钞，萃其精者数千卷。所获旧刻、精抄，丹黄灿然，得者宝之。顾其著作少流传。有稿本《来青轩诗钞》三卷，入浙江图书馆善本书目。《诵积书》五古有云："浙西我小儒，一盘旧苜蓿。青箱检遗书，积俸寻市粥。石室亦搜罗，芸编香郁馥。捍卫等身家，宝爱胜金玉。披读有儿同，朗吟非孙独。插架卷万千，岁岁长恩祝。"藏书印章有"沈阆昆印"、"东山外史"、"肖岩藏书之章"、"肖岩藏书之印"、"肖岩沈氏藏书之印"、"肖岩沈氏珍藏书画"、"东山外史肖岩沈氏珍藏书画"、"兵燹之遗"等。

沈维镜 （生卒年不详）

字西野，明平湖人。诸生。父垣守惠州卒，扶衬归，赙遗概不受。鬻产积书十余栋，手自评骘，暮年辞贡不往。著有《霏玉漫吟》、《史汉钞》。

沈维鐈 （1778—1849）

沈叔埏嗣子，沈曾植祖父。字子彝，一字鼎甫，号梦酴，又号小湖，居嘉兴东门外熙春桥，称熙春沈氏。少时家贫，就读于叔父的经训堂，又曾受业于鸳湖书院山长段玉裁门下。清嘉庆七年（1802）进士，选翰林院庶吉士，授翰林院编修。历任国子监司业，福建、顺天、安徽学政，工部左侍郎、学政。南归后，曾主讲杭州敷文书院、松江敬业书院。维鐈通经学、音韵训诂及文字之学。纂辑《全唐文》、《秘殿珠林》、《石渠宝笈》、《仁宗实录》、《大清一统志》。著有《张履祥年谱》、《补读斋遗稿》十卷《附外稿》一卷。曾国藩《沈公行状》谓："其于一己之嗜好泊然无所求也，间独喜藏书籍，多方购访，必至而后已。"藏书处为补读书斋。

沈铭彝 （1763—1837）

沈可培子。字纪鸿，号竹岑、孟庐，清嘉兴人。嘉庆间廪生，官至教谕。博学工诗，精于金石之学。曾修县志。著有《云东遗史年谱》一卷、《后汉书注又补》一卷、《孟庐札记》八卷、《沈竹岑日记》行世。好藏书，藏书处为听松阁、金鹅山馆。藏书印章有"竹林主人"、"竹窝"、"食勿相忘"、"铭彝"等。

沈曾桐 （1853—1922）

沈曾植弟，字子封，又字同叔，号籀宧，嘉兴姚家埭人。光绪十二年（1886）进士，授编修，曾任湖北考官，1884 年入李鸿章幕，1889 年任广东布政使。助兄沈曾植创办强学会，组织维新团体。为官广东期间，于宣统元年（1909），奏请在广雅书局旧址设立广东图书馆，拨款五万元兴建之；1910 年广东图书馆将广雅书局和广雅书院等部分藏书向市民开放，1912 年 6 月更名为广东图书馆，是为广东省立中山图书馆前身。曾桐嗜好收藏，藏书甚富。伦明《辛亥以来藏书纪事诗》云："好收藏，官粤东日，购南海孔氏书甚多，凡新抄本皆归之"。后为总督张坚伯所劾，罢官，居京师。藏书处为赖古堂、广严精舍、醉六堂。傅增湘《藏园群书题记》述其藏书散佚："其后同叔殁，楹书星散，时时流落坊肆间，余频物色此书，竟渺不可得。今岁八月，有老媪持此诣文德坊中求售，人皆掉臂不屑一盼，余亟属韩估以善价收之。回忆一瓻雅故，忽忽已十五六年矣，展转迟回，竟入吾箧，读已见书，如逢故人，矧又为故人之遗籍乎？同叔闳识孤怀，高视一世，娴于朝章国故，雅善清谈。鼎革后屏居燕京，郁郁寡欢，视朋辈少所许可。藏书甚富，不轻以假人，顾独于余若有夙契，经岁往还，名抄秘校，常相论赏，频年传校之书殆百余卷。宋元古椠，或斥以易米，余为作缘者有宋拓《钟鼎款识》、宋大字本《中庸集注》、宋本《内简尺牍》，纸墨精好，世所希觏。余箧中有校宋本《元氏长庆集》，则公所辍赠者也。"

沈曾植 （1850—1922）

字子培，号乙庵，晚号寐叟，清嘉兴人。光绪六年（1880）进士。历史学家、书法家。光绪二十一年（1895）曾与康有为、丁立钧、王鹏运、文廷式、徐世昌、杨锐、陈炽、张謇等，开强学会于京师南城。光绪二十九年（1903）以郎中简放江西广信知府。三十二年（1906）擢安徽提学使。次年署安徽布政使。又次年，护理巡抚。在皖五年，署藩三年，政无巨细，莫不先之劳之；菲食温饱如故，归装惟载

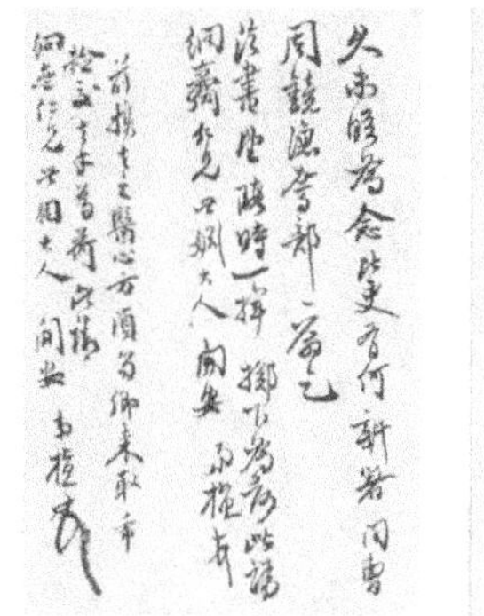

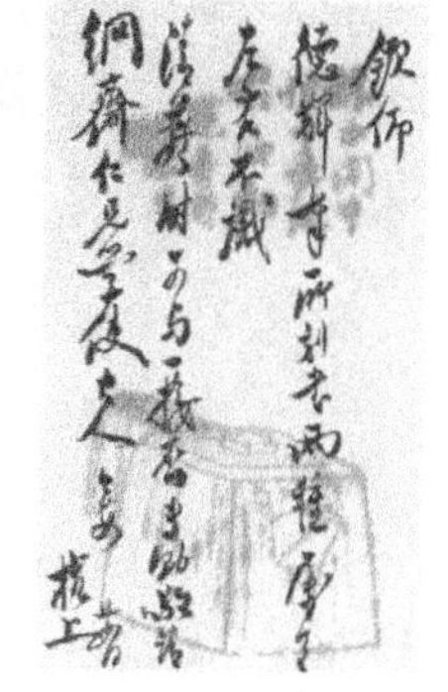

书十万卷。辛亥革命后，侨居上海与诸老结超社，觞咏遣日。先生治辽金元三史，及西北舆地之学。湛精今律，深究古律，有《汉律辑补》、《晋书刑法志之补》之作。长安薛元升推为律家第一，而文与李慈铭相埒，时称"沈李"。1914 年，主修《续浙江通志》，未刊而卒（此稿大部分存浙江图书馆，部分存上海、嘉兴两图书馆。1986 年浙馆借上图、嘉图两馆稿本补抄配齐）。先生精书法，晚年鬻书自给。著作富实，刊有《寐叟题跋初集》、《寐叟题跋二集》、《嘿于集》、《寐叟乙卯稿》、《菌阁琐谈》、《岛夷志略广证》、《蒙古源流笺证》、《曼陀罗寱词》、《皇元圣武亲征录校注》等。未刊的有《元经世大典》、《西北舆地考》等十余种。所藏书籍多善本，有《海日楼藏书目》行于世。藏书印章有"沈曾植印"、"寐翁"、"延恩堂三世藏书印记"、"乙盒"、"海日楼"等。

沈登瀛 (1794—1842)

清归安（今湖州市）人。尤留心乡邦文献的收藏。藏书处为兑庵、深柳堂、凝香书屋。有《凝香书屋书目》。

沈嗣选 (生卒年不详)

字仁举，号果庵，明末清初秀水（今嘉兴市）人。乙酉（1645）奉母避兵葭川，群盗知为老孝子，戒勿犯。好学能文，为诸生有盛名，需次岁荐以亲老不赴，天性孝友。生平破产聚书，牙签万轴，日吟咏其中。尝谓自昭明而后，代各有选，而南宋缺焉。乃穷搜博览，辑《南宋文选》百卷，帙繁未梓。所著有《俭娱堂集》、《尚书论语传》及《法宋楼书目》四卷。明人私谥曰孝贞。仲子椒衍亦知名。

沈德先 （生卒年不详）

沈孚先兄，字天生。明藏书家。藏书处为尚白斋。曾馆项樨玉家，益得搜其秘。《美国哈佛大学哈佛燕京图书馆中文善本书志》记载陈万言云："天生乃益富搜览，悉综合书秘笈，凡稗官小史之所不及备者，麓而存之，而先为流通其什一。"

沈德寿 （1862—？）

字药庵，清慈溪人。藏书处曰抱经楼，有《抱经楼藏书志》六十四卷，陈邦瑞（瑶圃）、范寿金为其作序。《抱经楼书目记》："余弱冠时好古人书画及历朝诸家尺牍，遇有所获，必详其姓氏，识其真赝。乃以采拾二十年来属目者以数千计，所蓄既夥，非敢自诩珍藏，盖以存前人之真迹，贻后人之鉴信也。至甲申（1884）春，余赴湖州谒观察陆存斋，引余登楼，悉发其所藏之书，并劝余置书。余本性喜于此，益觉怦怦。寻归里，遍搜书肆，兼采旧藏书家，遇有不成卷帙及亡其版者，出资精钞。迄今十有六年，不遑他事，而惟书是求。余盖有深意焉。间尝稽吾族家谱，梁时休文公聚书二万卷，是时啧啧咸称盛举。自易代以来，荡焉无存。余欲踵其盛，必如欧阳公曰：'凡物好之而有余力，则无不致也。'余仅温饱，不能巨资购书，则惟自奉俭约，不为无益之费。辄遇异书，倾囊必购，人皆迂而笑之。余以为夙好在此，顾薄富贵而厚于书。近来搜罗将遍，古本罕见，而弆厨计三万五千余卷。爰著《抱经楼书目记》六十四卷，仿《皕宋楼藏书志》例，略表吾志，以示后人。愿吾子孙继继绳绳，相承弗替，是予所厚望也。"

沈懋孝 （1537—1612）

字幼真，号晴峰，明平湖人。隆庆二年（1568）进士，授编修，迁南司业，寻以南京中式王少方系故相张居正戚，中蜚语谪两淮运判，投牒不赴，退居淇林之上，授徒讲学。晚岁产益落，庭户萧然，拥书万卷，日丹黄其间，寒暑不辍，故博洽近代无比。所著有《滴露轩藏稿》一卷、《洛诵编》二卷、《石林贲草》二卷、《四余编》二卷、《贲园草》四卷、《水云绪编》三卷、《淇林雅咏》十卷。

沈德鸿（? —1802）

字磐谷，号秋渚，清秀水（今嘉兴市）人，增广生。少嗜读书，操觚为文辄工。家居孝友。工诗，尤好藏书，得三万余卷，构介石楼贮之。法书名画佳砚充牣其中。

沈德符（1578—1642）

又名麟祯，字虎臣，又字景倩，明秀水长溪（今嘉兴市）人。沈自邠长子。万历四十六年（1618）举人。幼禀异质，日读一寸书，凡经史子集及前代经济典故，精核靡遗。著有《万历野获编》、《历代正闰考》、《清权堂集》等。自比"书淫"、"书簏"、"蠹鱼"，毫不掩饰对典籍的热爱之情。藏书万轴，日沉酣其中。藏书以史学著作为主，也重视通俗文学。藏书楼名"清权堂"，其书斋则名"敝帚轩"。

沈麟士（419—503）

字云祯，武康人。南朝齐教育家。幼俊敏，及长博通经史。隐居武康吴羌山，织帘授徒教授，从学者数十百人。居贫织帘诵书，口手不绝，乡里号为织帘先生。元嘉末，文帝令仆射何尚之访举学士，应选至都，抄撰《五经》。未几仍归羌山教授，课余两度抄藏图籍至数千卷。著《周易两系》、《庄子内篇》训注，有《易》、《礼记》、《春秋》、《尚书》、《论语》、《孝经》、《丧服》、《老子》要略数十卷，卒年八十五。

连仲愚（1805—1874）

字乐川，清上虞崧厦镇上湖头村人。家产甚丰，喜读书、藏书，生平收藏图书约六万余卷，后由其子建枕湖楼收藏之。为人热心、乐善，乡人有急难之事，尽力相助。道光十年（1830）上虞北乡遭水害，他为修筑堤塘、救济灾民，奔走不辞辛苦。主持修筑堤塘前后达三十年。撰有《塘工纪略》及续编，又带头捐田二百亩，创建"众擎会"，建捍海楼及连氏义庄。解放后，藏书中善本捐献浙江图书馆，浙图善目中有五十种之多。较为珍贵的有嘉靖本《龙皋文稿》十九卷、明刻套印本《三子合刻》六卷、明嘉靖刻本《临川先生文集》一百卷等。普本捐献上虞图书馆，其中有一部较完整的《宝贤堂秘笈》十分珍贵，全国收藏不多，现藏上虞县图书馆，约数千册。藏书印章为"上虞连氏枕湖楼珍藏"。

邱学敏 (1729—1799)

字至山，一字东河，清鄞县（今宁波市）人。乾隆二十一年（1756）举人，以教谕衔管松阳训导。室名：三树堂。清乾隆中，修《四库全书》，博访遗籍，浙中亦设局纂修，学敏以教职预。后由于政绩显著，擢南澳同知，后擢至直隶正定知府。五十七年（1792）高宗巡幸五台，赴行宫奏对称旨，甚受乾隆赞赏。工于书法，晚年收藏金石书画甲于江浙。古钱一类，凡千余品，多周汉之物，为《泉志》所未载者。殁后渐散亡矣。

邵章 (1872—1953)

字伯炯、号倬盦。仁和（今杭州市）人。邵懿辰之长孙。清光绪二十八年（1902）进士。曾毕业于日本政法大学速成科。历任翰林院编修、杭州府学堂，湖北法政学堂及江南三省法政学堂监督，奉天提学使，北京法政专门学校校长，北京政府评政院评事兼庭长、院长等职。浙江图书馆创始人。著有《云踪琴趣》等。富收藏，精研碑帖，工书法。擅长行楷书、榜书、行草。收藏石刻墨拓尤富。藏书处为石灯盦。

· 邵章《倬盦词稿》手稿

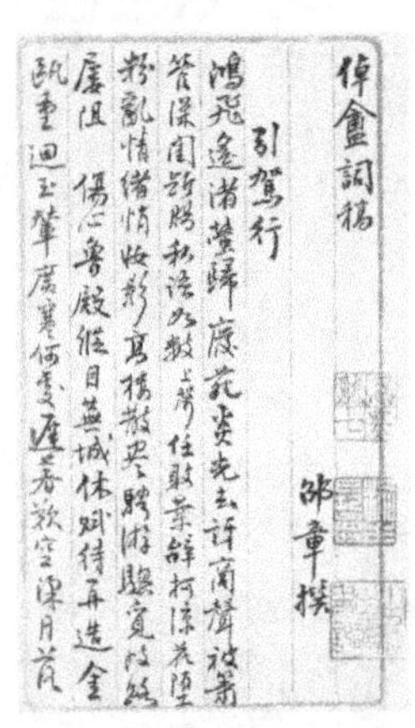

· 邵章像

邵元冲（1890—1936）

字翼如，绍兴人。聚中西书 10 万余卷。1906 年考入杭州浙江高等学堂，加入同盟会。1911 年赴日本留学。辛亥革命后回国，追随孙中山先生，孙中山逝世时，是遗嘱证明人之一。北伐开始后，是浙江政界的重要人物，任省政治分会委员，兼杭州市市长。国共合作破裂后，追随蒋介石，受到重用。1936 年 12 月随同蒋介石入陕，适逢西安事变，被围西京招待所，12 日晨跳窗外逃时，被西北军士兵击伤，14 日死于医院。

·邵元冲像

邵建章（1567—? ）

字少文，号青门，明永嘉人。少具异质，力学工诗。以诸生屡试不第，遂弃去，终老乡里。与何白、柯荣等结白鹿社，声诗之道，尤入玄解。家富藏书。友人赠诗有"万卷足以消穷愁"。藏书处为半石斋。晚岁佞佛。著有《咫闻录》、《续咫闻录》、《维宝堂集》、《半石斋稿》。

邵晋涵（1743—1796）

字与桐，又字二云，号南江，清余姚人。少聪敏，十二岁，会县试，知县李化楠呼至案前，命背诵《五经》，一字不失。二十三岁乡试考中，二十九岁礼部会试第一。乾隆三十八年（1773），四库馆开，他与戴震、周永年等人同时入馆，任纂修官。邵负责四库史部，凡史部之书，多由他最后校定。次年授翰林院编修，仍编校《四库全书》，兼辑《续三通》。晚年擢翰林院侍讲学士，日讲起居注官，兼文渊阁直阁事。又历任《万寿盛典》、《八旗通志》、国史馆、三通馆的纂修官等。邵晋涵著作极多，较主要的有《尔雅正义》、《旧五代史考异》、《史记辑评》、《南江诗文钞》、《孟子述义》、《韩

·晋涵之印

·邵氏二云

"

诗内传考》等。此外还参预毕沅编撰《续资治通鉴》。家富藏书，尝进书四库馆，著录二部，列入存目三部。藏书印章有"邵印晋涵"、"晋涵"、"臣晋涵印"、"晋涵之印"、"晋涵笔记"、"邵氏二云"、"邵二云"、"文渊阁校理"、"正定经文"。

邵桂子 (生卒年不详)

字德芳，号玄同，宋淳安人。本安仁主簿吴攀龙子，鞠育于邵氏，因从其姓。咸淳七年进士，授处州教授，弃官归。慕天随子之风，家于松江修竹乡。宋亡不仕，凿池构屋，名雪舟，为其藏书处。为斯文领袖四十年。卒年八十二。生平喜为诗，意象冲淡，超脱凡径，如《次方虚谷迁居》诗，有"东邻旧日秦侯隐，西路新巢卫叟还。当日钓游频入梦，何事婚嫁送归田"，雅致高尚。所著有《雪舟脞录》、《雪舟脞谈》、《雪舟脞稿》等，均已佚。今存《慵庵小稿》一卷。《全宋词》第五册收其词四首。《全宋诗》卷三六二九录其诗七首。

邵曾可 (1609—1659)

清余姚人。所贮多明儒书。清史记载其性孝友恺悌。少爱书画，一日读孟子"伯夷圣之清者也"句，忽有悟，悉弃去，壹志于学。姚江书院初立时，人颇迁笑之。曾可厉色曰："不如是，便虚度此生。"遂往学。其初以主敬为宗，自师孝咸之后，专守良知。尝曰："于今乃知知之不可以已。日月有明，容光必照。不尔，日用跬步，鲜不贸贸者矣。"孝咸病，晨走十余里叩床下问疾，不食而返。如是月余，亦病。同侪共推为笃行之士焉。卒，年五十有一。曾可子贞显，贞显子廷采，世其学。

邵瑞彭 (1888—1938)

淳安人，字次公，又字次珊，别署梧丘。室名次室、榆庐、庄学堂、铁砚山房、小黄昏馆。早年入浙江省优级师范学堂，参加南社。民国后，历任众议院议员，临时参政院参政，善后会议议员。生平喜聚书，藏书数千卷。撰有《邵次公遗著》四十七种（藏浙图）。曾以反对曹锟贿选而有名，后任北京师范大学、河南大学教授，晚年寓居开封，穷愁潦倒。工词，兼长经史。

· 邵裴子手迹

邵裴子 (1884—1968)

　　原名闻泰，又名长光，杭州人，生平酷喜历代碑帖。青年时公费留学美国。逾数年回杭，甫抵城站，不遑休息，径去福缘路汇古斋碑帖店先购郑文公碑帖一种，方回家中，可见其癖嗜之笃。其任浙江大学文理学院院长时，课暇常赴抱经堂书店购书。家无恒产，赖薪俸为生，故勤俭异于常人。节余之钱，悉以购书。虽雅好精椠，奈力有未逮，所得尽为普通之本。偶或不吝其值而力置，挑选綦严，非书品整齐，且无破损霉烂方始成交。编有《宋诗三百首》、《唐诗绝句选》、《林和靖集附林和靖逸事》。裴子先生原为浙江大学创始人之一，在民国十七年（1928）蒋梦麟奉调教育部长时，继任浙江大学校长。后当选浙江省临时参议会副会长。解放后曾任浙江省文管会主任、浙江省人民委员会委员、浙江省第一届人大代表、全国人大代表、浙江省民革主委及浙江省文史研究馆副馆长等职。谢世后，由他大女儿将全部收藏分别有奖赠给浙博和浙图。

　　裴子先生所藏之书，"文革"初将外文书和部分平装赠浙图，送浙江图书馆保藏。谢世后，捐赠的书、帖中有他的手稿和明拓《九成宫》碑帖。

邵懿辰 (1810—1861)

　　字位西，又字映垣，号蕙西，清仁和（今杭州市）人。道光十一年（1831）举人，授内阁中书，擢刑部员外郎，入直军机处。咸丰四年（1854）罢归。居京师时，藏书甚实，颜其室名三益斋、仪宋堂、半岩庐。案头置《四库全书简明目录》一部，所见宋元旧刻、精钞、辄手记于各书之下，以备校勘，且时偕梅伯言过厂肆买书。太平军围攻杭城，邵懿辰协助浙江巡抚王有龄对抗太平军。太平军攻克杭州后卒。邵懿辰对经学有研究，且博览典章，著有《尚书通义残卷》、《尚书传授同异考》、

《礼经通论》、《四库简明目录标注》等，收于邵氏家祠刊本《半岩庐所著书》中，计有十三种。藏书印章有"邵印懿辰"。

邹存淦 (1849—1919)

字俪笙，号师竹庐主人。海宁安镇人，居万家渡周家花园。工诗词，精音韵之学。好藏书，收藏抄本甚多，如藏有抄本《九僧诗》。藏书印章有"邹印存淦"、"俪笙"、"邹氏家藏"等。

邹寿祺 (1864—1940)

字景叔，号适庐。海宁人，住杭州。曾任江苏知县、苏州高等学堂监督，复参加预备立宪公会为会员。藏书颇多，又喜收名贵碑拓。所珍藏之书有《复堂董子定本》二十四篇，为仁和谭献编定之手稿本；《外治世方二编》四卷，为清海宁邹存淦撰手稿本，均为稀世孤本。此外集拓匋文二百多种，并汇集四方缺佚的古砖拓墨，印成《广仓专录》，又加以校补，已印未印的有八百种。关于金文，更为其所瞩目。民国初年，为周湘龄氏编辑《周金文存》，为南浔顾寿松容斋编《两献斋藏器目》，又为寿松弟寿藏编《石林山房彝器文字目》（顾氏兄弟收藏古物金石书画，寿松所收更精，其古器最著有子邦父甗及王宜甗，故以甗名其斋，曰"两甗斋"）。又尝为英人哈同编辑《艺术丛编》一至二十四期。景叔自辑有《双王录斋金石图录》、《广仓学宭研录》及《簋斋藏古册目并题记》。

寿祺先生所藏典籍，在抗日战争时，人亡书散，但家中尚保藏金石拓片数千张。因寿祺先生在世时不愿割让喜爱之物，故直至民国三十四年（1945）抗战胜利后，杭州边福茂鞋店主人边正平先生喜研究金文，出重价才与邹家人商量而得。原物现藏在上海边政平先生家中。

闵声 (1597—1680)

原名中正，字毅夫，一作毅甫，号雪襄，乌程（今湖州市）人。崇祯十五年（1642）副榜。负才名，卓荦不群，为文有芒采，工书法，好为诗。善饮酒，醉则愈豪，洒洒千言，名丽复社。嗜古好藏书。岁贡不就，以遗民自置，监司慕而求见，辞再三，乃以布衣礼见。藏书印："闵声"、"毅夫氏"。

陆宝 （生卒年不详）

字敬身，一字青霞，学者称为中条先生，清初鄞县（今宁波市）人。陆为鄞之望族，宝居月湖西畔，其宅曰辟尘。居宅有双桂蟠结如井，故至今犹以双桂井名。书室曰南轩。明末清兵入关，破家输饷，入清后隐居不仕，从事于著述和藏书活动。《鲒埼亭集》十四《中条陆先生墓表》："先生藏书最富，多善本。吾乡之以藏书名者天一阁范氏，次之四香居陈氏，又其次则先生南轩之书也。三十年来书亦四散，予从飘零之后撼拾之，尚得其宋椠开庆、宝庆四明二志及《草庐春秋纂言》，皆世间所绝无也。"著有《霜镜》、《辟尘》、《悟香》等集。藏书印记为"南轩书屋"白文方印。

陆宰 （1088—1148）

字元钧，宋山阴（今绍兴市）人。越藏书家曰左丞陆氏、尚书石氏、进士诸葛氏。中兴秘府始建，首命绍兴府录朝请大夫直秘阁陆宰家所藏书来，凡万三千卷有奇。著有《春秋后传补遗》。

陆烜 （1761—? ）

字子章，一字梅谷，又号蝶厂、巢云子，清平湖人。沈文恪公主敷文讲席，抚军属其采录遗书，引烜为助，校勘甚精。弱冠补庠生，一赴乡试不售，即弃去，废产购书，锐意著述。兼通岐黄家言。性嗜山水，尝游四明、天台，涉江淮等。刊《奇晋斋丛书》，收藏甚富。其《梅谷随笔》云："凡治定书，必用雌黄，其色久而不渝。余尝见李献吉评《杜诗》、钱牧翁手批《元遗山集》，皆手泽如新。修补古书，浆糊中必入白芨，则岁久不脱。近购得宋余靖《武溪集》、赵璘《因话录》、施彦执《北窗炙輠》，皆汲古阁物，装订极精致，而于破损接尾处皆脱，盖不用白芨之故，亦藏书家所当知也。"偶得怔忡疾，医者曰："非人参不可！"当日辽参贵逾珠琲，烜因遍览书几百种，披阅手钞，稍加论列，不十日，《人参谱》成，而疾亦若失。侍儿沈采虹屏亦嗜书，尝题跋书端，当时称为藏书家韵事。著有《书义》、《曲礼要旨》、《群经诂字》、《梅谷诗文集》等数十种。藏书印章有"梅谷图书"、"树德堂子孙保之"、"梅谷掌书画史"、"沈采虹屏印记"。

陆钰 (1598—1645)

字尔式，号真如，海盐籍，明海宁路仲里人。万历四十六年（1618）举人。工诗文，善书画。明亡后，隐居小桃源。闭门著书，著有《五经注传删》二十卷、《古文存法》二十卷、《射山诗余》、《周礼辨注》四卷、《陆氏谱传》四卷等。藏书甚丰，名闻江浙，藏书处为蜜香楼，藏书数万卷，清顺治十二年（1655），不慎毁于火。

陆游 (1125—1210)

字务观，号放翁，宰子，南宋山阴（今绍兴市）人。幼年好学，书卷不离手。长于诗，风格雄浑清新，多抒发爱国主义之愤及反映民间疾苦之作，为我国历史上著名爱国主义诗人。生平不拘礼法，人讥其颓放，因自号放翁。家富藏书，嘉泰《会稽志》称其"尝宦两川，出峡不载一物，尽买蜀书以归，其编目益巨"，为当时越中著名藏书家。爱书，虽老病不弃，《渭南文集·书巢记》云："陆子既老且病，犹不置读书，名其室曰书巢。客有问曰：'今子幸有屋以居，牖户墙垣，犹之比屋也，而谓之巢，何邪？'陆子曰：'吾室之内，或栖于椟，或陈于前，或枕藉于床，俯仰四顾，无非书者。吾饮食起居，疾痛呻吟，悲忧愤叹，未尝不与书俱。宾客不至，妻子不亲，而风雨雷雹之变有不知也。间有意欲起而乱书围之，如积槁枝，或至不得行，则辄自笑曰，此非吾所谓巢者耶。'乃引客就观之。客始不能入，既入又不能出，乃亦大笑曰：'信乎，其似巢也。'"又《示儿》诗云："人生百病有已时，独患书癖不可医。"著有《渭南文集》、《入蜀记》、《老学庵笔记》、《南唐书》等。

· 陆游《新刊剑南诗稿》宋淳熙14年（1187）
  郑师尹严州郡斋刻本

· 陆游《渭南文集》明弘治十五年（1502）
  华珵铜活字印刷

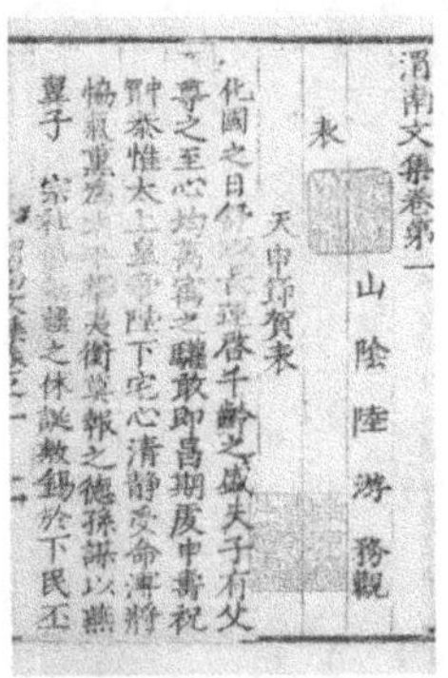

· 陆游画像

陆寊 （生卒年不详）

字元法，其先会稽（今绍兴市）人，曾祖轸，尚书左丞佃之子也。尝为明州录事，崇宁中，奉行安济、居养、漏泽。建炎间卜居鄞之梅溪（今宁波市）。奉祠垂三十年。工诗，善篆隶，手抄经史洎释老书，亲加签校数百卷。又《朝野杂记》载："绍兴十三年（1143），初建秘阁，又命即绍兴府借故直秘阁陆寊家书缮藏之。"又《渭南文集·跋先左丞使辽语录》云："伯父自幼被疾，以左手书，然笔力精健如此。生平凡抄书至数十百卷。"

陆筠 （1662—? ）

字觐文，号瓠尊，原籍吴江，清秀水（今嘉兴市）人。所藏书皆校勘精审，得一善本，丹黄不倦，钱仪吉有《陆瓠尊翁筠八十像赞》称其："积书满家耄学勤，删羡摘误理放纷。门庭整洁礼教敦，菀枯一致娱斯文。"其侄陆钧琡亦好藏书。

陆鲲 （生卒年不详）

字斯溟，海盐人。诸生。家贫好购异书，入其室，绕榻皆书，人称敏斋先生。

陆镛 （? —1859）

字钧琡，号蒉乡、蒉香、蒉芗，自号传画楼主人，秀水（今嘉兴市）县学生。康熙己酉科举人。陆筠从子。受叔父影响，好藏书、字画及古文辞。辑《悼俪集》。藏书处曰郁林山馆、传画楼，藏有《邑州集》等书。著有《郁林山馆诗集》八卷。

陆子遹 （生卒年不详）

放翁子。放翁跋子遹所藏《国史补》："子遹喜蓄书，至辍衣食不少吝也。吾世其有兴者乎。"

陆元厚（生卒年不详）

明嘉兴人。家贫为童子师，善画花草虫鸟，工书法。性喜蓄异书，其学俸多为购书之资，所藏书甚精。

陆天锡（生卒年不详）

字畏苍，号青棠，清平湖人。乾隆三年（1738）举人。工诗词，书法得晋人风致。年二十六卒。辑有《乐府合选代编》二卷。喜藏书，好刻书，藏书处为古香阁。乾隆间复刻元周伯琦撰、明胡正言订纂《六书正讹》五卷，现藏于图书馆。

陆心源（1834—1894）

字刚甫，号存斋，晚号潜园老人，清归安（今湖州市）人。禀奇颖，读书一目数行。咸丰九年（1859）举人。光绪时官至福建盐运使。陆心源好学上进，三十岁时就精通九经。辞官归里后，在城东莲花庄北，辟一小园，署曰潜园，甚雅致。生平见到异书，必倾囊以购，得藏书凡十五万余卷，而坊刻不与焉。其中有宋刻本二百部，元刻本四百部，专藏一处，曰皕宋楼。皕宋之名以陆氏藏有两百部宋刻本而得之。明刻和清精刻本，专藏一处，曰守先阁，按"四库"目编序。普通刻本，专藏一处，曰十万卷楼。生平著作等身，有《皕宋楼藏书志》、《仪顾堂集》，又刻有

212

· 陆心源手迹

· 陆心源像

· 存斋四十五岁小像

· 归安陆心源字刚父印

· 十万卷楼

《十万卷楼丛书》。藏书印章有"陆印心源"、"存斋读过"、"十万卷楼"、"守先阁"等。先生殁后，其子树藩，以商业负逋，光绪十二年（1886），将全部宋元刻本以及珍贵抄本以十一万八千元售于日本人岩崎某，载归贮之日本之静嘉文库。据《静嘉堂文库略史》云："实际陆氏之本，仅有北宋本十六部六百九十二册，南宋刻本一百十一部，二千三百十七册，元代刻本一百三十四部，二千一百五十二册。"

陆尔绳 （生卒年不详）

字绳兮，号渌饮，清仁和（今杭州市）人。附贡。渌饮家仓基里，有清华堂，藏书甚富，时集名流，觞咏其间。庚申（1860）之变，避居海宁半载，返杭遂饿殉围城之中。

陆宇燝 （1619—1684）

字春明，鄞县（今宁波市）人。明诸生，明亡弃去，与丧职之徒游，性嗜异书，晚年家既贫，不能具写官，乃手钞之，濒病不倦。著《观日堂集》八卷。

陆廷黻 （1835—1921）

初名霞，字渔笙，一字己云，清鄞县（今宁波市）人。同治十年（1871）进士，授翰林院编修。曾视学陇右，以培植人才为己任。陇右士民有"左文襄来养，陆宗师来教"之赞誉。辞官后，在乡主崇实、月湖两书院。平生喜蓄书，有书数万卷，颜其居室曰镇亭山房。后毁于火，间有流传者，罕见其藏书印。著有《镇亭山房诗文集》。

陆芝荣 （生卒年不详）

字香圃，清萧山（今杭州市）人。有寓赏楼藏书。抄影善本之富，为一邑冠。盖不惜工资，四方书贾，云集辐辏，故插架初印元明版本极多。藏书印章有"三间草堂"、"香圃所藏"、"曾在萧山陆氏香圃处"、"朗清汲古所及"、"忠宣第三十七世孙"。

· 陆陇其画像

· 陆陇其手迹

陆启浤 （生卒年不详）

字韬士，号叔度，后更名遁，明平湖人。崇祯中贡生。有《赉趾山房集》。藏书印章有"陆印启泓"、"叔度氏"、"陆氏叔度"，"一名遁、一字韬士"、"韬士"、"象山之裔"、"陆叔度书画印"。

陆陇其 （1630—1692）

初名世穮，字稼书，平湖新埭泖口人。清康熙九年（1670）成二甲进士，十四年（1675）授嘉定知县，到任后，即整顿吏治，抑制豪强，深受县民爱戴。十六年（1677）被诬"讳盗"罢官，县民不服而罢市三天，离任时，行李唯有图书和织机等物。康熙二十九年（1690）擢四川监察御史，不久又被罢。陆陇其为人正直，不阿权贵，好学嗜书，藏书万卷。著作甚丰，重要的有《四书讲义遗编》六卷、《三鱼堂日记》十卷、《三鱼堂文集》十二卷外集六卷、《三鱼堂书目》一卷。

陆费墀 （1731—1790）

字丹叔，清桐乡人。乾隆三十五年（1770），由翰林院编修升充武英殿提调。四库馆开，任副总裁兼总校官，任事历十七年，各阁书籍装潢贮置事，悉出其一手。旋下母艰回籍，因前所办书有应撤毁者未经奏明，又因底本未及移交明白，排架有舛错革职，并赔缴经费银一万两。《四库全书答问》："氏在馆久，目无未见之书，每披阅有会心，手钞节录，若急饥渴。"平生闳览博物精确，鉴赏上溯周秦，下逮元明，彝鼎图书碑刻缣素，过目能辨。书法爱颜平原，旁及堪舆医药阴阳方技之术，靡不通晓。著有《枝阴阁诗集》、《颐斋赋稿》、《四库全书辨正通俗文字》等。

陆惟鎏 (1888—1945)

字清澄，清平湖人。生平喜聚书，积书充栋，尤富乡邦文献的搜藏。惜大多散失于抗日战火之中。藏书室曰求是斋。藏书印章有"陆惟鎏"、"清澄"、"平湖陆清澄收藏乡邦文献"。

陆瑞家 (生卒年不详)

字信卿，号古台，震之孙，明兰溪人。始为诸生，已而告退读书，希慕古哲，藏书甚实，建楼储之，曰万书楼。所交游皆达人名士，学问迥别俗流。婺州藏书，独盛于兰溪，胡应麟有二酉山房，徐介寿有百城楼，瑞家盖一时角立者也。著有《契谪稿》、《遗野集》、《古台集》等书。

陆嘉淑 (1629—1689)

字冰修，号辛斋，海宁人。陆钰子，陆宏定兄，查慎行岳翁。明季诸生。生有异禀，长益博览群书，工书画，诗文清丽，援笔数千言立就。以父殁于乱弃诸生，不应有司试。所居蜜香楼，藏书甚富。楼后被焚，载籍俱毁，家计亦日落，绝不介意也。又有"须云阁"，集法书名画。

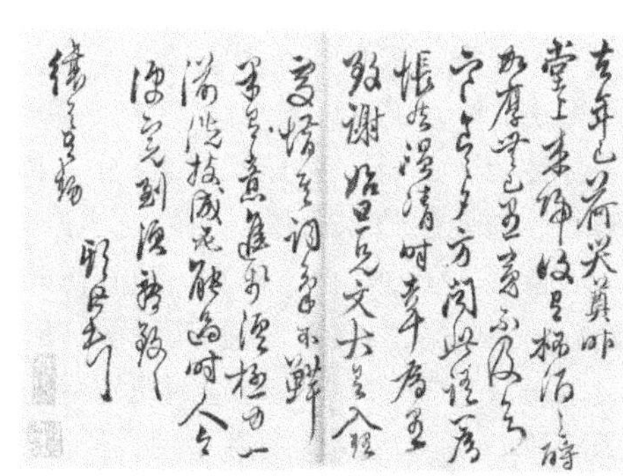

· 陆嘉淑手迹

陆懋勋（1868—?）

　　字勉侪，清仁和（今杭州市）人，光绪举人，戊戌（1898）进士。藏书素丰。尝入主巡按使屈映光幕为秘书，旋被聘修《杭州府志》，成原稿凡三十二册藏于家。勉侪乏嗣，承继一子，乃不事生产之纨绔儿，既不喜读书，更不识书之贵贱，藏书逐步散失殆尽。勉侪先生曾撰有《武林山水记》八卷、《蠡测类存》、《历代户口考略》、《钱币考略》等。其兄佐勋，字敛和，光绪辛卯（1891）副榜。昆仲早年孜矻攻读，每日应书院课艺，辄列前茅，所得膏火以奉母，母则不纳而嘱为购书之资，藉为嘉奖，逐年所得以黄榉木制成书箱，但所得不丰，每年亦仅能添置数只。

　　懋勋先生纂修《杭州府志》成稿后，齐耀珊主浙江，见陆氏修《杭州府志》繁冗，复请吴庆坻先生删改修订，后铅印排版印行问世，八十一册一部。吴的修订稿本现存浙图。

陈仪（1787—1868）

　　字余山，号渔珊，清鄞县（今宁波市）人。自幼好学，尝夜读《尔雅》，无灯，以香烛逐字默记，辄能成诵。嘉庆十八年（1813）举人。官至宁陕同知，政绩显著。著述颇多，擅长于诗。著有《诗诵》五卷、《继雅堂集》三十四卷、《捕蝗汇编》四卷、《群经质》二卷、《扪烛胜存》十二卷、《竹林答问》一卷。藏书处曰文则楼，又名继雅堂。蓄书万余册，并藏有唐石经、《玉版十三行》等帖。藏书印有："四明陈氏文则楼藏书记"十字朱文长方印、"余山所读书"五字朱文方印、"闭门索句"四字朱白方印。至1917年，其书为后嗣鬻于他人。

陈禾（生卒年不详）

　　字秀实，宋鄞县（今宁波市）人。陈谧之次子。元符三年（1100）进士，任浑州司法，平反甚多。迁太学博士，擢监察御史、殿中侍御史、疏劾蔡京党徒李孝寿罪，被罢官。嗣晋左正言、给事中。时童贯专权，上疏弹劾，列举童贯之罪，言词痛彻，被谪监信州酒税，遇赦还里。性不苟合，后又受他事牵连罢官，遇赦复起，知广德军，历知和州、秀州，改知舒州，命下而卒。著有《易传》十二卷、《春秋统论》一卷、《春秋传》一卷、《论语传》十卷、《孟子传》十四卷。陈禾藏书处为"二灵山房"，在东钱湖，《乾道四明图经》曰："东钱湖中有山突然，曰二灵。熙宁间左正言陈禾筑山房以读书其中。"高宁泰《敬止录》也云："二灵山，县东南五十里，谓山灵水灵，湖之中一山突然，水四环之，不与陆接。宋熙宁间左正言陈禾筑室读书其中。"陈禾自父陈谥始，至子陈曦，三世登科，世喜藏书。陈谥（字康公）去世时，舒亶挽之曰："尘埃满箧空鸣剑，风雨归舟只载书"。中经陈禾，筑室以藏。至陈禾之子陈曦，藏书达万余卷。全祖望《句余土音》之《陈文介公二灵山房》有"滴露研朱点四经，佳儿聚书过万卷"之句，"佳儿"即指陈曦。陈曦，字元和，登进士，知休宁，政尚清廉，守法不阿。改国子正，擢给事中，知濠州，拜翰林学士。陈曦更撰有《藏书记》，以告诫后人，勿坠素业。陈氏三代开宁波藏书风气之先。

陈论 （生卒年不详）

陈之问子。字谢浮，号酉斋，清海宁盐官人。康熙三年（1664）进士。选翰林，历讲读学士、少詹事、副都御史、刑部侍郎等。著有《归田录》。藏书亦富。藏书处为春草堂。藏书印有"陈论"、"谢浮父"、"春草亭"等。

陈楷 （生卒年不详）

字文式，号菊亭，秀水（今嘉兴市）人。工书法，吟诗作文，思致隽秀，又喜聚书，蓄奇书名画甚富。

陈劢 （1810—1888）

字子相，号咏桥，清鄞县（今宁波市）人。道光十七年（1837）拔贡，廷试第二，授广西知县。少能诗，工书法，尤精小学，熟悉乡邦掌故。清同光间纂修邑志，总其大纲，搜采编辑，用力颇勤。徐时栋校《宋元四明志》，与相往复签扎积寸许（见董沛《四明清诗略》），蓄书凡数万卷，藏墨庋三十年，名其馆曰二十里云，名其斋曰运甓。盖劢尝得汉晋砖十八块，琢为砚，因以铭斋。著有《运甓斋诗文集》。藏书印章有"陈劢"、"陈子相"朱文方印。今其书已散佚。

陈孚 （1259—1309）

字刚中，号勿庵先生，临海人。幼清峻颖悟，读书过目辄成诵，终身不忘。至元二十二年（1285）以布衣献《大一统赋》，江浙行省为闻于朝，署上蔡书院山长，考满，谒选京师。官至礼部郎中，曾随礼部尚书梁曾出使安南。承庆善楼藏书，更有增益。重建书楼，藏书至万卷，曰万卷楼。好读书，善诗词，著述甚富，著有《观光稿》一卷、《交州稿》一卷、《玉堂稿》一卷，相合而成《陈刚中诗集》，又有《安南即事诗》等。

陈沆 (1705—1756)

字湛斯，号澄斋，海宁人。官工部主事。克鉴子家，家富藏书，少即肆力于古，自经史子集，下逮九流七录之书，沈酣枕葄间，一作文纚纚数千言，授笔立就。每试棘闱必雕琢肝胃，乃久不见售，遂谢去场屋，小筑于堂之西，遍栽花莳竹，客至则饮酒赋诗，经术篇章两擅其胜，书工真草，尤精八分。著有《稻薝集诗钞》等。

· 陈沆画像

陈昂 (生卒年不详)

字书崖。清嘉兴人。官同知。家梅里，与朱彝尊父子居邻，嗜藏书，藏书数万卷。藏书印章有"陈氏家藏"、"书崖珍秘"、"练江陈昂之印"、"三十六峰陈昂书崖父"、"陈书崖读书记"、"涌石山房"、"陈子书崖手阅书本"、"书崖"、"珠里"、"东皋先生后人"、"天都陈氏"、"陈氏家藏"、"承雅堂图籍"、"珠潭陈氏秘笈"、"陈氏家藏承雅堂图籍"、"陈氏藏书子孙永保"等。

《曝书亭集》有《同登澉山寺谒秦女祠分韵》诗，《笛溪小稿》有题其《纳凉图》一诗云："杜甫南邻也姓朱，柴门月夜每招呼。新来归作诗人伴，消暑墙头过酒壶。"其风致可想见矣。

陈玭（生卒年不详）

明山阴（今绍兴市）人。藏书处为日新楼。子陈霈，藏书于宝书楼。

陈经（1792—?）

字辛彝，一字辛夷，号抱之，清乌程（今湖州市）人。精于隶书，旁及花卉。酷嗜金石文献。藏三代彝器及秦汉以下古钱、私印、古砖极多。藏书处为求古精舍。著有《求古精舍金石图》、《名画经眼题记》。藏书印章有"吴兴陈经印信"、"陈经之印"、"辛夷"等。

陈思（生卒年不详）

字续芸，世称为小道人。南宋临安人。居橘园亭，在丰乐桥北，为著名书肆。陈伯玉《宝刻丛编序》："都人陈思，卖书于都市。士之好古博雅搜遗猎忘以足其所藏，与夫故家之沦坠不振，出其所藏以求售者，往往交于其肆。且售且卖，久之所阅滋多，望之辄能别其真赝。"曾汇刻《群贤小集》，自洪迈以下六十四家，流传甚罕。所著有《宝刻丛编》，尤为渊博。又有《书苑精华》十二卷、《海棠谱》二卷及《书小史》、《小字录》、《两宋名贤小集》行世。《小字录》前有结衔，称"成忠郎缉熙殿国史实录院秘书省搜访"。又《海棠谱》自序称开庆元年（1259），则理宗时人也。

·陈思辑《书苑菁华》宋刻本

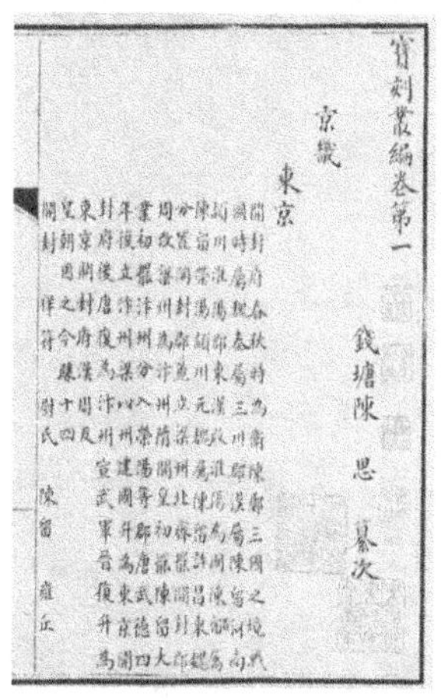

·陈思著《宝刻丛编》清初抄本

陈恢 （生卒年不详）

宁海人，宋崇宁年间（1102—1106）三舍士。工古文，藏书万余卷。

陈春 （生卒年不详）

字东为，清萧山（今杭州市）人。家有湖海楼，藏书甚富。与汪苏潭交厚，苏潭家富图籍而搜访不倦，每得善本辄举以相示。春父冲虚七十生朝，苏潭持手校《列子》张注为寿，春梓印以博亲欢。又谋之苏潭择考证经史有稗实用者次第写版，刻《湖海楼丛书》。新中国成立后，湖海楼部分藏书入浙江图书馆。浙图古籍善本书目有著录。

·陈选画像

陈选 （1429—1486）

字士贤，号克庵，明临海人。天顺四年（1460）会试得第一名，中进士。授官御史，巡按江西，考核吏治时，罢黜贪官酷吏。成化中官广东左、右布政使。陈选一生仕途艰危，但持操甚洁，故自号克庵。好学喜书，作《小学集注》以育人。藏书印章有"克庵"。

陈唐 （生卒年不详）

字云川，自号青芝山人，清嘉善人。绝意仕进。专心古学。工诗文，家有经籍已遍读，复购万卷朝夕披览。尤喜学《易》，邃心诠注。好佳山水，移家邓尉，屋数楹，梅百树。数年后归，闲居奉母，怡然自得。著有《青芝山人集》。

陈起 (生卒年不详)

字宗之，又字芸居，自称陈道人，宋杭州人。事母孝，宁宗时，乡试第一人，世称陈解元。于睦亲坊开书肆。能诗，著《芸居乙稿》，凡江湖诗人皆与之善。取名人小集数十家，选为《江湖集》，刊之以售。后以集中语有敖器之言，论列劈《江湖集》版，坐流配。生平印书凡于书之有疑处率以己意改令谐顺。他所建的藏书楼称为"芸居楼"，藏书甚富，叶绍翁、赵师秀等人都曾在此借阅。

陈淞 (生卒年不详)

字淮堃，清临海人。增贡生，工楷书，为督学阮元所赏。好收藏古籍。有《保蕴斋书目》四卷。

陈善 (生卒年未详)

字味三，清海宁人。好藏书，藏书达五千余种，八万余卷。辑有《怡云仙馆藏书目录》四编六册（中国科学院图书馆收藏），注云："同治庚午（1870）季冬为断，辛未（1871）以后续得之书另辑。"国家图书馆藏有《怡云仙馆藏书目录》正编三十二卷七册，其副编为《丛书总目》不分卷一册，序云："予性爱藏书。凡此三类储积一百四十余种，藏奔不能云富，而无丛书一门，所遗无几，特将所采书条其目录。"又辑有《怡云仙馆藏书简明目录》二函十六卷，约九千多种。有手补条目，书口有"怡云仙馆"字样。藏书处为怡云仙馆。

陈焯 (1733—1807)

字映之，号无轩，清乌程（今湖州市）贡生。官镇海训导。少有文名，工书，善山水，嗜古博物，收藏书画甚富，有知其好者，辄出所藏名迹，助供清赏，遂作《寓赏编》。暮年铅椠不辍。有自绘《湘管斋图》，名人题咏甚多。又著《湘管斋诗钞》。

陈瑛 （生卒年不详）

　　字子隽，明临海人，陈文惠孚之孙，子隽绍承家学，能守楹书。好学嗜书，构万卷楼以藏书，金华王忠文祎尝为之记。

陈谟 （1835—1887）

　　字福谦，一字懋斋，号竹川，清新昌人。幼善病，肆力于学，同治间副榜举人，任杭州诂经精舍监院、官书局校对员，与德清俞樾、定海黄元同，慈溪冯一梅相互切磋近二十年，学业大进。年五十始举正榜，所著仅《通鉴长编补遗》七卷，已梓。他则蝇头细书，散见于家藏者几数万卷，无一定本，后当以何义门先生《读书记》目之。

陈谧 （生卒年不详）

　　字康公，宋鄞县（今宁波市）人。博学教授乡里。宋嘉祐八年（1063）进士。元丰七年（1084）知华亭县，民事佛，有羡余率尽以施浮屠，先圣庙则湫隘卑陋，谧始议兴学，会以事罢去。世喜藏书，鄞之藏书家，今所知最早者，当推北宋陈氏，居忠谏里，三世藏书。谧之亡，舒亶作挽章，曰："尘埃满匣空鸣剑，风雨归舟只载书。"谧教子有法，子秉以八行举于乡，政和八年（1118）登第，为寿春府教授，秉弟禾，元符三年（1100）进士，继父业。孙曦，字元和，号雪窗，绍兴八年（1138）进士，知休宁县，有《藏书记》，以告其后勿坠素业。

陈鉴 （1814—1871）

　　字镜三，寅之孙，父诏，为诸生。清同治间鄞县（今宁波市）人。鉴族为鄞巨室，即俗所称迎凤桥陈氏者也。敦尚名节，见朋友有过，苦口规之。好善，城东浮桥岁久大坏，鉴亟解囊修治。县多火灾，鉴与张绎等创办水龙设钩鋋梯冲，籍夫役若干。购书数万卷，以古学为家教（见《光绪鄞县志·人物》）。藏书楼为诒砚室。弟政钟清同治间修邑乘，出其藏书以佐考订，有裨文献。鉴子陈康祺（1840—1908）寓苏台，建别墅曰洢园。储书亦富（见董沛《四明清诗略》）。康祺弟陈清瑞居鄞，家有旧雨草堂，雅好古碑及前贤书画真迹，藏书至数千种。

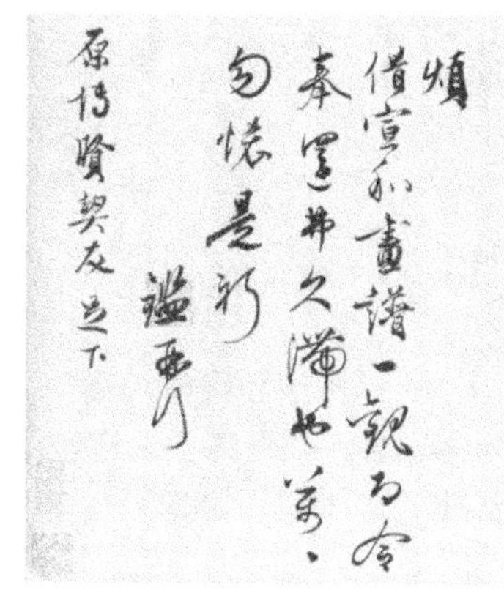

·陈鉴手迹

陈闿 (1882—?)

　　字季侃，诸暨人。清举人，授民政部郎中。1917 年 11 月任甘肃兰山道尹，1920 年 12 月暂护甘肃省省长，1921 年 10 月免职。任职期间，着力购求敦煌写卷，约得三四百卷，多重装并加题识，有些录其所撰《敦煌石室藏经记》于卷前，钤白文"陈闿偶得"印或"陈闿度陇见得"印。后散出，部分写卷入藏上海博物馆、上海图书馆、北京图书馆、杭州灵隐寺等处。

陈塽 (生卒年不详)

　　字筱初，清杭州人。好蓄书籍，精钞细勘，都成善本，至今收藏家，犹得一二丛残，甚觉惊喜。

陈撰 (1679—1758)

　　字楞山，号玉几，清鄞县（今宁波市）人。国子监生，侨居钱塘。为人品性孤洁，性情豪迈，不肯与达官豪贵往还。师事毛奇龄，修行笃学。乾隆元年（1736）征举博学鸿词，通政使赵之垣闻其名荐于朝，辞不赴。家有玉几山房，搜罗书画甚富。精鉴赏，撰有逸材，书画绝摹仿，每一纸落，人间珍若拱璧。晚游江淮间，客于仪征，长年不归，居扬州期间，常与汪士慎、高翔、厉鹗等往来。性情穷愁寡合，诗多凄断之音。著有《秋吟》九十首、《绣球集》一卷、《玉几山房吟》一卷、《玉几山房拟古诗》一卷。其画作主要有《翠叶金珠图》、《凉影风香图》、《春风幽兰图》、《荷香到门图》等。

陈曦 （生卒年不详）

字元和，号雪窗，南宋鄞县（今宁波市）人，谧孙。绍兴八年（1138）进士，知体宁县，政尚清俭，守法不阿。后知濠州，政称第一。召翰林学士，上疏言四镇五帅之计，甚得高宗赞许。能承祖业，藏书略有增益，撰有《藏书记》。

陈鳣 （1753—1817）

字仲鱼，号简庄，清海宁人。嘉庆三年（1798）举人。其父璘治《说文》，著书未成。陈鳣承父业，撰《说文正义》，历十余年写成，稿本因遭乱散失。生平专心训诂之学，尝与钱大昕、王念孙、翁方纲、段玉裁以甲库之秘藏质疑问难以为乐。晚年营果园于紫微山麓，构向山阁，藏书十万卷，次第校勘，每册钤小印二：一曰"得此书，费辛苦，后之人，其鉴我"；一为小像，上题"仲鱼图像"。嘉庆元年（1796），举孝廉方正。常与同邑吴骞所藏互通有无，互相传抄，得书更多。后客居苏州，与黄丕烈相交，各取所藏宋元旧椠交换校勘。陈鳣著述甚夥，有《经籍跋文》、《简庄文钞》、《礼记参订》、《论语古训》、《四书疏记》等，其中《四书疏记》

· 陈鳣《恒言广证》手稿

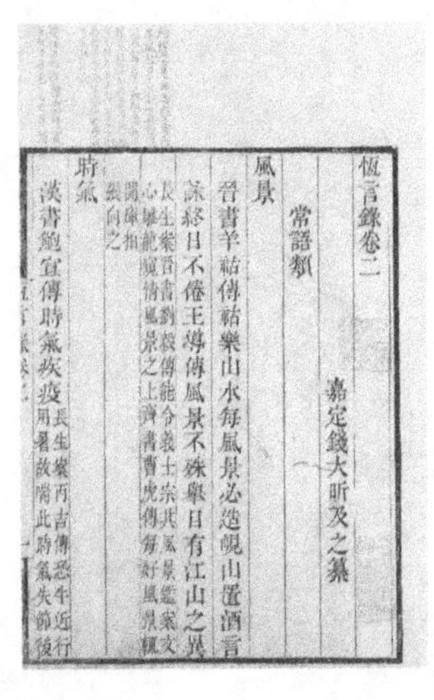

· 仲鱼图像

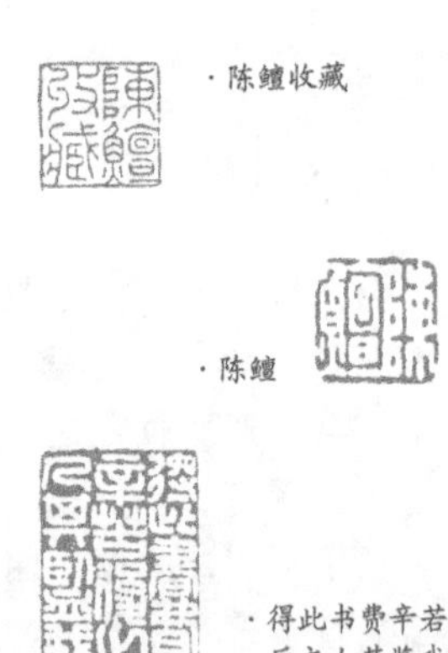

· 陈鳣收藏

· 陈鳣

· 得此书费辛若
　后之人其鉴我

稿本藏浙图。鳣美鬚髯，喜交游，吴骞以力学嗜古，及多髯，俱与宜兴陈经同，作《两陈髯行》以赠。辛酉（1801）会试至京师，于琉璃厂书肆识朝鲜使臣朴修，共检书，各操笔以通语言，朴修以其所撰《贞蕤稿略》贻鳣，鳣报以《论语古训》，各相倾许，一时传为佳话。藏书印章有"海宁陈鳣观"、"鳣读"、"仲魚"、"仲鱼过眼"、"简庄艺文"、"向山阁"、"宋本"、"元本"、"仲鱼手校"、"陈仲鱼读书记"、"陈仲鱼家藏图书"、"百尺楼"、"简庄艺文秘册"、"得此书费辛若后之人其鉴我"、"仲鱼图像"。

陈瓛 (1565—1626)

陈与郊子。初名祖夔，字元瑞，又字季常，号增城，明海宁盐官人。诸生。明末任光禄寺丞。工于书法，博雅好古，与著名书法家董其昌相友善。陈瓛除继承其父藏书外，一生勤于搜集历代书法之精品，经过他鉴定镌刻传世的有《渤海藏真》、《玉烟堂集古法帖》等，还集刻了董其昌的书法作品《玉烟堂法帖》、《妙法莲华经》等。

陈乃乾 (1896—1971)

海宁人，笔名东君，清向山阁后代。室名共读楼。民国五年（1916）任上海进步书店编辑，民国十五年（1926）任大东书局编辑、发行所所长，兼任持志学院、国民大学教授。抗战胜利后，任上海通志馆及文献委员会编纂。解放后，任上海市社会文化事业管理处编纂，后调北京古籍出版社、中华书局编辑。乃乾先生自幼刻苦好学，是我国著名的版本目录学专家。一生主要从事古籍的编辑、影印、出版工作。他所编撰的《室名别号索引》、《四库全书总目索引》、《禁书总目》、《清代碑传文通检》，颇受学术界重视，为研究、整理古籍的重要

·乃乾

·慎初堂

工具书。一生勤恳俭朴，酷爱藏书，经多年搜罗，积聚至万余卷，其中颇多旧椠秘本，藏书处名共读楼、慎初堂。文革中，乃乾先生饱受折磨，含冤而死，书也散失。三中全会后，平反。编有《慎初堂所藏书目》。藏书印章有"慎初堂"、"乃乾"。

陈与郊 (1544—1611)

字广野，号隅阳、虞阳，别署玉阳仙史，明海宁盐官人。万历二年（1574）进士。官至太常少卿。二十四年（1596），上疏乞归乡里，隐居盐官隅园（即清代江南名园安澜园前身）。以藏书、刻书、著述为乐，其藏书处为赐绯堂，藏书甚富，惜藏书目失载。与郊善诗文，亦工乐府，著有传奇《鹦鹉洲》二卷、《樱桃梦》二卷、《宝灵刀》二卷、《麒麟罽》四种，合称《羚痴符》。另著有《隅元集》十八卷、《黄门集》三卷、《方言类聚》四卷、《苹川集》八卷、《考工记辑注》二卷、《檀弓辑注》二卷等。

陈之问 (生卒年不详)

字令升，号简斋。清海宁人，得郑晓故宅，迁居海盐武原。喜读书，好鉴赏，能言医卜杂术。好藏书，亦喜校勘，藏书甚富。藏书处为书巢。著有《学论》一卷、《简斋诗稿》一卷、《经疑》、《简斋文集》，又有《皇极经世评注》，黄宗羲为之序。黄宗羲《陈之问传》云："字令升，号简斋，海宁人。陈氏科名冠两浙，而之问独不以华膘为念。好读书，自六经、三史以下，八家之集，唐宋之诗，丹铅殆遍。高会广坐，有所征引，长篇累牍，应口吟诵，以架上书覆之，不错一字。于书画古奇器，赏鉴精绝。而青鸟、素问、龟卜杂述，皆能言其理。尝从学于戢山、漳海两先生，顾未尝讲学。与人言者，不出诗书。于诗文亦不多作。当霜天寒夜，漏已半，往往于卧榻中闻其铿然放笔，以为常，力学寒士中所未见。"

陈长孺 (1811—1862)

字稚君。清归安（今湖州市）人。拔贡。居京师十余年，读书求友，识四方贤隽，卒无所遇而归。博学雅游，熟于湖州掌故。收藏金石书画甚富。善诗词，著有《偕隐堂诗文集》、《昼溪渔父词》。

陈世隆 （生卒年不详）

字彦高，元钱塘（今杭州市）人。业书贾。钱大昕《艺圃搜奇》跋："……钱塘陈世隆彦高、天台徐一夔大章，避兵樵李，相善。彦高箧中携秘书数十种，检有副本，悉以赠大章。大章汇而编之，世无刊本。"著有《北轩笔记》，辑有《宋诗拾遗》二十三卷。

陈圣洛 （生卒年不详）

字二川，清西安（今衢州市）人。诸生。人品高洁，与季弟圣泽、族弟一夔同负诗名，二川尤杰出，与游皆当世名士。家藏图史甚富，终日拥坐，不问外事。著《桐炭集》、《候虫集》。

陈汉章 （1864—1938）

谱名得闻，又名焯，字云从，号倬云，又号伯弢、伏庐，象山人。光绪十四年（1888）举人。初执业俞樾门下，继问业黄以周，于汉学考据，宋学义理，两所不弃；对西方传入的科学，如算术、格致、兵农等，也都认真加以研讨。是著名的史学、经子训诂学家。历任北京大学文科教授，中央大学文学院史学系主任。1931 年

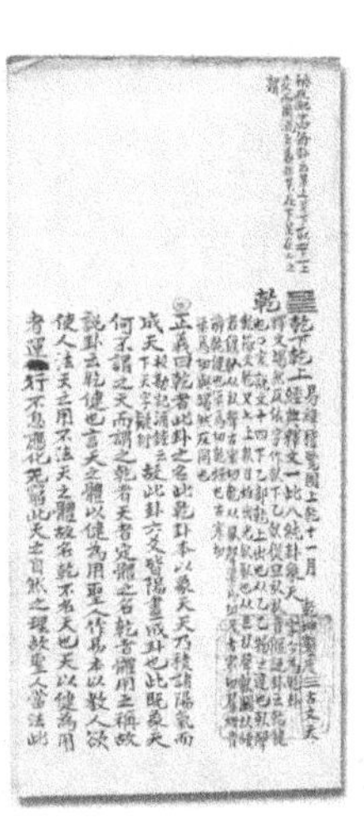

· 陈汉章《缀学堂丛书》手稿

· 陈汉章像

· 陈汉章故居

告老，从事著作。著有《礼书通故识语》、《论语征知录》、《孔贾经疏异同评》、《辽史索隐》、《历代车战考》、《史学通论》等十多种，还有多种为未刊稿本。稿本中有《缀学堂丛稿》一百十八卷附录五卷五十八种一百三十二册。此稿现藏浙江图书馆。

先生自奉俭约，啬于衣食，而酷嗜藏书，每至一地，必搜求遗籍，不惜重金购回，回乡时每每雇人至黄溪渡挑箩担书。藏书多达六七万卷。颜其名缀学堂，又名闻妙香室、见山楼。1950 年，先生哲嗣陈庆麟致函浙江图书馆，将藏书全部捐赠。鉴于当时运输困难，藏书也已散乱，浙图除挑选了全部稿本二百余册和批校本三百余册外，其余只接收一千余册。1951 年 3 月浙江图书馆接受捐赠时选书八百三十六册，金石拓片一百零五件。

陈仲勉 (？—约1937)

宁波人，住杭州孝女路，曾任杭州中国银行襄理。藏书家叶景葵先生之婿。父理卿，浙江兴业银行监察。平生喜收古籍，尤笃嗜明清善本和名人手稿及批校本。凡遇精品如略有破损微疵，均请人重加潢治，故阅者爱不忍释。缥缃盈架，坐拥书城。杭城民国藏书家中，是后起之隽，人咸称之。仲勉先生更有一癖好，喜罗致古钱，嗜之甚深，自汉之五铢钱至明末李自成永昌通宝，兼收并蓄，以供一己怡悦。曾与城站汇古斋书店主朱醉竹先生订交，该肆如收到古钱，醉竹或亲自登门送往，供其优先选择。日积月累，俨然为收藏古钱之巨擘。醉竹先生有时居奇，靳不出售。仲勉先生将收藏之古籍，与之情商交换，亦可谓钱癖矣！

陈廷献 (生卒年不详)

号草窗，清平湖人。性嗜书，购藏三万余卷，藏书处曰简香斋。子露亭（名树德）、孙春潭孝廉（名曰烈）增而广之，积至五万余卷。有《简香斋书目》四册。

陈自舜 (1634—1711)

字小同，一字同亮，别号尧山，清鄞县（今宁波市）人。诸生。黄梨洲讲学甬上，自舜从之。为人强毅方严，于名教所在，持之甚笃。生母沈氏故世，自舜致哀尽礼，隐居终身。终日治经学，而于字学尤精。凡《字汇》、《正字通》、《古今韵略》诸书，有一字未经搜入者，悉为补辑。喜购书，其云在楼所藏为天一阁范氏之亚。

陈邦俊 （生卒年不详）

号白石子，诸生，清嘉兴人。负才好客，多与名流往还，晚遁迹西郊，茅屋数椽，孤松片石，拥书自娱。聘修县志，有怀金求作传者，俊拒之。著有《见闻纪异》、《雨窗杂录》、《广谐史》、《明代异人传》、《岁时记》，惜多散失。

陈邦彦 （1678—1752）

字世南，号匏庐，又号春晖老人。清海宁人。少孤，伯世父文简公抚教之。康熙四十二年（1703）进士，由翰林历官至礼部侍郎。归日与楮墨相亲，乞书者踵相接。笔意酷似董文敏。性耽群籍，收藏颇富，藏书处名春晖堂。康熙四十六年（1707）尝奉勅编《历朝题画诗类》一百二十卷，他所著有《宋史补遗》、《谥法考》、《春晖堂书目》、《读书志》、《乌衣香牒》四卷、《春驹小谱》二卷、《全唐文》、《墨庐小稿》一卷；《春晖堂集》、《海神庙上梁词》诸书。藏书印章有"春晖堂"、"朝朝染翰"、"世南"、"陈邦彦印"等。

陈邦衡 （1144—1214）

字伯明，宋处州缙云人。性高洁不求仕进。朱熹任浙东常平茶盐公事，道经缙云仙都，留居讲学。与弟邦钥同师事之，闻理性之学。在仙都建读书堂，市书名田，役大费巨。叶适为作《仙都行》诗以坚其成。其中有云："书惟见多参互解，食要良田宜广买。"

陈其荣 （生卒年不详）

字桂青，清嘉兴人。同治六年（1867）举人，光绪六年（1880）大挑二等。敦朴力学。课徒所入以购书，丹黄不去手，三十年蓬茅菽水不易其操。尤喜表彰人物，遇明季以来著述，必多方假借雪抄露纂以储之。故其学亦长，于乡邦文献之征，光绪初郡守许瑶光延修府志，独任经籍门。潘学使衍桐《两浙輶轩续录》所甄嘉郡诗，半出其荣搜采。又尝集国朝同郡人古文，已刊未刊之稿得数十家，拟辑《槜李文系》，未成而殁。

陈叔通 (1876—1966)

　　原名敬第，字叔通。杭州人。蓝洲（豪）子，十七岁中秀才。甲午战争后留学日本，参加过维新运动。清光绪二十八年（1902）举进士。辛亥革命后，被选为第一届国会众议院议员。抗战胜利前夕，参加筹组上海市各界人民团体联合会，从事民主运动。1949年，他以七十三岁高龄，响应中国共产党的号召，出席中国人民政治协商会议第一届会议。新中国成立后，曾任中央人民政府委员、全国人民代表大会常务委员会副委员长等职。一生酷爱古籍字画，尤喜收藏梅花，经三十多年的努力，收藏各朝名家所绘之梅花精品百幅，影印出版《百梅集》。内有元王冕所绘梅花立轴一幅尤为珍贵。并把书斋命名为百梅书屋。叔通先生生平亦喜收集周秦迄宋元钵印达九百余钮，以千印名斋。六十初度，效董其昌（香光）故事，以文物珍品分贻同好作为纪念。又将尊人蓝洲先生所撰《冬暄草堂笺存》原札，捐赠上海图书馆，共装订二十四册。百家名画及古帖，全部捐献国家，现存北京故宫博物院。

230

· 陈叔通手迹

陈季侃 （1883—1952）

原名阊，以字行，小名阿迦。畸园老人（通声）之子。诸暨枫桥人。清光绪二十八年（1902）中举人，天津徐世昌录为弟子。旋出任京师大学堂教习。辛亥鼎革，出任甘肃皋兰道员，不久改任甘肃省省长，颇有政绩。抗战爆发，避居乡里，与何燮侯等人在枫桥魏家坞筹办忠义初级中学，历任董事长。在乡时，受何燮侯影响，曾帮助共产党领导的地方武装购置武器。抗战胜利后，任浙江省参议员，并参与《浙江通志稿》的编纂。先生喜爱古籍，历年收集甚多。据记载，藏有王阳明手写家书，徐文长楷书《金刚经》（此经后售入浙江图书馆）、傅中黄《来来轩诗稿》、卢文弨撰《矶鱼诗稿》等珍贵的秘本多种。

陈性学 （1546—1613）

字所养，号还冲，明诸暨枫桥人。陈洪绶祖父。明万历五年（1577）进士，授行人，不久出任贵州监察御史，罢黜恶吏，昭雪冤案，整顿军队，减免税收，有政声。官至广东左布政使。归乡里后，喜聚书，在陈家长道地构藏书楼曰"七樟庵"，积书之富，誉为越中之冠。清顺治五年（1648）藏书亡佚。

陈世佶 （1686—1749）

字士常，清海宁人。康熙五十二年（1713）举人。藏书万卷，丹黄殆遍，得善本必手录一过。著《种书田稿》一卷，又撰有《杜诗集注》、《通志堂经解纂》等。

陈宝瑛 （生卒年不详）

原东陈童，字孟辉，杭州临平人，家住杭州丰禾巷，光绪举人。辛亥鼎革后，因素富厚，便息影家园深居简出，日以读书为事。民国十九年（1930）间，在杭州城站复初斋书店购得五洲同文版石印本《二十四史》，连读整部全文数次，并用朱笔批校圈点到底，蝇头小楷，一气呵成，用心之笃可知。工诗，著作甚富，惜多数未付剞劂。曾主纂《临平志》。对地方乡邦文献网罗至详且备，为同里人士所传颂，口碑载道。又撰有《推论章实斋六经皆史之说》、《蠖斋诗话》不分卷，批校清初翻刻《施注苏东坡集》，并有题识。此书现由当代书法家姜东舒先生收藏。宝瑛先生之藏书，解放初由其孙售给文汇堂书店。

陈锡钧 （1879—1964）

字伯衡，原籍江苏淮阴人。久寓杭州，三代藏书，藏书处曰石墨楼。收藏碑帖特多，综计不下万余种，人称"黑老虎"。所藏碑帖多为他鉴定并题跋，编有所藏碑帖目录若干卷。卒后，1964 年冬其妻将所藏图书捐赠给浙江省文史馆（先生为省文史馆馆员），碑帖全部捐献给浙江图书馆，其中有宋拓《大达法师碑》等。先生藏碑捐入后，浙馆碑帖库更为充实。当时省文化局发给奖状，以及奖金三千元。先生夫人只肯接受奖状，不肯接受奖金，要求无偿捐赠。其爱国之情和为家乡文化建设无私奉献之精神值得称颂。常用藏书印章有"陈锡钧印"白文方印、"淮阴陈伯衡考藏金石文字记"白文长方印、"伯衡审定"朱文方印、"石墨楼"朱白方印各一、"石墨楼丁丑劫遗"正方白文印。

· 陈奕禧印

· 子文

· 海宁陈奕禧字子文别号香泉翰墨图书

· 乐琴书以消忧

陈奕禧 （1648—1709）

字六谦，又字子文，号香泉，清海宁人。令深泽时，饮泉甘之，作亭其上署曰香泉，固自号焉。出身名门望族，幼即爱作诗，学书。其诗曾得当时诗坛盟主王士禛赞赏。书法取法晋人，以大楷见长，日本天皇因慕其书，以重金购之。康熙三十九年（1700），累升至户部郎中，分司大通桥。此年康熙乘船到通州，命其登船，于绢素上写字，深得赞赏，被召入直南书房。

陈奕禧喜聚书，尤爱金石，藏书处曰予宁堂。藏有大量秦汉唐宋金石文字，并细加考证，写上题跋，后辑成《隐绿轩题跋》。他刻的《予宁堂帖》、《梦墨楼帖》，流传甚广。此外，著有《虞州集》、《春霭堂集》。藏书印章有"海宁陈奕禧字子文别号香泉翰墨图书"、"陈奕禧印"、"盐官陈氏梦墨楼印"、"乐琴书以消忧"、"古叹知音稀"等。

陈树钧 （1867—1931）

字襄臣，温岭人。清季廪生。藏书处曰枕经阁。书以地方文献为多，仅台州先哲著述逾四百种，且多手稿与抄本；浙江各府县志，亦搜购甚备。卒后，志书多归上海商务印书馆，其余亦散失殆尽。

陈洪绶 （1599—1652）

幼名莲子，一名胥岸，字章侯，号老莲，诸暨枫桥陈家村（今新枫乡勤农村）人。明末清初画家，其七樟庵藏书为越中之冠。远祖陈寿，北宋末年南渡，官翰林经谕，晚年定居诸暨。祖父陈性学，万历进士，曾任陕西布政使职。父陈于朝，隐居不仕。母王氏。陈洪绶为次子。从蓝瑛习绘画，求理学于刘宗周。乡试不中，捐为国子监生。清兵陷浙东，去绍兴云门寺为僧一年余，自号悔迟，亦称老迟。善画人物、花鸟、草虫、山水。崇祯间，与北京崔子忠（号青蚓）齐名，号南陈北崔。绘有《水浒叶子》、《博古叶子》及《九歌》、《西厢记》等绣像插图。能诗文，有《宝纶堂集》。

陈葰谟 （生卒年不详）

陈懋仁子，字献可，明末清初学者，学于漳浦黄道周。与父同好藏书，笃行博

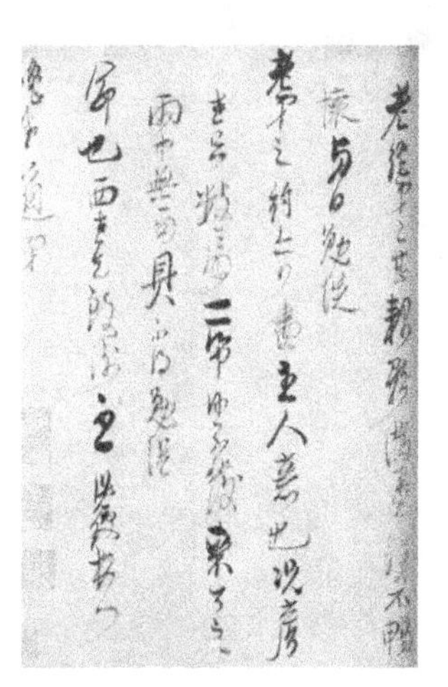

· 陈洪绶手迹

· 陈洪绶绘《水浒叶子》清初刻本

· 陈洪绶画像

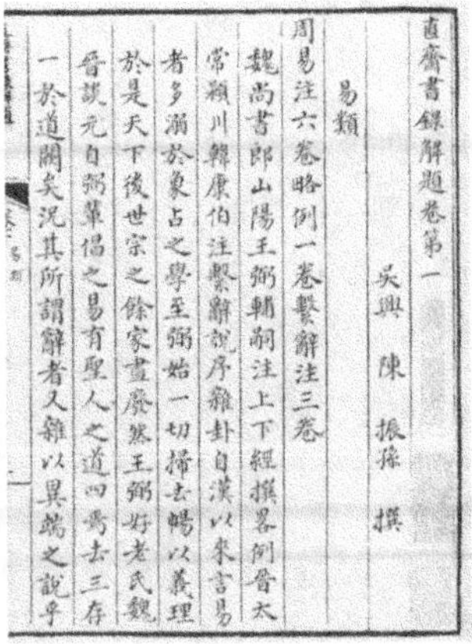
直齋書録解題卷第一
吳興 陳 振孫 撰
易類
周易注六卷略例一卷繫辭注三卷
魏尚書郎山陽王弼輔嗣注上下經撰畧例晉太
常潁川韓康伯注繫辭說序雜卦自漢以來言易
者多溺於象占之學至弼始一切掃去暢以義理
於是天下後世宗之餘家盡廢然王弼好老氏魏
晉談元自弼輩倡之易有聖人之道四焉去三存
一於道闕矣況其所謂辭者又雜以異端之說乎

· 陈振孙撰《直斋书录解题》（清）卢文弨订正稿本

学，精考天文、地理、象数、声韵诸书。著有《皇极图韵》(《四库全书》存目)、《元音统韵》二十八卷（《四库全书》存目)、《易传》、《乐律希声》、《孝经疏传》、《度策》三卷、《祥异编年》、《参同契注》、《象林》二卷等。

陈振孙 (1179—1262)

字伯玉，号直斋，宋安吉人。曾任鄞县、绍兴县学教官，宝庆二年（1226)，通判兴化军（今福建莆田)。端平三年（1236）知泰州，除浙东提举。嘉熙元年（1237）改知嘉兴府，淳祐四年（1244）官国子司业，累官至宝章阁待制。卒赠光禄大夫。仕莆时传录夹漈郑氏、方氏、林氏、吴氏藏书至五万一千一百八十余卷，仿晁公武《郡斋读书志》编成《直斋书录解题》二十二卷，极其精详，是宋代著名提要目录，为后来学者考证之所必资。著有《吴兴人物志》、《书解》、《易解》、《白文公年谱》等。

陈晋斋 (1215—1298)

宋平阳人（今温州)。陈守仁之子。淳祐九年（1299）荐于乡，景定二年（1261）再荐，黜于礼部。始谢举子业，与季弟节庵，出壁藏图书数千卷，丹铅手勘，永夜诵悟。

陈烈新 (1817—1899)

字莼斋，清诸暨人。咸丰年间，在家乡枫桥镇建藏书楼，名曰授经堂，清宣统元年（1909），藏书逾三万卷。抗日期间，汪伪军盘踞枫桥，大部分图书付之一炬。五十年代初，藏书仍有万余卷，据新修《诸暨县志》记载，后运往浙江图书馆，藏书楼遂改他用。

陈莱孝 (1728—1787)

字微贞，号谁园，晚号竹貌翁，世瑞孙，清海宁人。监生。尝辟宅东隙地数弓颜曰谁园，因以自号。莱早负才名，馆砀山汪氏最久，与弟子枭鹤相倚如左右手。诗文清绮，尤精金石之学。厉樊榭、杭堇浦每以畏友视之。好聚书。著作等身，生平惬意之作有《淡生文钞》十卷、《谁园诗集》三十二卷、《书城偶辑》四卷等。

陈康鼎 (生卒年不详)

字子深，号澹泉，鄞县（今宁波市）人。光绪十一年（1885）举人。富藏书，其叔朵峰雨钞堂藏书尤多，藏书多钤有"雨钞堂印"，后多归子深。藏书达数万卷。子深殁，藏书为三个儿子平分。老大陈艮初得大部分经部、史部类书，与其他三个朋友在上海合开四友书店，后经营失败，书也卖掉了。老三陈君诒，为宁波中医，得全部医类书16箱，抗战中病逝，其家人将藏书以四千元价让与宁波名医徐余藻，徐余藻去世后，书归天一阁。惟有二子陈献夏将藏书保存至解放后，并有增益。陈献夏（1909—1967），字式圭，号叔言，藏书中多善本，有宋景定刻本《孟东野诗》十卷、明成化刻本《周礼集说》等。藏书处名"后雨钞堂"，盖其叔祖原有藏书楼名雨钞堂之故，以志不忘恩负义和继承。

陈渔珊 (生卒年不详)

清鄞县（今宁波市）人。藏书万余册。藏书处为文则楼、湖楼。

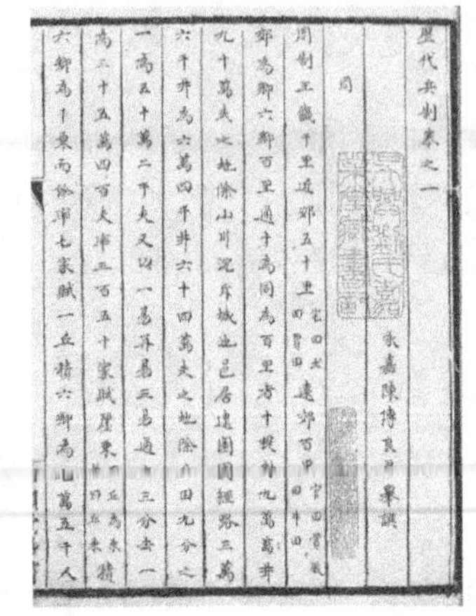

· 陈傅良撰《止斋先生文集》明刻本

· 陈傅良撰《历代兵制》
明抄本浙江图书馆藏

陈硕年 (1868—1921)

镇海人，居海宁。书画收藏甚丰。

陈傅良 (1137—1203)

字君举，号止斋，南宋瑞安人。乾道进士。历任吏部员外郎、中书舍人，官至宝谟阁待制。师事薛季宣，与广汉张栻、东莱吕祖谦友善。和薛季宣同开永嘉学派先声。宋史有传。叶适称其"拥书如林"。著有《诗解诂》、《春秋后传》、《止斋文集》等。

陈敬简 (生卒年不详)

字汝霖，号可斋，又号吟窝，清海盐人。由监生官盐课大使，喜聚书，藏书万卷，曰枕经楼。卢抱经为作《藏书记》，撰《枕经楼藏书目》四卷。

陈敬璋 (1759—1813)

字奉哉，号半圭，清海宁人。郡庠生。小时，父咸备语以族祖乾初先生确之遗事，稍长，得桐乡《张杨园集》读之，于是私淑乾初、杨园终其身。乾初遗著散佚，访求参校而手录之，积六七寒暑，编成四十九卷。敬璋日可写万字，见异书辄手钞，屡毁于火，晚年犹插架层叠也，藏书处名四勿居。甫成童而孤，母查，娴诗书，教敬璋有法度，敬璋亦能得母欢。母晚年失明，侍奉弥谨，尝为《耕养图》以寄意，自为之记。藏书印章有"半圭"、"渤海"等。

陈朝辅 （生卒年不详）

明鄞县（今宁波市）人。明代鄞之藏书首推天一阁，次则陈氏四香居，陆氏之南轩尚非其比。所居在竹湖，四香居外尚有云在楼、桂松轩，极林泉之胜，固朝辅晚年之菟裘也。子自舜，皓首穷经，亦喜购书，故贮愈富。

陈贻范 （约1040—1115）

字伯模，宋临海人。宋治平四年（1067）进士，历宗正丞，终朝奉郎，通判处州，民怀其德，有"道不拾遗剑，月照处州城"之谣。尝捐食田数十亩以输郡学，于是有司及士民好义者相继增给，士赖以养。好藏书，储书处曰庆善楼，亦曰万卷楼。著有《庆善楼藏书目》二卷、《庆善集》若干卷、《鄱阳遗事录》一卷。弟贻序先范一年登第，性刚介，以诗名，为苏轼、曾巩所知。终奉议郎湖南运判。王暐《万卷楼记略》曰："临海陈氏有藏书之楼，曰万卷楼。其书之藏，以卷计者，不啻万数。而曰万卷焉者，万，盈数，总称之也。陈氏世儒家，五季时，自金华来居县西之松里，族大以蕃。衣冠相继，至宋少卿府君，始即所居作楼藏书，逮其诸孙大著府君，复新之。入国朝大德间，大著之季待制府君，又新作之，而聚书亦多矣。"

陈清瑞 （生卒年不详）

清鄞县（今宁波市）人。在县城迎风街，构旧雨草堂数楹以庋藏，藏书达数万卷。

陈瑞图 （1771—1843）

号香苑，清温岭人。道光十六年（1836）恩贡生，好聚书画，收藏名人书画甚富，储书数万卷。年七十余卒。

陈筱宝 （1872—1937）

又名云龙，号丽生，海盐人。妇科学家。少承家传，后受业于著名妇科名医诸步阶（香泉），得其妇科之传，亦以妇科应世。后获宋医陈素庵《妇科医要》手抄残卷，潜心研读，深得其要。制有调经之八制香附丸等。行医四十余年。广收古今医籍，藏书盈室。著有《医事散记》。

陈嘉绶 （生卒年不详）

陆陇其妹婿。字彭年，号耐庵。其家有万卷堂藏书。陆陇其《三鱼堂剩言》卷十一："妹婿陈耐庵好学不倦，藏书甚富，余为颜其堂曰万卷。"

陈熙晋 （1791—1851）

原名津，字析木，清义乌人。官至宜昌知府。熙晋邃于学，积书数万卷，订疑纠谬，务穷竟原委，取裁精审。常谓杜预解左氏有三藏，刘光伯规之，而书久佚，惟《正义》引百七十三事，孔颖达皆以为非，乃刺取经史百家及近儒著述，以明刘义。其杜非而刘是者申之；杜是而刘非者释之；杜刘两说义俱未妥，则证诸群言，断以己意，成《春秋规过考信》九卷。又谓《隋书·经籍志》载光伯《左氏述义》四十卷，不及《规过》，据孔颖达序称习杜义而攻杜氏，疑《规过》即在《述义》中。《旧唐书·经籍志》载《述义》三十七卷，较《隋志》少三卷，而多《规过》三卷，此其证也。《正义》于《规杜》百七十三事外，又得百四十三事，盖皆《述义》之文。其异杜者三十事，驳正甚少。殆唐初奉敕删定，著为《令典》，党同伐异，势会使然。乃参稽得失，援据群言，成《春秋述义拾遗》八卷。他著有《古文孝经述义疏证》五卷、《帝王世纪》二卷、《贵州风土记》三十二卷、《黔中水道记》四卷、《宋大夫集笺注》三卷、《骆临海集笺注》十卷、《日损斋笔记考证》一卷、《文集》八卷、《征帆集》四卷。

陈豫钟 （1762—1820）

字浚仪，号秋堂。篆刻家。清钱塘（今杭州市）人。出生于金石世家。乾隆时廪生。精于金石文字和古器物的研究，好收藏，对名画佳砚、珍版碑拓不惜重价，收藏书画、古砚甚富。早年师法文彭、何震。后学丁敬。作品工整雅致。边款尤秀丽。为"西泠八家"之一。与陈鸿寿齐名。人称"二陈"。亦工书法。

·陈豫钟画像

陈遹声 （1846—1920）

原名濬，字蓉曙，号骏公，别号悔门，诸暨枫桥人。早年从师俞樾，肆业于杭州诂经精舍。同治十二年（1873）中举，光绪十二年（1886）进士。改翰林院庶吉士，授编修，署松江知府。任内治理水患，创立融斋精舍，颇有政绩。三十三年（1907），出任川东兵备。川东江北厅产煤，英商购得采矿权，陈遹声与英商力执，终于以贱价赎回。归乡后，专心撰述。亦喜聚书，达万卷。为文骏迈雄健，与翁同龢、徐致祥、李慈铭等并负盛名。编著有《玉溪生诗类编》、《历代题画丛录》、《畸庐稗说》、《鉴藏要略》、《江左三家沧桑诗词选》等。

陈璞山（1807—?）

榜名肆，字璞山，一作璞生，晚号勿庵老人。清乐清人。性好书籍，自称"屡贷人钱为买书"。藏书处为芸香精舍。又仿《四库全书总目提要》体例，每书录其著者、爵里，编成《芸香经舍书目》二册，计经部有一百三十一种，一千四百余卷；史部一百种，四千一百余卷；子部一百六十二种，二千四百余卷；集部一百九十八种，四千三百卷。长于史学，晚年与子侄寝馈于藏书楼中，见有乡邦先哲遗著，手自抄录，或搜集残本，予以补缀。著有《闻妙香斋吟草》。

陈懋仁（生卒年不详）

字无功，号藕居士，明秀水（今嘉兴市）人。崇祯间诗人。著有《寿者传》三卷、《年号韵编》一卷、《续文章缘起》一卷、《泉南杂记》二卷、《析醒漫录》、《庶务异名疏》三十卷、《藕居士诗话》二卷，收入《四库全书》。与李日华交契，同好藏书，聚书数万卷。

陈黻宸（1859—1917）

字介石，晚年更名芾。瑞安人。少与乐清陈虹结求志社，以清议自持，交平阳宋衡，时人称"温州三杰"。初至京师，与人士昌言变法，及康有为为保国会，意与之异，乃谋归为保浙会，主杭州养正书塾，教授历史。光绪二十九年（1903）成进士，授户部主事，宣统元年（1909）被举为浙江谘议局议长。辛亥革命后，任浙江民政部长。不久辞去。1913年国会成立，当选众议院议员，兼国立北京大学教授。复辟变作，以忧愤卒。门人私谥文介先生。其学宗陆九渊、王守仁，文章称司马迁，主旨在穷理致用。一生著作甚多，少年时作《独史》，立八表十录十二列传；主讲杭州时作《经术大同说》、《独史序目》、《地史原理》、《读史总论》、《伦始》、《德育》诸作；任北大教授时著《中国通史》二〇卷、《诸子通议》一〇卷、《中国哲学史》未分卷；其余诗文总为《饮水斋集》一〇卷、《外集》四卷。藏书处为烛见知斋。

八　画

卓撝 （生卒年不详）

初名显卿，字襄野，号寓庸，别号入斋，明仁和（今杭州市）人。倡明经学，学探濂洛，一经自怡，士林响风。长子发之，字左车，号莲旬，天资高迈，有将相才。著有《漉篱堂集》。孙卓人月，字珂月，别号蕊渊，拔贡生，才情横溢。家学相传，并以明经闻。家富藏书。代代相传，五世不衰。

卓允基 （生卒年不详）

改名元基，字次厚，号履斋，天寅次子。康熙十七年（1678）副贡，官衢州教授。承卓氏数代家学，传经遗书数万卷。著作有《江上草》、《吾家吟》等闻世。

卓天寅 （生卒年不详）

初名大丙，字火传，号亮庵，清仁和（今杭州市）人。顺治十一年（1654）副贡。构家祠于塘栖长桥之西，有传经堂，奉祖考之遗书，教授子弟，旁为月波楼、芳杜洲，亦藏书数万卷。四方士至，皆馆谷读书其中。领袖风雅，诗宗盛唐，身名满天下。著有《静镜斋集》。湖州吴园茨绮撰《传经堂记》："苕雪之东百里，环山而秀，回水而清，桑麻平野，间闬辐辏，曰塘栖。固杭湖两郡接壤，而南北之孔道也。塘栖之西有广济桥，里名长桥，水陆络绎。桥之西，辽廊平旷，荡若无外。有楼观亭榭，萦带骞腾者，卓氏祠宇在焉。其堂曰'传经'，为火传氏天寅祀其曾祖父入斋、莲旬、蕊渊三先生处。后乃潴泉为池，插竹为篱，松柏花石旋拱其际。堂之傍更为三楹，曰'只是读书'。池之中有亭，曰'水心云影'。循涯而南，方阑为廊如带，曰'且吃茶'，昔董宗伯公思白所题也。廊之前有亭，曰'泠泠来风'。更转而陟数级以上，曰'相于阁'，蕊渊先生因阁有诗，火传因而嘱王吏部西樵题之。南可眺皋亭黄鹤，西则武康、封禺诸峰皆在目焉。阁之下，小构数椽，树以桐阴，曰'无事此静坐'，入斋先生旧额。欲其幽居默处，端坐凝思。绕廊数武，界以短垣，曰'桥西草堂'。其上以贮三世遗书，下以俟子孙讲读其中，余顾而乐之。水之流者，若蓝、若镜、若练、若谷；山之峙者，或伏、或骛、或盘、或踞。以致危樯劲橹之往来，渔歌牧笛之互答，清风欲生，翠烟自留，斯卓氏之伟观欤！……"

卓尔康 (1570—1641)

　　字去病，号农山。明仁和（今杭州市）人。寄籍德清。万历四十年（1612）举人。官祥符教谕，历任工部屯田司员外郎，罢归。空囊壁立，日拥万卷，进麦糜一盂而已。善经学，诸经皆有解义。著述等身，有《春秋辨义》四十卷等。

单丕 (1877—1929)

　　初名恭修，字诒孙，号伯宽，后名丕，号不庵，萧山（今杭州市）人。幼年从师就读，后随父迁海宁硖石。1915 年任教于杭州第一师范学堂，后赴北京，为北大教授，图书馆主任。回杭后，曾任浙江省立图书馆中文部主任，中央研究院中文科主任兼汉文图书室主任。擅考据，长训诂，曾重新校勘段氏《说文解字注》，对中国历史和哲学也颇有研究，一生藏书甚富。病逝后，大部分藏书捐赠浙江图书馆。著有《宋儒年谱》、《二程学说之异同》、《宋代哲学思想史》等。值得一提的是《不厂丛稿》七十卷，五十六种，稿本，是单丕先生一生的心血积晶，现藏浙图。

242

周伉 (1102—1162)

　　宋嵊县人。藏书数千卷。

周勉 (生卒年不详)

　　字中峡，清海盐人。诸生。见古书辄购得之，储书甚富。著有《求志堂集》、《毅庵笔记》。

周春 (1729—1815)

　　苊兮，号松霭，晚号黍谷居士，莲弟，清海宁人。乾隆十九年（1754）进士，居家候选十余年，后授广西岑溪知县，修《梧州府志》。旋乞归，潜心著述，所居著书斋，终岁不扫除，凝尘满室，插架环列，起卧其中者三十余年。博览群书，笺经注史，旁及百家，刻所著书六种行于世。家有汤注《陶诗》宋刻真本及宋刻《礼

·海宁周氏家藏

·著书斋

·周春苞今

·松霭藏书

·自谓是羲皇上人

·周春手迹

书》，同储一室，颜之曰"礼陶斋"，其书秘不示人。其后先去《礼书》，改颜其室曰"宝陶斋"，又售去陶诗，改颜其室曰"梦陶斋"。著作有《十三经音略》、《海昌胜览》、《音学三书》、《西夏书》等。藏书印章有"松霭藏书"、"周春"、"松霭"、"周春松霭"、"苞今"、"海宁周氏家藏"、"内乐村农"、"松声山房"、"自谓是羲皇上人"、"子孙世昌"等。

周莲 （生卒年不详）

字予同，号玉井，清海宁人。乾隆十八年（1753）举人，官中书。家多藏书，偕其弟春自为师友，皆以博学名。著有《玉井山樵诗钞》。

周密 （1232—1299）

字公谨，自号草窗，亦号弁阳老人、四水潜夫，原籍济南，其曾祖随高宗南渡，因家吴兴之弁山。宝祐间为义乌令，景定二年（1261）为临安府幕属，监和剂药局，充奉礼郎兼太祝。宋亡后隐居钱塘癸辛街，作《癸辛杂识》。又著有《浩然斋视听钞》、《齐东野语》、《志雅堂杂钞》、《云烟过眼录》，对南宋权相贾似道多有砭刺。尝曰："世间万物，未有聚而不散者，而书为甚。吾乡石林叶氏，藏书多至十万卷。其

244

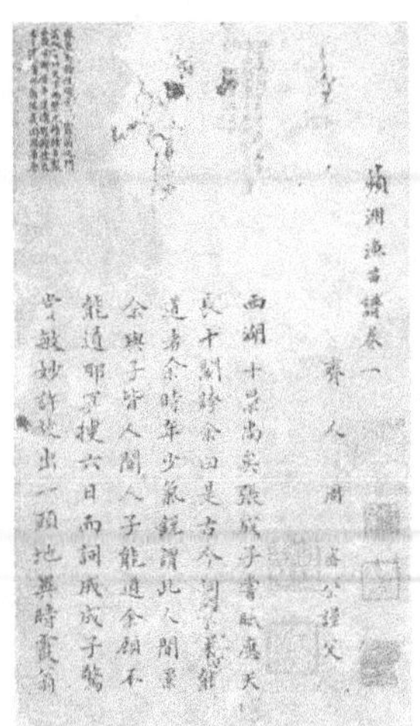

· 周密《蘋州渔笛谱》清抄本

· 周密《齐东野语》明刻本

· 齐周密印章

· 嘉遯贞吉

后齐斋倪氏、月河莫氏、竹斋沈氏、程氏、贺氏，各不下数万余卷，亦皆散失无遗。近如秀嵓、东窗、凤山、三李、高氏、牟氏，皆蜀人，号为史家，所藏僻书尤多，今亦无余矣。吾家三世积累，先君子（周晋，字明叔，号啸斋，人称周佛子）尤酷嗜，至鬻负郭之田，以供笔札之用，冥搜极讨，不惮劳费，凡有书四万二千余卷，及三代以来金石之刻一千五百余种，庋置书种、志雅二堂，日事校雠，居然籯金之富。余小子遭时多故，不善保藏，善和之书，一旦扫地。因考今昔，有感斯文，为之流涕。"

周密工诗，其诗少年流丽钟情，壮年典实明赡，晚年感慨激发，有《蜡屐集》，《弁阳诗集》。乐府妙天下，协比吕律，意味不凡，有《蘋州渔笛谱》。善画梅竹兰石，精鉴赏。收藏书法名画甚富。藏书印章有"齐周密印章"、"嘉遯贞吉"等。

周辉（1127—? ）

字昭礼，宋淮海人，绍熙间居钱塘（今杭州市）清波门之南。嗜学工文，隐居不仕。当世名公卿多折节下之，而辉简亢自高，未尝报谢。藏书万卷，父子自相师友。撰《清波杂志》十二卷、《清波别志》三卷。又《清波杂志》："借书一瓻，还书一瓻。后讹为痴，殊失忠厚气象。"辉手抄书，前后遗失甚多。

周鼎（1401—1487）

字伯器，号桐村，明嘉善斜塘（今西塘）人。自幼警敏过人，读书过目成诵，工书法，尤以文学知名。及长，博通经史，擅长诗文，援笔立就，其绝句为江南独步。明正统年间（1436—1449）以布衣因功授沭阳典史，参与修《杭州志》。著有《桐村集》、《疑舫集》、《土苴集》十卷。与陈舜俞、吴镇被誉为嘉善县"三高士"。鼎喜藏书，家藏多珍本。藏书处为桐村书屋、荷锄处（原址西塘钱家浜）。藏书印有"周鼎伯器之章"、"周氏子孙保之"等。

周篛 (1623—1687)

字青士，一字笃谷，清嘉兴人。遭乱就市廛卖米，有故家遗书，连船载鬻者，篛得一船，每日中交易糠粞中吟诵不辍。每读一书，必仔细校雠。以诗闻名于当时，与王翃、范路、朱彝尊等相唱和。其诗清超朴淡，古文出入欧曾。尤于精词，广搜唐、宋、元词家作品，按体裁编成《词纬》三十卷，又编《今词综》十卷。著作尚有《采山堂集》、《析津日记》、《投壶谱》。

周篛为人荡坦不羁，结交甚广，好善乐施，但不肯攀附权贵，其友徐善主尚书徐乾学家，篛与善同卧起，尚书欲一见，终不可得。或削三缄赠行曰："挟此可致百金。"却而不受。

周二学 (生卒年不详)

字幼闻，号药坡，又号晚菘，清仁和（今杭州市）人。诸生。从金虞受文法，与丁敬、厉鹗、汪沆、黄琛相契，酬唱甚多。书学文徵明，尤精赏鉴。藏书称富，择其佳者撰《一角编》二卷、《一粒粟》、《赏延素心录》各一卷。

周人龙 (生卒年不详)

明鄞县（今宁波市）人。人龙为濂之五世孙、冕之族孙。冕读书日数千言，尤玩心字学，凡秦汉碑刻，晋唐法书，必探其精妙。后以博学能书，预修《永乐大典》。濂亦尝预修郡乘及《一统志》。则人龙家学渊源固有自也。龙性喜蓄异书，家藏有许丁卯诗版者，属其子谓"此奇物不可失，宁薄吾木以易之"，亦可谓嗜古好奇之尤矣。

周大辅 (生卒年不详)

字左季，号少鹤，室名"鸧峰草堂"，清末民初任杭州税吏。喜聚书，虽家无恒产，然有所得即用以购书，遇旧刊珍本无力罗致时，必设法借来请人依式缮写，曾请人去浙江图书馆借抄《四库全书》中之秘笈。日积月累，庋藏虽富而拮据实如窭人，宁一生节衣缩食，而不吝抄校之费。有时甚至向亲友借贷，以应付抄写费用。癖书而成穷困，其亦乐夫，所谓"钞书至万卷，积金无分文"。左季先生对古籍流传和保存，厥功至伟。穷而坚志不堕，洵难能可贵。左季先生历年所抄之书，浙江图书馆藏有多种，列数种于下：《淳化阁帖考释》、《顾颉集》、《越中金石录》、《澹生堂藏书训略》、《安龙逸史》等。

· 周广业《读相台五经随笔》手稿

周广业 (1730—1798)

字勤圃，号耕崖，清海宁人。乾隆四十八年（1783）举人。早岁丧父，教授生徒以奉母抚幼弟。入小学即能通训诂辨音切，读书数行并下，及长益刻苦自励。浯溪王文学大鼎藏书甚富，广业塾其家数年，尽阅之。后四库全书馆诸公争延致校勘。广业工作精细，各厝所请卷帙，经目者悉成善本。顾性耿介，不与时俗为进退。三试礼闱无所遇，归而杜门却轨著书终焉。广业著述甚实，然多未刊行。只有《孟子四考》四卷为乾隆间周氏省吾堂刊行，其他多为抄本。《浙江图书馆善本书目》著录他撰述达十五种之多。所著《孟子四考》，补入采自群书逸文，依据各种版本纠正了妄改、妄引之误，对孟子当年周游列国的先后次序，也提出自己的看法。认为《史记》的说法不正确。先后历经三十余年，披览群书，在前人研究的基础上，写成了《经史避名汇考》四十六卷，惜未曾刊行，但其友吴骞曾见过此稿，为其作跋，称赞云："于书史能爬梳抉剔，疏通证明，务探其赜而穷其本。"现存的《蓬庐文钞》中有周广业为此书写的自序和例言。另著有《读相台五经随笔》。广业好学也嗜古，藏书极富，颜其室曰蓬庐。藏书印章为"蓬庐"。

周中孚 (1768—1831)

字信之，别号郑堂，清乌程（今湖州市）人。嘉庆六年（1801）拔贡。曾从阮元游。五十五岁才应乡试，置副榜第一。从此弃举业，客居上海，为李筠嘉编《慈云楼藏书志》。编成，别录副本为《郑堂读书志》。此书仿《四库全书总目提要》体例，评论古籍、考证真伪甚为缜密，是一部重要的书目著作。此书稿本先为平湖朱为弼所得，后藏丁氏持静斋。著有《孝经集解》、《逸周书注补正》、《顾职方年谱》、《子书考》、《金石识小录》、《郑堂札记》等，因无嗣，藏书稿本多散佚。

周天锡 (生卒年不详)

字懋宠，号樗庵，永嘉人。中丞周应期长子，学问渊博，至性过人。入清后，即谢绝人事，闭门著述。藏书万卷，尤重视乡邦历代文献的收藏，辑成《慎江文徵》、《慎江诗类》，著有《花萼楼诗文集》等。

周文爔 (生卒年不详)

周明辅子，字晦如，号行于，明诸生。承父志好藏书，藏书处为香梦楼。著有《香梦楼藏书目》一卷、《杂志》一卷、《则百楼稿》二卷、《梦香词钞》二卷。

周庆云 (1864—1933)

字景星，号湘舲，别号梦坡，吴兴南浔镇（今湖州市）人，光绪七年（1881）中秀才，后以附贡授直隶知州。经营丝、盐、矿产等业，杭州、上海均开设厂家。1905 年投资兴建苏杭铁路，竭力反对向英商借款，出卖路权。1923 年，张宗祥主持浙江教育厅，发起补抄文澜阁《四库全书》阙简时，庆云资助甚力，出资最多。收藏书画、金石颇富，尤爱琴书，筑有晨风庐。尝在沪召集琴会。生平编印金石、印玺、古器、图书共 30 余种，取名《梦坡室获古丛编》，考订认真，印刷精良，装潢讲究，质量较高。能诗词，间作梅竹，点染山水，着墨不多，秀透之气，在李檀园、程青溪间。著作甚富，有《民国南浔镇志》、《莫干山志》、《灵峰志》、《浔溪文征》及《盐法通志》、《琴书存目》、《琴书别录》、《历代两浙词人小传》等。藏书以后逐渐散失。1964 年杭州福华绸厂把周庆云先生所藏部分碑帖赠送给浙江图书馆。

周衣德 (生卒年不详)

原名灏，字子莲，号藕农，清永嘉人。嘉庆二十四年（1819）在北京参加乡试，中举人第二名。通经史，文如涌泉，时人谓之"行书柜"。著有《四书讲义》、《研经堂文集》等书。有藏书三万卷。

周作人 (1885—1967)

原名櫆寿（后改为奎绶），字星构，又名启明、启孟、起孟，笔名遐寿、仲密、岂明，号知堂、药堂、独应等。绍兴人。历任国立北京大学教授、东方文学系主任，燕京大学新文学系主任、客座教授。新文化运动中是《新青年》的重要同人作者，并曾任"新潮社"主任编辑。"五四运动"之后，与郑振铎、沈雁冰、叶绍钧、许地山等人发起成立"文学研究会"；并与鲁迅、林语堂、孙伏园等创办《语丝》周刊，任主编和主要撰稿人。曾经担任北平世界语学会会长。

周作人自幼与兄长鲁迅一起读书、购书、聚书。他们的书趣也多有相同之处。特别是在日本留学时，兄弟访书聚书多是在一起的，有不少藏书也常是共用或者互赠的。周作人也是个嗜书如命的文人，他的书斋曰"苦雨斋"，位于北京的八道湾胡同 11 号。他在苦雨斋度过了几十年与书为伴的悠闲日子。梁实秋《忆周作人先生》云："里院正房三间，两间是藏书用的，大概有十个八个木书架，都摆满了书，有竖立的西书，有平放的中文书……"。其藏书历经了两次劫难，一次是

·周作人手迹

·周作人像

·知堂书记

·周作人印

在日本投降后，周作人因汉奸罪被捕，判有期徒刑十年，所有家产被抄没，包括众多藏书。第二次是在文革时期被红卫兵抄没。周作人曾向鲁迅博物馆捐赠一大批鲁迅手稿手迹，其中最多的是《古小说钩沉》的原始稿，丰富了鲁迅博物馆的馆藏。

周启明 （生卒年不详）

字昭回，宋金陵人，占籍处州。四举进士皆第一。仁宗即位，除试助教。迁秘书郎，改太常丞。启明笃学，藏书数千卷，多手自传写。有古律诗赋、笺启杂文千六百余篇。

周昌富 （1839—1895）

字鹤峰，号芸斋，昌大之弟，清乌程南浔（今湖州市）人。自幼天资敏慧，能诗善书，生平仗义轻财，地方善举，或倡或因，无不勇为。乐与名士交游。收藏甚富，尝自辟一园，藏吴江徐山民紫滕花馆石刻及摹刻严铁桥临琅玡台碑，颜其亭曰"友石"，自为记，勒石嵌之壁间。晚年园归他主，石亦赠人。所得金石书画书籍以渐散，不无有感衰之感也。

周明辅 （1599—1642）

字孟醇，明海宁人。诸生。潜心经术，藏书万卷。尝得高元礼所选《唐诗正声》善本重刊之。子文爝编次《香梦楼藏书目》序曰："林宗五千卷，茂先三十乘，灿烂如列宿，磊落若联珠，学者称之尚矣。先君子怀才抱德，落落不事家人生产。而性嗜奇好古，集遗采逸，日不暇给。自先秦以降迄于皇明，提纲挈要之书，大略完备。经营校雠，讨论阐绎，四十年如一日。每佳时令节，良朋萃止，则焚膏命酒，订将绝之微言，振方靡之丽藻，博观远览，索异问奇。或风雨连绵，闭门无侣，即呼不肖兄弟列侍于侧，壶觞徐引，缥策杂陈，探秘笈于云阁，校奇蕴于石仓，乐此忘疲，无问寒暑。纵宠辱多惊，风波悉幻，均不入吾怀而夺此百城之贵也。忆壬午 （1642）坐香梦楼指四壁图书，语不肖兄弟曰：'梽田数顷，茅屋数椽，吾不须更为汝衣食计，所虑目不识丁，胸无泾渭，为士君子所弃，幸汝等资非下人，宁负汝父，弗负此璘璘千帙也。……'爱同两弟，设榻小楼，志力相勖，游息自娱。门分类聚，中秘何须借观，缄贮箧收，洛市不烦假阅，则皆先君子赐也。或者曰贮书贵有得耳，玉函金简何足云。是则诚然。然伦次无章，字句讹谬，蠹蚀纷纭，糊涂满纸，亦足使人望而弃之。且此牙签锦轴，什袭珍藏，俱先君一生精神所在，不肖何忍废，亦何敢废。谨录经史子集若干卷，方术传记释道诸书又若干卷，为《香梦楼藏书目》，序因志其概。"

周金振 (1792—1855)

原名秉铨，字典三，号濂谷，清海宁人。早饩于庠，好藏书，遇善本不惜重价购之。曰："此吾所以贻后人也"。父周勋懋（1766—1843），字虞嘉，道光元年（1821）副贡。金振生平好学嗜书，手写其父所著书排比整齐，数十年不稍息。

250

· 周星诒画像

周星诒 (1833—1904)

字季贶，号窳翁、诒安山人，清山阴（今绍兴市）人。星誉之弟。官福建建宁府知府，好为近体诗，有《勉憙集词》、《瑞瓜堂诗钞》等著作。曾得明抄《北堂书钞》，因以名阁，曰书钞阁。此外尚有怀陆堂、寿潜室、古玉佛堪、瑞瓜堂等室名。藏书多名人抄校精本，大都陈兰邻带经堂散出之本。光绪时因墨误遭戍，蒋凤藻香生赍以三千金，季贶遂尽以所藏精本归香生之铁华馆。藏书印章有"周印星诒"、"季贶"、"癸巳人"、"祥符周氏瑞瓜堂图书"、"星贻印信"等。

· 周星诒印

· 星诒

· 祥符周氏瑞瓜堂图书

周徐彩 (1677—1745)

字粹存，清会稽（今绍兴市）人。康熙五十九年（1720）举人。本姓徐，祖某为周所自出，因承周祀。

性至孝，键户读书，分半日治经，半日治史，旁及百家，无不淹贯。家藏多善本，毛太史奇龄、朱太史彝尊见其文叹曰："唐宋以后一人也！"郡守俞卿聘续修府志。所著有《识大录》、《识小录》、《稽山文选》、《北征纪略》、《恒言原始》、《越州先贤赞》、《理学渊源录》、《越谚》、《文章碎金》若干卷。

周越然（1885—1962）

字之彦，号复安。浙江吴兴人。清光绪三十年（1904）秀才。南社社员，曾任商务印书馆函授学社副社长，兼英文科科长，以编著《英语模范读本》闻名。周越然一生嗜书，聚书藏书甚丰。其藏书楼名"言言斋"，藏书以说部和词话为多，"说"和"词"均属言部，故名"言言斋"。藏书被毁于1932年一二八战火中，计汉文一百六十七箱，约三千种；西文约五千种。嗣后复起收书之念，所得亦不在少数。当清末皕宋楼藏书散出之后，东渡之前，周氏得其八种，内有宋刊《南华真经》、稿本《吴兴蚕书》、明初本《管子》、吴氏钞本《疑狱集》、丁氏钞本《栲栳山人诗集》等。以收藏涉及性学的词曲小说及西文书为特色。著有《书与回忆》、《言言斋性学札记》、《言言斋古籍丛谈》、《言言斋西书丛谈》等。藏书印章有"曾留吴兴周氏言言斋"、"越然"。

周履靖（1542—1623）

字逸之，号螺冠子，明嘉兴人。明神宗万历初年，隐居不仕，辟园池植梅竹，藏书万卷，读书自娱。自号梅颠道人。

周德方 （生卒年不详）

号广莫子，计筹山真人，杜处逸弟子，元武康人。性好学，所居室扁曰不自恕斋，坐卧一榻，积书数千卷，翻阅偶有得，则疏以别纸，岁久成帙，义理淹贯，心识融会，时出以析疑问，有儒先所未发。性不饮酒，日唯升堂一饭，影不出山二十余年。

季应祈 （生卒年不详）

生于元延祐年间，瑞安人。少颖悟，受《春秋》于高则诚。至正间，购得宋时故家邵振阁遗书数千卷，筑箕笃书屋，闭门读书数年。洪武十九年（1386），有以明经荐，遂引年告老于朝以归，年八十三卒。

屈燨 （1881—1963）

字伯刚，号是闲，又号弹山，晚年自署屈疆。平湖人，寓居苏州。光绪年间诸生。早年留学日本早稻田大学，归国后授举人衔。后执教于圣约翰大学等校，任商务印书馆旧书股主任及馆外编辑。性喜购书、藏书，藏书处为双百楼，得精本甚多。1931 年应葛嗣澎邀请为传朴堂藏书编目。尝手校《水经注》、《老子》甚精，底本为涵芬楼《四部丛刊》，后售归振华女学图书馆。著有《弹山诗稿》、《望绝自记》等。藏书印章有"屈氏藏书"、"是闲手校"、"屈燨之印"，"伯刚"、"屈燨"。

屈映光 （1883—1973）

字文六，法名法贤，尊称法贤上师，民国年间临海人。清末加入光复会，曾创办《风雨报》于沪。辛亥革命，任浙军驻沪兵站总参议。后历任各省都督府代表联合会代表、浙江省民政厅长、内务司长、巡按使，山东省长等。1929 年皈依佛门。解放时去台湾。有精一堂，藏书万余卷。所藏多为李慈铭越缦堂及葛咏裳忆绿荫室旧藏。民国五年（1916），屈映光邀请好友项士元编定了《精一堂藏书目录》四卷。

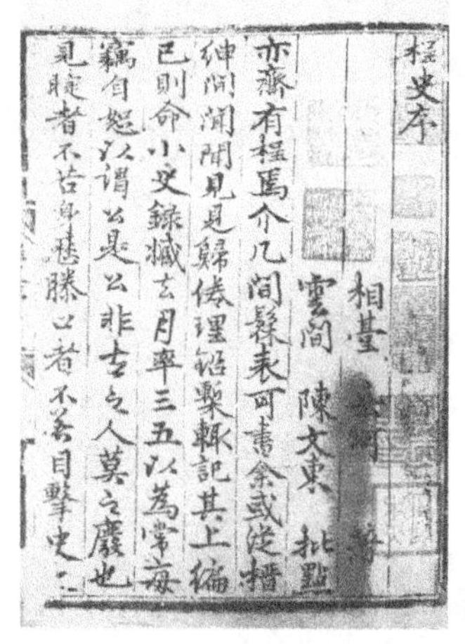
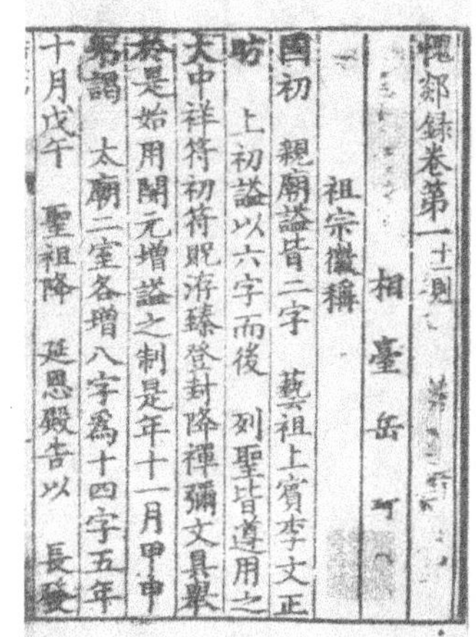

· 岳珂《桯史》明刻本　　　　　　　　· 岳珂《愧郯录》宋刻本

岳珂 (1183—1243)

　　字肃之。晚号倦翁，岳飞之孙，岳霖之子。原籍汤阴，南渡后居嘉兴金陀坊。宋宁宗时，以奉议郎权发遣嘉兴军府，兼管内劝农车事，有惠政。官至户部侍郎，淮东总领制置使。喜古好著述，藏书甚富。为当时嘉兴的著名藏书家和出版家。著有《吁天辩诬集》、《天定录》、《金陀粹编》、《桯史》、《宝真斋法书赞》、《玉楮集》、《棠湖诗稿》等。

庞元济 (1864—1949)

　　字莱臣，号虚斋，南浔（今湖州市）人。庞元澄之兄。清末举人。书画俱佳。尤精鉴赏，私家收藏为一时之冠。室名"虚斋"，藏书籍及书画甚富。有《虚斋名画录》二十卷，续录四卷。1949 年以后藏书陆续捐赠给上海博物馆、南京博物院和苏州博物馆。

庞元澄 (1875—1945)

　　原字清臣，后改字青城，号源知，以字行。南浔（今湖州市）人。光绪二十一年（1895）秀才。所藏多为清刻本、石印本，亦有不少明刻本、抄本。藏书处为百柜楼。有《百柜楼书目》。所藏后多入复旦大学图书馆。藏书印章有"庞青城收藏书印章"、"乌程庞氏百柜楼藏书图记"、"好书到手不论钱"等。

杭世骏 （1696—1772）

　　字大宗，号堇浦，又号秦亭老民，仁和（今杭州市）人。雍正二年（1724）进士，由浙江总督程元章荐举，授编修。于学无所不贯，所藏书拥榻积几，不下十万卷，堇浦枕藉其中，目睇手纂，几忘暑夕。间过友人馆舍，得异文秘册，即端坐默识其要。世骏以言事罢归后，自号秦亭山老民，与里中耆老及方外之侣结南屏诗社。并力肆志，发挥才藻。所居在大方伯里，藏书之富，甲于武林。先生《补史亭记》云："乃徒先世所遗群籍，凡有关中州文献者，悉置其处。广榻长几，手自雠温，间有阐明，辄下签记。"以补金朝一史，所聚群籍已盈几堆榻，则其他书之富可知。况两浙经籍，曾经编纂成志，为卷五，为目五十有九，为书一万五千有奇，先生自序，洋洋千余言，夫岂以百宋千元自矜储藏之富者所可比拟哉。先生著作等身，著有《续礼记集说》、《金史补》、《史汉北齐书疏证》、《续方言》、《词科掌录》、《榕城诗话》、《道古堂诗文集》。

　　杭世骏学识渊博，长于史学及小学。其诗多写景记游及酬赠之作，善写梅竹、山水小品，疏澹有逸致。藏书印章有"杭世骏印"、"世骏"、"堇浦"、"堇浦稽定"、"堇浦校定"、"道古堂书画印"等。

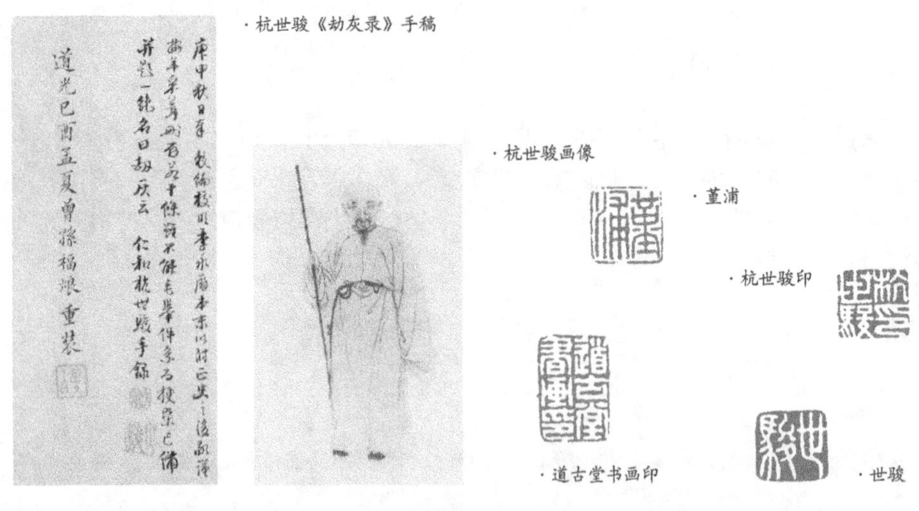

· 杭世骏《劫灰录》手稿

· 杭世骏画像

· 堇浦

· 杭世骏印

· 道古堂书画印

· 世骏

林鼎 （生卒年不详）

字涣文，五代时期慈溪人，仕吴越，自镇海军掌书记节度判官累迁至丞相。所聚之书皆手抄。"比及中年，夜读书必达曙，所聚图书悉由手抄。其残编蠹简，亦手缀之，无所厌倦。"后晋开运元年（944）卒，终年五十四。

林损 （1890—1940）

字公铎，瑞安人。早年习义理辞章之学。1911 年到上海，与黄兴等交往，宣扬反清革命。1913 年任北京大学文科教授，同时兼北京师大、中国大学教职。1927 年在东北大学任教。1929 年重返北京大学任教。1934 年至中央大学任教，抗日战争爆发后辞归故里，闭门著述。1940 年 8 月 26 日病逝。生平著述数十种，总名《叔苴阁丛书》。有叔苴阁藏书。

林硕 （1133—1206）

字兴祖，南宋鄞县（今宁波市）人。力学而不见于用，教学乡里。开禧二年（1206）十一月七日卒，年七十四。楼钥《林府君墓志铭》称"君少挺特，笃于自信，讲学至勤，求友至切，质疑请益，甚于饥渴。网罗百家，博览强记。……倾赀买书，手不停批，万卷有余。"

林千之 （生卒年不详）

字能一，宋平阳人。官翰林院编修，明敏博洽，工文词，为汪万里所知。家藏图书法帖甚富，览裁精密，著有《云根痴庵集》。

林大同 （1880—1936）

字同庄，瑞安人。浙江省早期的铁路水利专家。早年丧父，赖二叔父抚养长大，光绪二十七年（1901）入上海南洋公学。二十九年三月东渡日本，入宏文书院普通科，后考入北海道帝国大学土木工程科。宣统元年（1909）毕业归国，在浙江铁路公司任工程师。同年秋参加清廷留学生考试，中式工科举人。次年殿试一等，授内阁中书，不就，仍回原公司。杭州城站火车站即由大同监督施工，此外参与设计杭州至嘉兴铁路工程，勘测常山至玉山线路，促成浙赣铁路兴建。1925年，浙江巡按使屈映光组织浙江省水利委员会，大同聘为主任兼技正。1919年，倡导广开水井解决民间用水困难，选派一批工人前往北京农林传习所学习凿井技术，然后派往全省各县凿井，收到显著效益。同年夏，瑞安发生闹米罢市，捣毁商会会长鲍漱泉住宅，并捣光飞云江边米店，蔡纪泽等数十人被捕，大同受省长齐耀珊指派，前往调查，平反多起冤狱。后改任钱塘工程局局长、浙江水利局局长兼钱塘江岸工程处处长等职，测绘浦阳江全图，修筑海宁险塘工程四处，完成钱塘江挑水坝两道，疏浚浙西河流五段，为抗旱排涝、扩大农田受益面积作出重大贡献。1936年卒于任。遗著有笔记若干卷、拓辑《瑞安林氏印存》一册。生平善书法，能诗。藏书处为鉴止水斋。

林大椿 （1812—1863）

名萱士，字敷言，又字孚年、宏训，号恒轩，别号航山。清乐清人。林启享之子。有诗云："兰室芸编贮满箱，主人门第号书香"。藏书室取名菜香。著有《求是斋诗抄》三卷、《垂涕集》二卷、《海滏方言》一卷，还有《恒轩文集》、《恒轩诗集》、《蒙川年谱》、《壬戌纪事诗》、《菜香室诗抄》等。

林处善 （生卒年不详）

明临海人。由岁贡官中书舍人，迁给事中。贫而嗜书，释来复题其岁寒亭诗，有"载书多万卷，积金无一钱"句。

林师蒇 （1140—1214）

字咏道，自号竹村居士，晚字四朝布衣。宋临海人。孝友学达，广学而苦成。酷嗜书，质衣货家具购书至几千卷，名帖亦数千卷，每一卷入手，校雠考订忘日夜。所居浮冈别业，侍郎王公榜其堂曰"康吉"，环顾皆书也。工书，尤精篆隶。尝为州学谕，增修李庚《天台集》，顾屡试屡跌以老。著有诗文数巨帙，年七十五卒，所储书以水多散亡。藏书印章有"悦生"、"贤者而后乐此"。

林启享（一作亨）（1772—1856）

字刚中，号礼门，别号芝园，又号蒙川。清乐清人。林氏藏书中尤多宋、元、明、清刊本及手校手抄本，总计在一万八千多卷，藏书楼曰"研经堂"。有诗云："藏书万卷儿能读，遗产千金我渐倾"，晚年更致力于地方文献的收集。著有《礼门诗文集》、《水田吟草》等。

林表民（生卒年不详）

字逢吉，一字耘业，咏道子，宋临海人。原籍东鲁，其先世自曲阜徙临海。其父师蒇爱古博雅，熟习经史，储书甚富。表民好学有父风，不但著书过之，且购书益多，家藏更富。友吴子良尝过访康吉堂，则堂内"环顾皆书也"。戴复古誉其"阿戎谈更好，端不负家风"，又称他"风月三千首，图书四十车"。表民与陈筼窗（陈耆卿）、吴荆溪（吴子良）游，尝同筼窗修《赤城志》，又自修《续志》、《三志》及《赤城集》二十八卷。此外尚辑《天台前集别编》一卷。著有《玉溪吟草》，名章隽句甚多，张榘称表民与郑大惠为"天台山下两诗人"。

林集虚（生卒年不详）

本名昌清，字乔良，号心斋，清末民国鄞县（今宁波市）人。从其父以鬻书为业。好古搜遗，以足其所藏。故家之沦坠不振，出其所藏以求售者，往往交于其肆。且售且鬻，久之，辄能辨别版之真赝，亦自收藏。积三十年，所蓄渐富。弆藏达万余卷，其善本有元至大本杨桓《六书统》二十卷、《六书统溯源》十三卷、姚燮稿本《疏影楼词续钞》一卷等百五十种，余多为明刊本。1928年，集虚尝为范氏天一阁编《目睹天一阁书录》四卷《附编》一卷。

罗梅（生卒年不详）

字声甫，清富阳人。诸生，能文善书，工印刻，精鉴别。家蓄古书画图籍金石碑版甚富。梅尝登楼摩抚，楼临市，当岁除，人语哗甚，梅若不闻也。初师高秋水，后师武进张皋文，从读吴山。通汉郑氏、许氏、孔氏学。手抄书数十种。

罗以智 （1800—1860）

　　字镜泉，清新登人（今富阳），后迁钱塘（今杭州市）。乾隆乙酉（1765）、嘉庆辛酉（1801）、道光乙酉（1825）三膺拔萃，为世称羡。官镇海教谕。工诗古文，尤爱《离骚》，尝取《骚》注自王叔师而下二十余家披阅之，谓其大半多臆说空言，愈解愈凿，而《骚》之本义愈晦，识者以为名言。生平天性淡定，无仕进意，晚益耽于经学。家富藏书，至以智尤孜孜罗集，闻有异本，必借录之，丹黄握管，日夕忘疲，首题尾跋，备溯源委。于乡邦掌故，爬梳益力。藏书处名吉祥室，有《吉祥宝藏书目》，所录不下数千百种。庚申（1860）之劫，避居海昌而殁。书被劫，半售甬东，犹有存者，而书目已不可问矣。著有《赵清献年谱》、《文庙从祀贤儒考》、《新门散记》、《经史质疑》、《金石所见录》、《宋诗纪事补》、《诗苑雅谈》、《说文称经证》、《恬养斋诗集》。又集唐宋以后重排周兴嗣《千字文》之制诰、颂赞、铭训、叙跋等文，凡百篇，可称文苑之大观。《诗苑雅谈》三卷为稿本，藏浙图。

258

罗仲舒 （1156—1229）

　　字宗之，学者称罗江先生，南宋慈溪人。南宋正三品文官。少年时性情恬淡，读书数过便成诵，初以辞赋应选举，后与楼钥探讨理学。淳熙十二年进士，官至宗正少卿、直显谟阁，封慈溪县开国男。书楼名经训室，藏书丰富。是慈溪县最早的藏书楼。著有《罗江集》，已佚。

罗振玉 （1866—1940）

　　字叔蕴，又字叔言，号雪堂，又号贞松老人。别署仇亭老人、仇亭老民、东海愚民、永丰乡人（先世居浙江上虞三都永丰乡，故号）、贞松老人（因溥仪书赠"贞心古松"匾额，故号），上虞人。光绪二十二年（1896）在上海办农学社，次年创办《农学报》。二十四年（1898）办东文学社，培养日语翻译人才。二十六年（1900）应张之洞召，任湖北农务局总理兼农务学堂监督。三十二年（1906）被调入京，在学部任职。宣统元年（1909），兼京师大学堂农科监督。辛亥革命后，以清"遗臣"自居，与王国维流寓日本，搜罗三代吉金、殷墟书契、流沙汉晋木简、敦煌经卷，编成《三代吉金文存》、《殷墟书契》三编、《殷墟书契考释》、《流沙坠简》、《鸣沙石室佚书》等。1919 年回国，组织东方学会，提倡保存国故。1924 年受溥仪召，入值南书房。1932 年任伪满洲国临时赈务督办，次年任伪监察院院长。1937 年告休。好

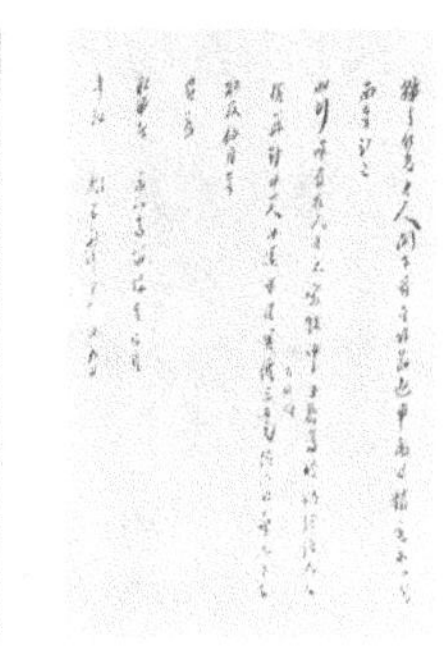

蓄书和古器，室名有二万石斋、七经堂、大云书库、贞松堂、行素草堂、终不忍斋等十多个。精研古代文物，编辑有《贞松堂集古遗文》、《贞松老人遗稿》、《魏书宗室传注》（附校补《世系表》）等。辑印者有《嘉草轩丛书》、《楚雨楼丛书初集》等。

罗振常 (1875—1944)

字子经，一字之经、子敬，号心井、遯叟、貌叟、遯园。上虞人。室名自怡悦斋、古调堂、修俟斋、终不忍斋、蟫隐庐，编有《自怡悦斋藏书目》。罗振玉堂弟。曾随罗振玉宦游南北，1912 年去日本，次年回国，至河南安阳、洛阳收买甲骨。同年与刘大缙合设蟫隐庐书肆于沪，刊印珍本秘籍发售。著有《洹洛访古记》、《新唐书斠议》、《经进东坡文集事略考异》、《老泉先生文集考异》等。辑有《郎氏事辑》、《涧上草堂纪略拾遗》、《老泉先生文集补遗》、《经进嘉祐文集事略》、《经进栾城文集事略》等。

英廉 (1706—1783)

字计六，号梦堂，一作梦生，又号竹井老人，卒谥文肃，原姓冯氏，冯铨之后裔，先世本嘉兴人，后徙辽东，入关隶内务府汉军镶黄旗籍。雍正十年举人，自笔帖式授内务府主事。乾隆初补淮安府外河同知，累迁永定河道。三十四年迁刑部尚书，后官至协办大学士、东阁大学士，加太子太保，卒，谥文肃。有《梦堂诗稿》。其家藏书甚富，且所藏多史部地理书、子部医书、小说，经，集二部书极少。乾隆中开四库馆时，英廉进书甚多，《四库全书总目》著录其家藏本达四十五种，一百八十一卷，多于藏书家孔昭焕、周永年、朱彝尊、朱筠均。

范平 (218—284)

  字子安，晋吴郡钱塘（今杭州市）人。其先铚侯馥，避王莽乱适吴，因家焉。平研览坟索，遍该百氏。姚信、贺邵之徒，皆从受业，吴时举茂才，累迁临海太守，政有异能。太康中，频征不起。年六十九卒。有诏追加谥文贞先生。三子，奭、咸、泉，并以儒学至大官。泉子范蔚，关内侯，家世好学，有书七千余卷，远近来读者常百余人，蔚为办衣食。蔚子文才，亦幼知名。陈颐道文述《怀范子安》诗，有"七录香芸新秘阁，百年黄叶旧江村"一联，以子安故居在江上也。

范钦 (1506—1585)

  字尧卿，一字安卿，号东明，明鄞县（今宁波市）人。明嘉靖十一年（1532）进士。累官兵部右侍郎。全祖望《天一阁藏书记》："天一阁肇始于明嘉靖间，而阁中之书不自嘉靖始，固城西丰氏万卷楼旧物也。丰道生晚得心疾，潦倒于书淫墨癖之中，丧失其家殆尽，而楼上之书，凡宋椠与写本为门生辈窃去者，几十之六，其后又遭大火，所存无几。范侍郎钦素好购书，先时尝从道生抄书，且求其作《藏书记》。至是，以其幸存之余，归于是阁。又稍从弇州互抄，以增益之。虽未能复丰氏之旧，然亦雄视浙东焉。"

  范钦生平酷爱收藏典籍。建藏书楼于月湖旁，取名天一阁。收藏之富，名闻浙东。藏书中尤多地方志书和科举名录。是我国现存最古老的私家藏书楼和全国收藏

· 范钦编《范氏奇书》明范氏天一阁刻本
南京图书馆藏；河南省图书馆藏

· 范钦手迹

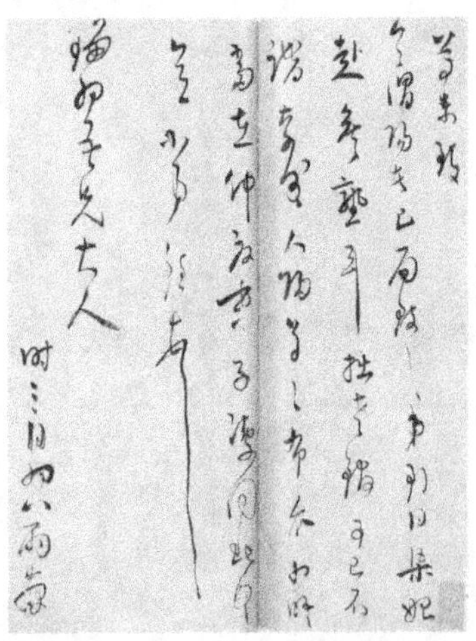

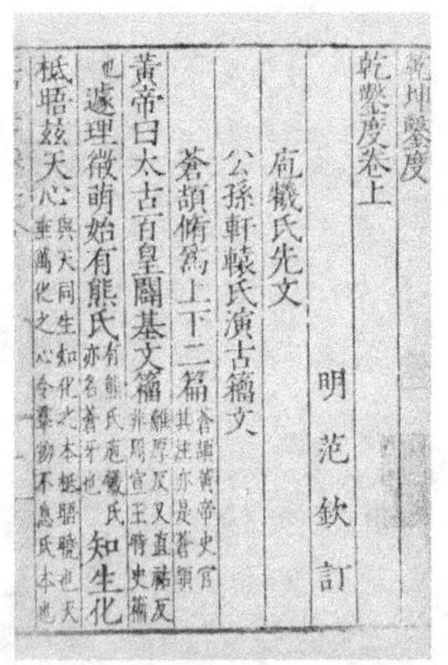

· 范钦画像

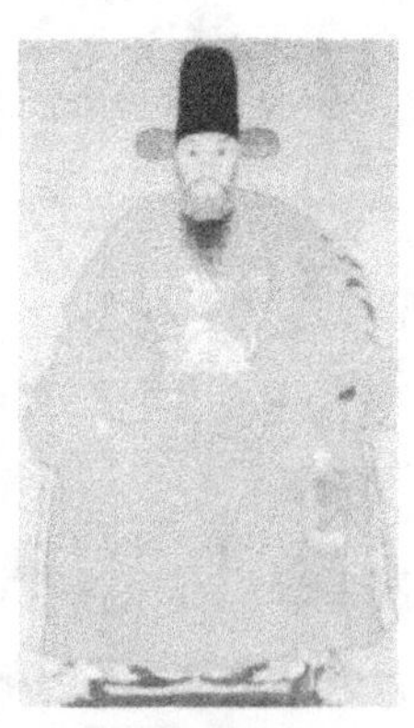

·天一阁主建筑

明代地方志书最多的藏书单位。钦殁后，封闭甚严，继乃子孙相约为例，凡阁厨锁钥分房掌之，非各房子孙齐至不开锁。其书不借人，不出阁，子孙有志者就阁读之，故无散佚之患。读者不许夜登，不嗜烟草，故无火厄。

范钦不仅藏书甲浙东，抄书也不少，兰格白棉纸，宋体字是天一阁抄本的特点，浙图藏《京氏易传》三卷，系天一阁抄本。范钦还刻印了多部书，现存有《范氏奇书》、《司马温公稽古录》等。《稽古录》印书版片现尚有残存，天一阁妥为保护。

藏书印章有"范钦私印"、"范氏尧卿"、"天一阁"、"天一阁主人"、"司勋大夫"、"尧卿"、"范氏安卿"、"甬东范氏尧卿氏"、"壬辰进士"、"范氏看画记"、"人生一乐"、"子子孙孙永传宝之"、"甬东范氏家藏"、"古司马氏"、"东明山人"、"东明草堂"、"万古同心之学"、"七十二峰"、"一吾庐"、"和鸣国家之盛"、"范氏图书之记"、"四明范氏图书记"、"四明山水野人手印"、"四明范氏家藏"。

范大冲 (1540—1602)

字子受，号少明，钦长子。县学生，入太学，授光禄寺大官署丞。承父业，继天一阁藏书。全祖望在《天一阁藏书记》中曰："吾闻侍郎二子，方析产时，以为书不可分，乃别出万金，欲书者受书，否则受金。其次子欣然受金而去。今金已尽而书尚存，其优劣何如也。"此说不一定可靠，范钦次子大潜，字子昭，号继明，万历壬子（1612）应天副举拣选教谕，早范钦三个月而卒，当然是范大冲继承了天一阁

·四明范大冲子受氏印

藏书。藏书印章有"四明范大冲"、"少明"、"子受"、"范子受氏"、"范伯子"、"昆仑山人"、"少明草堂"、"西郭草堂"、"清宁宇宙中人"、"范伯子子受"、"范子受父"、"范氏子受"、"太白山人"、"龙山山人"、"碧沚书堂"、"渔湖丹室"、"三友堂"、"青松白鹤山房"、"小桃源里人家"、"宋尚书斋"、"诗言志"、"范氏子受少明图书印"、"四鸟楼"、"范氏尚友古堂书画"、"范氏子受家藏"。

范大澈 （1524—1610）

字子宣，又字子静，钦从子，明鄞县（今宁波市）人。读书好古，年二十六，从仲父钦游京师，题诗双塔寺壁，学士袁炜一见奇之，延为塾师。居三年，补国子生。大学士徐阶引掌记室，多倚办。于是大澈名日益盛，寻补鸿胪寺序班。时国家方盛，使节所临，极海内外。大澈年三十七使琉球，四十二使辽东，凡七奉玺书，进秩二品。所过名山大川，浏览题咏，传于一时。酷嗜抄书，每见人有写本未传，必苦借之。长安邸中所养书佣多至二三十人。尤爱法书名画，自唐宋以来名迹及异国人所作，怪雅异集。家藏拓本甚多，凡初本、肥本、原本、赝本、硬黄纸、枣木板、银锭纹，过眼即辨秋毫。又以行天下远，所至得秦汉以来藏书印章至四五千，择善纸造朱自为印谱。有从古专门名家所未窥见者。年六十七致仕，筑室西郊，翻经阅史，品画评书者垂二十年。藏书之室曰卧云山房、曰宝墨斋。初仲父钦归里，起天一阁，藏书极盛。大澈数从借观，钦不时应，大澈拂然，益遍搜海内异书秘本，不惜重值购之，充其家。曾从袁忠彻家购得宋拓《佛遗教经》乃国宝也。现存国家图书馆。凡得一种知为天一阁所未有，辄具酒茗迎钦至其家，以所得书置几上，钦取阅之，默然而去。其嗜奇相尚若此。居家，孝友端悫，奉母百方适其意，让遗产于两幼弟，以娱书为乐。著有《灌园丛谈》、《卧云山房遗集》等。

藏书印章有"范大澈印"、"范氏大澈"、"子宣父"、"范氏子宣"、"明州范生"、"范大澈图书印"、"范大澈图书记"、"西园"、"四明真逸"、"沧州外史"、"沧瀛外史"、"南海钓者"、"句章灌园叟"、"典客侍从之臣"、"万书楼"、"宝墨斋"、"卧云"、"平生乐事"、"对此展玩咀嚼自谓葛天之民"、"金峨玉几"、"丹山赤水"、"典属国印"。

· 范大澈印

· 卧云　　· 范氏子宣

· 沧瀛外史

· 平生乐事

· 句章灌园叟

范永祺 (1727—1796)

　　字凤颉，号莪亭，清鄞县（今宁波市）人。诸生。性乐夷澹，以图籍为生活，好收藏明代及国朝名公尺牍，自硕辅、名儒、忠臣、孝子、文人逸士，以及闺阁、方外，靡不收录，考其时代爵里行谊，别为序录，以寓论世尚友之旨，其仕官显达，而为清议所摈者，翰墨虽佳弗录也。工篆隶，尤精摹印，远近得者什袭珍之。年六十始中乡试。其遗书流转于估贩间者，犹可见其藏书之印记。藏书印章有"莪亭珍赏"四字白文方印。

范光文 (1600—1672)

　　字潞公，清鄞县（今宁波市）人，钦曾孙。顺治六年（1649）与弟光遇同登进士。授礼部主事，迁吏部文选司。顺治八年（1651）为陕西乡试正考官。居官期间，忠于职守，兢慎自持，始终一节。性格以劲直不合于大僚，罢官归。时与董德称、林时对等相唱和。其家天一阁藏书甲于浙东，光文复购所未备，增储之。黄宗羲至甬上，光文导之登阁读所未见书，一时称为不愧世家风流云。著有《七松游》、《痦忆》、《闽行随笔》等。藏书印章有"范光文印"、"光文"、"潞公"。

范光燮 (1613—1698)

　　字友仲，一字鼎仍，晚号希圣老人，清鄞县（今宁波市）人，钦之曾孙，汝楠次子，恩贡生，曾任嘉兴府学训导，升长治县丞，因疾乞休归里。他打破常规，引外姓人黄宗羲登阁观书，开始沟通天一阁与学术界的联系。藏书印章有"范光燮"朱方、"友仲"白方。

范汝梓 (生卒年不详)

　　字君材，清鄞县（今宁波市）人，大澈之犹子也，幼颖异，日记万言，常默诵《十三经注疏》，无有遗误。鞠于大澈，故嗜好酸咸略同，万历三十二年（1604）进士，授工部主事。天启间迁刑部主事，值魏忠贤乱政，汝梓谳狱持平，绝不按魏党之意诬人。大司寇檄各司捐俸建忠贤祠，汝梓又不列名。乃乞差恤刑四川，崇祯元年（1628）进郎中，会鞫张体乾诬杀知府刘铎一案时，有权要居间欲缓其狱，汝梓毅然坐以法，不畏强御。性好奇古文僻字，贮盈腹笥，所积四部与钦及大澈为鼎足。然天一阁至今岿然独存，而二家已湮没矣。

范汝楠 （1581—1622）

字公定，一字梁甫，号九如，清鄞县（今宁波市）人，钦之孙，大冲长子，府学生，入国子监。藏书印章有"范氏公定"朱方、"九如"朱方、"十洲三岛人家"白方。

范寿康 （1897—1983）

全国政协常委、著名哲学家。上虞县人。藏书处为循园。有《循园藏书籍目录》，著录约五百种。毕业于东京帝国大学，获硕士学位。1923 年返国后，历任商务编译所编译，中山大学秘书长，春晖中学校长，安徽大学文学院院长，武汉大学哲学系主任。"一二·九"运动时，支持武汉大学的学生运动。抗日战争时期，任国民党军委会政治部第三厅副厅长兼第七处处长，文化工作委员会国际研究室主任、政治部设计委员，行政院参议。曾编写《日寇暴行录》和揭露敌伪的资料。抗战胜利后赴台湾，任行政长官公署教育处处长，台湾大学哲学系教授兼大学图书馆馆长。为肃清奴化教育的影响，发扬祖国文化，普及国语教育做过许多贡献。1982 年 4 月经美国回国定居，同年 12 月被选为全国政协委员、常委。是著名爱国人士、老一辈教育家和哲学家。因病于 1983 年 2 月 27 日在北京逝世终年八十七岁。著有《中国哲学史通论》、《朱子及其哲学》、《教育哲学大纲》等。

范寿铭 （1870—1922）

字鼎卿，晚号循园，山阴（今绍兴市）人。范文澜叔父。年十六，以第一名入绍兴府学。光绪十九年（1893）举人。曾任河南安阳、内黄等县知县。民国后，典守彰德，旋授河北道道尹。九年（1920）夏，河南大旱，河北各属赤地千里，灾民数十万，吁请中外慈善团体募集赈粮，全活甚众。寿铭先生一生酷爱金石。任安阳知县时，设立古迹保存所，在河北道尹任内，与顾燮光遍历太行山八年，访得自汉迄元罕见金石七百余种，著《河朔古迹志》八十卷、《图象》一卷等。所著尚有《安阳金石目》、《元氏志录》、《循园金石文字跋尾》、《循园古冢遗文跋尾》、《钟山忆语》等。

范希仁 （生卒年不详）

字文若，清海盐人。性喜古，不事举业。工于赋咏。一市楼书数千卷，尽出手录。卒年七十三，无嗣，著述散佚不传。

范明泰 （生卒年不详）

字长康，明嘉兴人。万历二十八年（1600）举人，工诗文，著有《米襄阳外纪》、《米芾志林》、《襄阳遗集》等。性喜藏书，所藏钤有"季州范长康氏鉴赏"印。

范迪襄 （生卒年不详）

原名迪忠，字赞臣。清会稽（今绍兴市）人。有《廉让闲居书录》，著录其藏书约千余种。

范懋柱 （1721—1780）

字汉衡，清鄞县（今宁波市）人，钦之后裔。自尧卿尽购丰氏遗书，筑天一阁后，其曾孙光文、光燮，及玄孙正辂，续有搜集。藏书凡四千余种，五万三十余卷，多天启以前旧本，碑帖除重复及明碑不计外，自三代至宋元，凡七百二十余通。初黄太冲、徐乾学、万季野、冯南耕、陈广陵诸人，先后登楼阅览，皆未见碑帖，自全谢山始览及之。乾隆纂修《四库全书》，进书六百零二种。乾隆帝为奖励他，颁发一部《古今图书集成》。

· 范懋柱画像

范耀雯 （生卒年不详）

杭州人。浙江谘议局谘议员，光复会党人。民国初年任正蒙学校教师，杭州劝学所所长及杭州第一中学校长等职，并曾主掌杭州育婴堂。一生从事教育事业，作育人材，厥功至伟。平时好整以暇，徜徉市区书肆，遇有惬意之古籍，亦购之而归。竭长年之力以求，虽非善本秘册，共积得八大书柜之多。但因家非富有，故所聚咸为人弃我取，以有关科场之八股文及应用文学方面普通本为多。抗战爆发，生计顿失，将所藏渐渐出让与人。自我得之而自我失之，每自嗟不止。一生谨端不苟，誉满亲友，是一名穷而且坚之宿儒。善书法，人皆求之。

茅坤 （1512—1601）

字顺甫，号鹿门，明归安（今湖州市）人。嘉靖十七年（1538）进士。官至广西兵备佥事。因功升大名兵备副使。茅坤善于古文，文章跌宕激扬。极力提倡唐宋古文，故世称"唐宋派"。著有《白华楼藏稿》十一卷、《续稿》十五卷、《吟稿》十卷、《玉芝山房稿》二十二卷等。生平喜藏书，于练市新构白华楼，凡数十间，至于充栋不能容。茅坤除藏书外，还刊印书，也刊印过朱墨套印本。浙江馆藏有茅坤刊印本数种。编有《白华楼书目》若干卷。藏书印章有"茅坤"、"桐园"、"墨香亭"。

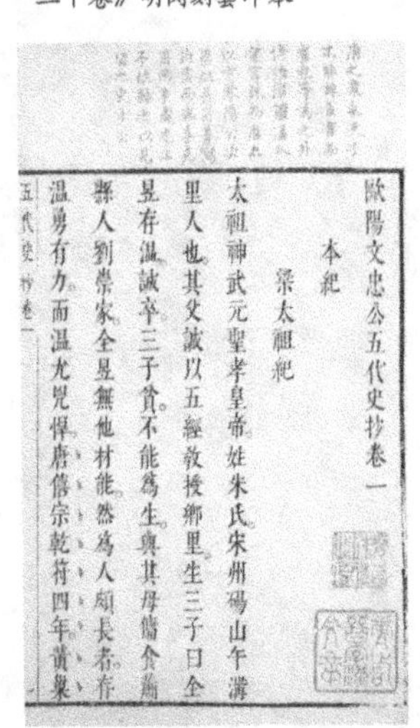

·茅坤辑《欧阳文忠公五代史抄二十卷》明闵刻套印本

·茅坤画像

·茅坤

·墨香亭

·桐园

茅元仪 (1594—1640)

字止生，历官至提督大将军。明归安（今湖州市）人。其祖坤于练市构白华楼，藏书充栋，元仪编为《九学十部目》，后携至白门，遭国变散去。据元仪自述云："九学者，一曰经学，二曰史学，三曰子学，四曰说学，五曰小学，六曰兵学，七曰类学，八曰数学，九曰外学。十部者，即九学之部，而加以世学。"详见《湖录》。著有《武备志》二百四十卷，明天启刻本，全国所藏此书以浙图所藏《武备志》为最完整。

茅宗愈 (生卒年不详)

宋余姚人。经史百氏皆手抄。

郁礼 (生卒年不详)

字佩宣，号潜亭，清钱塘（今杭州市）人。诸生。家有东啸之轩，轩额为董香光书。庭前双桂，犹明万历间所植，交柯接叶，清荫满槛，藏书充牣，绿映牙签。潜亭又增益所未备，颇成巨观。时小山堂赵氏藏书虽散，残帙尚多异本，悉力购之。排比校理，晨夕不休。所居骆驼桥与厉征君、樊榭山房近，不一里，传录其秘册尤多。征君没后，其家出《辽史拾遗》手稿，潜亭购之。中缺五十叶，百求不得。一日至青云街，见拾字僧肩废纸两巨篚，检视之，皆厉氏所弃，征君平日掌录《辽史拾遗》在焉。亟市以归，梦如乱丝，一一为之整理，闭户两月，缀辑成编，适符所缺。振绮堂汪氏后为雕行，洵潜亭之功也。礼与鲍廷博交游甚密，无三日不相过从，过必挟书而来，借书而去，虽寒暑风雨不为少间。

郁达夫 (1896—1945)

原名郁文，字达夫，以字行，富阳人。现代著名作家。出身于破落地主家庭。七岁入私塾。十四岁于县立高等小学堂毕业后，考入嘉兴府中学，后转入杭州府中学。1910 年春转入美国长老会在杭州办的育英书院，因参加反对校长的风潮被开除，1911 年后在家自修。1913 年 9 月由其兄郁华带到日本，先在东京第一高等学校学习，后入帝国大学经济科。在十月革命的影响下，留日期间，曾和郭沫若、成仿吾

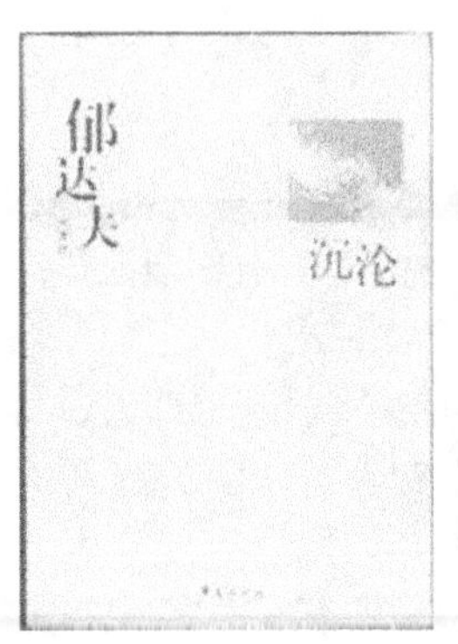

·郁达夫像　　　　　·《郁达夫全集》书影　　　　　·郁达夫《沉沦》书影　　　　　·郁达夫与郭沫若、成仿吾
合影

等组织以抗日为宗旨的夏社，并筹备创造社。文学上受到高尔基、契诃夫，特别是王尔德、汤姆生、左藤春夫作品中的浪漫主义影响。其文风以干脆、爽利著称，代表作有《沉沦》、《茑萝集》、《小说论》、《日记九种》、《空虚》、《迷羊》、《她是一个弱女子》和《闲书》等。因坚持抗日斗争于 1945 年 9 月被日本宪兵秘密杀害于苏门答腊。

1933 年郁达夫移家杭州，构筑私宅风雨茅庐以居家和写作，将一生所聚中外书籍不下三万余卷，均藏于风雨茅庐。当时其家邻近一带书肆甚多，达夫常去福缘路拜经楼旧书店购书，是该店的常客。所购多为诗词集子，每次购书，从不讨价还价，以书后所标价格付款。

风雨茅庐藏书甚富：一为类书，如《太平广记》、《太平御览》；二为明末清初的禁书；三为诗词集；四为英、法、德、日诸国外文书。1937 年日军侵占杭州后，其全部藏书被毁。消息传来，郁达夫在 1939 年 5 月 11 日的新加坡《星岛日报》上发表《图书的惨劫》一文，言其风雨茅庐"所藏之中国古籍，当有八九千卷以上……即使有了钱，一时也收集不到了。"其痛心之状可见。

郁嘉庆 （生卒年不详）

字伯承，明嘉兴人。喜结客，好收书，家为之尽，时有"穷孟尝"之称。尝辑《至正庚辛集》，诗人爵里事迹，为考世编附于其后。弟逢庆，字叔遇，自号水西道人，就收藏法书名画，撰《书画题跋记》正续各若干卷，亦一赏鉴家也。

郎瑛 (1487—1566)

字仁宝，明仁和（今杭州市）人。生有异质，少长博综艺文，肆意探讨。素有疾，澹于进取。有爱之者曰：“如后时何？”瑛曰：“吾已委身载籍矣，尚复与少年竞笔札耶！”督学潮阳盛公惜其才学，欲推挽之，卒谢不出。家所藏经籍书史文章杂家言甚盛，日危坐讽读其中。揽要咀华，刺瑕指类，辨同异得失，著书凡数种。四方见其书无不愿交托者。所著有《萃忠录》二卷、《书史衮钺》六十卷、《七修类稿》五十一卷及《续稿》七卷。

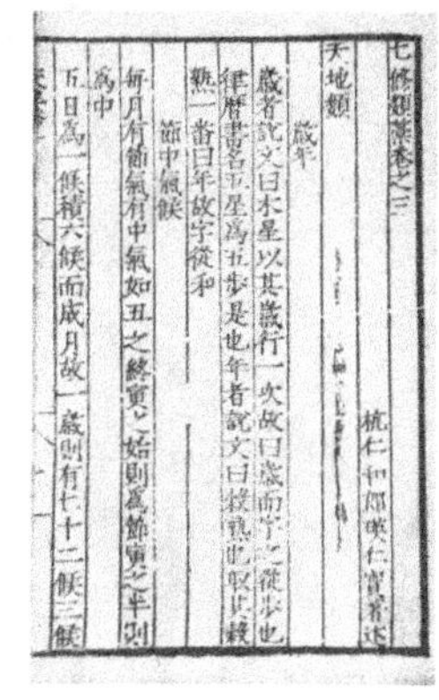

· 郎瑛《七修类稿》明刻本

郑性 (1666—1743)

字义门，号南溪，清慈溪人，寒村子。黄太冲先生藏书遭大水，卷轴尽坏，身后一火，失去大半。南溪理而出之。其散乱者复整，其破损者复完，得三万卷。并郑氏自平子先生以来家藏亦及其半，乃于所居之旁，筑二老阁以贮之。

二老阁，实为纪念先师黎洲和先祖郑素以及其父郑梁二老。故址在慈溪半浦（今宁波市江北区畔浦乡）。阁为三层开间，楼上中间为供三老之位，黎洲居中，郑素居右，郑梁居其侧；左右两间为黎洲遗葳图籍三万卷；楼下三间为郑氏家藏二万余卷。建于康熙六十年（1721），竣工于雍正元年（1723）。郑性一生不仅建阁藏书，还以二老阁藏书为底本，刻印有黄宗羲《明儒学案》六十二卷，《南溪偶刊》四卷和《寒村集》三十六卷。殁后，其曾孙郑勋刻印黄宗羲《明夷待访录》一卷和郑氏著作十多种。其长子郑大节继承管理二老阁藏书时，因惧善本遗失，将宋元珍本和稀见抄本随意取出置于其私室，从此使最珍贵图书散失。乾隆三十八年（1773）修《四库全书》，从二老阁调拨走《警时新录》、《岭海舆图》、《西洋国志》等九十四种罕见珍籍。此后又历经盗劫、火厄，至民国时藏书仅剩下一万卷左

· 二老阁图

右，全部被郑胜七世孙卖给上海书商，后上海书商转卖给慈溪沈德寿"抱经楼"。民国三十二年（1943），二老阁楼房被郑氏后裔拆毁变卖。

郑竺 （生卒年不详）

字弗人，号晚桥，清慈溪人。诸生。自其先世濮州公以来，七世皆有传集。迄寒村先生尤以诗文为一代巨手。家有二老阁，藏书甚富。晚桥耳濡目染，迥非凡近。又所居饶园池之胜，名花奇石，位置楚楚，时招友朋觞吟其中。

郑勋 （1763—1826）

字书常，号简香，清慈溪人。溱之六世孙，梁之五世孙，性之曾孙，中节之孙，竺之子，慈溪人。从蒋学镛受《毛诗》、《春秋》，得浙东学派之嫡传。有《郑氏征献录》、《二砚窝诗存》三十八卷、文集六卷、《二砚窝读书随笔》、《梨洲年谱》、《简香日录》等。嘉庆初二老阁书散之后，郑勋留意于书肆之间，收集散出之书，或虽非故物亦设法收购或借抄，十余年间积书二千卷余，辟二研窝以藏之。

郑勋 （1780—1863）

原名士景，字南琴，号竹溪，清镇海人。曾祖郑维嘉、祖父郑学泗皆国子监生，父郑锦章为国学生、布政使经历衔，累赠至资政大夫。据《澥浦郑氏宗谱》记载，郑勋"自幼厚重不好弄"，受父命弃儒业商，在宁波经营钱庄业，"获利无算，甬江同业者皆倚君为重"。镇海澥浦郑氏世重读书，郑勋"性喜读书，好与名人学士游。"建有藏书楼，曰"敬业堂"。堂坐西朝东，占地十余亩，仿天一阁式样，楼上通为一间，楼下为六间。南北厢名"义庄"，供族人免费读书。堂东南小花园名"培园"，含培植人才之意。郑勋以高价求购善本，积书五万余卷。郑氏敬业堂滋润郑氏数代，"巾卷不绝，代有闻人"，历数代，续有增益，直至解放后尚存。郑氏敬业堂还滋润浙东学人，大梅山馆主姚燮《今乐考证》就是在敬业堂完成的。

敬业堂藏书多名家稿本，明清小说，医学典籍及乡邦文献，其中不乏孤本、罕见之本，如康熙巾箱刻本《四书五经文格》、清光绪小说《绘图目连救母》等均为海内孤本。

· 郑晓《吾学编》明刻本

· 郑晓《今言》明刻本

郑晓 （1499—1566）

字窒甫，明海盐人。嘉靖元年（1522）乡试第一，次年中进士，授职方主事。博览群书，通晓地理、用兵之法。历官至南京吏部尚书，嘉靖皇帝因他懂军事改任为右都御史，协助军机大事，也掌管过兵部。《明史》评为"谙悉掌故，博洽多闻，兼资文武"。因受权贵倾轧阻挠，不能施展抱负。落职还乡后，居百可园，园名取意于汪敬民"咬得菜根，百事可做"。穿着布衣，与乡里父老往来交游。家有藏书数万卷，分"独寱"、"百可"两园。藏书印章有"浙西郑晓图书印"、"淡泉"、"大司寇章"。其次子郑履淮，藏书甚富，藏书处曰"凝云"。藏书印章有"凝云深处清眼奇观"、"海濒逸民平泉郑履淮凝云楼书画之印"。孙忠材亦嗜书，曾孙郑端胤犹世守古籍。子孙克守其业，绵延近百年。郑晓著有《禹贡图说》、《吾学编》等。家族刻有《盐邑志林》、《艺文前编》等。

郑浩 （? —1811）

字芝室，大节之孙，乔迁之父，清慈溪人，居鹳浦。生年及仕履未详，卒于嘉庆十六年。四岁而孤。《光绪慈溪县志》卷三十二云其"性好古书名画，见辄购之。尝见乌斯道《春草集》板于城中人家爨下，急购归，补刊其缺者行世。"

郑梁 (1637—1713)

字禹梅，初号香眉，又号因亭，后号寒村，慈溪人。生而天资颖慧，长从黄宗羲游。康熙二十七年（1688）进士，改翰林院庶吉士，官至广东高州知府。后因父卒，悲伤过度致疾，半身瘫痪，故改名风，号半人。郑梁性嗜书，家中藏书甚富，可与宁波范氏天一阁相垺。曾谋筑二老阁以贮之。工诗，以《晓行诗》知名于世。又工书善画山水，自归田抱病，辄左笔作书画，苍劲胜于右笔，饶有别致。著有《寒村诗文集》等，凡二十余种。

郑绮 (1118—1193)

字宗文，宋代浦江人。藏书万卷，数十年苦读不辍。每天下田都要在牛角上挂《春秋》，休息时就从牛角上取下书来诵读。如此楷模，族中子弟纷纷效仿，好学成风。素以肃睦治家，九世同居，为中华文化史上著名的孝义"郑义门"创始人。性至孝。父郑照，蒙冤系狱当死，上书请以自身代。事终得白。母病瘈（抽搐），绮抱持如婴儿，三十年不懈。乾道间，赐号冲素处士。通晓《春秋》之学。《宋史·孝义传》中记载他"撰《春秋谷梁全经论》数万言"，可见用功之深。

郑溱 (1611—1696)

慈溪人。郑梁之父。诸子百家之书，手纂等身。

郑鉴 (1281—1350)

字景明，元浦江人。资性端慤，不事表暴，遇人一本于诚。早师方凤，读书务明体要。精于诗，夷淡渊永。部使者荐其文行，授衢州路江山县教谕，不就。居田里间，泊如也。生平无他嗜好，惟聚书数千卷，蓄古法书、名画、历代金石刻甚富。筑别业，莳花种树，引宾朋徜徉其间。行酒赌诗，竟日乃罢。善行草，遇人求书，当微醉时，欣然命笔，题署大字，人以为酷类张温夫。有《正斋文集》五卷藏于家。

郑澜 （生卒年不详）

字仲养，明初浦江人。藏书八万卷，为郑氏累世所积。家有藏书楼，建文君为书擘窠大字作扁，古名贤书画妙迹，亦不下五六百种。据《人海记》云其后毁于火，这是笼统之说。实际上在洪武十三年（1380）胡惟庸案时，株连宋濂，对东明书院进行抄检，致使图书部分受毁。后靖难大军追搜建文帝于郑宅，又一次遭散毁。永乐初，又向朝廷进缴了一大部分。

郑瓘 （生卒年不详）

字温卿。明兰溪人。经学家。郑琦子。幼承家学，博览经史。弘治时进士。任邹平知县，改长州，迁楚雄通判。其遇事言论过激，与时不合。著有《仪礼纂通》，及《道德阴符经正解》、《蛙鸣集》等书。储三世藏书于北园。

郑元庆 （1660—? ）

字子余，一字芷畦。清归安（今湖州市）人。幼承家学，精《易》、《礼》、通史传及金石文字，毛奇龄、朱彝尊、胡渭等折行辈与交，以岁贡生卒。生平慕郑子真为人，自号郑谷口。晚年穷诘经义，覃思著述于鱼计亭。著有《礼记集说参同》，另有《廿一史约编》、《湖录》、《石柱记笺释》。藏书处为鱼计亭。《光绪归安县志》载："鱼计亭在天宁寺前，康熙时郑元庆著书处。亭前有池，莳花叠石，插架图书。有朋过从，征文考献。后归陈氏，为求古精舍。"

郑文虎 （1714—1784）

字炳也，号诚斋，秀水（今嘉兴市）人。清学者。乾隆七年（1742）进士，改翰林院庶吉士，授编修。曾任左赞善，历官湖南、广东学政。晚年主讲安徽紫阳书院、杭州崇文书院。与朱筠、程晋芳、王太岳、张九钺等酬唱。藏书处为盛湖草堂，著有《吞松阁集》四十卷。

郑刚中 (1088—1154)

　　字亨仲，一字汉章，号北山，又号观如，宋代金华人。绍兴二年，进士甲科及第，授温州军事判官。累官为监察御史，迁殿中侍御史。由秦桧荐，移宗正卿。九年，除秘书少监。金人归所侵疆土，任为枢密行府参谋，宣谕川陕，及还，除礼部侍郎。十一年，擢枢密都承旨，为川陕宣谕使。十二年，为川陕宣抚副使、兼营田使。弃和尚原以与金，为四川宣抚副使。郑刚中治蜀，颇有方略，秦桧怒其在蜀专擅，奏罢之，提举江州太平兴国宫、桂阳军居住。再贬为濠州团练副使，复州安置，又徙封州。二十四年卒，年六十七。为政干练有方略，后遭贬斥而亡，人多惋惜。所作诗文亦为人称赏，方回谓其"文简古，诗峭健，责居封州诗尤佳"。其现存文章多奏疏，清人严正评价极高："披卷朗吟，其经济绪余，溢于词表，凛凛见浩然正气。"其中以《议和议》四疏、《议和不屈疏》、《申救胡铨疏》、《恳留曾开疏》议论尤为激切，反对屈节求和，有清介耿直之态。诗歌清丽隽健，而无宋人粗犷之习。著有《周易窥馀》十五卷、《西征道里记》一卷，有《四库全书》本；又有《经史专音》、《左氏九六编》，均已佚；《北山集》三十卷，共分三集，盖初、中二集手自编定，后集由其子郑良嗣编定，今存清康熙三十六年刻本、《四库全书》本、《金华丛书》本。《全宋诗》卷一六九二至一七〇一录其诗十卷。《全宋文》卷三八九一至三九一二收其文二十二卷。

274

郑观海 (生卒年不详)

　　字号及仕履未详。郑溱之七世孙，梁之六世孙，性之五世孙。清慈溪人，居鹳浦（又名半浦）。二老阁藏书历经近两百年，中经乾隆五十一年火厄。郑氏翰林第东厢火起，恶少趁火打劫，争取其书而去，所存仅十之一二，且多残编断简。后又经道光二十六年（丙午）、咸丰三年（壬子）两次火厄，所剩无几。观海于咸丰十一年（1861）重修二老阁，渐复旧观，藏书仅余万卷及所刻书版片。其《辛酉重修二老阁感赋》云："巍巍杰阁临江浒，数百年来蔽风雨。藏书万卷半虫蚀，遗集镂板尚不窥。上有先世木主存，祖孙三代相步武。岁岁春秋释奠诚，一瓣书香阅今古。崇朝盲风怪雨来，栋折榱崩难修补。此事原非独木支，创业当思绳厥祖。鸠工庀材几周章，子弟奔走力宜努。藉藉人言嗟废兴，家乏藏镪被人侮。幸也祖泽尚未泯，竭蹶张罗撑门户。虽无恽翚飞鸟革观，依旧规模拭目睹。岿然咸仰鲁灵光，万丈光芒中夜吐。"然于是年十一月，太平军攻占县城，恶少趁机入二老阁，又窃去藏书一批，后归于冯氏醉经阁。

郑伯熊 (1124—1181)

字景望，宋永嘉人。与弟伯英齐名，时人称为大郑公、小郑公。绍兴十五年进士。乾道三年，除著作佐郎。四年，为吏部员外郎。出为福建提举。魏王判宣州，除王府司马，引论不从，遂自劾去。淳熙四年，以国子司业兼国史院编修官，除宗正少卿。出知宁国府，移知建宁，卒，谥文肃。伯熊邃于经学，与薛季宣俱以学行闻，倡伊洛之学于永嘉，学者咸宗之。著有文集三十卷、已佚。叶适称其"插架轴三万"。

郑作朋 (生卒年不详)

字耐夫，清乐清人。诸生。善诗文，好游山。《乐清县志》有传。《两浙轩续录》卷二六收录其诗六首。息耒园为其藏书之处。有《息耒园吟草六卷》刊刻。其《息耒园感作》云："昔我先君子，构此数椽屋，更置万卷书，牙签带锦轴"。

郑若冲 (生卒年不详)

字季真，自号梦溪，南宋鄞县（今宁波市）人。少失怙恃，育于伯父章。方总角，已奇之。稍长力学，耻与举子语。与同里汪大猷、陈居仁、楼钥相善，后三人既贵显，未尝一造其门。自置书塾，聚书数千卷，延师训子，虽卧病不废书。尝书壁自警云："一日不以古今浇胸次，览镜则面目可憎。"卒年七十九。

郑振铎 (1898—1958)

笔名西谛、郭源新等。原籍福建长乐，出生于浙江永嘉。童年时，父、祖相继病亡，靠母亲做针线活读完高级小学。1917 年到北京，以官费考入铁路管理学校，后与瞿秋白、茅盾等人创办各种刊物，参加社会活动。1927 年"四·一二"反革命政变后，被迫出国，旅居巴黎。1929 年回国，在燕京大学、清华大学、暨南大学任教，为生活书店主编《世界文库》，并参加《中国新文学大系》、《北平笺谱》的编辑。1938 年 3 月，参加中国文艺界抗战协会，当选为理事。上海沦陷后，化名陈敬夫，与胡愈之、周建人、许广平等组织"复社"，出版《鲁迅全集》、《联共党史》、《列宁文选》等书。新中国成立后，任文化部副部长等职。1958 年，率中国文化代表

团出国访问时，因飞机失事不幸遇难。主要著作有《文学大纲》、《插图本中国文学史》、《中国俗文学史》、《俄国文学史略》、《泰戈尔传》等。他是我国现代著名藏书家，藏书室名玄览堂。尤其爱好古代民间文学的收藏。逝世后，家属遵其生前志愿，将近十万册藏书全部献给国家，现藏北京图书馆。赵万里先生为其编有书目，曰《西谛书目》。

· 郑振铎像

· 长乐郑振铎
西谛藏书

郑瑞清 （生卒年不详）

原名熊光，号霁山，清秀水（今嘉兴市）廪贡生。藏书宏富，目睇手纂，留心象纬，兼参西学，有《求是斋易说》、《杂文诗集》、《松风阁词》各若干卷。另有《北窗杂志》、《天星一览》诸稿未刊。

郑雍谷 （生卒年不详）

· 金农画像

字新泉，清余姚人。工分隶，兼精篆刻。凡峋嵝崖刻、汲郡冢书、孔壁藏经以及钟鼎盘鉴之铭辞渊奥而体奇崛者，靡不搜罗掇拾，悉心参究，付之铁笔。阅十年成《印谱》四卷，一时名人题词成帙。夙有砚癖，一夕梦食破砚，因自号曰食砚狂生。偶得古玉印，文曰"砚虹"，遂名其斋曰砚虹莳，著《砚虹莳藏砚录》。尤习岐黄术，自号壶隐。喜购书，累累印砚外，丛书插架，有好古之称。

金农 （1687—1763）

字寿门，又字司农、吉金，号冬心、稽留山民、曲江外史、昔邪居士。清仁和（今杭州市）人。少受业于何焯，并与丁敬等相交。乾隆元年（1736）荐举博学鸿词科，入京未就而返。平生好游历，足迹遍及半个中

· 冬心先生

· 金印吉金

· 金农

· 金农手迹

国，晚年居住扬州卖画自给，为"扬州八怪"之一。善诗及古文，精鉴别金石书画。工隶书，书法朴厚，楷书自创一格，有隶意，号称"漆书"。亦精篆刻，得秦汉法。五十岁后始作绘画，竹梅、佛像、人物、山水，俱造意奇新，笔墨朴质。著有《冬心先生集》、《冬心先生杂著》、《冬心题画》、《冬心画记》、《冬心诗抄》等。藏书印章有"金印吉金"。

金华 （生卒年不详）

字宗实，明初鄞县（今宁波市）人。洪武中从戍燕山卫，从事燕王，靖难后拜兵部尚书，金华内心甚薄之。尝赐金绮不受，明成祖视其为"迂叟"。归居东钱湖韩岭，足不履城府。日坐斗室，寄情经史，手点书万余卷。至老不懈。遇朋从来往，诗酒为乐。尝自号白云野叟，时人称白云先生，平生吟咏甚多。俱失传。

金纶 （生卒年不详）

字修之，号药夫，清嘉兴人。诸生。好读书，家藏书数千卷，与其弟秋崖手自校雠，至耄不衰。

金修 （生卒年不详）

清钱塘（今杭州市）人。金应麟之长子。承继豸华堂藏书。

金城 （1784—1810）

一名鍊之，字伯贞，号欧生，清临海人。附贡生。工诗兼工书画，精篆刻。年二十七客死武林。著有《古罗庵诗钞》。其弟镕之（1801　1845）、掞之皆诸生，有才名。又名权，字其箴，号竹屋，别号"西溪居士"，博雅好古，所居西溪草堂，聚书万卷，书画鼎彝充牣其间。复辟鸥园，建竹屋数楹，因以自号。遇墨客词人叩门，停车问字，辄投辖不令去。著有《一得录》、《赏鉴家言》、《钱鉴》、《经史偶得》、《梓里述闻》、《西溪杂记》等十余种。金掞之（生卒年不详），则熟于史事，专工吟咏。年三十余已成诗十卷，著有《花信风楼诗》六卷及《金竹坪诗》。

金涛 （1894—1958）

字子长，王修（季欢）之中表，民国年间长兴人。好书兼攻目录之学。所居花近楼，藏书数达十万卷，近已多散失。编有书目《金氏花近楼书目解题》、《金氏面城楼善本书目》。

金鳞 （生卒年不详）

字霈苍，清崇德人。庠生。笃学工诗，性情高洁，不与俗客交语。尝名所居之楼曰留云，聚书数千卷，终日瀹茗焚香，与古人相对。手选唐诗二十卷，作者名下各系小传一篇。又摘取古人名章俊语，汇为一篇名曰《自怡小品》，共八卷。所著《留云诗稿》，格律风格逼近大历十子。

金梁 （1878—1962）

号息侯，浙江杭州人，满族。光绪辛丑（1901 年）举人，甲辰（1904 年）科进士，授编修。曾任京师大学堂提调，内城警察厅知事，民政部参议。后官奉天旗务处总办，新民府知府。1908 年典守沈阳故宫古物。入民国后，曾任奉天全省清义局局长、政务司长，洮昌道尹。由张作霖保荐，任北洋政府农商部次长。因存心清室，积极参与宗社党复辟活动，被溥仪召入内廷任"总管内务府大臣"。并赐以少保衔。由于金梁对复辟的幻想最为强烈，因此在溥仪被逐出宫后也最感到痛心。他曾付出极大力量替溥仪谋划应变的策略，著有《遇变日记》。藏书处名瓜圃。

金檀 （约1660—1730）

字星轺，清桐乡人。弱冠游庠，经史图籍，靡不遍览。嗜古，好聚书，遇善本虽重价不惜，期于必得，即不得必假归手抄，其于桑梓之文献，罔弗留意。积数十年，收藏之富，甲于一邑，筑文瑞楼以贮之。自订《文瑞楼书目》十二卷，尝校刊校注《贝清江集》、《程巽隐集》、《高青邱诗文集》。撰著有《文瑞楼集》、《消暑偶录》。刻印皆极精良，为艺林宝贵。后迁居苏州桃花坞，至其孙心山时，因家贫将书陆续出售，部分归黄氏士礼居收藏。藏书印章有"金星诏藏书记"、"文瑞主人"、"文瑞楼主人"、"文瑞楼"、"结社溪山"、"此中有真意"、"家在黄山白冈之间"，"身在书生侠士间"。

金士芳 （生卒年不详）

字价人，号南湖，别字菊园，清山阴人。诸生。工于文诗。其父杏村先生耽吟咏，藏书之富，甲于乡里。菊园世其家学，沈酣于经籍中。

金可垛 （？—1796）

字心山，桐乡人。星轺孙，工文善画，与黄丕烈交往。藏书渊源有自，所藏多善本，所居曰沧蠹阁。贫窭而死，书籍尽散。

金弘勋 （生卒年未详）

金檀从子。字元功，号衎斋、逊堂，桐乡人，迁居江苏太仓。历官四川双流县令、安徽六安知州、福建汀州知府等。著有《艾轩集》。亦好藏书，藏有传世古籍，如宋本《新定续志》十卷，明刊本《陈伯玉文集》十卷等。金檀刻《程巽隐集》首题"侄弘勋元功校"。藏书处为南楼。藏书印章有"金元功藏书印"、"深柳读书"、"金氏南楼书籍"等。

金孝柟 （1768—1808）

金德瑛孙，忠泽子。字载磐，号墨庄，清秀水（今嘉兴市）人。乾隆五十四年（1789）举人，官国子监博士。著有《寿宁堂遗稿》四卷。雅好经术，旁及文字算学。家富藏书。

金应桂 （生卒年不详）

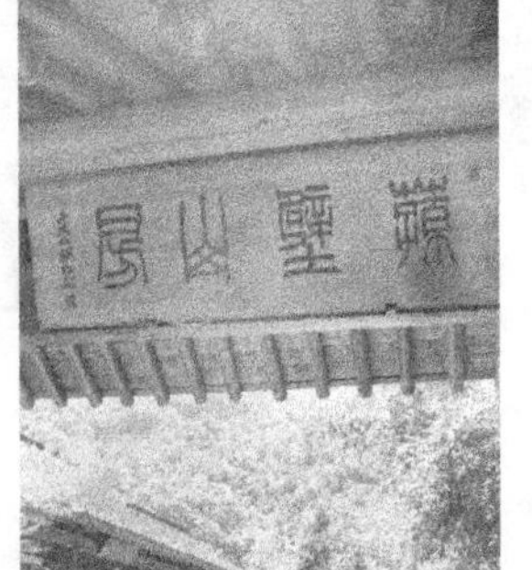

· 荪壁山房

字一之，宋末元初钱塘（今杭州市）人。能词章，宋季为县令，入元隐居风篁岭。书学欧阳询，画学李龙眠。晚居西湖南山，筑荪壁山房，中设图史，客至抚摩谛玩，清谈纚纚不休。每肩舆入城府，幅巾毛氅衣，望之若神仙然。有《送张仲实游大条洞天》诗，见《武林耆旧集》。

金志章 （生卒年不详）

清钱塘（今杭州市）人。藏书处为江声草堂。

金步瀛 （1898—1966）

一名金天游，字敏甫，一字仙裁，号孤鸿子，嘉兴芝堰乡桐山后村人。图书馆学家。曾供职于暨南大学、清华大学图书馆、浙江省立图书馆等。性沉静，寡交游，毕生从事图书馆工作，擘划精勤，颇多贡献。1954

年所撰《普通图书馆图书分类表》被学界誉为最佳分类法。今浙江图书馆古籍部仍
然沿用他创制的图书分类法。著有《增订丛书子目索引》、《中国现代图书馆概说》、
《现代图书馆编目法》、《天游图书分类法长编》等。与杨立诚合编《中国藏书家考
略》，收录自秦汉至清末藏书家七百四十一人，是一部藏书家的传记著作。初版于
1929 年。

金承朴 （生卒年不详）

清钱塘（今杭州市）人。金修之子。承继豸华堂，藏书积有二百余箱。有《杭
州金氏豸华堂善本图书目录》，著录三千余种。

金述璋 （? —1949）

字元达，世居杭州马市街。祖应麟，字亚伯，道光进士，著有《豸华堂诗文全
集》，又《金氏世德纪》二卷。父承诰，字谨斋，民初杭州商会会长。数代聚书颇
多，藏书室名"豸华堂"。元达在民国初年，自费留学日本攻读法学，深造数年回国
以后，任法院推事。嗣因与同寅意见相左，未能沆瀣一气，愤然离职。元达先生出
身富裕，自视甚高，秉性狷介，不能谐俗，里人因其目空一切，谑称为"金疯儿"。
后悬牌律师，因无后援，鲜有聘为法律顾问者，无固定收入。为谋生活，晚年就家
藏之书籍，在住宅一隅设店列售，即以"豸华堂"为店名。唯乏书林经验又少货源，
爰与城站文艺书局主人屠叙臣合作，各自向浙西嘉兴、桐乡等县搜购书籍，而后由
文艺书局编目邮寄外埠以广招徕，俾使营业发展。后又与文艺书局分道扬镳，自行
独立经营。而各地按目录所载纷来邮购，营业蒸蒸日上，声誉鹊起。鲁迅先生亦曾
向"豸华堂"函购数次书籍。《鲁迅日记》中，有数处向"豸华堂"购书的记载。"文
革"后，北京人民出版社编辑《鲁迅全集》，需注解日记中提及的"豸华堂"，但不
知"豸华堂"书店设在何处。为求资料翔实，多方查询，均无下落。以鲁迅曾留学
日本，颇疑"豸华堂"或在东瀛，委请外交部协助转托驻日使馆查访，历三月之久
无果。1978 年，陈宗棠同志来杭请杭州文化局代探，经文化局指点，询问松泉同志，
"豸华堂"问题才得以解决。

元达先生自营函售业务后，曾收得清道光刊《虹孙鉴》（系蟋蟀谱）一书，函购
目录一经刊出，即为识者购去，此为世不多见之稀本。又收购《经史避名汇考》原
稿十六本，系海宁周广业所著，未曾付梓行世，故元达先生秘而不宣，深藏家中。
如今几经变故，此书下落不得而知。元达先生于 1949 年 2 月间病故，生前尚藏有善

本书数十种，部分藏书经杭州许氏榆园老人全书批校。又藏有明清名人书画百余种，由其子女运至上海。在"文革"时全部被抄，后落实政策，只作价三千元全部归公家保藏。

金衍宗 (1771—1860)

金德瑛曾孙，字维汉、维翰，号岱峰，一号瓯隐，又号实轩，清秀水（今嘉兴市）人。嘉庆庚申（1800）举人，官临安教谕，道光二十年（1830）升温州府教授。与钱泰吉相契。著有《思贻堂文稿》一卷、《思贻堂诗稿》十二卷、《尊经阁礼典录》二卷、《思贻堂词》、《茗隐刍言》、《瓯隐刍言》二卷。衍宗藏书颇丰，钱泰吉《曝书杂记》屡屡言及。藏书处为思贻堂、双柏堂。

金嗣献 (约1879—1920)

字剑民，号谔轩，温岭人。先祖苇斋搜罗桑梓文献尤富。庚寅（1890）居舍不慎毁于火，所藏编简化为劫灰。其父阆生尝语嗣献："汝祖留心乡邦故籍，不遗余力，今皆被毁。收复之任，吾于汝有厚望焉。汝其勉旃！"嗣献不辜负父望，谨遵先志，或购或抄，虽残编断简亦不惜兑以重金，间有从农家败篓中捡出，易以布帛米粟者，东云一鳞，西云一爪，计得四百余部，颜其额曰"鸿远楼"。因思一卷一册得之非易，凡著作者之履历、序跋者之姓名，旁及卷册数目、版刻存否，一一笔之于书，庶后之好古者，知先哲之虹光剑气尚在天壤间也。然较之其祖昔日之藏，尚不及十之七八矣。重建室庐名曰冬青草堂。辑刊有《赤城遗书》、《鸿远楼藏台州书目》、《三台正气录》等。

金蓉镜 (1856—1930)

名鼎元，字甸丞，一字潜夫，晚号香岩老人，清秀水（今嘉兴市）人。光绪十五年（1889）举进士，官至永顺府知府。清末归里，颜所居曰香岩庵。诗文渊雅，究心舆地之学，喜画山水。曾居周梦坡晨风庐多年，相与考订文史。师事同里沈曾植，并协助其续修《浙江通志》，所成就者独多，其田赋一门，已以《田赋略》名义私赀印行。曾倡刊《续槜李丛书》，书未成而卒。藏书多归故乡嘉兴图书馆。著作有《潜庐集》、《滮湖遗老集》等。藏书印章有"蓉镜私印"。

金锡鬯 (生卒年不详)

金德舆侄，号辔庭，字柜和，清嘉禾（今嘉兴）人。清嘉庆六年（1801）拔贡，嘉庆十三年（1808）举人，以校录《会典》议叙。道光间任澳门同知四年，政绩卓著。锡鬯喜收藏图书，藏书多秘籍，与黄丕烈为友，亦有佞宋之癖，所购大多宋刻，藏书甚精。藏有北宋本《新序》十卷、知不足斋本《石门集》等。藏书处为玩华居、拜五经斋。藏书印章有"辔庭"。

金德舆 (1750—1800)

字鹤年，号云庄，又号鄂严，檀从孙。清桐乡人。官刑部主事。少孤，为朱氏苦节抚育，七岁即能诗，长折节读书，考求图史金石及名人字画。善诗，尤工书法，精鉴赏。累世所藏书法名迹及宋刻图书甚富。所居桐华馆，擅图书花木之胜。乾隆南巡，献《太平欢乐图册》、宋版《礼记》等书，恩赏给缎匹。杨蟠《文瑞楼书目序》："金明经星轺《文瑞楼书目》，钞自明经从孙鄂严比部，为桐华馆订正之本。比部博雅好古，可继明经之流风。"钱仪吉《跋方兰坻墨笋卷》："方处士时馆金比部鄂严华及堂，今四十年矣。处士真笔日鲜，即华及之图书彝鼎，亦皆烟云四散。"如宋刻本钱杲《离骚集传》，嘉庆七年（1802）为士礼居所得。著有《桐华馆诗钞》。校刊《东观汉记》诸书八种，名曰《史翼》，刊以行世。

九　　画

俞姓 （生卒年不详）

字吉人，清余杭（今杭州市）人，释祸得长沙，全后解绶归，键户谢客，筑小楼，多蓄书史以为乐，后藏书毁于火，郁郁不得志而卒。

俞樾 （1821—1907）

字荫甫，号曲园，清德清人。道光二十四年（1844）举人，道光三十年（1850）进士。官编修，提督河南学政，罢官归，侨寓苏州，藏书甚富，著述不倦，主讲杭州诂经精舍三十一年之久，为一时朴学之宗。著有《群经平议》、《诸子平议》等，后收入《春在堂全书》中。藏书印章有"宾萌春在老人"、"曲园居士"等。

· 俞樾画像

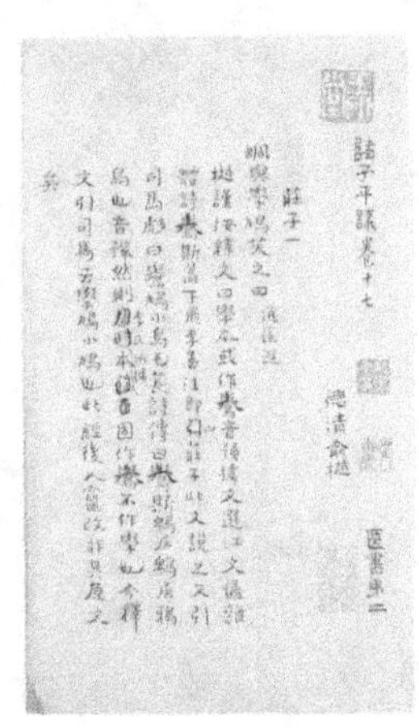

· 俞樾《诸子平议存》手稿

俞人蔚 （生卒年不详）

字序文，杭州人，为绍兴南明史实专家傅节子（以礼）先生之甥。藏书甚多，能继舅父好学之风，喜蓄历代名人藏书印章，收罗十分富赡，极一时之盛，被推为收藏藏书印章之盟主，颇为自得。曾将舅父所著之《华延年室题跋》及《残明大统历》、《残明宰辅年表》付之剞劂，以广流传而彰先辈盛德。惜历年所收之古籍珍本金石书画，在抗战时因全家避难至沪上，家中无人，均被人窃去。剩余小部分藏书，由其本人来杭出让一空，不久人亦故世。著有《起凤堂印谱稿本》四册，亦在抗战散失。

· 俞平伯手迹

·俞平伯像

俞平伯（1900—1990）

原名俞铭衡，字平伯。湖州德清东郊南埭村（今乾元镇金火村）人，生于苏州。现代诗人、作家、红学家。清代朴学大师俞樾曾孙。与胡适并称"新红学派"的创始人。早年参加五四新文化运动，为新潮社、文学研究会、语丝社成员。1919 年毕业于北京大学。曾赴日本考察教育。曾在杭州第一师范学校执教。后历任上海大学、燕京大学、北京大学、清华大学教授。1947 年加入九三学社。建国后，历任北京大学教授，中国社会科学院文学研究所研究员，九三学社中央委员、顾问。1990 年 10 月 15 日逝世，终年九十一岁。

俞平伯最初以创作新诗为主。1918 年，以白话诗《春水》崭露头角。次年，与朱自清等人创办我国最早的新诗月刊《诗》。至抗战前夕，先后结集的有《冬夜》、《西还》、《忆》等。亦擅词学，曾有《读词偶得》、《古槐书屋词》等。在散文方面，先后结集出版有《杂拌儿》、《燕知草》、《杂拌儿之二》、《古槐梦遇》、《燕郊集》等。其中《桨声灯影里的秦淮河》等名篇曾传诵一时。1921 年，俞平伯开始研究《红楼梦》。两年后，亚东图书馆出版专著《红楼梦辨》。1952 年，又由棠棣出版社出版《红楼梦研究》。1954 年 3 月，复于《新建设》杂志发表《红楼梦简论》。同年 9 月，遭受非学术的政治批判，长期受到不公正待遇，然仍不放弃对《红楼梦》的研究。1987 年，应邀赴香港，发表了《红楼梦》研究中的新成果。1988 年，上海古籍出版社出版论著合集。还著有《论诗词曲杂著》、《红楼梦八十回校本》，有《俞平伯散文选集》等。

书斋名"古槐书屋"、"秋荔"。一生嗜书。他的独子俞润民在《回忆我的父亲——俞平伯》中说："父亲一生除读经史、通鉴、诗词等古典文学作品外，中外各种书籍也都看，并还能从一般极通俗的读物中吸取好的词句。"他的重孙俞丙然在《以德传家——记我的曾祖父俞平伯》一文中回忆儿时对曾祖父的印象时写到："我喜欢跑到他的卧室兼书房里玩。我记得，每次去玩，不是看到他坐在书桌前俯身写着什么，就是看到他躺在床上打开床头灯在认真地看书。书桌上总是堆满了文稿；在他的床头、方凳、书架上摆满了很多书，他随时取来阅读。"

俞平伯的藏书有一部分是上代传下来的，家中固有的古代典籍，有些是后来自己购聚的。尤其是诗词、文集，通俗读物和外文书、新文学书刊数量可观。文革中受到冲击，被抄家。数千册藏书被洗劫一空。1986 年部分藏书退还原主，其中还有盖上了康生和江青的藏书印，可见他的藏书是被"四人帮"染指过的。

俞汝言 (1614—1679)

字右吉，自号渐川老农，明秀水（今嘉兴市）人。明末诸生。汝言勤奋好学，学博识广，尤精熟诸史和明代掌故。宁都魏禧来寓秀水倦圃曹氏，曹朱戚也。禧因访汝言，与论古今人物治乱得失，穷十昼夜，魏禧为倾倒。好出游四方，搜访典籍，回来后，闭门著述。著书至两目盲，然犹令人日诵书，有所见，口授使记之，至老不衰。既殁，禧表其墓。著有《晋将军佐表》、《礼服沿革》、《汉官差次考》、《宋元举要》、《渐川集》、《春秋平议》等。藏书印章有"俞汝言印"、"右吉氏"、"双溪遗老"。

俞恪士 (1860—1918)

字明震，号觚庵。民国年间绍兴人。清季任职南京，收藏秘本书画不少，多系清廷内藏珍品，如宋元两代所刊孤本与明清两代名家所临碑字、画册、笺等，其价值在当时约值 25 万元以上。因俞氏对收藏佳品不喜张扬，素以代友收购为辞，藏品秘不示人，故友人多不明其收藏能有如许之成绩。俞氏居南京与上海时，随身携带有价值之书画卷册，于寓所内辟藏书处一间，亲书"蕴玉山房"匾额悬诸室中。晚年居杭州西湖，赁屋五楹，楼上全部作为藏书之用，亲书"藏书楼"三字之匾额一方，附跋语数十字，悬于楼梯对面之门首。曾编制《俞氏藏书楼目录》及收藏记事册，以资查考。俞氏去世后，藏书楼中各种珍品，据云由其侄辈及仆人陆续转移，携至上海、北京等处保存或转售，不复如昔时之荟存一处。其子慎修尤不愿承志善保珍品，任其流落他人之手。久之且尽忘其事。据当时人所云，俞氏所遗之珍藏名品，十之三归其侄伯刚，十之五归其子慎修，其余十之二则归老仆俞福，皆出售于人。俞氏藏品俱盖有"俞恪士珍藏"、"俞氏藏书"、"俞明震印"等。

俞善庆 （生卒年不详）

字吉堂，号百祥，清桐庐质素乡緱岭庄人。生有至性，好读书，工吟咏，其所为文缠绵清丽，常有真情流露于楮墨间，令人咀嚼不尽。道光八年（1828）举于乡，由大挑任于潜县学训导。在任六年，深得士心。去之日，诸生赋诗饯行。有句云："六载春风并夏雨，深叨培植有梧桐。"所居漱六斋中贮书五万余卷，皆毁于兵燹。

姚浣 （1613—1664）

字公涤，一字北若。明秀水（今嘉兴市）人。以荫入太学。尝从虞山钱谦益、娄东张溥游。崇祯九年（1636），就试南都。值大会复社，同盟于秦淮河上几两千人，浣亦与焉，聚其文为《国门广业》。三试不第，遂隐居。出所藏书，益搜其所未备，重纂编年史，广《荆川左编》，集汉至隋文为《八代文统》。有书四十楗，部分类聚，缃帙牙签秩如也。至于郡国志书，尤为详备，备列其何年修葺，何人撰述，部几册，册几卷，编为目录，略如马端临《经籍考》。里中藏书家推竹林高氏、长溪沈氏，君与之颉颃不少让也。兵燹后，田园书册散尽，城中宅第为戎马践踏之。自此，先生离居远郊，不求仕达，一切礼俗之事脱然不与顾。其嗜书益甚，见未见之书，解衣投质必得而后已，书贾故昂其值。尤务广搜制艺，自洪永至启祯，手订先正二百名家集。如闻他友有半集片义，必乘舟访之，许其抄录如获拱璧，造请称谢不止。

姚铉 （968—1020）

字宝之，宋庐州人（今安徽合肥）。自署郡望，故曰吴兴姚铉。宋太平兴国八年（983）中进士，后知潭

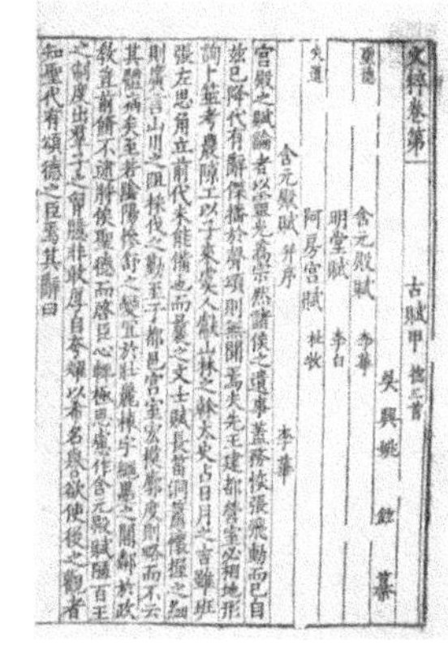

· 姚铉《文粹》宋刻本

"""

州湘乡县。淳化五年（994）直史馆，侍宴内苑，应制赋赏花钓鱼诗，得太宗嘉赏。姚铉文词敏丽，善笔札。"藏书甚多，颇有异本。"崇尚韩愈、柳宗元，与柳开、穆修等开宋代古文运动之先声。大中祥符四年（1011）编纂唐代诗文一百卷，名《文萃》（通称《唐文萃》），为萧统《文选》后又一诗文总集。

姚绶 (1422—1495)

字公绶，号穀庵、仙痴、云东逸史，明嘉善人，人称丹丘先生。少有才名，专攻古文辞，明天顺甲申（1464）进士。明宪宗成化初年，因触怒权贵，由广东道监察御史贬为永宁郡守，因辞官返乡，居大云，筑书室名为丹丘（一曰筑室丹东，人称丹东先生），成化乙未（1475）又筑厅堂数楹，名为今始堂。绶工诗赋，善书画，著有《穀庵集》三十卷、《穀庵词》一卷、《大易天人合旨》十卷、《句曲外史小传》、《五大夫传》、《云东集》、《姚御史诗文》等。家富藏书，藏书处为丹丘、云东仙馆、玄同轩等。藏书印章有"先世金陵"、"紫霞碧月山堂"、"姚氏藏书"、"兰台逸叟"、"紫霞沧州"、"古柱下史"等。

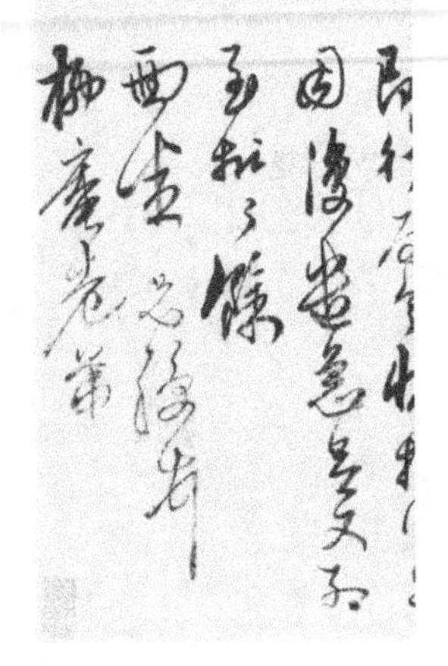

· 姚绶手迹

姚瑚 (生卒年不详)

字古香，清钱塘（今杭州市）人。与鲍廷博友善，藏书多秘籍。尝于乱帙中得《古逸民先生集》，鲍以文手跋曰："是集藏书家未有蓄之者，吾友钱塘姚君古香，得之亲串乱帙中，好事者因争传录。未几古香暴卒，使先一年，此书无从踪迹矣。古香名瑚，藏书多秘册，与予交最善，卒时年止三十余。"藏书印章有"曾在姚古香外"。

姚燮 （1805—1864）

字梅伯，号复庄、野桥，别号复翁、复庄生、复道人、鹤皋、息游园叟、大梅山民、二石生、上湖生、疏景楼主、疏影词人。清镇海人。少聪颖过人，五岁能赋灯花诗。勤奋好学，博览群籍，下自经史子集，至道藏释典，靡不周览。道光十四年（1834）举人。生平善诗词、曲、骈文，均负盛名。鸦片战争期间，常作诗歌颂反侵略斗争，揭露英军罪行，谴责清政府的投降派，悲愤激昂。又擅长画墨梅、白描人物、写意花卉，亦无不奇特。藏书数万卷。颜其名曰大梅山馆，可惜逐步散失，归宁波墨海楼主人。著作有《复庄文榷》、《复庄诗问》、《疏影楼词》、戏曲作品有《褪红衫》、《梅沁春》、《苦海航》等。值得一提的是他所编藏的《今乐府选》，搜集了元明清的杂剧、传奇作品五六百种之多，是研究戏曲史的重要资料。此书稿本大部分藏浙江图书馆，苏州市馆有少量。

姚翼 （生卒年不详）

字翔卿，号孺参，明归安（今湖州市）人。少从一庵、荆川两唐先生游，许为入室弟子。年四十九以贡授新淦训导，官至广济知县。去官归，茗上南城构屋数楹，图书数万卷，以孝养父母。著有《师友渊源录》。晚年尤好《易》，题其读书处曰"玩画斋"，自号海屋子，学者称海屋先生。有《玩画斋藏书目录》。自序云："吾之好书，虽限于力而不能多致，使汗牛充栋，窃独喜其可久据以为吾有也。故特斋而藏之，又籍而录之。"

姚黼 (1400—1446)

姚绶父，字廷章，号松云居士，明嘉善人，居云东陆庄（今嘉兴步云乡）。嗜古籍，富藏书，筑室列鼎彝金石、法书名画，悠然自乐，人称可闲先生。善草书，工诗善画山水，著有《可闲先生逸稿》。

姚士粦 (生卒年不详)

字叔祥，明海盐人，庠生。与胡震亨同学，以博奥相尚。搜罗秦汉以来遗文，撰《秘册汇函》，跋尾各为考据，具有原委。南祭酒冯梦祯校刻南北诸史，多出其手。知县樊维诚聘修邑志，多所考订。王渔洋《居易录》："万历间，学士多撰伪书以欺世。今类书中所刻唐韩鄂《岁华纪丽》，乃海盐胡震亨孝辕所造。《於陵子》，其友姚士粦所作也。"姚有《后梁春秋》若干卷，惜未见。藏书印章有"海盐姚叔祥藏"。

姚龙之 (生卒年不详)

字云举，一字寿臣，姚一元曾孙，明末长兴人。少补邑诸生。有能文声，生而清瘤，卧病不下榻者十年，手不释卷，人莫能见其面，自四库、七略渔猎殆遍，尤喜吟咏。喜聚书，所评载籍不下数百余种。

姚仰云 (1821—1869)

初名湘，字芷芳，亦字楚青、楚臣，号佛恩、秋墅。清山阴（今绍兴市）人。振宗之父。咸丰十一年（1861），以道员总司江北粮台。同治六年（1862）秋，在扬州得奇石如狮形，因筑师石山房，又获旧版书籍，命其子振宗略依四部厘订书目。室名"师石山房"。

姚廷瓒 (生卒年不详)

字述缃，号懒迂，清平湖人。性豪迈，工诗。尝构别墅于所居西偏，积书万卷，莳花灌竹，邀湖中诸名士结诗酒社。著有《懒迂小稿》、《鹅水偶吟》、《耄学集》、《尘瓿草》、《吟艳诸篇》、《铁樵词》。

姚际恒（1647—?）

字立方，号首源，清仁和（今杭州市）人。诸生。少折节读书，泛滥百氏，既而尽弃词章之学，专事于经。姚之骃《好古堂书目序》称："予世父首源先生，束发受书，已能沈酣故籍，乃一生坎壈，兀兀穷年，惟手一编枯坐。先世既有藏书，乃复搜之市肆，布诸巾籍，久之而插架者与腹笥俱富矣。暇时录于簿籍，予小子写为副墨。"末附收藏宋元版书目凡数十种。藏书之处，曰好古堂。著有《好古堂书目》四卷、《九经通论》一百六十三卷，又著《庸言录》若干卷，杂论经史理学诸子，末附《古今伪书考》，持论极严。又《杭郡诗辑》称："首源博究群书，撑肠万卷。"毛西河尝作何氏《存心堂藏书序》，以示兄大千，大千曰："何氏书有几，不过如姚立方腹笥已耳。"其为一时推服如此。是著书之富与藏书相埒。

姚绍科（生卒年不详）

字伯道，一元子，明长兴人。性嗜古，诗学摩诘，书肖子敬，与盛明七子唱和，尝构白雪斋、临云阁，贮汉唐以来敦彝图史书绘于其中，三吴名士，携以赏鉴者舳舻接踵相衔。有《白雪斋诗稿》。

姚虎臣（生卒年不详）

姚之麟，字虎臣，号南溪，清杭州人。性嗜古，爱藏书，《士礼居藏书题跋记》："《梅花百咏》，传本绝少。此本出杭人姚虎臣家，陈仲鱼为余购者。今虎臣已故，仲鱼亦旋旧里，好古之友，无一二人，谁为之助余发愤邪！"

姚振宗（1843—1906）

字海槎，小字金生，清末绍兴人，世居绍兴之陶家堰。父仰云，号秋墅，咸丰间以道员总司江北粮台。振宗少年即博洽群书，考究学问，常询父旧事佚闻。咸丰

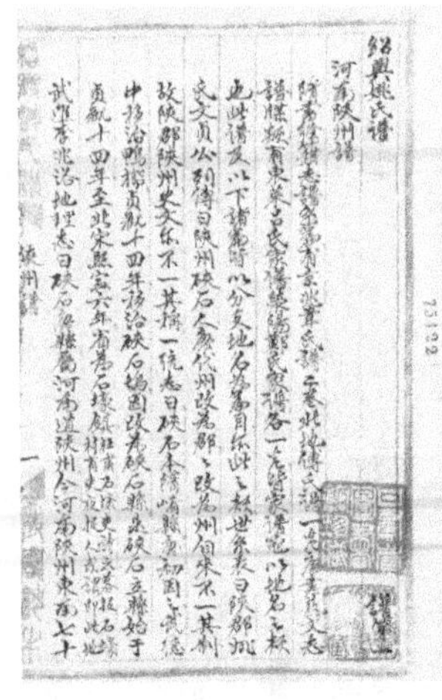

·姚振宗画像

辛酉（1861）太平军入浙，振宗避兵赴父官舍扬州，凡六年。秋墅君雅嗜典籍，广搜博聚，积累日增。同治六年（1867），又在扬州得奇石如狮形，因筑师石山房。督其子厘订其目，以甲乙部居之。振宗之治目录学始于此。同治八年（1869）父殁于扬州，振宗自念不为世用，益发愤读书，细览群籍，博稽书目，为之考证，重编《师石山房书录》，总三千二百七十九部六万卷。每部各有考证，皆据《四库全书总目提要》源流定论，参以存本同异。间为提要，史志诸家书目所不载及新出之书别无可以考见者，则略附己见。凡直旧本，则兼及行款、印记，盖兼汉中垒《别录》、清《天禄琳琅书目》之例也。其后又辑《汲古阁刊书目》二卷、《百宋一廛书录》一卷。邑人陶方琦督学湖北，鄂抚彭祖贤以修《湖北通志》相属，振宗为分纂艺文志十四卷、旧志一卷。晚年在乡购地筑庐以藏书，读书著述其中。其地原为陆放翁读书处快阁之旧址，因仍名曰快阁。故将以后辑成的《七略别录佚文》、《七略佚文》、《汉书艺文志条理》、《汉书艺文志拾补》、《隋书经籍志考证》、《后汉艺文志》、《三国艺文志》七种书，总其名为《快阁师石山房丛书》，共七十四卷，二百万言。

姚惟芹 (1479—1526)

姚绶孙，字惟诚，号东斋。明书画家、藏书家。正德戊辰（1508）贡太学。承祖业，续藏书，好古帖，善绘画。摹写名迹名帖，有《东斋稿略》一卷。

姚景瀛 (1861—1961)

字虞琴，杭州临平人。善绘事，尤精兰竹。喜藏书，所藏多为明清稀见之名人手稿，数十年罗致甚富。民国二十五年（1936）浙江省图书馆举办浙江省文献展览会，曾征借到虞琴先生家藏浙江名家手稿三种：《明念台先生手抄稿》（明山阴刘宗周手定稿）、《查初白诗》（海宁查慎行撰手稿本）、《石门吕晚村留良诗稿》。此等参展之书，胥为清代禁毁之书，民间鲜有流通保存者。在满清文网甚严之时，此类书籍如拒不申报或上缴，一经查出，祸将灭门，故当时纷自呈缴以求全命，幸存者甚少。如吕留良亲笔手稿更为禁书中孤本，其能藏至今日，真是绝世珍品。又藏有《武林旧事》六卷，宋周密撰，明弘治翻宋刊本，内有姚氏"虞琴秘笈"藏书印章。虞琴先生八二耋寿之时，尚能与杭州丁辅之先生合绘兰竹石图一幅，且有王福庵先生之长题，珠联璧合，洵为杰作。此画乃应杭州耆宿吴谏斋先生之请而绘，具征此老得天独存，矍铄温文，可谓人瑞。虞琴先生善画兰，求者无不应。邀请参加画展，从不拒绝。此老一生极重友情。海上知友、文学家陆枫园先生五十寿辰，先生出其韫椟珍藏之明陆治包山精绘山水立轴一帧相赠，以示祝贺，概见其笃于友情。虞琴先生尚编有《临平记再续》三卷（为里人陈棠辑，姚景瀛编次，有姚氏序）。

姚景夔 (生卒年不详)

字拊仲，号少复。清代同治、光绪年间镇海人。姚燮之子。诸生。清代画家、诗人。擅画，尤擅画梅。曾师承王冕，参以各家之法。善吟咏，着有《琴咏轩诗稿》，藏书处名琴韵楼。

姚慰祖 (生卒年不详)

字公蓼，别号晋石主人。清代学者。藏书家。清归安（今湖州市）人。觐元子，父子皆好藏书，刻《晋石厂丛书》，仅成《吴兴藏书录》、《经籍跋文》、《郑氏学录》、《古今伪书考》四种。晋石厂者，其父在蜀得晋杨宗石阙题字，携以东归，颜其藏书之室也。

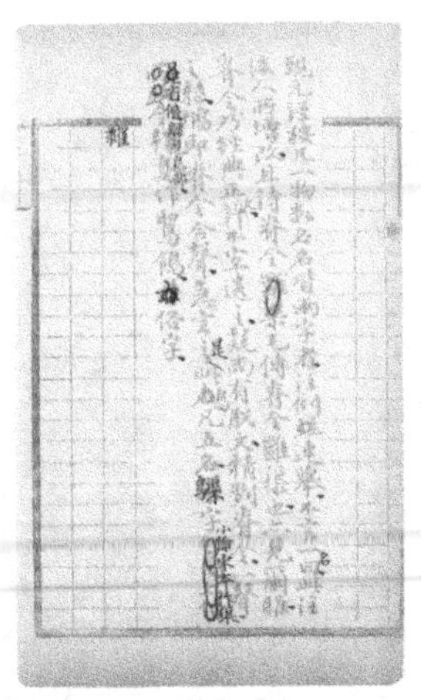

· 姚觐元《校说文稿》手稿

· 归安姚觐元彦侍所藏

姚觐元（1823—？）

原名经炳，字彦侍，一作彦士，号裕万、一瓢居士，晚自称复丁老人。清归安（今湖州市）人。道光举人，官四川川东道、广东布政使。室名大叠石房、咫进斋。工书法，喜治印。好聚书，所刻《咫进斋丛书》，有功艺林甚巨。著有《大叠山房诗草》、《说文检字补遗》、《涪州石鱼文字所见录》、《汉印偶存》等。有《咫进斋善本书日》。据感峰楼抄本《咫进斋善本书目》著录，姚氏所藏善本书有三百三十五种，一万余卷，其中宋版书三十六种，元版书四十种，明版书九十九种，其他旧抄、精抄、传抄、稿本、校刻本等一百六十种。其中多世间不传之本。姚觐元曾自言："予藏书不为少矣，而寻常通行本转未有，亦可笑也。"又自著《弓斋日记》，颇载藏书购书之事。海宁陈乃乾编有《弓斋日记抄》。浙江省图书馆藏有稿本《姚觐元日记》和校本《汲古阁说文订》。祖父姚文田（1758—1827），字秋农，号梅漪，嘉庆四年（1799）状元，官至礼部尚书，谥文僖。著有《邃雅堂集》十一卷，亦好藏书，藏书数千卷。藏书印章有"归安姚觐元彦侍所藏"。

姜嶷（生卒年不详）

清钱塘（今杭州市）人。有《怡园藏书续目录》，著录经史二部，藏书近万卷。

姜柄（1154—1202）

南宋鄞县（今宁波市）人。藏书数千卷。

姜准 （生卒年不详）

字平仲，号艮峰，明永嘉人。博综群籍，所居后辟小园，自号"主人园"，筑"悟竹书院"于其间。为讲学之所与藏书楼。何无咎为赋长歌，有"观摩上下数千年，图籍纵横三万牍"之句。

姜浩 （生卒年不详）

南宋余姚人。藏书万卷以上。

施峻 （生卒年不详）

字平叔，明归安（今湖州市）人。嘉靖进士，历官青州知府。性伉直，喜规人过。诗隽永流丽，亦富藏书。著有《琏川诗集》。藏书印"施峻之印"。

施载春 （生卒年不详）

又名施凤翔，萧山人，久住杭州。喜罗致古帙，因而藏书甚富，颇多稀罕珍本。凡书有破损，重金延请精擅修书者，细心修补完整如新，引为快心之事，可谓爱书如命。施君业商，操奇计赢，无往而不利。沪上交易所兴，亦常涉足其间，经营黄金交易，运筹中能得心应手，大展宏图。民国十七至十八年（1928—1929）之间，不期为人所欺，折兑甚巨，由是一蹶不振，濒于破产。不得已将存沪之珍本书籍，售去抵欠。电光石火，刹那无存。实为贪图侥幸，自贻伊戚之果。储杭之书，抗日战争时由其家人贱值售诸书肆，所余部分明刊、名校本，1959 年全部售与杭州古旧书店。频年收藏，及身尽毁，实亦初料所不及，以致抱恨终身！

施蛰存 （1905—2003）

中国现代著名作家、文学翻译家、学者，华东师范大学中文系教授。原名施青萍，笔名青萍、安华、薛蕙、李万鹤、陈蔚、舍之、北山等。生于杭州，幼时随父母去苏州，后迁居上海松江。1922 年考入杭州之江大学，开始文学活动。1923 年入

·施蛰存手迹

·施蛰存像

上海大学，第一部短篇小说集《江干集》自费刊印，撰《苹华室诗见》首次以施蛰存署名。1926 年转入震旦大学法文特别班，与同学戴望舒、刘呐鸥等创办《璎珞》旬刊。抗战时期曾任教云南大学、厦门大学。主要著作有《唐诗百话》、《词学论稿》、《宋元词话》、《历代词籍序跋萃编》、《北山集古录》、《水经注碑录》等，小说有《上元灯》、《将军的头》、《李师师》等。编译作品有《荣誉》、《轭下》、《匈牙利短篇小说集》、《波兰短篇小说集》、《外国文人日记抄》等。2003 年 11 月 19 日病逝于上海。

施蛰存早年即嗜书喜文，很早就开始买书聚书。其《浮生杂咏》诗云："旧居逼仄仅支床，问舍迁乔又一忙。静院华堂喧燕雀，青箱十二满书房。"50 年代前半期，他又购得大量书籍，有许多木刻版本书。施蛰存一生辗转各地，藏书散佚很多。有的是抗战和文革时期无奈的散佚，仅文革中被抄掠六次就损失了不少书。有的却是豪爽地赠送给公家和个人。自 90 年代起，就开始赠送图书馆、资料室及个人。

藏书印章有"施蛰存藏书记"元朱文印，经常用在所藏线装书上。另有一只圆形橡皮图章"华亭施氏无相庵藏书"，一般用在外文书籍以及其他一些书上。他还喜欢制作藏书票，沈建中访谈录《世纪老人的话：施蛰存卷》中他谈到自己的藏书票制作情况："……我还喜用藏书票，大约在 30 年代初，我在国外杂志上看到这种具有寓意、象征、抒情、表达藏书者情怀乐趣的独特艺术形式，就为自己制作了一枚藏书票，还未使用，因抗战爆发离开上海，等到胜利后回到上海，这枚藏书票已经找不到了。1946 年我制作一枚'施蛰存无相庵藏书之券'，画面图案装饰呈外方内圆的框形，中间是书、砂轮、盾牌、花草。50 年代初我以书房'北山楼'为题做了藏书票，图案是一棵弯曲的树枝上小鸟在雀巢中伸头迎接母鸟送食的到来，树旁坐着一个心欢意舒的男子汉，在看手中的鲜花，树与人构成一个 S 形。后来还设计过一张'施蛰存藏书'，是一位蛮人将一棵大树扳得弯曲。我自己创作的藏书票一共就是这三枚。"

查升 （1650—1707）

字仲韦，号声山、汉中，又号安蔬道人，清海宁花溪（今袁花）人。康熙二十七年（1688）进士，选翰林院庶吉士，授编修。时康熙选儒臣侍值以备顾问，他经荐入直南书房多年，累迁至詹事府少詹事。工书善诗，著有《澹远集堂》、《澹远堂尺牍》等。升亦好藏书，多宋元旧本，如南宋刊本《黄山谷集》五十卷（后归其外孙沈廷芳）、旧抄本《周北山诗集》四卷、《淳化阁帖》等。和查慎行得树楼藏书往借传抄，手抄有《觉罗柯尔昆传》、《绥德马如龙墓志铭》等。藏书处为澹远堂、静学斋。藏书印章有"查升之印"、"声山翰墨"、"查声山章"、"云亭"、"海宁查声山名升"、"臣升"、"声山"、"吴下阿升"、"一字仲韦"、"石漾主人查仲韦"、"行藏独倚楼"、"仲韦一字声山"、"门无剥啄松，影参禽声上，下午睡初足"、"澹远堂图书印"。后查氏家族遭文字狱，其藏书相继被查抄和典卖。

· 查升画像

· 声山翰墨

· 行藏独倚楼

· 查升之印

查开 （生卒年不详）

查嗣瑮次子。字宣门，号香雨，清海宁人。寓居海盐，晚居魏塘（今嘉善）。曾任河南中牟县丞、武陟知县。雅好藏书，藏书处为吾匏亭、桐花阁。亦喜刻书，刻书室曰香雨斋。刻印查慎行《补注东坡编年诗》五十卷。著有《吾匏亭诗钞》一卷、《苏诗三家注定本》。

查礼画像

查礼 （1716—1783）

查为仁季弟。一作名学礼，字恂叔、鲁存，号俭堂、铁桥，又号榕巢、九峰老人、澹安居士。清海宁人，寄籍顺天宛平（今北京通州）。乾隆十三年（1748）以资授户部陕西司主事，官广西庆远同知，以同知发云南，旋改广东庆远府理苗同知、太平府知府。四十四年授四川按察使，次年转四川布政使，四十七年升湖南巡抚。后入觐，卒于京师。礼好藏书及法书名画、金石、金玉铜瓷、名人镌刻，集六百余古藏书印章，著有《铜鼓书堂藏书印章》（翁方纲、王文治作序）四卷传世，迄今尤为名家视为珍品，多有题识和跋语。书画收藏甚富，藏有善本《汝水巾谱》一卷、旧抄本《涑水纪闻》、《笠泽丛书》、《草堂诗余》三卷及王敬美手写《法书要录》等。藏书处为隐书楼、铜鼓书堂。藏书印章有"宛平查氏藏书印"、"古燕查氏家藏"、"宛平查礼恂叔氏图书"、"查氏隐书楼藏书印"、"查氏所藏"、"榕巢"。著有《铜鼓书堂遗稿》三十二卷。

查莹 （1743—? ）

查升曾孙，字韫辉，号映山，别署竹南逸史、依竹居士。清海宁人。乾隆三十一年（1766）进士，选庶吉士，散馆翰林院授编修，入四库馆为武英殿提调官。乾隆五十一年（1786）考选山西道监察御史，升吏科给事中，督贵州学政，科试苗疆。亦好藏书，精于鉴藏书画。藏书处为听雨楼、圣雨楼、赐研堂、慧海楼、依竹堂、学山堂等。藏书印章有"查映山太史藏书"、"赐研堂图书印"、"查氏映山珍藏图籍印"、"名余日莹字，字余日韫辉"、"听雨楼收藏书画印记"、"查莹藏本"、"查映山读书记"、"赐研堂书画印"、"慧海楼藏书印"、"竹南藏书"、"依竹堂章"、"查

莹图书"、"查莹之印"、"听雨楼查氏式圻珍赏图
书"、"赐研堂印"、"学山堂印"、"棣园居士"、"文
渊阁校理"、"查莹龙虎"、"映山珍藏"、"莹寿之
章"、"映山父印"、"竹南草堂珍藏"、"依竹主人"、
"依竹居士鉴赏书画印"、"映山鉴赏藏书"、"竹南逸
史"等。

查揆 (1770—1833)

字伯葵，号梅史，又号筼谷。清海宁人。嘉
庆九年（1804）举人，曾修葺紫山书院。与查世
官、同里陆素生称为"龙山三子"。官至顺天蓟州
知州。长于戏曲，其诗清绵宛丽，自独成一家。雅
好藏书，利用家藏图书，著有《桃花影》、《筼谷诗
文集》、《菽愿堂集》、《菽愿词》等。藏书处为菽
愿堂。

查为仁 (1695—1749)

一名成苏，字心谷，号莲坡，人称莲坡居士。
清海宁人，随父迁居天津水西庄。为仁天资清粹，
性嗜读书，早年读书水西庄，承其家学，才名颇
著。康熙五十年（1711），举乡试第一，因被劾考
试作弊下狱。数年后得释，遂绝意进取，托意于山
水、禅悦、友朋、书卷之间。为仁博学能文，著述
颇富。曾自编其稿为《花影庵集》二卷、《无题诗》
二卷、《是梦集》一卷、《抱瓮集》一卷、《竹鄙花坞
集》一卷、《山游集》一卷、《押廉词》等，总名之
为《蔗糖未定稿》；此外尚有《赏菊倡和诗》一卷、
《花影庵杂记》二卷、《莲坡诗话》三卷，及其妻金
含英所著《芸书阁剩稿》，编为外集。藏书处为澹宜
书屋。

查有圻 （生卒年不详）

查莹嗣子，字止干，号小山，海宁袁花人。居天津以盐务为业。喜蓄石砚兼古籍。砚皆镌刻前代名人之铭，积数十年甚巨。收藏室名为铜琴馆。

查岐昌 （1712—1761）

字药师，一字石友，号岩门山樵。慎行孙，海宁诸生。幼承祖训，思敏才富，所为诗排纂妥帖，能传其学。乾隆丁丑（1757）邑令金鳌修志，稿本多出周春及岐昌之手。藏书印章有"臣名岐昌"、"字曰药师"、"石友过眼"。

查继佐 （1601—1677）

本名继佑，以试册误书佐，遂仍之，初字三秀，更字支三，又字伊璜、敬修，号与斋，又号左隐、方舟、发标、兴斋、非人氏、东山钓史等，崇祯甲申（1644）后更名省，字不省，别署左尹。海宁袁花人。幼时家贫多病，好学不倦。明崇祯六年（1633）举人，南明时，鲁王授兵部职方主事，积极抗清。明亡后归里，开敬修堂于杭之铁冶岭，聚门人讲学，并编撰明史，学者又称为敬修先生。康熙二年（1663）南浔庄氏《明史》案起，继佐名列参校中，牵连被捕，为粤督吴六奇所救（据《聊斋志异》、《香祖笔记》、《觚剩》诸书所载）。后隐居于硖石东山，仍聚徒讲学，居庐名朴园，人称东山先生或朴园先生。继佐工书画诗古文，又通音律，著有《罪惟录》一百零二卷，《敬修堂诗集》十七卷、《敬修堂说外》二卷、《敬修堂说造》、《敬修堂诸子出处偶记》一卷、《查氏家谱》、《鲁春秋》上下卷、《国寿录》四卷、《便记》一卷、《四书说》、《东山国语》、《钓业》、《史论》、《说疑》、《知是录》、《五经说》、《兵权》二卷、《绉云石记》、《九宫谱定》十二卷、《东山遗集》二卷、《己卯墨戒》、《戒》、《诗经同门稿》、《庚辰房考又戒》、《三科又戒》、《三科诗选》、《伊训操》等。

其家亦富藏书，今知所藏有明玉兰堂刻本《辍耕录》三十卷。藏书讲学处为敬修堂。藏书印章有"查氏继佐章"、"查继佐印"、"继佐私印"、"东山"。

查嗣庭 （1664—1727）

慎行季弟，字润木，号横浦，又号查城。康熙四十五年（1706）进士，改翰林院庶吉士，授编修。官至内阁学士兼礼部侍郎。雍正四年（1726）出任江西乡试主考官，乡试题目为"维民所止"，其中"维止"二字被人诬陷为"雍正"二字去其首，抄家查出日记"语多悖逆"，查嗣庭受党祸之害，死于狱中。后查嗣庭以文字狱戮尸，亲族子弟，均受株连。嗣庭有文名，工书法，亦好藏书。藏书处为双遂堂、晴川阁。

查嗣琭（1652—1733）

查慎行之弟。字德伊，号郎山、查浦，又号晚晴、益睡翁，晚号清轩主人。清海宁人。康熙三十九年（1700）进士，选翰林院庶吉士，授编修，与兄同在翰林院，官至侍讲。少受业于黄宗羲，性警敏，早岁即有诗名，生平游迹遍天下，其诗精妙。名与慎行相埒，时人称之为"二查"，比作宋代"二苏"。后因弟查嗣庭文字狱案受株连，谪遣关西，卒于戍所。好藏书，名著一时。藏书甚富，惜藏书情况失载。藏书处为查浦书屋。查氏除藏书外，亦精诗词、考订鉴定。著有《查浦诗钞》十二卷、《诗余》一卷、《燕京杂诗》一卷、《查浦辑闻》二卷、《南北史识小录》十二卷、《音韵通考》二十卷、《唐人万首长律》等，曾参与校刊《全唐诗》。

查慎行（1650—1727）

初名嗣琏，字夏重，号他山，易名慎行后，字悔余，号查田，晚号初白老人，清海宁人。五岁能诗，十岁作《武侯论》。少年曾受学于黄宗羲，所学益进。最深于

· 查慎行《壬申纪游》手稿　　· 查慎行《敬业堂诗集》手稿

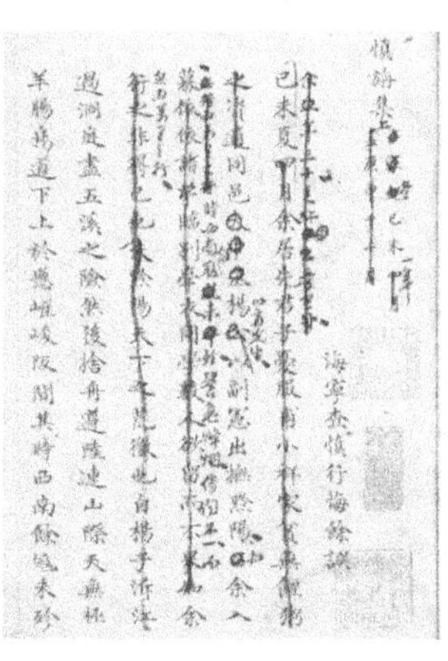

· 查慎行画像

· 查氏初白

· 海宁查慎行字
夏重又曰悔余

经，诸经中，于《易》尤邃。又好苏轼诗，编年补注，矻矻者三十年。康熙四十二年（1777）进士，官翰林院编修，充武英殿校勘官。一生以诗闻名。在游览各地时，从多姿多采的自然风光中汲取诗材，写出大量作品，诗声大振，被时人认为大家。有《敬业堂诗集》五十卷，刻印精良，可称善本。著作尚有《周易玩辞集解》、《苏诗补注》。手稿《壬申纪游》藏浙图。家有得树楼，藏书甚富。藏书印章有"得树楼藏书"、"南书房史官"、"海宁查慎行字夏重又曰悔余"、"慎行"、"初白庵主"、"查慎行藏"、"初白庵老人"、"查慎行印"、"查夏重"、"得树楼"、"查田查慎行"、"查氏初白"、"希古"、"查嗣琏"等。

查燕绪 (1843—1917)

字翼甫，号继亭，清末海宁袁花人，寓居苏州望信桥。咸丰庚申（1860）之乱，避地武昌，从张裕钊游，称入室弟子。光绪八年（1882）应聘纂修《湖北通志》。光绪十一年（1885）举于乡。光绪十六年（1890）出使日本。官至松江府海防同知。辛亥革命后，弃官归隐，以藏书、著述为乐。著有《继亭诗文集》、《群书异话》等，修编《海宁查氏族谱》计 24 册并刊刻，国家图书馆有藏。查氏先世有藏书之风，先祖查升、查慎行等均为前清藏书名家，其高祖、曾祖等与陈鳣、黄丕烈、袁廷祷等知名藏书家为莫逆之交，其外舅蒋光焴、四舅蒋光煦皆以藏书著称于世。查氏受先世濡染，亦雅嗜藏书，藏书处为日精草堂、木渐斋。

柯九思 (1290—1343)

字敬仲，号丹丘，别号五云阁吏，元仙居人。大德元年（1297）随父迁居钱塘（今杭州市），勤奋好学，见闻日广，诗、文、书、画均有长进。天历元年（1328），以书画得到元文宗的赏识，召为典瑞院都事，翌年升为奎章阁鉴书博士，负责鉴定宫廷所藏书画。至顺三年（1332）罢官，居松江胭脂桥。潜心读书著述，所藏书画极富。所著有《丹丘生集》、书集《老人星赋》、画集《清閟阁墨竹图》、《竹谱》等。藏书印章有"柯九思印"、"柯九思敬仲印"。

柯蓉舟 (生卒年不详)

柯氏本闽籍，居鄞城之县学旁，故以近圣名其居。曾为丽水校官，家藏书凡七千余册，颇有旧本，爱护周至，每书皆有坚致之木夹，签题出毛溪芷手，盖毛曾馆其家也。书上盖有"近圣居柯氏藏书印"八字白文方印，或"柯氏珍藏"四字白文方印，"时还读我书"五字朱文秋叶式印。藏书至清季年间渐散失。

柳如是 （1618—1664）

本姓杨，名朝，字朝云，号影怜，改姓柳，名是，字如是，号河东君，嘉兴人。幼为盛泽镇归家院徐佛家养女，后卖为周道登之妾，被逐后流落烟花。琴棋歌舞、诗词书画皆精，居"秦淮八艳"之首。崇祯十四年，与钱谦益结缡。著有《戊寅草》、《湖上草》、《尺牍》等。藏书处为惠香阁。如《杜工部诗集》二十卷，钱谦益注写本，卷端有"柳隐如是"印。黄丕烈所藏《乐府新编阳春白雪》十卷，一为元刻，一为元人抄本，均为其所藏所校，字作赵孟𫖯体，雅秀可爱，风韵妩媚。《士礼居藏书题跋记》卷六黄氏跋云："是书为钱塘何梦华藏书，矜贵之至，因其是惠香阁物也。惠香阁初不知为谁所居，梦华云之居，兹卷中有钱受之印，有'女史'印，其为柳如是所藏无疑。'惜玉怜香'一印，殆亦东涧所钤有；卷中又有墨笔校勘，笔姿秀媚，识者指为柳书，余未敢定也。要之书经名人所藏，图章手迹，倍觉古香，宜梦华字视为珍宝矣。"藏书印章有"柳如是"、"惠香阁"、"女史"、"惜玉怜香"等。

· 柳如是画像

柳国裕 （生卒年不详）

字宏卿。建宁县丞观栾仲子，清云和坊郭人。邑廪生，性孝弟，不求荣利，聚书万卷，终日兀坐其中，年三十妻死不娶，每览曾参、王骏之意，窃独嘉之。优游泉山间，博辨古书文字，精星命寿，甚矍铄，人称有五柳风。

洪钟（1443—1523）

字宣之，明钱塘（今杭州市）人。成化十一年（1475）进士，历官刑、工二部尚书，左都御史，加太子少保，赐玉带。巡抚顺天时，建议增筑边墙，自山海关抵居庸，延亘千余里。督漕两淮，政绩显著。后出任总川陕湖河四省军务，赐白金麒麟服，进太子太保，卒谥襄惠，生平好积书，其《命子作》，有"汝父慕清白，遗无金满籝。望汝成大贤，惟教以一经。经书宜博学，无惮历艰辛。才以博而坚，业由勤而精"之句，可以觇其家学矣。

洪皓（1088—1155）

·洪皓画像

字光弼，饶州鄱阳（今江西波阳）人。宋徽宗政和五年（1115）进士。历台州宁海主簿，秀州录事参军。宋代词人。洪皓长期在嘉兴、杭州生活，为余杭五常西溪洪氏始祖。著有《洪皓文集》十卷、《春秋纪咏》三十卷、《轺轩唱和集》三卷、《帝王通要》五十卷、《姓氏指南》十卷、《松漠纪闻》二卷、《金国文具录》一卷。洪皓天性强记，喜读书，人称其"书无所不读，虽食不释卷，稗官小说亦暗诵数千言"。又善识别古彝器，每见书画，不计其值，必得之而后快，常倾囊购之，日积月累，所藏书达万余卷，名画数百卷。绍兴间，金人犯秀州（今嘉兴）时皆毁于兵火。

洪皓藏书虽遭兵烬，然藏书之志未泯，后仍继续搜求。出使漠北十五年间，他"访求廛市之间，换易于酋渠之家"，所得甚多，乃捆载以还。洪皓藏书中，还有一部十分特别的书，叫"桦叶四书"。是其在漠北期间，取当地桦树皮代纸，默写《论语》、《孟子》、《大学》、《中庸》四书，以此为教材，教授金人子弟，传播中原儒家文化。

洪梗 （生卒年不详）

字子美，钟孙。明钱塘（今杭州市）人。荫詹事府主簿。承先世之遗，缥缃积益。余事校刊，既精且多。迄今流传者，如《路史》见于《天禄琳琅》，称其校印颇佳，深于嗜古。《文选》见于《平津馆鉴赏记》，田叔禾序称其得宋本重刊，校雠精致，逾于他刻，且文雅有足称者。

洪守一 （1769—1860）

字观亭，号贯之，晚年自称后河居士。清瑞安人。嘉庆十三年（1808）分修邑志，披览典籍，积五十年而成《瓯乘拾遗》，并捐输巨万，兴修温瑞塘河，议叙奏加六品衔义士。其《感怀》诗云："图书万卷空堆案"。藏书处名棣花书舍。

洪咨夔 （1176—1236）

字舜俞，号平斋，谥忠文，宋于潜（今临安市）人。嘉泰二年（1202）进士，调饶州教授，时相恶人以科目自致，报罢。遂从崔与之帅蜀，得书一万三千卷，藏于天目山之宝福寺。

《西天目祖山志》卷四："闻复阁藏书一万三千卷，宋洪忠文公咨夔藏于宝福院者。"所著有《两汉诏令》三十卷、《揽抄》一百卷、《春秋说》三卷、《外内制》及《赋诗文》三十二卷、《奏议》三卷。

洪颐煊 （1765—1837）

字旌贤，号筠轩，又号倦舫老人，清临海人。嘉庆六年（1801）拔贡，捐通判。曾署广东罗定州州判及新兴县事，阮元督两广，延入幕诹经谘史以为常。寻乞归，筑小停云山馆，藏书三万六千余卷，一千八百八十六部，汉唐宋元碑版二千余通，钟鼎彝器法书名画多件，皆撰有目录（见《国史儒林传》及冯登府撰《小停云山馆记》）。《倦舫书目自序》："予少年即为聚书，台州僻处海滨，闻见有限，后饥驱四方，馆孙渊如观察德州使署七年，观察富藏书，属予撰《孙氏书目》，又取宋元版本，并明刻之佳者，撰《平津书记》，于是尽窥书之藩篱。其时予空囊如洗，十指如锥，不能善录副本，徒有望洋而已。迨服官广东，始稍稍购集。广东风气醇朴，

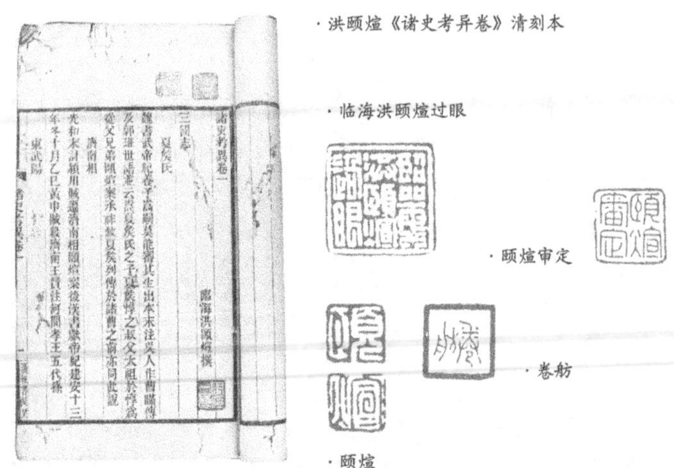

市上时多旧书，而收藏人少，价值亦不甚昂。予历年既久，因得积有卷册。归里后复多方购求，渐臻富有。今夏（按时在道光十二年（1832））无事，写成《书目》十一卷，计书若干册，聊以存诸家塾。其中古籍之流传，时贤之述作，亦复择善而从。"又《光绪台州府志》云："《倦舫碑目》六卷，《续目》一卷，洪颐煊编，云《目》凡一千三百六十三种，《续目》凡二十五种，有抄本。"小停云山馆藏书之富，为台州藏书家之冠。同治初年，太平军刚撤离临海，里人乘夜携火入内烛之，遗烬被焚，仅存书画数百轴，后也渐散失。藏书印章有"临海洪颐煊过眼"、"颐煊"、"卷舫"、"洪印颐煊"、"颐煊审定"、"筠轩"。

洪瞻陛 （?—1860）

字子升，号雨芗，清临海人。道光二十年（1840）举顺天乡试，官四川双流知县，署理龙安知府。工诗善书，雅好金石，聚唐碑千余种。室名存我堂、兰雪轩。

洪瞻墉 （?—1862）

字容甫，号少筠，洪颐煊之子。藏书室称"兰雪轩"。藏书印"临海洪氏兰雪轩藏书"、"兰雪轩"等。

祖武功 (生卒年不详)

　　字孔昭，清海盐人，邑诸生。孝友好修，敦尚信义，父耄失明，承欢终身，不怠教弟遗孤，不啻己子。博学多能，象纬方域、握算律历诸书，莫不深究。其微学琴于郑，方得雅音之正。手录群书千余卷，丹铅不去手。虽贫介，然有守，乡先生莫不敬礼之，年六十余疾革，作自挽诗而逝。

祝以豳 (1551—1632)

　　字耳刘，明海宁人。明万历十四年（1586）进士，官至工部左侍郎。家有万古楼，藏书甚富。《人海记》："藏书之厄，如吾乡祝侍郎耳刘之万古楼，武原骆侍郎骎曾，非流散则灰烬。"藏书印章有"龙山祝氏"、"祝以豳印"。

祝廷锡 (1864—?)

　　字心梅，号小雅，清嘉兴竹林人。十五岁为钱庄学徒，十八岁学诗，二十三岁为嘉兴钱庄出纳。嗜古好学，积数十年之蓄，藏书三万余卷，筑有知非楼，藏书之所名"俟庐"，撰有《俟庐藏书志》稿本。1951年夏，《俟庐藏书志》及其所藏图书五千余册，均为嘉兴图书馆收藏。

祝庚辉 (生卒年不详)

　　原名懋曾，字双林，号静山，清仁和（今杭州市）人。诸生。绩学敦气谊，有经济才。藏书最富，吟诵不辍。

祝德麟 （1742—1798）

　　字芷堂，号芷塘，清海宁袁花人。乾隆二十八年（1763）进士，选庶吉士，授编修。四库开馆时为翰林院提调官。曾充《续三通馆》纂修、翻译辽金元三史人地官名。乾隆五十一年由编修改授湖广道监察御史，越二年，遂挂冠乞归，主讲云间书院。祝氏以诗学称于京师，为乾隆间浙中诗家之一大宗。著有《悦亲楼诗集》三十卷、《外集》二卷、《赓云初集》四卷、《吴任杰离骚草木疏辨证》四卷等。祝氏好藏书，藏书颇多，藏书处为悦亲楼。藏书多钤有"祝德麟印"、"芷塘过眼"印。

胡份 （1040—1104）

　　字子文，号嵩山，北宋缙云遇明里人（今新碧）。年二十补弟子员。元丰八年（1085）进士，任国子司业，调礼部员外郎，后出知鄱阳。任上勤政爱民，究治不法，百姓呼为胡青天。任满辞归上宕（今属胡源乡），开设学馆，名"万友堂万松书舍"，经史子集，无一不收，藏书甚富。

胡芳 （生卒年不详）

　　字秀实，元初平阳人。其学长于《春秋》，魁乡荐，会试下第不复出。积书数万卷自娱，晚荐入史馆，授教谕。年八十余，读书不辍。

胡荣 （生卒年不详）

　　字希华，私谥曰文庄先生，明龙游人。从金华汪公若讲学，得其旨归。当道交荐不起。居家孝友，名动乡里。搜猎百家，旁通九艺，乐潜味道，超然独立。拥书万卷，手不释卷，反覆披览，名传乡里。他淡泊功名，不求富贵。终生不仕，更为后人称道。晚年优游山水间，自称谷溪渔者。著有《谷溪渔唱集》，年七十卒。

胡重 （1741—1811）

　　字菊圃、子健，号曲寮居士，别署小书隐生、菊圃学人、书隐，原籍钱塘（今

杭州市），嘉兴人。清乾嘉间学者、藏书家。监生。工诗词，精于《说文》，所著书
十余种，著有《秀州金石考略》、《说文字原韵表》，剧曲《海屋添筹》、《嘉禾献瑞》，
纂订《三通警策》上下编等。曾校《冯注李义山诗集》、《说文》。金孝相为其刻《说
文字原韵表》。重好藏书，四世聚书数万卷，至胡重时所藏之书，皆手自校雠，丹铅
无恙。钱泰吉《曝书札记》卷上有其旧藏惠士奇、惠栋父子所校汲古阁本《说文解
字》。黄丕烈《荛圃藏书题识》卷九有其所校抄本《藏春诗集》六卷，并录其题识四
则。藏书处为书隐阁。

胡祯 （生卒年不详）

字用良，明新昌人。甘贫力学，尚志慕古，结草亭于宅外，聚古今图籍，终日
吟诵其中，不慕仕进。所著有《草亭辨愚》等。

胡珙 （生卒年不详）

字伯玉，元代鄞县（今宁波市）人。做过地方小官，后居家奉母。生平嗜蓄古
法书名画，益聚书，构精舍小溪上。卒年七十三。

胡珽 （1822—1861）

字心耘，树声子，清仁和（今杭州市）人。室名琳琅秘室，自号琳琅主人。官
太常寺博士。侨居吴下。好收宋、元版古籍，手自校勘，有得即记。与叶廷琯为赏
奇析疑之交。庚申（1860）冬避乱沪城，辛酉（1861）四月殁于旅舍，年四十。所
著有《石林燕语集辨》、《嬾真子录集证》，惜皆未刊，搜采详赡，可传之作也。刻有
《琳琅秘室丛书》四集三十种，世甚珍重。藏书印章有"胡珽之印"、"心耘"、"琳琅
秘室藏书"。

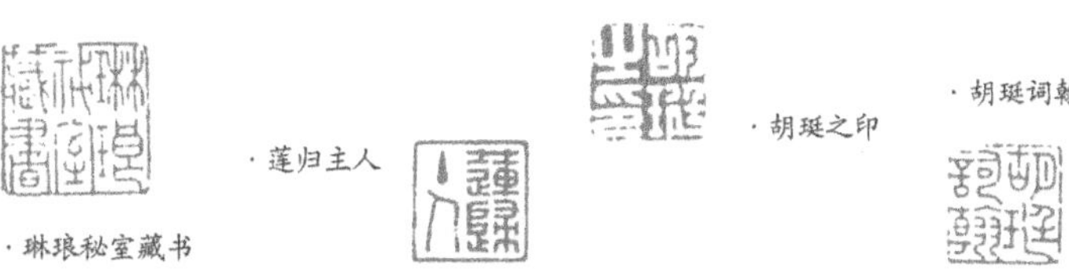

胡谊 （1159—1232）

字正之，南宋奉化人。有观省楼藏书。宋代袁甫撰《胡君墓志铭》云："正之骨清神静，笔端洒洒，无俗气……自以不与时，偶益读古圣哲书，深求旨趣以自畅。适晚岁建聚书楼，扁曰观省，自号观省佚翁"。

胡桢 （生卒年不详）

明初钱塘（今杭州市）人。官刑部尚书。殁之日，家无余赀，惟藏书数千卷。

胡筠 （生卒年不详）

清嘉庆间东阳人，嗜古好聚书，藏书万余卷，构楼数间，以储书，颜其斋曰"困斋"。尤多历代名贵碑帖的收藏。

胡万阳 （生卒年不详）

字功复，明宁海人。诸生。敦节尚义，动以古人自期，构南国书院，藏书甚富。诵读不出户，为诗文宕逸奇古。鼎革后，筑室台屏山，自号龙南居士。

胡三省 （1230—1302）

字身之，宋元之际史学家，宋理宗宝祐年间进士。宁海（时属台州府）人。历任县令、府学教授等职，宋亡后隐居不仕，藏书于南湖石窟。他早年撰就《〈资治通鉴〉广注》九十七卷和论文十篇，原稿于临安陷落后流亡新昌时丧失，继而又发愤重撰，于至元二十二年（1285）完成《〈资治通鉴〉音注》对《通鉴》作了校勘、解释、考证。对旧《释文》作了辩误，并对史事有所评论。

胡士莹 （1901—1979）

　　字宛春，平湖人。幼承家学，工书法，擅诗词。1920 年入南京高等师范（后改名东南大学）。毕业后，在家乡稚川中学、南京私立东方公学等校任教。抗日战争时期，避难于上海，与郑振铎等共同研究、讨论小说、戏曲和通俗文学。曾任暨南大学中文系、复旦大学、圣约翰大学、光华大学和上海临时大学等教授。抗日战争胜利后，任杭州之江大学文学院教授。1949 年后任浙江师范大学，杭州大学教授，中国社科院研究员。因仰慕明末清初学者傅山的为人及书法，以其著《霜红龛集》取书斋名为"霜红簃"。所藏多小说、戏曲、弹词宝卷，著有《弹词宝卷书目》、《紫钗记校注》、《宛春杂著》、《吟风阁杂剧》、《霜红词》。

胡介祉 （1659—？）

　　字循斋，号茨村，清山阴人，宛平籍。少保兆龙子。由荫生历官河南按察使。徐昂发有《题胡茨村画像》诗二首，其一云："金泥小字刻牙签，连屋书囊当画檐。尽日细翻黄白本，始知闲味十分甘。"此诗可见介祉藏书之富，校书甚勤。著《随园诗集》。其藏书印章有"胡茨村印"、"燕越胡茨村氏藏书印"、"胡氏茨村藏本"、"茨村藏书"。

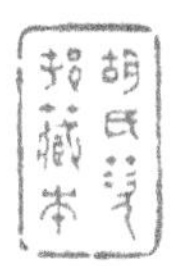

· 胡氏茨村藏本

· 燕越胡茨村氏藏书印

胡凤丹 （1823—1890）

　　字枫江，又字齐飞，号月樵、枫江、归田老人、萍浮散人，清永康人。性伉爽，以培植后进为己任。官至湖北道。设退补斋书局于杭，所刻号称善本，尤留心乡邦文献，尝刊《金华文萃》，其自序有云："吾郡人文荟萃，曩有小邹鲁之目。历考自来著作家，其目录载在郡邑志者，不下千余种，而书缺间有。我朝四库书目、存

"

目所采录者，自唐至今，凡一百六十五种，爰仍书目之例，厘为经、史、子、集八卷。兹从敝簏中觅得数十种，依次开雕，为《金华文萃》所托始。"后正式刊刻时易名《金华丛书》，其后书版归浙江省立图书馆。室名尚有退补斋、双竹山房、紫藤仙馆。编著有《金华丛书书目提要》、《唐四家诗集》、《采辑历朝诗话》、《辨伪考异》、《航海图说》、《大别山志》、《桃花源志》等。藏书印章有"月樵眼福"、"臣凤丹印"、"茗溪后人"。

胡文焕 （生卒年不详）

字德甫，号全庵，一号抱琴居士，明仁和（今杭州市）人。尝于万历、天启间构文会堂，藏书设肆，流通古籍，刊《格致丛书》至三四百种，名人贤达，多为序跋。又辑《寿养丛书》三十五种七十三卷。自著《琴谱》六卷。

胡尔荣 （生卒年不详）

字豫波，号蕉窗，又号廉石，清海宁人。启龙孙，监生。蕉窗饶于赀，聚书十万卷，旁及书画钟鼎之属，于县庆云镇路仲里东，筑爱莲西堂储之。唱酬之乐，有月泉吟社之风。晚虽家落，遇名流墨妙，仍不惜典衣购之。至力所不能者，则笔之于册，仿《云烟过眼录》之例，名之曰《破铁网》。有《蕉窗剩稿》二卷、《经义考校勘记》二卷、《华鄂堂藏书目》四卷。

胡申子 （生卒年不详）

字令修。清海盐人。胡震亨孙，顺治辛卯（1651）副榜，精岐黄术，著有《复斋心在录》等。性嗜书，先世遗稿，刊布不遗余力。藏书数千卷。

胡启龙 （生卒年不详）

字羽嘉，又字掌纶，号云峰，乾隆时海宁人。职贡生。家饶于赀，藏书甚富。构云峰别墅于胡仁村，颇擅林泉之胜。与诸名流觞咏，殆无虚日。工举业，刊《羽嘉时文》行世。长子珠及孙尔荣能世其家学。他所著有《爱莲书屋诗文集》、《华鄂堂集古诗》一卷。藏书印章有"华鄂堂图书"。

胡应麟 （1551—1602）

字元瑞，一字明瑞，号少室山人，别号石羊生，明兰溪人。万历四年（1576）举人。屡赴京试，不第。随父进京，每游一地即事题咏，一时名流见其所作，莫不钦佩。与屠隆等并称"后五子"。一生致力于文学，厌薄名利。筑屋城隅，称二酉山房。屋凡三楹，上固而下隆其阯，使避湿，而四敞之，可就日。为庋二十又四，高皆丽栋，尺度若一。所藏之书，经、史、子、集四万二千三百八十四卷。著有《少室山房类稿》、《诗薮》、《少室山房笔丛》等，编有《二酉山房书目》。康熙间藏书为唐骧所有，改书楼为古连书屋。

胡宗懋 （生卒年不详）

字季樵，清永康人，光绪十九年（1893）进士，胡凤丹退补斋传人。所著所辑有《梦选楼诗抄》、《梦选楼文抄》、《永康人物志》、《金华经籍志》等。喜藏书，其藏书室名梦选楼。游历吴、楚、齐、燕之地，所至辄以购书，尤喜收罗乡邦文献及秘抄古刻。所藏仅金华一地文献，即有四百十一种，有元刻本一种、明刻本四十种、抄本六十八种、四库馆副本十一种等。为继承其父刊刻《金华丛书》未竟之业，于民国十三年（1924）刻《续金华丛书》五十八种，百二十册。胡宗懋将《金华丛书》和《续金华丛书》板片捐赠给浙江图书馆。藏书印章有"梦选楼胡氏宗懋藏"。

胡树声 （生卒年不详）

字震之，又字雨棠，清仁和（今杭州市）人，原籍休宁。喜藏书，所购多宋元旧本，不吝值。或更手自缮录，积至千百卷，颜其居曰琳琅秘室。

胡夏客 （生卒年未详）

胡震亨子，字宣子。清海盐人。著《谷水集》二十二卷，《谷水谈林》六卷等。夏客承父业，喜藏书，凡七略九流无不阅览。好摩周籀秦篆，虽竹书漆简，一见辄辨其年月。拜经楼《文心雕龙》跋："胡夏客曰：《隐秀篇》脱四百余字，余家藏宋本独完。"

胡彭述 （生卒年不详）

字信甫，明海盐人。喜读书，好藏书，其好古堂藏书近万卷，有《好古堂书目》。其《好古堂书目序》中云："予家世为塾师，自诚斋府君迄仰崖府君凡四世，虽隐显不同，而其雅好均类于张华，以故藏书几至万卷，亦云盛矣。兹惧卷目烦多，易以散逸，敬分四类，曰经史子集，而贮之好古堂中，冀时一展玩之，以开此心茅塞，期无负祖父相传之意，然而未易能也。"

胡惠墉 （生卒年不详）

· 胡惠孚印

· 篆江

· 当湖小重山馆
胡氏篆江珍藏

清平湖人。道光时藏书家，其藏书之室曰小重山馆。《皕宋楼藏书志》："《丽泽论说集录》十卷，有'当湖小重山馆胡氏篆江珍藏'朱文长印。"莫氏《宋元本经眼录》："《毛诗要义》有钱天树跋云：'魏鹤山《九经要义》，《四库全书》只载《周易》、《仪礼》，尚是全帙，《尚书》、《春秋》，皆非完本。近扬州阮氏复得《尚书》三卷，即《四库》所阙之卷。又《礼记》三十一卷，首阙《曲礼》上、下两卷，其余四经，竟无从咨访矣。壬辰（1892）仲春，篆江婿不惜重值，购得宋椠《毛诗要义》，首尾完整，触手如新，为曹栋亭旧藏本……真希世之秘笈也。郡城金氏藏有宋椠《礼记》，首两卷即阮氏所缺之帙，当访求之。从此《易》、《书》、《诗》、二《礼》、五经皆成完书，真大快事也。篆江席丰履厚，而不以他好萦心，惟古人秘笈搜访不遗余力，是可尚已。"

吴晗《两浙藏书家史略》按：据陆、莫二氏所志胡惠塽字篆江，钱天树婿，记载甚确。第查《续当湖外志》，则胡名惠孚，字荻江，他所载事迹均同，未知孰是，或胡曾更名也，并录于后：

《续当湖外志》卷六："迩来我湖藏书之富，邑中推陈氏简香斋，朱氏三万卷楼，东乡推棣雨徐氏、绍德堂全公亭、项氏乐闲居最富，而精者莫如胡氏小重山馆。咸丰时尚存四十九椟，且抄本十居六七，多秘本。主人荻江上舍惠孚，系钱梦庐先生天树之婿。先生精赏鉴，喜古书金石，上舍之书得于外舅者居多。整顿卷帙者施益三汝昌，馆于胡多年。主人欲检一书，抽取即是，亦人所难能者。遭乱后，各藏家书俱荡为烟云矣。"有《小重山馆书目》六册。

刘声木《苌楚斋随笔》卷八："上海郁氏藏书颇负盛名，而罕有知其藏书之所本者。大概郁氏之书得于胡□□，胡又得之于其舅平湖钱梦庐上舍天树，钱系监生，收藏旧书金石书画甚富，为浙西一路风雅主盟。中落后，其所珍秘大抵为其婿胡□□所得，由胡转入上海郁氏。同一藏书，今人知胡□□钱天树几无一人。"

胡惠塽篆江有藏书纪事诗云："九经已有四经亡，披发巫阳下火荒。一旦复还诗要义，卿云如盖覆书堂"。藏书印章有"篆江"、"篆江借观"、"胡氏篆江珍藏"、"曾藏当湖胡篆江家"、"当湖小重山馆"、"赏奇析疑"、"当湖小重山馆胡氏篆江珍藏"、"胡惠孚篆江氏珍藏书画之印"、"篆江鉴赏"、"当湖胡篆江珍藏"、"胡惠孚印"。

胡萼卿 （生卒年不详）

杭州人。前清举人。为清季杭州巨商胡雪岩之文孙。尊人品三先生是胡雪岩的三子。萼卿先生曾留学日本，在日本加入了孙中山的同盟会。秉性风雅蕴藉，嗜绘画，延携李朱梦庐授之以六法，遂有出蓝之誉。惟不轻作，故流传不多。萼卿先生家中本有藏书，深感不足，以是于民国十六年（1927）前后，常偕其弟墨卿结伴而往福缘路抱经堂书肆，搜求善本，数年间所藏益丰。萼卿先生善诗词，著有《虫天草楼集》，惜毁于兵燹中。先生喜收金石古董，并罗致名人书画，既丰于财，识力又高，故所收文物书画，咸为精品。尤笃嗜名人手稿本，凡属数见不鲜之书，则摒之不收。惜毕生所藏，遭日寇之乱而散失无存。有二子，曰亚光、同光，克绍箕裘，在沪杭声名藉甚。亚光为著名画家，藏有其曾祖雪岩亲笔遗嘱，惜十年"文革"动乱中竟被毁不存。曾以其尊人所传之著作词稿，装帧裱褙为一册，颜曰《虫天幸草庐遗墨》。

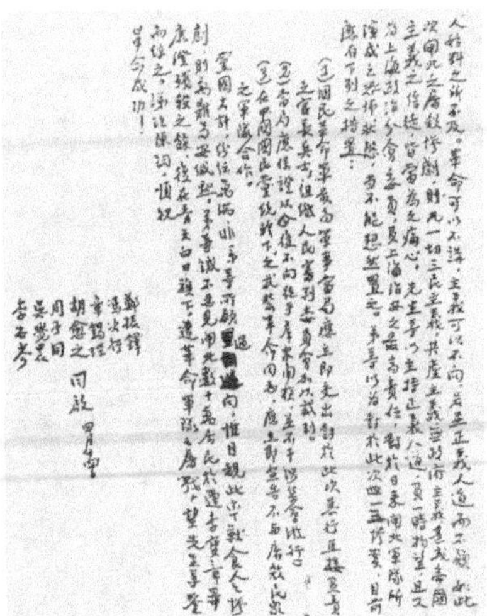

·胡愈之手迹

·胡愈之像

胡愈之 （1896—1986）

名学愚，以字行，别署芋之，笔名愈之，上虞人。1914 年入上海商务印书馆当学徒，工作二十多年，其间，加入文学研究会，参与创办《文学周报》，经常在各种报刊杂志上以不同署名发表文章。"九·一八"后，与邹韬奋等共同主持《生活周刊》，创办《世界知识》，主编《东方杂志》，参加发起组织救国会。不久，转印尼进行抗日活动，抗战胜利后回新加坡，与陈嘉庚创办《南侨日报》，建立民盟支部。解放后，历任出版总署署长，《光明日报》总编、文化部副部长、全国人大副委员长等。喜藏书，卒后全部藏书赠送家乡上虞图书馆。上虞馆设专库保存。

胡德迈 （1660—1715）

字鹿亭，清鄞县（今宁波市）人。筑野意园居之，园故址在今湖西青石街，俗所谓狮子墙门者也。其藏书处曰适可轩，或曰宝墨斋。收藏颇精。宋刻《扬子法言》极为清帝所赏鉴。德迈曾将此书进献康熙帝玄烨，圣祖凭几翻阅良久，完璧于公，赐御书唐诗二绝句以答。德迈受赐乃筑斋三础，用以贮藏宸翰，并颜之曰"宝墨"。

胡震亨 （1569—1645）

字孝辕，晚自号遁叟，彭述子，明海盐人。才识通达敏捷，为诸生即怀继世之志。万历二十五年（1597）举人。先知合肥令。崇祯末年，荐补为定州知府，擢为兵部职方司员外郎。胡震亨一生嗜书如命，张元济曾称他为"吾邑第一读书种子"。推崇他为海盐县历史上读书最多、知识最渊博的学者。震亨自己亦说："余自幼好读书，老而念岁月无几，嗜读尤勤。"乞归居家，著书自娱。家藏书万余卷，日夕不倦研读，凡秘册僻本，奇文异书，旧典佚事，贻误鲁鱼，漫漶不可句读者，无不补缀扬榷，人称博物君子。著有《唐诗谈丛》、《唐音统签》、《唐音癸签》、《海盐县图经》、《靖康咨鉴录》、《续文选》、《李杜诗通》、《文献通考纂》等书。胡震亨编著众多书籍中，最具影响的为《唐音统签》一千零三十三卷，此书奠定了他在明代唐诗诸学者中巨擘的地位。此书也是《全唐诗》的蓝本。

费寅 （1866—1933）

字景韩，号复斋，海宁人，光绪二十八年（1902）举人，在硖石镇下东街建"自怡斋"，有贮书，藏书约四、五千册，其中多乡邦文献，自编有《自怡斋残书目》若干卷。著作《复斋先生遗集》，大部分是古书题跋。藏书印章有"复斋校读古籍印记"、"自怡斋"、"自怡斋图书"。

· 复斋校读古籍印记

· 自怡斋图书

· 自怡斋

贺荣 （生卒年不详）

字师桓，明钱塘（今杭州市）人。世以名医，至荣博综经史百家言，喜论当世之务，娓娓可听。诗文古澹有理趣。家藏古书画彝器甚多，因精鉴赏。室名存斋。有《存斋稿》。

贺铸 (1052—1125)

字方回，原籍山阴，生于卫州（今河南汲县）。宋太祖孝惠皇后五代族孙。自言为贺知章后裔，故号庆湖遗老。长身耸目，面色铁青，人称贺鬼头。少年读书，博学强记，性耿介，好论辩，虽权门贵要，小不中意，即极口诋之。官至太平州通判，一生沉沦下僚，郁郁不得志。晚年定居苏州，在盘门横塘建有小筑，藏书万余卷，杜门遂老，埋头校勘。

贺铸工诗词，词尤胜于诗。词集有《贺方回词》，一名《东山词》，诗集有《庆湖遗老集》。

赵昕 (生卒年不详)

字雍客，号雪乘，清余杭（今杭州市）人。顺治十八年（1661）进士。性耽山水，时与名衲相过从，家有永和楼，藏书甚富，遭洪水漂没。著《永和楼集》。

赵信 (1701—?)

字辰垣，号意林，清仁和（今杭州市）人。监生。与兄功千齐名，称二林。好聚书，旁抄博购，一如其兄。二林兄弟聚书，得之江南储藏家多矣，独于祁氏诸本，则别贮而弄之。工书画，年轻时，与梁诗正唱和，编有《同林唱和集》。又曾与沈嘉辙、兄赵昱等七人各赋诗百首为《南宋杂事诗》七卷，盛称海内。藏书印章有"小山堂书画印"。著有《秀砚斋吟稿》。

赵昱 （1689—1747）

原名殿昂，字功千，号谷林，清仁和（今杭州市）人，家居平安坊。贡生，乾隆元年（1736）荐试博学鸿词。家有春草园，池馆之胜，甲于一郡。小山堂藏书数万卷，为当时浙中聚书最富。谷林以三十之力，爬梳书库，藏书不仅富，且极珍贵，仅地志，自明成化以前者已及千种，其中四明开庆、宝庆二志盖世间所绝无。其余藏书全祖望也云"太半予所未及见也"，可见秘笈之多。所储大半为山阴祁氏澹生堂旧藏。平时只要闻他人有秘本精钞，则神飞色动，必多方致之乃已。贮藏之富，校勘之勤且精，与同时绣谷亭相匹。吴尺凫亦好藏书，每得一异书，彼此钞存，互为校勘数过，识其卷首"小山堂书画印"，牙章精篆，神采可爱。先生卒后，悉载归广陵马氏、汪比部鱼亭，与先生为僚婿。著有《爱日堂集》十卷。藏书印章有"小山堂"、"小山堂书画印"。

赵衮 （生卒年不详）

字希甫，北宋嘉兴人。以殿丞致仕，后隐居于嘉兴三塔景德寺后，藏书万卷。名人陈舜俞题其所居曰赵公园。

赵舒 （1884—1948）

字澄志，号明止，又名元熙，晚号红蓼馆主人，缙云壶镇人。年轻时喜习技击，议论国家大势，后加入龙华会。清光绪二十九年（1903）远涉重洋，留学日本早稻田大学。回国后，参加光复会。宣统三年（1911）11月，参加光复杭州的战斗。胜利后，回壶镇协助吕逢樵光复处州。民国元年（1912）被选为众议院议员。六年（1917），孙中山在广东成立大元帅府，被任命为大元帅府参议。十二年（1923）10 月赴北京参加大总统选举。坚决拒绝曹锟贿选。抗战前夕回乡，生平亦喜聚书，有藏书数千册。著有《红蓼馆诗草》、《明山集》等。

赵魏（1746—1825）

字晋斋，号洛生，一号恪生，清仁和（今杭州市）人。恩贡生。博学嗜古，尤工篆隶，精于考证碑版，不辞艰劳，探讨残碑断碣于荒野宿莽间，家中所藏商周时代的彝器及汉唐碑本极多，号称"为天下第一"。考据金石文字，别具特识。所著《竹崦庵金石目》，搜采精博，深受金石学家推重。《竹崦庵金石目》所列之书，近世多已停刊，而当时则皆石渠孤本秘笈奇文，足见晋斋好书之癖。曾手定阮元的《积古斋钟鼎彝器款识》及王昶的《金石萃编》。尚著有《华山石刻表》、《历朝类帖考》、《小学杂缀》、《古今法帖汇目》等书。

赵一清（1709—1764）

字诚夫，谷林子。清仁和（今杭州市）人，能昌其家学，学尤赅贯，好聚书，甚于其父。每一闻异书，辄神色飞动，不致之不止。其所蓄书连茵接屋，凡书贾自苕上至，闻小山堂来取书，相戒无得留书过夕，恐如齐文襄之待祖珽也。每有所得，则致之太孺人，更番迭进，以为嬉笑。呜呼！白华之养，充以书带之腴，是天伦之乐所稀也。撰有《小山堂书目》二卷，又《水经注笺释》，为四库所著录。

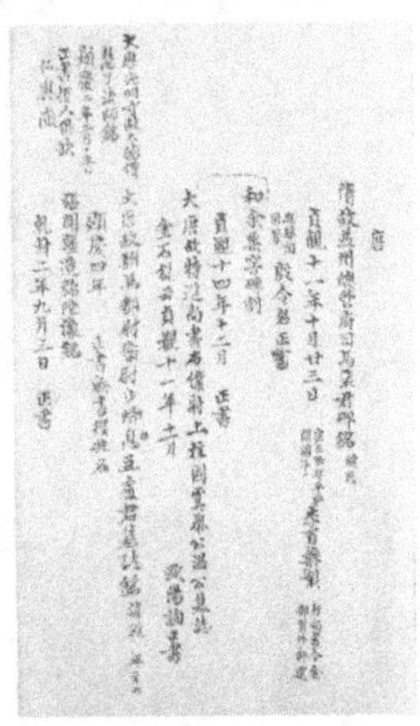

·赵魏《竹崦庵金石目》手稿

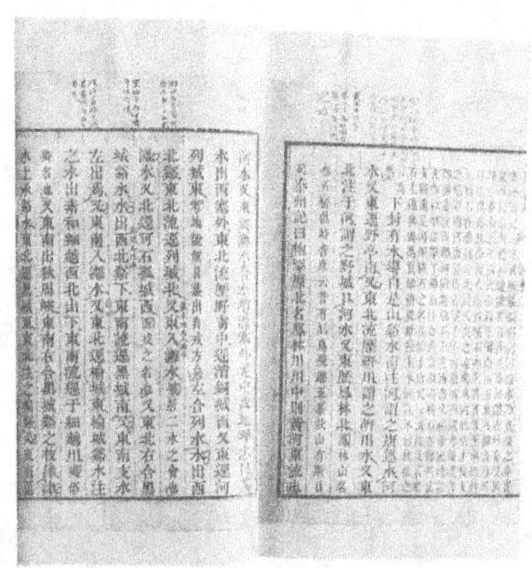

·赵一清《水经注笺释》清刻本

赵万里 (1905—1980)

字斐云，别署芸庵、舜庵，海宁盐官人。1921 年入东南大学，从吴梅习词曲。1925 年到北京，拜王国维为师，在清华大学国学研究院任助教。精版本目录学，尤精于鉴别宋元版本。凡王国维手校本，多移录存副，屡次南下访书。长期在北京图书馆任职，并兼任北京大学、清华大学教授。著编有《中国版刻图录》、《北京图书馆善本书目》、《王国维先生年谱》、《校辑宋金元人词》、《永乐大典内辑出之佚书目》等。藏书印章有"赵"、"万里手钞"、"盐官艺文"等。

·赵　·盐官艺文

·万里手钞

赵与懃 (生卒年不详)

号兰坡（亦作菊坡），宋宗室。居处州青田（今丽水市）。南宋嘉熙间，曾知临安府。精鉴赏，富收藏。善临摹古画，颇能乱真。亦工墨竹。与周密友善，所藏法书名画，著录于《云烟过眼录》者颇多。

321

赵之谦 (1829—1884)

字益甫，又字撝叔，号铁三、冷君、憨寮，中年更号悲庵、悲翁，晚号无闷，清会稽（今绍兴市）人。天资聪颖，好学深思，经史百家无不博览旁通，得其要领。咸丰九年（1859）中举，而会试屡试不第。历任鄱阳、奉新、南城知县。生平论学，以段玉裁、王念孙父子为立，尝言《说文》为读书之本，研求尤力。工书画篆刻，其篆刻初师丁敬，继学邓石如，并法秦汉，加以融化，特创一派。画以写意花卉、蔬果为主，为清末写意花卉之开山。家藏秘册甚富，先后付梓，成《仰视千七百二十九鹤斋丛书》六集四十种。著有《六朝别字记》、《悲庵居士诗剩》、《悲庵居士文存》、《悲庵居士四书文》、《补寰宇访碑录》等。藏书印章有"悲翁"、"赵

·赵之谦画像

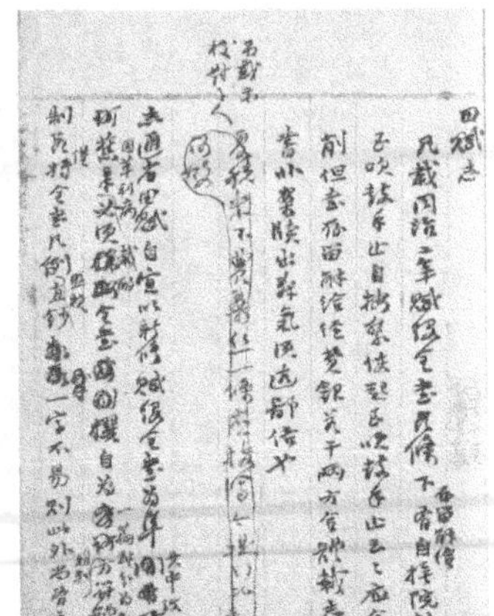

· 赵之谦《赣省通志》手稿

· 赵之谦印

· 悲翁

· 之谦审定

· 赵氏撝叔

孺卿"、"赵之谦印"、"长陵旧学"、"益甫手段"、"撝叔手校"、"赵氏撝叔"等。

赵丙栻 （生卒年不详）

清山阴（今绍兴市）人。字芃若，号养拙居士，一字仰才，尝从胡志仁、刘枫山、童钰游，工小篆及刻印。皆能超出时流。笃好古书，不惜重资购之。殁后，汪启淑欲得其印制谱，其寡媳秘不与，故其谱不传。

赵兰丞 （1866—1929）

原名佩荘，字兰丞，以字行，号梅隐，温岭人。光绪二十九年（1903）举人。1907年应浙藩保荐入都对策，以盐课大使赴闽就职。越月余，因母病而归，遂弃仕途。兰丞少年力学，熟读经史之余，兼治医学，至后半生，竟以医显，有儒医之称。其治医先从清代叶派诸家入手，潜心研读《内经》、《伤寒论》、《金匮要略》等经典，善治时疫及妇、儿科，一时当地名声显赫。喜聚书，藏书达八千余册，其中罕见医籍不少。著有《内经点勘医案》、《六经管见》、《尊生随笔》。又有《石芙蓉馆集》、《花山志》、《易经刍议》等著作。

赵佑宸 (1817—1886)

　　字粹甫，清鄞县（今宁波市）人。幼聪异，成童即补弟子员。性喜书，劬学不辍。咸丰六年（1856）进士，授编修。官至大理寺正卿。佑宸两守京口，多善政，及移松江，尝捐廉举行云间小课，所得皆知名士，故政声尤振。在官四十余年，无积储，丧归，惟藏书数万卷，储书处曰贻谷堂。后逐渐散佚，书多无印记，偶一见者为"曾在赵粹甫处"六字朱文长方印。卒于任，年七十。

赵时棡 (1847—1945)

　　原名润祥，字献忱，后更名时棡，字叔孺，晚号二弩老人。近代鄞县（今宁波市）人。藏金石、书画甚富。藏书处名二弩精舍。

赵孟坚 (1199—1295)

　　字子固，号彝斋，宋太祖十一世孙。宋宝庆二年（1226）进士，授集贤殿修编。历官湖州掾，入转运司幕，诸暨知县，知严州府。后为言官所劾，遂退隐，以诗画藏书自娱。时有杨嗣翁善琴，赵仲文善棋，张温父（名即之）善书，世遂以孟坚之画，合成四绝艺。景定初迁翰林学士承旨，旧传宋亡不仕，隐居海盐广陈镇（今平湖广陈镇北）。从弟赵孟頫宋亡仕元，自苕川来访，闭门不纳。孟坚家富藏书，工诗文，善书画，多藏三代以来金石书画真迹珍本。有书法墨迹《自书诗卷》，绘画《墨兰图》、《墨水仙图》、《岁寒三友图》等传世，著《彝斋文编》四卷。卒谥文简。

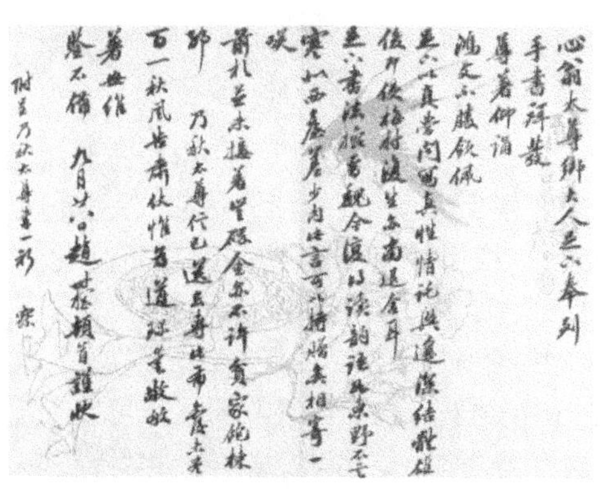

· 赵时棡手迹

· 赵孟坚画像

324

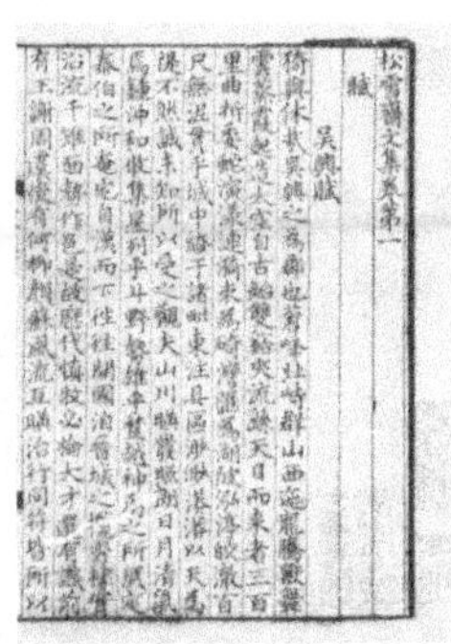

· 赵孟頫《松雪斋文集》元刻本

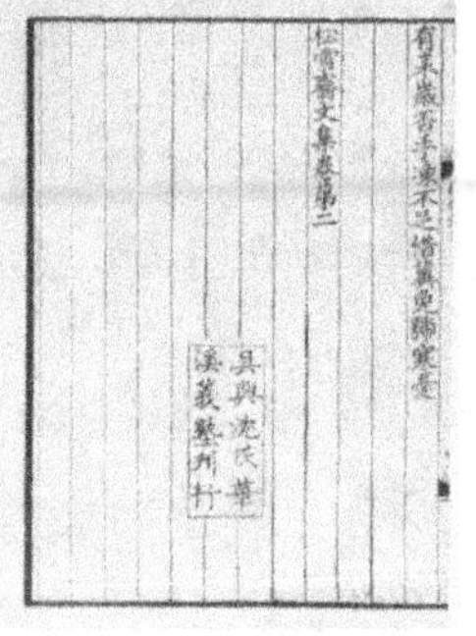

· 赵孟頫印

· 松雪斋

· 赵孟頫画像

· 赵氏子昂

· 天水郡图书印

赵孟頫 (1254—1322)

字子昂，号松雪道人、水晶宫道人，宋太祖十一世孙，四世祖伯圭是宋孝宗之兄，赐第于湖州。始为湖州人。宋司产参军，入元后，官至翰林院学士承旨、荣禄大夫，赠魏国公，谥文敏。元代著名书法家、绘画家。又精于音乐，得律吕不传之妙。家富藏书。尝曰："聚书藏书，良非易事。善观书者，澄神端虑，净几焚香，勿卷脑，勿折角，勿以爪侵字，勿以唾揭幅，勿以作枕，勿以夹刺。随损随修，随开随掩。"著有《尚书注》、《乐原》、《松雪斋集》。藏书印章有"赵孟頫印"、"赵氏子昂"、"赵天水"、"松雪"、"赵子昂氏"、"吴兴赵氏"、"宋宗室"、"皇宋宗室所藏"、"天水赵氏珍藏"、"天水郡图书印"、"松雪斋"、"水晶宫道人"。

赵彦逾 (1130—1207)

字德先，南宋鄞县（今宁波市）人。为宋宗室，绍兴三十年（1160）进士，授象山主簿，性介洁，狱无冤滞。开河渠，筑碶闸，办学校，政誉日臻。淳熙五年（1178）知秀州，累迁至工部尚书。宁宗即位，擢四川安抚制置使兼知成都府，守蜀多惠政。后以资政殿大学士出知庆元府，建三层楼房，中层藏书，所谓赵大资"重楼"也，收藏颇富。楼钥《赵资政建三层楼中层藏书》诗曰："插架三万牙签重，此身原为书蠹虫。"孙应时和楼钥诗亦曰："有书满架酒不空。"则其收藏之富可知。嘉泰间知明州兼治海制置使，卒赠太师吉国公。

赵春沂 (1778—1849)

即赵钺。字雩门，号春沂，后更名钺，清仁和（今杭州市）人。嘉庆十六年（1811）进士，官泰州知州。藏书处名醉经楼、种芸仙馆。藏书印章有"赵春沂校"、"雩门校过"、"醉经楼赵氏家藏"、"赵氏种芸仙馆藏书"。

赵迺抟 (1897—1986)

杭州人。曾任北京大学经济系教授。藏书 30000 余卷。1915 年考入北京大学预科，1918 年升入本科经济系学习，从此他开始了对各国经济思想史的研究。1922 年毕业后，蔡元培校长介绍他到民国大学讲授财政学。是年冬天，他考取了浙江官费留学生第一名，1923 年赴美，在纽约哥伦比亚大学经济学院做研究生，1924 年获硕士学位。嗣后，他继续留在该院学习，并在丹佛药品公司兼职，1929 年获博士学位并应南京中央政治学院电聘回国任教。1931 年，赵迺抟受聘任北京大学经济系教授兼系主任，翌年又兼任北京大学研究院社会科学部主任，讲授经济学原理、经济思想史、商业循环等课程。1938 年，他在西南联大讲授欧美经济想想史。主要著作有《欧美经济思想史》，1948 年出版《披沙录》第一卷（上、下集）。

赵景深 (1902—1985)

曾名旭初，笔名邹啸。戏曲史家、教育家。祖籍四川宜宾，生于浙江兰溪，1919 年在南开中学求学时，曾参加周恩来领导的学生运动。1922 年毕业于天津棉业专科学校纺织科，因嗜好文学艺术改行做《新民意报》文学副刊主编。一生从事文学戏曲研究事业，曾参加文学研究会，主编过上海《文学周报》，曾任开明书店及北新书局编辑，复旦大学中文系教授，中国古代戏曲研究会会长，中国俗文学学会名誉主席等。赵景深一生主编和参与编辑过几十种刊物和报纸副刊，主要著作有《中国小说丛考》、《中国文学小史》、《天鹅歌剧》、《民间故事研究》、《童话学 ABC》、《民间故事丛话》、《文学讲话》、《文学概论》、《文艺论集》、《世界文学史纲》（与李菊林合著）、《失恋的故事》等。

赵景深藏书最完整的时候达三万册，编有藏书目录九本。他去世后，全家把这些书都捐赠给了复旦大学图书馆，经过清点，计有线装古籍二千余种，八千余册；中文平装书九千册，外文书二百余册，总计约二万多册。这在现代学人的私人藏书中，也是颇具规模的。尤其难能可贵的是，赵景深尽管嗜书、爱书如命，但与众不

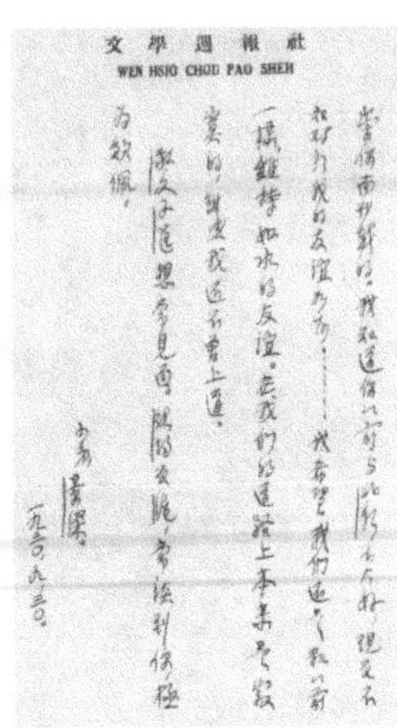

· 赵景深手迹

· 赵景深像

同的是，对前来借书的学生、同好，特别是青年，他总是慷慨支持，从不吝啬出借。有时买书还常买双份，一份便是专门供人借阅。对真正的研究者，赵景深更主动热情地敞开图书，提供方便，而且借书数量不限，时间不限，一切从中得益。曾有一位日本学者慕名前来，希望拍摄他收藏的几本珍贵资料。赵景深不仅为他一一取出，而且为他一页页翻检，协助他顺利翻拍。这让那位专程来沪的日本专家深为感动。王襄教授曾赋诗赞颂道"文坛巨擘老人星，著作等身至可钦。更有一桩人罕及，藏书肯借见胸襟"。

"六十余年，培育英才遍世；半千万字，著编书籍等身。"——这是赵景深墓志铭上的俳句，这也是他的真实写照。

赵辑宁 （生卒年不详）

字素门，一字典承，号辑宁，清钱塘（今杭州市）人。生活于清代乾隆嘉靖间，家有古欢书屋及星凤阁藏书。著《闽游杂诗》一卷。藏书印章有"钱塘赵氏星凤阁藏书"、"赵辑宁印"。

赵殿扬 （生卒年不详）

杭州人，为杭州藏书名家赵氏小山堂之后裔。能继先人之志，力搜典籍。民国十九年（1930）左右，闲常徜徉书肆，图志抱残拾遗，重收"小山堂"散出之书。虽未达悉数合浦珠还，但物归故主，亦颇非鲜。藉此重振家声，继续绳渑，子孙勿替，可谓干蛊之子。殿扬先生学有所得，因亦善能鉴别版本，判其真赝，故所购之书，佥为精椠。日有所积，虽不能盈室充栋，但邺架罗列，颇多"小山堂"之旧物。克绍箕裘，宜人艳称赵氏家风，赖以不坠，徇克家之有子也。杭州抱经堂书肆主人朱慎初先生称誉不止，尝对人言："赵先生真是位深谙版本之学的人。"惜中年早世，知者咸叹其寿之不永。逝后，堕编遗简又散出不存，良堪惋惜。

赵撝谦（1351—1395）

名古则，更名谦，字撝谦，号考古先生，明余姚凤亭乡（今肖东镇）人。一生淡泊名利，专注学术，留下著作300余卷，为古文字学作出了重大贡献。洪武二十二年（1389），授海南琼山县教谕，辛勤办学，开启当时海南各族人民的智慧，被海南人尊称为"海南夫子"。幼孤贫，寄食山寺，与朱右、谢肃、徐一夔辈定文字交。博究《六经》、百氏之学，尤精六书，作《六书本义》，《学范》，复作《声音文字通》，时目为考古先生。洪武十二年命词臣修《正韵》，撝谦年二十有八，应聘入京师，授中都国子监典簿。久之，以荐召为琼山县学教谕。二十八年，卒于番禺。其后，门人柴钦，字广敬，以庶吉士与修《永乐大典》，进言其师所撰《声音文字通》当采录，遂奉命驰传，即其家取之。著文藏书处为考古台。据黄宗羲《明儒学案》载"筑考古台，读书其上。"今余姚文保所收藏之"考古台"巨匾为我国古代著名水利专家、嘉靖年间绍兴知府汤绍恩所题，用来纪念考古先生赵谦的，赵考古祠也是此人所建。

·赵撝谦《六书本义》明刻本

·钟梁手迹

钟梁（生卒年不详）

字彦材，号西皋，海盐人。明正德九年（1514）进士。授刑部员外郎，官至南昌知府。年四十归乡里，著有《西皋集存逸》十卷。好藏书，藏书逾万卷，读书自乐，以"贫不屈身，仕不易节，隐不干誉，老不忘求"为座右铭。人称"西皋老人"。

钟麟（1825—1869）

原名宝田，字璘图，清长兴人。道光二十九年（1849）拔贡，咸丰十一年（1861）顺天副贡。少有神童之目，家富藏书，左图右史，日供讨索，学益淹通。入都援例授内阁中书，馆周文恪、祖培家，与都中贤士大夫游。崇尚朴学，经则深于《尔雅》，史则熟于南北朝，丹黄札记，积成卷帙。以《元史》芜杂重沓，拟汇正之。尤精小学，谓许氏《说文》为通经之嚆矢。尝著《十三经正字考》，惜未卒业。咸丰庚申（1860）夏，闻苏常杭嘉相继沦陷，以父希玉未得迎养，日夕南望涕泣，遂请假归。待至家父已殉难，悲痛不自胜，遂不复出，以引翼后进为己任，主讲若溪书院。

钟士瀛（生卒年不详）

号绿洲，浦江人。是浦江东乡的宿儒，前清府学优等廪生，民国后，执教金华中学（省立第七中学）。藏书数千册。其中颇多孤本，后捐赠浙江图书馆。

钟广生 (1874—?)

字慈盦，杭州人，住皮市巷。民初时，癖好聚书，亦为杭州名不见经传之藏书家。邺架无精椠善本，佥为普通易致的诗文集，然收罗甚富而鸣于时。广生于民国初年，供职新疆多年，针对当地历史文化事业，专志采辑。回杭后，撰有《新疆志稿》、《慈盦文集》、《慈盦诗集》等，后纂为《湖滨补读庐丛刻》，排印五册行世，首刊自序。又增订《陆肃武将军年谱》二卷，又撰《〈历代两浙词人小传续编〉序言》。广生先生藏书，因抗日期间杭州沦陷，逃难离杭，待胜利回杭，已家无一物矣。

钟文烝 (1818—1877)

字殿才，又字子勤，号伯嫩、伯美，清嘉善魏塘人。精通文字学，年十二邑试中首名。道光二十六年（1846）举人，选知县未成，绝意仕途，专事著作。同治初，应江苏忠义局聘，与陈奂、顾广誉诸人同任编纂。主讲敬业书院十二年。著有《春秋穀梁经传补注》二十四卷等。文烝好藏书，藏书多善本，如元刊本《古今韵会举要》，抄本《逸周书》十卷四册等。藏书处为信美堂，一作信美室或信美斋。藏书印章有"钟印文烝"、"伯嫩"、"伯美"、"子勤"、"魏塘钟氏信美斋庚申以后所得书"等。

钟毓龙 (1880—1970)

字郁云，晚年自号庸翁，杭州人，住清吟巷二号，逊清举人。思想维新。以笃学鸣世，恂恂儒者。任杭州宗文中学校长达二十五年，乐育人才，数十年如一日，门弟子咸尊礼之甚谨。后任浙江通志馆编纂、副总纂。晚年竭全力编纂《说杭州》一书，共十八章，原稿订四十二本，费二十余年心血，方始毕事，亲加装订，家藏甚久，但未付剞劂行世。杭人因事关乡里掌故文献，引领望之如渴。据闻老校长对此著述，旁采博征不厌其详，杭州史实如数家珍，确然有据，信而有征，言赅意尽，既详且备，洵为一丝不苟之杰作，内容包罗万象：曰说城邑，曰说坊巷，曰说桥，曰说名，曰说陆地，曰说山，曰说水，曰说兵祸，曰说学校，曰说大患，曰说风俗，曰说工商业，曰说祠庙寺观，曰说古迹，曰说园林别墅，曰说事，曰说语言，曰杂说。洋洋洒洒十八大类。惜在"文革"浩劫中已毁去相当部分，无可弥补。哲嗣肇恒，任职中国美术学院，为恐先人著作年久更湮，于1982年交付浙江人民出版社出版，共三十万余言，列为《杭州掌故丛书》之一，惜已毁部分存目从阙。钟老尚著有关文闱琐事一书，称《科场回忆录》，业已出版问世。其余绪写作诗文数百篇，尚未问世，便赍志而殁。此外尚撰有《上古神话演义》、《奇妇人日记》、《浙江地理考》等。二十世纪六十年代曾任杭州市政协副主席。

钮石溪 (生卒年不详)

名纬，字仲文。号石溪，明会稽（今绍兴市）人。家富藏书 10 万卷。祖上本是吴兴人，客居会稽，因而占籍于此。他出生于一个书香世家，祖父钮清，字宗源，是成化十四年的进士；父亲钮廷信，字朝节，以学业优异，成为邑中的廪食诸生。钮纬的生年已不可考，大约是在正德年间。嘉靖二十年进士，二十四年二月由祁门知县选礼科给事中，二十九年升江西佥事，寻以原官降直隶常熟县丞，历山东佥事，以忧归。约卒于万历初期。

黄宗羲《天一阁藏书记》："古今书籍之厄，不可胜计。以余所见言之，越中藏书之家，钮石溪世学楼其著也。余见其小说目录亦数百种，商氏之《稗海》皆从彼借刻。崇祯庚午（1630）间，其书初散，余仅从故书铺得十余部而已。"藏书印有"会稽钮氏世学楼图籍"、"世学楼藏书记"。编有《会稽钮氏世学楼珍藏图书目》，体例赡详、章法严明，从行款版式等方面考订版本，为后世之目录学著作体例开了先河。

闻人滋 (生卒年不详)

字茂德，南宋嘉兴人。曾任进贤县令。多蓄书，喜借人。客至留宿食，然不过蔬豆而已。郡人求馆客者多就谋之。生平好学嗜古，尤精于小学。著有《南湖草堂记》。

项崧 (1865—1909)

字申甫，清瑞安人。光绪间进士。学行甚优，清季曾被选为浙江省教育会会长。生平喜聚书，在继承世代藏书之上，更增益。构水仙亭贮藏，尤多古本旧钞。

项靖 （生卒年不详）

字药师。明万历间藏书家。项靖于万历间刻印过元陆支《墨史》二卷、《研北杂志》二卷等多种图书。靖喜藏书，抄本有《钱法考》一册。现存于各大图书馆的钤有"项药师"藏书印章的历代典籍仍有不少。还有"橺李项药师藏"、"浙西世家"等。藏书处为万卷堂、宝墨斋。

项霁 （1792—1841）

字叔明，别号雁湖。清瑞安人。年十四始从塾师习举子业，归而潜读《离骚》、汉、魏、六朝、唐、宋诗文集。屡应童子试落第，遂绝意仕进。著有诗集《且瓯集》九卷。藏书处为水仙亭。

项士元 （1887—1959）

原名元勋，又名家禄，字慈园，笔名石槎，临海人。自幼勤奋好学，宣统三年（1911）全省中学、师范毕业生复试，名列优贡。生平热心文化事业。1918年，与临海知事汪莹、劝学所所长严秉钺等，议办临海图书馆，士元亲书"开卷有益"匾额，捐私人藏书万余卷，向戴勋屏、屈云珊等借书万余卷，以紫阳宫之景藜楼为馆址。同年4月，择定栖霞宫遗址，筹建新馆。解放后，曾任县政协委员，台州文物管委会负责人，又向国家捐献藏书二万余卷，文物十九箱。项士元一生俭朴，搜集抢救文物，跋山涉水，考证护送，不遗余力。著有《台州经籍志》、《临海要览》、《中国簿录考》，《浙江方言考》等约三十余种。

·项元汴印

·项子京家珍藏

·子孙永保

·项墨林鉴赏章

·项元淇手迹

项元汴（1525—1590）

　　字子京，号墨林，又号香严居士、退密斋主人，明嘉靖间居嘉兴灵光坊。以善治生产富。海内珍异，十九多归之。工绘事，精鉴赏，每遇宋刻即邀文氏二承鉴别之。善本书籍及法书名画甚富，分贮天籁阁、万卷堂，马玉堂《论书目绝句》有咏万卷堂一首："难弟难兄负盛名，吕诗通鉴镇书城。如何善价归家督，笑杀豪华项子京。"项每得名迹以印钤之，累累满幅。乙酉（1585）岁大兵至嘉禾，项氏累世之藏尽为千夫长汪六水所掠，荡然无遗。子京题跋皆署撄宁庵。藏书印章有"项元汴氏"、"子京父印"、"项元汴印"、"子京"、"子京父"、"项子京父"、"墨林生"、"墨林子"、"寄敖"、"退密"、"墨林山人"、"墨林项氏"、"项叔子"、"项子京家珍藏"、"墨林珍玩"、"墨林秘玩"、"古携李狂儒"、"墨林山房史籍印"、"项子京家珍藏"、"项墨林鉴赏章"、"墨林项氏秘籍图书"、"项氏世家宝玩"、"世济堂项氏图籍"、"世济美堂"、"世美堂"、"古狂"、"神游心赏"、"真宋刊子孙世昌"、"天籁阁书画印"、"携李项子京鉴赏书画印"、"子子孙孙永宝用之"、"子孙永保"、"传家永宝"、"生平真赏"、"项氏书画藏珍"、"携李项氏世家宝玩"等。

项元淇（1500—1572）

　　字子瞻，号少岳。明嘉兴人。南太学生，谒选上林录事，后任光禄寺署丞。善书画，精鉴赏，又工诗古文辞。元淇友于兄弟，在三兄弟中排行第一，笃寿第二、元汴最小，三人以项氏藏书三昆仑称名于世。元淇喜藏书，著有《少岳集》四卷（《四库全书》存目，明万历天籁阁刊本）。藏书处为众山响斋。藏书印有"众山响斋"。

项元深（生卒年不详）

字子渊，号如临、江山风月主人，明嘉兴人。嘉靖甲子（1564）举人，著有《如临诗稿》。藏书处为世济美堂。

项传霖（1798—1858）

字叔雨，号几山，清瑞安人。道光二年（1822）举人，官富阳教谕。十上春官，不知家人生产。每归，则多购古书，与兄雁湖辨证校阅。自始学至疾革，未尝一日去书。博通经史，旁涉天官、历算、阴阳、风角诸杂家之说，然亦谦退不著书。（孙衣言撰墓志言其撰《笔记》十一卷）。藏古籍数万卷，悉加丹铅。所书断章残稿，皆端楷不苟。教人读书，必遵元儒程氏日程，无求速化。生平不轻臧否人物，即对付村农野叟，亦无倦容。卒年六十一。

项禹揆（生卒年不详）

项笃寿从孙，字子毗，明秀水（今嘉兴市）人。县学生。擅鉴藏。藏书甚富，家藏有宋本《陶集》，后归士礼居。藏书处为海野堂。藏书印章有"海野堂图书记"、"项子毗真赏章"、"项禹揆印"、"子毗父"、"子毗所藏"、"项子毗真赏章"、"吴山秀水中人"等。

项笃寿（1521—1586）

字子长，明秀水（今嘉兴市）人。幼警敏，郑晓见而奇之，妻以女。明嘉靖四十一年（1562）进士，官兵部郎中，广东参议。其学以晓为始，博综今古，通达国体，惜未究其用，著有《今献备遗》等编。二子德桢、梦原哀其章疏名曰《小司马奏草》，以别襄毅。性好聚书，见秘册辄令小胥付钞，储之舍北万卷楼。项笃寿除

· 吴山秀水中人

· 项子毗真赏章

· 项禹揆印

· 海野堂图书记

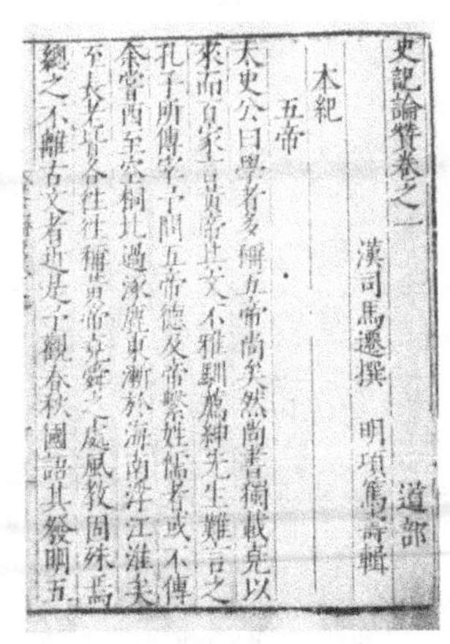

· 项笃寿《全史论赞》明刻本

· 少溪主人

· 项氏子长

· 项笃寿印

· 万卷堂印

· 项氏万卷堂图书籍印

藏书外也刻印书籍，所刻之书质量很高，叶德辉赞誉为明人刻书之精品。藏书印章有"项氏子长"、"浙右项笃寿子长藏书"、"万卷堂图书籍章"、"万卷楼"、"圣师"、"师孔"、"少溪主人"、"兰石主人"、"马生角"、"万卷堂藏书记"、"项笃寿字子长"、"浙西世家"、"紫玉玄居宝刻"、"桃花村里人家"、"杏花春雨江南"等。

项梦原 （生卒年不详）

项笃寿仲子，原名德棻，字元海，更名梦原，字希宪。明秀水（今嘉兴市）人。万历四十七年（1619）进士，官至刑部郎中。著有《读宋史偶识》三卷、《石门避暑录》、《项氏经笺》、《云烟过眼录》、《冬宫纪事》等五种。喜藏书，藏书处为宛委堂。梦原又是嘉靖间著名的刻书家，其宛委堂刻书与其父万卷堂刻书在明代齐名。刻有宋叶梦得《石林避暑录话》四卷，湖南图书馆藏，《研北杂志》三卷，南京图书馆藏，《古今印册》十一卷、《印旨》一卷钤印本，国家图书馆、上海图书馆藏，《读宋史偶识》三卷，上海图书馆藏等。

项葆桢 （1879—1951）

字慎初。瑞安人。清廪贡生，民国北洋军阀时期考取知事，任山东乐陵、单县、济宁、长清县知事，代理济宁道尹。民国二十四年，任县修志会主任委员，主持民国《瑞安县志》编纂工作。三十四年，为县临时参议员。三十五年，为县参议员，同年，民国《瑞安县志》稿修成付梓。与俞春如、宋慈抱等同为云江吟社社员。积书数万卷。藏书处为染学斋。有《染学斋书目》。

项鼎铉 （生卒年不详）

项德桢子，字梦璜，明秀水（今嘉兴市）人。万历辛丑（1601）进士，著有《实录纪异》、《呼桓日记》十二卷、《魏斋佚稿》九卷、《学易堂笔记》、《名臣宁攘编》三十卷等。喜藏书，藏书处为易学堂。

项德桢 （生卒年不详）

项笃寿长子，字庭坚，明秀水（今嘉兴市）人。万历丙戌（1586）进士，亦喜藏书。编有《项襄毅公年谱》五卷、《纪实》四卷、《名臣宁攘要编》十四种十四卷、《皇明弼直录》、《续名臣记》、《大政志》、《易州新志》。德桢子项声国（生卒年不详），字仲展，崇祯甲戌（1634）进士，亦喜藏书。

骆问礼 （1527—1608）

字子本，号缵亭，明诸暨人。象贤六世孙。嘉靖四十四年（1565）进士，初任行人司行人，继任南京刑科给事中。问礼秉性刚方，行止高洁，遇事敢言，不避权贵。官至南京工部主事，福建湖广副使等职。后乞归，以读书自娱，在家乡枫桥钟山西麓建万一楼以贮书，藏书数万卷。清初毁于火。后修复，咸丰十一年（1861），再度为火所毁。著有《万一楼集》。

骆象贤 （生卒年不详）

字则民，号溪园居士，明诸暨枫桥人。生性好学，德行高洁，严于律己，淡于功名，教化乡人。筑园于枫溪之上，名曰"溪园"。藏书盈屋，至老玩读不辍，学者尊为"溪园先生"。岁饥，出谷千石以赈，深受地方称颂。明正统年间，诏旌其门曰"尚义"，敕建"尚义坊"。著有《羊枣集》、《归全集》、《溪园逸稿》、《梅花百咏》、《笃终易览》等，并编纂景泰《诸暨县志》。

十　画

倪朴 (1105—1195)

　　字文卿，学者称石陵先生，宋浦江人，居石陵村。因号石陵。尝应进士举，有志功名，喜舞剑谈兵，不为无用之学。绍兴末，闻朝廷欲北伐，草万言书陈征讨大计，精忠感激，为郑伯熊、陈亮叹赏。无缘上献，矢志不懈，复考山川险阻，成《舆地会元志》四十卷。又著《鉴辙录》五卷，指陈御侮用策之失。好使气，与人多不合，年四十七尚未娶。淳熙中，为人所构，徙家筠州。以赦归，寒窭终身。业古文三十年，有杂著六十篇，吴师道称其"无愧古作者"(《敬乡录》卷一)。宋濂称其以布衣而赤心忧国，《拟上高宗》一书，与贾廷佐二疏、陈亮三书，俊快朗烈，照耀后先。《四库全书总目》称其文"古健有法"(卷一五九)。所著今仅存《倪石陵书》一卷，为明嘉靖间毛凤韶辑刊，有《四库全书》本、清光绪十三年慎德堂木活字本、《续金华丛书》本。《全宋文》卷五四〇六录其文二卷。

336

倪思 (1147—1220)

　　字正甫，号齐斋，南宋湖州归安（今湖州市）人。乾道二年（1166）进士，中博学宏词科。累迁秘书郎，除著作郎兼翰林权直。历孝宗、光宗、宁宗三朝，曾任礼部侍郎、兵部尚书、礼部尚书等职。主张抗金，反对求和，以直谏著称。曾斥韩侂胄而被革职，后重新起用，又因触怒史弥远而两次罢官。《宋史》赞曰："倪思直

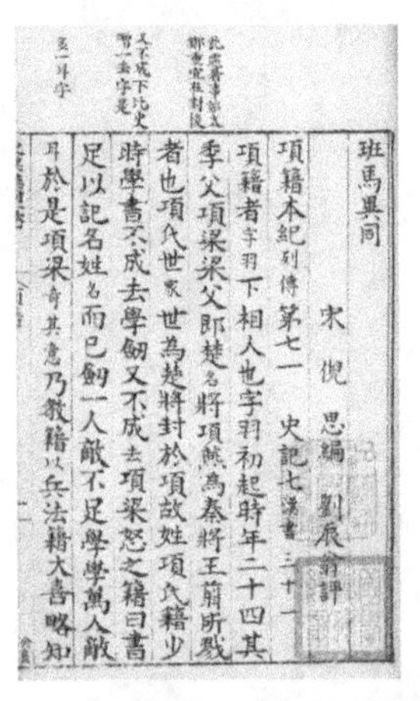

·倪思《班马异同三十五卷》（宋）刘辰翁评明嘉靖十六年（1537）李元阳刻本

·倪思画像

辞觐主，又屡触权臣，三黜不变其风概，有可尚焉。”卒谥文节。著有《齐斋甲乙稿》、《兼山集》、《经钥堂杂志》、《班马异同》等。《癸辛杂志前集》：“倪氏玉湖园，倪文节别墅，在岘山之傍，取浮玉山、碧浪湖合而为名。中有藏书楼，极有野趣。”《齐东野语》卷十二：“其后齐斋倪氏、月河莫氏、竹斋沈氏、程氏、贺氏皆号藏书之富，各不下数万余卷，亦皆散失无遗。”嘉定十三年卒，谥文节。

倪涛（生卒年不详）

字昆渠，清钱塘（今杭州市）人。生当在顺、康（1644—1722）间，生平笃志嗜学，年凡八十，犹著书不辍。辑六艺之录四百零六卷，合金石、书法为一书。尤富金石文献。

倪寅（生卒年不详）

字子宾，号淡庵，又号莱根生，瑞安人。性恬静颖敏，淹贯经籍，饬躬励行。洪熙间（1425）以明经荐，将试事，引疾归里。家富藏书，教授予弟，吟咏自乐。友人赠诗有“牙签万轴邺侯书”之句。与虞原璩（环庵）、黄淮、杨景衡等友善，互相唱和。著有《观光集》传于世。传见《万历温州府志》卷一三。

倪可与（1324—1376）

元鄞县人。其履斋有万卷藏书。

倪国桢（1892—1966）

字悟真，别号悲华居士，乐清万家南村人。聪颖勤学，经史子集，无不穷究，通英、日两国文字。先后任万家小学、柳市女子小学、白象小学、省立温州第十中学、乐清中学等校教员。输财兴学，深受好评。民国十八年（1929）起，担任县立第六高等小学校长，其间发动社会人士捐助增建校舍，添置图书教具等，校誉蒸蒸日上。解放后，聘为温州市机关中学教师。一生致力于教育事业达40余年。家有藏书6万多册，其中善本逾万卷，为本县藏书之冠，后惜被焚毁。

倪春如 (1873—1958)

号椿墅，慈溪人。先世以货值起家，倪春如席丰履厚，坐享其成，一生不理家业，唯书是嗜。藏书楼名"椿墅"，有精舍五栋，多精善之本。1952 年捐献上海市政府时尚有一万七千余册。

凌昱 (生卒年不详)

字敬舆，明钱塘（今杭州市）人。景泰二年（1450）举人。凌昱为云翰孙，辑祖父诗文若干卷，命子遍缮守成帙，名《柘轩集》，瞿宗吉为之序云："柘轩凌先生与予衡斋叔祖为同年友，予与先生别五十年矣。宣德初，自山后召还北京，先生曾孙遍来见，求为尊德堂制记。盖先生在日，所蓄前代典籍甚富。遍父敬舆收藏无遗，于所居作堂崇奉之，可谓知所尊者矣。凌氏当有明盛时，收藏图籍自经史及诸子百家，以至稗官小说，靡不兼收并蓄，又有贤孙曾宝惜而珍藏之，以贻后世，足征诗书之流泽长矣。初居义和安国里，嗣筑别业于湖墅夹城巷，尊德堂别业之最胜处也。"

338

凌云翰 (1323—1388)

字彦翀，明仁和（今杭州市）人。好学嗜古，博通经文，潜心周孔之书。处一室，左图右书，讲习其间，研几极深，严冬盛暑不辍。至正己亥（1359）浙省以便宜开科取士，登乡试榜，以道梗不及赴都，授兰亭书院山长。洪武辛酉（1381），以荐举召授四川成都教授。著有《柘轩集》。

唐礼 (生卒年不详)

字敬身，明武康（今德清县）人。举贤良方正，授莆田县主簿，迁常熟县知县。公美丰仪，善书能文，所至有政绩，为士大夫所敬。礼构万竹山房，藏书万余卷。有集帖行于世。

唐弢 (1913—1991)

　　原名端毅，字越臣，笔名风子、晦庵、韦长、仇如山、桑天等，镇海人。初中时家贫辍学，入上海邮局作拣信生，开始业余写作。1933 年起发表散文、杂文，结识鲁迅。抗日战争爆发后，在上海坚持抗日文化运动，参加初版《鲁迅全集》编校。后任《文艺界丛刊》、《周报》编辑。新中国成立后，历任复旦大学教授、上海市文化局副局长、《文艺报》副主编、社科院文学研究所研究员、中国作家协会理事、鲁迅研究会副会长等。致力于鲁迅研究，是鲁迅研究学科的奠基人和权威学者。所著杂文思想、艺术均深受鲁迅影响。主要著作有杂文集《推背集》、《海天集》、《短长集》、《唐弢杂文选》等，散文随笔集《落帆集》、《晦庵书话》等，论文集《向鲁迅学习》、《鲁迅的美学思想》、《海山论集》等，主编《中国现代文学史》，辑有《鲁迅全集补遗》、《鲁迅全集补遗续编》等。抗日战争时期，唐弢居住在上海徐家汇，附近有一家废纸收购处，唐弢与主持者相识，往往从废书堆中得书刊，以贱价购得之，是为其藏书活动之始。以后随着研究工作的深入，他一生节衣缩食，搜集购置各种典籍，尤以收藏五四以来新文学书籍为主，成为自阿英之后新文学资料书籍收藏最多的大藏书家。顾颉刚曾对人言："北京几位朋友的藏书，我心中有个数目：振铎十万册，阿英十万册，我八万册，唐弢四万册，何其芳三万册。"黄裳也曾评论曰："最先留心收集新文学史料，为研究奠定了基础的是阿英，但注意新文学出版物的版本，系统加以评论记述的，则不能不首推风子。《晦庵书话》有其历史地位，是这一领域的开山之作。"（黄裳《悼风子》）唐弢的藏书在"文化大革命"的十年中受到很大损佚，他曾言："线装书于是乎全完了，新文学界书也打乱散佚了。"后唐弢将藏书捐给中国现代文学馆。

唐彪 _{（生卒年不详）}

清仁和（今杭州市）人。藏书处为万卷楼。

唐淮 _{（生卒年不详）}

字晴川，清秀水（今嘉兴市）人，居郡城。少贫苦学，受业于钱塘桑弢甫调元，乾隆庚辰（1760）进士，由翰林转御史，后出典云南试。喜藏典籍书画，藏书处为绿溪山庄。藏书印有"秀水唐氏"、"绿溪山庄收藏之印"等。

唐仁寿 _{（1829—1876）}

字端甫，号镜香，清海宁人，诸生。有神童之誉。年十四游庠，不喜制举业，读书好古。时钱仪吉为海宁训导，喜奖助晚辈，得仁寿大异之。仁寿家饶于财，购书累数万卷，多秘籍珍本。益肆钻研，尤究心六书音韵之学，雠校经史文字疏讹舛漏，毛发差失皆辨之。然屡应乡举不得志。咸丰八年（1858）太平军攻入浙江，所购藏书荡尽，志意萧然，处之泰然，好读书如故。后曾国藩招致金陵书局。生平所为书皆未就，独有《讽字室诗稿》若干卷藏于家。藏书印章有"海昌唐仁寿"、"唐仁寿读书记"、"补农"、"梦华生"、"讽字室"、"盐官"、"仁寿启事"等。

唐尧臣 _{（生卒年不详）}

《湖录》："尧臣，宋武康人，为开建尹。有别业为万竹山房，构楼五间，藏书万卷。书上有印曰'借书不孝'。自钞书目以贻子孙。中叶式微，悉付于火。有《万卷楼书目》。"弘治年间知开建县（今广东肇庆）。

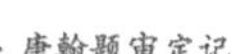

唐翰题 （1816—1896年后）

字子冰，号蕉庵、鹪安，又号文柏，清嘉兴竹林人。嗜金石书画，收藏甚富。善鉴别。书斋名曰"唯自勉斋"。藏书五十四楼，计二万五千余卷。据祝廷锡《竹林八圩志》云："唐之收藏，在同光间富可甲一郡也"。藏书印章有"翰题至宾"、"唐翰题"、"嘉兴新丰乡人唐翰题收藏印"、"鹪安平生真赏"、"读书有福得书难"、"唐翰题审定记"等。

夏震武 （1854—1930）

原名震川，字伯定，号涤庵，富阳灵峰十庄（今里山镇）人。自幼刻苦向学。清同治十二年（1873），考中举人，次年成进士。光绪六年（1880）朝考二等，授工部营缮司主事。当时，沙俄侵占新疆伊犁地区。清廷派吏部侍郎崇厚出使俄国，交涉收回伊犁地区。崇厚媚外，与沙俄签订丧权辱国的《里瓦基亚条约》。消息传来，举国震惊。震武激于义愤，上书清廷，反对议和，竭力主战。其后，张之洞讲西学，倡洋务。震武认为是"用夷乱夏"，"士风扫地"，倍加抨击。戊戌政变时，又奏请对维新派康有为、梁启超等"立诛无赦"。

八国联军攻陷北京后，夏震武应慈禧太后、光绪帝之召，奔赴西安，上《应诏进言，谨陈中兴十六策》，反对屈辱求和，建议"奋发自强，任贤才，修政事，明耻教战，运东南之财，练西北之兵，东向以恢复两京"。奉旨引见时，又面陈和战大计，并指斥枢臣荣禄、王文韶、鹿传霖等"均不可恃"。后又连上数折，弹劾王文韶、盛宣怀、翁同龢等"表里为奸，挟外洋之势以胁朝廷"。为此触怒权贵，未被重用。后因和议已决，震武遂告病回乡。

宣统元年（1909），震武被选为浙江教育总会会长，旋兼任浙江两级师范学堂监督。因他主张尊孔读经，鄙视科学，遭到进步教师鲁迅等人的反对，学生亦相继罢课。震武被迫离校，转任北京京师大学堂教席。晚年，"以孔、孟、程、朱公道为天下倡"，在故里筑"灵峰精舍"，聚徒讲学，先后慕名从学之士甚众；日本、朝鲜、越南学者亦不远千里而来。

1930年农历五月初一，震武病逝家中，墓葬渔山平安顶，现为县级文物保护单位。遗著有《人道大义录》、《灵峰先生集》、《悔言》、《悔言辨正》、《衰说考误》、《寱言质疑》、《〈资治通鉴后编〉校勘记》、《大学衍义讲授》、《论语讲义》、《孟子讲义》等。

徐珂 (1869—1928)

原名徐昌，又名心园，字仲可，原籍余杭（今杭州市），浙江预备立宪会会员，清光绪举人。室号"小自斋"，又室名"大受堂"，撰有《大受堂札记》。曾参加袁世凯小站戎幕，政变后返回杭州旧居筑"天苏阁"以颐养天年，请名画家黄宾虹绘《天苏阁诗梦图》，请上海名画家吴待秋精绘《纯飞馆》，请文学家杨葆光绘《衔杯春笑图》，请汪鸥客绘《小自斋又号心园图》。家富典籍，秘册古椠充栋盈室，有声于时。尝以毕生精力，编辑《清稗类钞》巨帙四十八册，内容系撷拾清朝之掌故和传闻野史等，典丽雅驯，情文并茂，既详且备，由上海中华书局出版，雅俗共赏，人争读之。研究近代史者，皆藉佐獭祭之需。先生辑有自著之《天苏阁丛刊》初、二两集共十五种，内涵太平天国史事；编有《国难稗钞》二卷，所辑为有关甲午战争中日双方之私乘材料；又编《北京指南》，并增订编纂《西湖游览指南》（附《海宁观潮指南》），均由商务印书馆印行。又为该馆创制精日记本，眉端刊有前人名诗一或两句，适合是日之故实，当年颇盛销一时，恂别出心裁也。仲可先生早年曾提倡妇女天足，大声疾呼，不遗余力，尝请人绘《天足仕女图》，制印成信笺，与人通问辄用之。又撰有《天足考略》、《天足考略补》及《知足语》三种，谓古无所谓天足，而曰"素足"。其对提倡天足，不厌词费，诚一有心人也。

其哲嗣新六，检其尊人之遗稿得一十三种，辑为《康居笔记汇函》，排印行世。新六久于金融界，主上海浙江兴业银行，在抗日战争时与上海中南银行经理胡笔江先生应召赴渝，途中飞机触山蒙难。家中珍藏之书，日寇侵华时，为宵小偷窃一空，人殒物亡，可谓惨酷矣！

徐舫 (1299—1366)

字方舟，桐庐人。元代文学家，幼年崇尚侠义，好驰马击剑。勤奋好学，酷爱吟咏，潜心探究睦州诗派的作品。曾漫游江、汉、淮浙间，与各地名士相互切磋，诗艺大有进步。但他对仕途不感兴趣，故友刘基被征召入京，路经桐庐邀舫同行，舫荷蓑戴笠，无意仕进。在江边建沧江书舍，藏书数千卷，每日吟哦在烟波出没间。著有《瑶林集》、《沧江散人集》。

徐渭 (1521—1593)

初字文清，改字文长，号天池、青藤，别署田水月、青藤道士等，明山阴（今绍兴市）人。晚明时期思想解放运动的先驱，明代杰出的文学艺术家，被列为中国古代十大名画家之一。自幼聪颖过人，八岁学八股文，九岁便能成文，文思敏捷。然仕途坎坷，嘉靖十九年（1540）二十岁时中秀才后便屡次应试不第，只好充作西宾，教授生徒。嘉靖三十六年（1557），应浙闽总督胡宗宪之邀，入府为幕僚，代写表章文牍，并商议战计。后胡宗宪因被劾与严党有牵连而遭逮捕，死于狱中。徐渭深恐祸及自己，忧愤而发狂，曾几次自戕。后因杀妻而被捕，下狱七年。晚年贫病交加，以变卖书画度日。一生博学多艺，涉猎甚广，诗文、词曲、书画皆精。诗文有《徐文长集》三十卷及《逸稿二十卷》，戏曲有杂剧《四声猿》、《歌代啸》，戏曲论著有《南词叙录》以及《西厢序》、《选古今南北剧序》等序文。

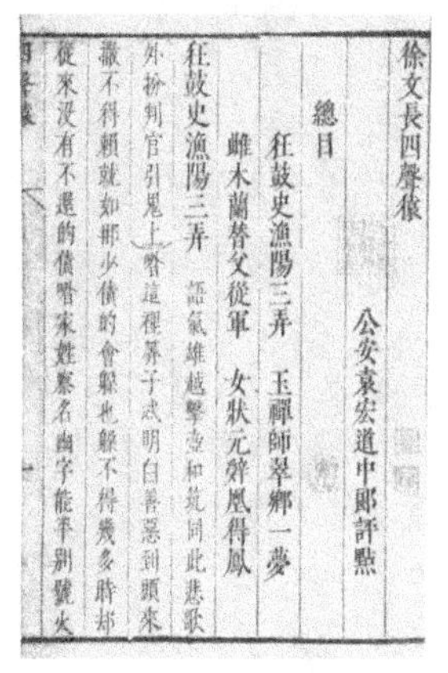

·徐渭《四声猿》明刻本

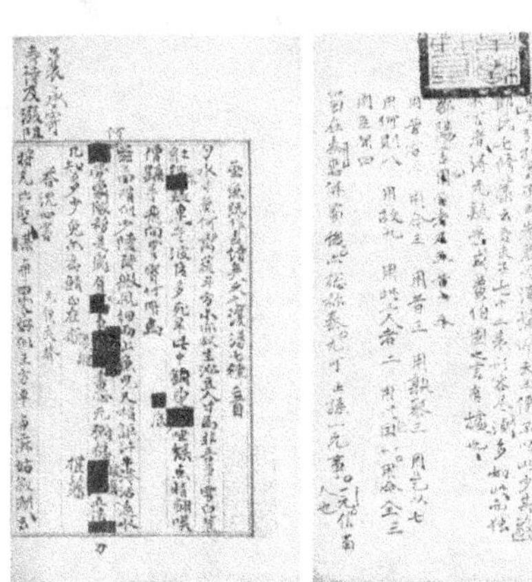

·徐渭《天池杂稿》稿本

·徐渭画像

·漱仙

·徐渭之印

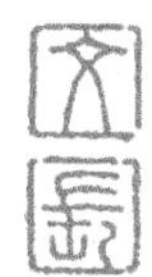

·文长

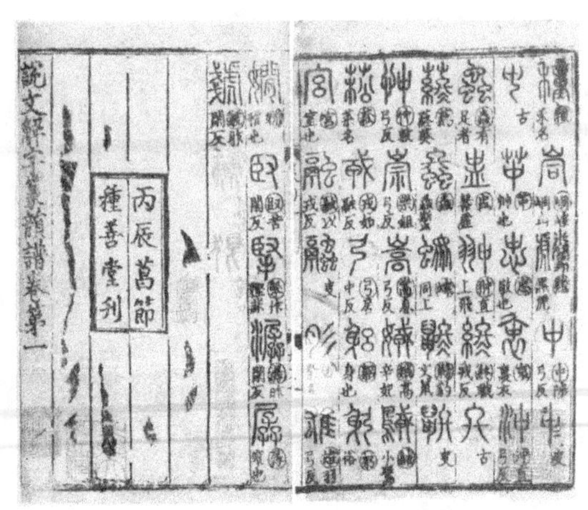

·徐锴《说文解字韵谱》元刻本

·徐锴（右）与徐铉石刻像

徐锴 (920—974)

字楚金，南唐会稽人。自幼聪颖，酷爱读书，虽隆寒烈暑未尝少辍，善文。仕南唐，为秘书省正字。后主尝得周载《齐职仪》，时江东无人通晓此书，以访锴，锴一一条答，无所遗忘。累官内史舍人。既久处集贤，朱黄不去手，所校雠之书极精。锴亦精小学，与兄徐铉世称二徐。铉与句中正、葛湍等同校《说文解字》，世称"大徐本"；锴著《说文解字系传》四十卷，世称"小徐本"。江南藏书之盛，为天下冠，锴力居多。

徐爔 (1732—1807)

名医徐大椿之子。字鼎和，号榆村，晚号种缘、种缘子，清嘉兴人。历官候选布政使。曾受医于父，精于岐黄，亦爱好词曲，著有《蝶梦庵词曲》四卷、《梦生草堂诗文集》四卷、《写心杂剧》十六种十六卷等。家富藏书。藏书处为梦生草堂。

徐三英 (生卒年不详)

字桐侯，清海盐人。性恬淡，喜收图籍披览自娱。校刊四子书，点画无丝毫讹，世称善本。

徐士棻 (1791—1848)

字诵清，号辛庵，又号惺庵，清平湖人。嘉庆二十三年（1818）浙江乡试第一，次年成进士。翰林院庶吉士，授编修。曾任会试副总裁、江南正考官，历内阁学士兼礼部侍郎，累官工部右侍郎，兼管钱法堂事务。著有《漱芳阁文稿》十卷、《漱芳阁时艺》一卷、《辛庵馆评诗抄》一卷等。编有《漱芳阁书目》六册，为袖珍小册精写本，每页一目，著录千余种，其中明刻本甚多。曾为嘉兴藏书家冯登府刊行《金石综例》一书。藏书处为漱芳阁。藏书印章有"臣徐士棻"、"漱芳阁之印"、"惺庵藏书"等。

徐与参 (? —1633)

字原性，明兰溪人。博学多闻，工书法，天启中以贡入太学。所收法书名画鼎彝金石遗文甚众，或款识题署磨灭，皆能别其时代，赏鉴家皆叹弗及。其储书跨屋连阁十余楹皆满，多善本，本有副，异同是正，或终岁不出户限。嗜书且成癖，或言某书有异本，展转设法重购，必得乃止。岁壬申（1632）遗火不戒，焚其藏书玩好且尽。自是悒然，癸酉（1633）元夕与客饮，饮竟暴卒。

徐介寿 (生卒年不详)

字孟龄，明兰溪人。与参子。崇祯间以贡生任祁县知县。善古文，嗜藏书，筑百城别墅藏之，藏书达五万余卷。编有《百城楼书目》。

《百城楼藏书目》自序云："大父宦迹半天下，无他嗜好，惟有书淫。至抚闽侯代，止以图书自随。乃稽天暴涨，数万卷俱沉。赋归倒官橐购书，稍得粗备。大父既逝，居守者窃取过半，所存尚三千三百余册，今俱乌有。先君以书生专力，不吝重赀，又交游声气之广，时以一编相授，历三十余年，典籍之富甲于浙东。去城北五六里，筑百城别墅，吟咏其中。亡何入燕请恤，迁书经鼎斋，命寿守之，时丙寅（1626）秋也。父子分试南北，每每致异书，至除夕父子计书之所入，岁增若干卷，角多少以为乐。如是七载。壬申（1632）大火，化为飞尘。先君郁成痞疾，至次年竟不起。呜呼痛哉！是册自丙寅（1626）才四万卷，至壬申（1632）约数倍之，全目亦焚去。"

徐凤鸣 （生卒年不详）

字梅生，别号双呆主人，清山阴（今绍兴市）人。徐锡麟之父。早年曾任县吏，因对清廷官场之腐败不满，弃官经商，在绍兴城内和东浦，分别开设天生绸庄及泰生油烛店。凤鸣性喜聚书，在宅旁建桐映书屋以藏书，供子孙读书。书楼分上下二层，楼上以藏书为主，藏书按朝代顺序分门别类地陈列。此外还收藏了一些辛亥革命的书刊和当时名人的一些字画。徐锡麟事发后，为了避免遭到灭族之祸，心生一计，用一旧纸，伪造控告徐锡麟"忤逆不孝"，早已"脱离父子"关系，买通衙门官吏，存入旧档，以示早已立案，因而避免了一场大祸。

徐友兰 （1842—1905）

字佩之，清山阴（今绍兴市）人。屡试不第，不复仕。专心实业。在沪设机器缫丝厂者，以先生为始。戊戌（1898）与上虞罗振玉、吴县蒋黼，及兄树兰在上海设农学会，译西报，辟试验场，于黄浦江之滨置地百亩，广求各国果种，以资实验。后又与同仁兴办采矿业，购湖北矿山亘六邑之境。先生性好蓄书，凡旧抄精刻，石墨、吉金、法帖、名画，有所见辄购藏八杉斋中，如是者数十年。既驻沪，复命长子维则广为搜罗，别辟精舍以藏之，名曰铸学斋、述史楼，择精要鲜见之本，镌诸梨枣，凡数十种，其未可单行者，辑为丛书。又复访求乡先哲著述，校之刊之，名为《绍兴先正遗书》，凡四集。

徐尔谷 （生卒年不详）

徐树兰次子，亦喜购藏图书，书贾多集其门，凡旧钞、精刻、石墨、古今法帖、书画，有所见辄购庋。筑熔经铸史斋，藏书宏富。1904 年张元济任商务印书馆编译所所长时先后收购熔经铸史斋五十余橱藏书。

徐幼文 （1335—1393）

名贲，字幼文，明初画家、诗人，祖籍巴蜀（今四川），居毗陵（今江苏常州），后迁平江（今江苏苏州）城北，号北郭生。张士诚抗元，招为僚属，贲与张羽避居湖州蜀山（今湖州市）。洪武七年（1374），被荐入朝，洪武九年（1376）春，奉使晋、冀，授给事中。历任御史、刑部主事、广西参议，官至河南左布政使。洪武十一年（1378）大军征洮、岷，以军队过境、犒劳失时，下狱。洪武十三年（1380），以"犒师不周"处死。藏书处为蜀山书舍。著有《蜀山藏书目》。

高启《蜀山书舍记》云："蜀山书舍者，友人徐君幼文肄业之所也。幼文尝自吴兴以书抵余曰：'吾山在城东若干里，吾屋在山若干楹，吾书在屋若干卷。山虽小而甚美，屋虽朴而粗完，书虽不多而足以备阅，吾将于是卒业焉。子幸为我记之。'余惟古之君子，所取以成其学者无常物，所居以致其学者无常地也。故弁裳之于容，珩瑀之于步，豆笾之于陈，琴瑟之于乐，弓矢车马之于服，度量权衡之于用，凡接于物皆学也，岂专于六籍之内哉？往于田，入于市，处于户庭，览于山川，立于宗庙朝廷，游于庠序军旅，凡履之地皆学也。岂限于一室之间哉？后世讲学之道既废，而人之不能然也。有志者始各占山水之胜，筑庐聚书而读之。虽其所以学之者异乎古，然凡事物之理，与夫群圣贤修己治人之要，实皆不出于书。况安僻阻之区，绝纷嚣之役，得一肆其力于是，则其至于成就，岂不反有易者哉！今幼文以方壮之齿，有可用之材，而不急进取，益务于学，以求其所未至，岂非有志之士哉？而余也，北郭之野有土，东里之地有书，皆先人之遗也。遭时多艰，莽秽于榛芜，残坏于尘蠹，伥伥焉日事奔走，而不知返，则其荒陋，宜有愧于幼文矣。尚能为是记乎？然而书此而不辞者，盖姑复幼文之请，亦因以自厉焉。"

徐礼矾 (1891—1981)

字映璞，号清平山人，衢县人，居杭州清平里，清生员。自幼聪敏过人，有神童之誉。曾任浙江通志馆编纂。熟稔地方掌故，作述颇多，然鲜有付梓者。好收罗古籍，尤钟旧刻善本，故藏书中亦有世所罕见者，如明末衢县徐日久所撰之《徐子学谱》不分卷，系按年纪事之书，属清朝全毁禁书，为其藏之冠。晚年主修《衢县县志》，全县故实网罗无遗，深为学者所推崇。龙游余绍宋先生对映璞先生，亦心折服膺。解放后为浙江文史馆馆员。映璞先生著作等身，计达一百六十余种。主要有《佑圣观记》一卷、《六和塔记》一卷、《杭州驻防旗营志》不分卷、《净寺志》一卷、《梅花碑考》一卷、《三天竺记》一卷、《西泠印社记》一卷等。

徐传经 (1831—?)

字诵畲，又字仲黄、颂鱼，号一壬、小琴、梅痴、尺壶墨仙，更号公之守、爱梅居士、卧云散人、乌乙道人。清道光咸丰年间德清人。生平嗜古，喜搜藏金石书画。藏书印章有"我生之年在辛卯"、"徐传经所藏金石书画"、"徐小琴鉴藏书画文字之印"、"第一风流惹恨多"、"颂鱼爱玩"、"吴羌山中识字麓"、"飞鸿延年之室"、"小琴挂眼"、"臣传经印"、"鱼道人"、"徐氏闻香卧云楼珍藏"、"颂鱼"、"大观楼主"、"惜馨词客"等。曾评《新评绣像红楼梦全传》。

徐光济 (1866—1935)

字蓉初，号寅庵，海宁人。平生嗜古喜聚书，终日以校勘图书为乐。藏书处"紫来阁"、"用拙斋"。卒后，1962年，其子孙将万卷藏书捐给县图书馆，其中有元刊明抄珍本。藏书印章有"谷水紫来阁徐氏印"、"徐光济"、"硖石徐氏所藏金石书画之印章"、"用拙斋珍藏"、"海昌徐氏用拙斋之记"、"延年"、"海昌徐氏用拙斋印"、"南湖徐氏精本"等。

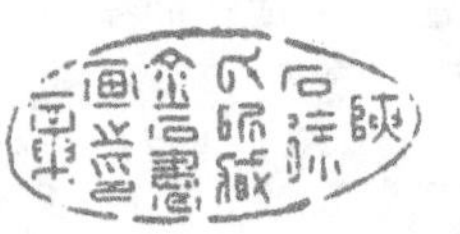

348

徐则恂 (1874—1930)

字允中，号东海，民国年间青田人。光复会党人。辛亥革命时任八十标第一营营长，为光复浙江杭州之骁将，屡建功勋，擢升浙江内河水上警察厅厅长多年。时丽水章巨擘、端木梅邻均在幕中，其同邑杜左园思预亦假馆其第宅。三人皆酷好书史，故力保徐聚书。十载之间，所聚不下五万卷，其中丛书就有两万余卷。刊有《东海藏书楼书目》，分经史子集丛五部。藏书处为东海藏书楼。

徐行恭 (1892—1988)

字顒若，号曙岑，别号玄发老人，杭州人。室名"梅花填词研斋"，世居湖墅珠儿潭，幼有神童之誉。对国故之造诣，尤渊博沉湛。善行楷，工诗词。姜亮夫先生称之为"浙东名宿，一代词宗"。著有《竹间吟榭集》十卷《续集》十二卷、《延伫词》等。民国初曾任财政部司长。民国十六年（1927）回里，任浙江兴业银行杭州分行经理。后任浙赣铁路理事会经济研究室主任。家富藏书，缥缃充栋，达数万卷，明人的手稿本有十余种。极重书品，所藏古籍裱装颇为精美，一般均有函套，书签皆出其手笔。又喜收罗名人书画、古砚、藏书印章，皆精美绝伦。藏书处曰"延伫阁"，亦称"竹间吟榭"。文革中，藏书被"红卫兵"所抄，浙图及时抢救图书约五千余册，多为清代精刻。1980年，徐老将所藏全部古籍捐赠浙江图书馆。省文化局发给奖状与三千元奖金，认为他的爱国爱乡、为全省文化事业作贡献的行为，应受到后人的追颂。1988年去世，终年九十六岁。

徐伯郊 (1913—2002)

徐森玉长子。早年赴日本留学，获经济学硕士学位。1937年回国后供职于上海金融界。1949年以后定居香港，担任为抢救流失海外文物而成立的"香港秘密收购小组"的负责人，为国家收回大量的文物，其中包括《中秋帖》、《伯远帖》以及五代顾闳中的《韩熙载夜宴图》和董源的《潇湘图》。伯郊与张大千交谊甚笃，所藏大千画作甚多。伯郊取陆游诗"汝果欲学诗，功夫在诗外"之意名其斋为"诗外簃"，大千特手书"诗外簃"相送。所藏图书亦多精品，如元刻本《仪礼图》、抄本万历《崇德县志》、沈德潜《皇清故实记》等。藏书印章有"菱湖人家"、"吴兴徐氏"、"吴兴徐伯郊考藏书画金石书籍印"、"徐伯郊家珍藏"、"诗外簃"。

徐孝直 (1625—1698)

字孝先，号狷石，仁和（今杭州市）人，明季诸生。徐故仁和贵族，甲第蝉联，家塘栖之落瓜里，有田有庐，有图书金石彝器，遭乱散失。后迁河渚，易名介，更自号曰狷庵。积书千卷，教授童子五六人，各授小学，盛暑必衣，步趋翼如，生平不妄交一人。卒年七十三，冯山公、林鹿庵为之作传。

徐应秋 (生卒年不详)

字君义，明西安人（今衢州市）。万历四十四年（1616）进士，有书癖，充栋之

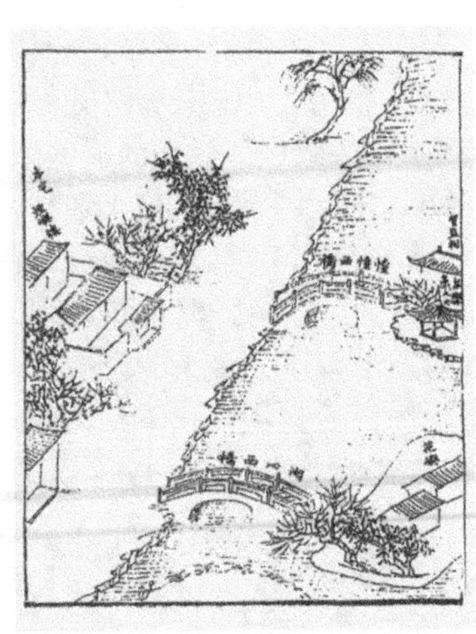

藏，渔猎殆尽，释褐两令剧邑，皆有惠政，擢仪部郎。著书甚富。其行世者有《谈荟》、《雪艇尘余》、《古文藻海》、《古文奇艳》、《骈字凭霄》等。

徐时栋（1814—1873）

字定宇，一字同叔，学者称柳泉先生，清鄞县（今宁波市）人。少孤，力学颖悟，诗古文均精，学使罗文俊叹为异才。道光二十六年（1846）举人，以输饷授内阁中书。藏书六万卷，其藏书之处曰烟屿楼。藏书印章有"徐时栋印"、"柳泉"、"徐时栋藏书印"、"烟屿楼书画珍藏之印"、"城西草堂"、"鄞徐时栋柳泉氏甲子以来所得书画藏在城西草堂及水北阁中"等。

生平酷爱读书，丹黄不去手。广采博览，学识渊博。覃思精诣，直造古人。其论经最取先秦之说，以经解经，旁及诸子，引为疏证，无汉宋门户之恶习，考辨凿凿，可息聚讼。其论史独推史迁，班范以下则条举而纠之，多前人所未发。留心乡邦文献，刻《宋元四明六志》，考异订讹，有《宋元四明六志校勘记》，此书考据精确，刻印精良，堪称善本。又辑《四明旧志诗文钞》，文诗并茂，主四明坛坫三十余年。同治七年（1868），县开志局，聘请徐时栋主持。利用自家藏书，竭心尽力，费时十二年。时时栋已重病在身，犹坚持不懈。临死时，执其友董沛之手，郑重相委修志之事。

徐步瀛（生卒年不详）

　　字洛卿，号眉似，清平湖新仓棣雨里人。恩贡生。新仓芦川书院房屋倒塌，他在别处构建讲舍，捐田百亩以充师生膏火。诗文有名，与从弟志澄并著乡里。咸同间战乱，平湖地方藏书损失严重，兵燹后步瀛网罗散佚书籍和刻板，对乡里文人著述尤其留心，不惜重金收集乡里前人著述，藏书甚富。藏书处为绍德堂。

徐绍桢（1861—1936）

　　字固卿，堂号学寿堂、学海堂，晚年自号学寿老人。革命家。祖籍浙江钱塘（今杭州市），生于广东番禺（今属广州市海珠区琶洲街管辖），徐绍桢是明朝开国元勋、中山王徐达的第十四世孙。幼承家学，刻苦勤读，通汉宋儒学，精研熟记近代新战术及各国军制、军学、军器。历任参政院参政、广州卫戍总司令、孙中山总统府秘书长、大本营参谋长、广东省省长、大本营内政部长、临时参政院参政等职。中国近现代史上著名的南京光复之战就是由他指挥的，是以少胜多的名将。徐绍桢是中国近代史上的重要人物，他长期一直追随孙中山，是孙中山信赖的重要人物之一。著有《四书质疑》、《勾股通义学》、《学寿堂题跋》、《学寿堂日记》、《学海堂奏议》等，二十余万册藏书储于学寿堂。

·徐绍桢像

徐映璞（1891—1981）

　　原名礼铭，更名礼玑，字境泉，后改字映璞，遂以宇行，号清平山人，衢县人。家贫，年十三入鹿鸣书院为廪膳生员。科举废止后，在衢州、湖州、杭州等地执教多年。曾从事地方自治研究，被选为浙江省宪法审查员，长期致力于地方史志的编写工作。抗战胜利后，应聘为浙江通志馆历史编纂，兼名胜古迹组主任，居住杭

州里西湖玛瑙寺前的梅庐。1949 年后定居杭州鼓楼外清平山下，因此自号"清平山人"，潜心治学，著书自娱，以诗文会友。1980 年秋受聘于浙江省文史研究馆。藏有图书万余卷，悉数毁于"文革"。

徐树兰 （1837—1902）

字仲凡，号检庵，清绍兴人。光绪二年（1876）举人，曾任兵部郎中、知府，后以母病归，不复出仕。受当时民主思潮的影响，为乡间捐办了不少公益事业，尤以文化教育事业为多。如 1897 年筹办绍郡中西学堂，1902 年又在城西古贡院造了四进楼房，前三层为高楼，用于藏书，以中进之厅堂为阅书所。费银三万二千九百六十两，颜曰"古越藏书楼"。除原藏的书籍之外，又增购了一些当时的新学图书，另有标本、器械及报刊、近代译本新书等，共计藏书七万余卷。徐氏书楼与众不同，率先对外开放，便于读者阅览。每年还拿出一千元，作为书楼经费。凡古越藏书楼藏书，均钤该楼藏书章或印记。藏书印章有"古越藏书楼图记"、"会稽徐树兰捐"、"会稽徐氏检庵见本"、"检庵购藏旧本"等。藏书曾两度编目，光绪二十八年（1902）徐树兰亲自主持编制《古越藏书楼书目》，将藏书分为经、史、子、集、事务五部，三十五卷，分订六册刊行。三十年（1904）重新编目，藏书分为政、学两部，书目改为二十卷，分订八册，由上海崇实书局印行。徐氏还亲手制订《古越藏书楼章程》七章三十节。嗣后时开时停，直到 1932 年，其子尔谷呈请教育部批准，将藏书楼改为县办，定名为绍兴县立图书馆，解放后藏书由人民政府接管，后移交鲁迅图书馆。现在绍兴胜利路的古越藏书楼旧址，仅存首进石库墙门与临街之楼，经修复，今为绍兴图书馆分部，藏书盖有"古越藏书楼"等印。

徐洪琟（生卒年不详）

字仲玉，号蛰庵，常山人。明崇祯间补弟子员，不仕隐居。授徒立训，严而有法。葺漱石山房，多藏书，研精弗辍。有《前朝历科会元墨选》、《三衢人物考》、《蛰庵诗集》藏于家。

徐益庆（1864—1934）

字吉生，世居绍兴，后迁杭州东街路金洞桥。业织丝绸，继承祖业勿替，且发扬光大，扩建吉生布厂和庆成缫丝厂，并在诸暨县增设改良缫丝厂和"益新"、"庆丰"、"祥纶"等分厂，在嘉兴增设嘉兴绢丝厂，为清末民初之实业家。年增自盛，鸿猷大展，著闻升间间。哲嗣立民，克绍箕裘，声名益甚。吉生先生以幼年失学腹笥空虚，为弥补学之不足和启迪后人，发奋力购大量古帙典籍，向杭州"抱经堂"搜买善本颇多，自民国二十一年（1932）始，至民国二十三年（1934）溘逝止，缥缃古椠，牙签万轴，亦盈室充栋。因谢世过早，藏书不及编印成目，在抗战杭州沦陷时因无人看管，竟被盗窃一空。其嗣孙定戡，生于清季，晚得清潘稼堂先生之"秋水明霞砚"，因号稼砚，著有《稼砚词》，师事杭州耆宿徐行恭先生，执弟子礼甚恭，寓沪埂。

徐焕谟（1851—1879）

字绿沧，号叔雅，清桐乡人，世居桐乡青镇。善花卉，著有《风月庐诗稿》一卷、《剩稿》一卷。缪荃孙《艺风堂文漫存·癸甲稿》卷二记云："爱藏书，插架数万卷，多善本。坐书城中，日事校雠不他顾。"又云："尤嗜缣缃，广为蓄储，七略四部，校雠远绍乎扬、刘，四当八求，目录不殊于陈、晁"。藏书处为风云庐。

徐维则（生卒年不详）

字以孙。徐友兰长子。广搜群籍，别辟铸学斋、述史楼以藏之。金石收藏家、目录学家。曾在北京大学附属国史编纂处工作。著有《东西学书录》、《石墨庵碎锦》。

徐鸿藿 （生卒年不详）

字冰倩，号啸秋，清海宁人。诸生。家富藏书，校订精审。尤工韵语，有《洛溪草堂诗草》。避寇至越中，虽颠沛流离，犹日事吟咏不辍。

徐善建 （1649—1727）

字孝标，康熙贡生，清嘉善人。家有杉泉书屋，东西峙两楼，分贮书籍字画碑版。日集名流后进，登楼授餐，纵观讲贯。有禁律，虽子孙亦不能携之以出。

徐森玉 （1881—1971）

名鸿宝，字森玉，以字行，吴兴（今湖州市）人。清末举人，后入山西大学堂研习化学。辛亥革命后历任北京大学图书馆馆长、教育部佥事、故宫博物院古物馆馆长等职务。森玉喜藏书，与马衡等人一起收集的汉《石经残字》最为珍贵，此外还有佛教经典，惜于抗战中损失殆尽。之后森玉又积聚了一万五千余册图书，"文革"中横遭抄略，"文革"后发还。室名"汉石经斋"、"寒梧山庄"，藏书印"汉石经斋"。

徐紫珊 （1656—1740）

清杭州人。藏书处为黄雪山房。

徐道政 （1866—1950）

原名尚书，诸暨人，初改名平夫，取"匹夫平天下"之意，事业坎坷不成，又易名病无，"取君子病无能"之义。学名道政。光绪二十九年（1903）举人。辛亥革命后，考入北京大学文学系。所著《中国文字学》为学术界所重。毕业后，应台州师范之聘，出任校长多年。工诗善书，长篆刻，与马一浮多有往来。晚年隐居黄畈阳家乡，聚书作诗自娱，藏书万卷，自称射勾山民。作《射勾山房集》。

徐献廷 (1792—1867)

字佳修，号聘堂。清乐清人。二酉轩为其藏书处。有《二酉轩书目》，收藏近两万册。

徐嘉炎 (1631—1703)

字胜力，号华隐，秀水（今嘉兴市）人。以强记绝人著称，九经诸史多能背诵，与松江夏存古、嘉兴钱不识相颉颃，被视为三神童。康熙十八年（1679）举博学鸿词，授检讨。康熙二十五年（1686）充日讲起注官，康熙二十九年（1690）充贵州乡试正考官，迁升内阁学士兼礼部侍郎。曾任三朝国史及《会典》、《一统志》副总裁。著有《抱经斋集》。藏书印章有"徐氏嘉炎"。

徐履谦 (? —1924)

字抚九，晚清诸生，宁海人。好学工诗，多所建树。历任宁海习艺所所长、杭州育英书院（之江大学）院长，为现代画家、美术教育家、潘天寿之早年师长。晚年（民国初期）回乡筑"二亩园"，自号二亩园主。其"夕可轩"藏书五千卷。有古籍，有英、日版外文图书，有字画轴。所藏字画卷轴甚富，内有潘天寿早年习画百余幅。曾于 1955 年选送浙江省文献展览会展出，获有奖状。"文革"期间，"夕可轩"二间藏满书画，全部被堆放天井，一火尽毁。

徐德元 (1809—1868)

字惇士，清乐清人。徐献廷之子。幼承家学，亦爱藏书，藏书处为小酉山房。著有《小酉山房》文集。

殷仲春 (生卒年不详)

字方权，自号东皋子，明秀水（今嘉兴市）人。生平主要活动在明万历至崇祯年间。据秀水县志载殷仲春"工岐黄。隐居教授。茆屋葭墙，不蔽风雨。生平落落

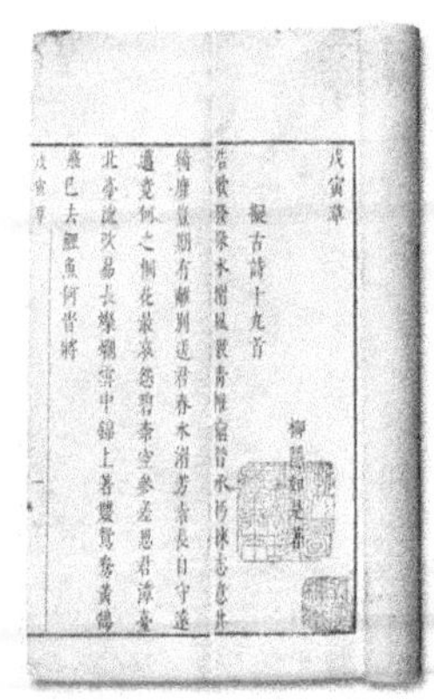

· 秦润卿藏《戊寅草》

寡合。惟与禾中高士高松声、姚士舜、王淑民、释智舫相过从。载酒问奇，刻烛分韵。所著有《医藏目录》、《栖老堂集》。"隐居于乐南村，精于医，以行医为业。收藏医书颇丰，以行医之资，入市买书读之。又至江西宁国，结识医书收藏者朱纯宇、饶道尊和其他医家，尽意涉猎，将所见医书一一著录，共五百九十余种，类分二十函，每函有小序，各书分函归属，遂成《医藏目录》。为我国现存较早的一部医籍专科目录书。卒后，由陈继儒撰墓志。曾作有诗文千余首，今十不存一。

秦润卿 (1877—1966)

名祖泽，号抹云老人，以字行，慈溪孝中镇人。历任上海钱业公会理事长、上海总商会副会长、中央银行监事、上海垦业银行董事长等职。解放后，曾任上海公私合营银行副董事长，上海市政协委员。民国二十年（1931）在家乡建抹云楼，收藏冯氏醉经阁藏书及其他来源的图书，共计四万余卷。1952年，他将抹云楼藏书及所属全部财产捐献当地政府。

翁汝遇 (生卒年不详)

字子先，明仁和（今杭州市）人。万历二十六（1598）进士，授东莞令，榷芜湖关，最后守朝歌，俱有惠政，所在尸祝。弟汝进，字献甫。万历二十三（1595）进士，授兴化令，疏河四百余丈，东入海，建四门石关以为水防，历官山东参议，以忤逆珰罢归。崇祯初，翁氏兄弟构书阁于安乐山下，永兴寺前，临永兴湖。陈颐道文述诗云："钱氏有书藏，翁氏有书阁。可惜所藏书，今日已零落。樵人识遗址，一峰指安乐"。

翁嵩年 (1647—1728)

清钱塘（今杭州市）人。藏品多金石碑刻。

莫潍 (生卒年不详)

字潍山，清钱塘（今杭州市）人。诸生。精算学，其藏书处曰翠云书坞，所列各书虽无甚秘籍，然亦楚楚可观。著《耳食录》八卷。《武林藏书录》"耳食录"条："旧钞本《耳食录》八卷，不著撰人名氏，前有乾隆乙酉（1765）早春潍山识云：'边笥枵然，邺架又复羞涩，偶有见闻，辄识其名目，从凤好也。嗟呼，老饕垂涎八珍，人以口陈，我以耳食，快意云尔，果腹乎哉！'每卷提《南墅草堂随笔》，初疑为吴澹川文溥，及观目中《吴庆百征君全集》条下云：'居武林西城，余里中文章巨公也。'其非澹川可知。追维再四，当为莫氏。仇一鸥《赠莫柳亭杙》云："'每逢君姪潍山话，羡杀先生耐得贫。铁冶梅花郭婆井，百年供养老诗人。'盖所居在铁冶岭，正杭之西城，其为莫潍山所著无疑。"

莫君陈 (生卒年不详)

字和中。宋归安（今湖州市）人。少从胡瑗学，嘉祐二年进士。熙宁中新置大法科，中首选。李宗莲《皕宋楼藏书志序》："吾乡富于典籍者，宋元之际月河莫氏不下数万卷。"著有《月河所闻集》。曾孙汲（1123—？），字子汲，号月河，承祖业，亦藏书数万卷。"月河莫氏"究属莫君陈抑或莫汲，诸学者各有己见，莫衷一是。

· 莫君陈画像

358

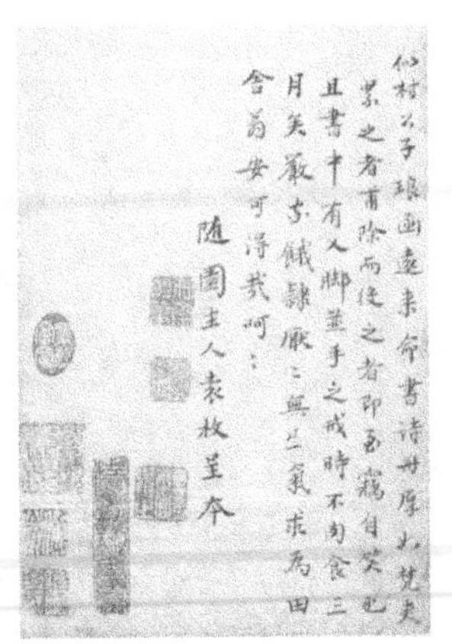

· 袁枚《随园诗稿》手稿

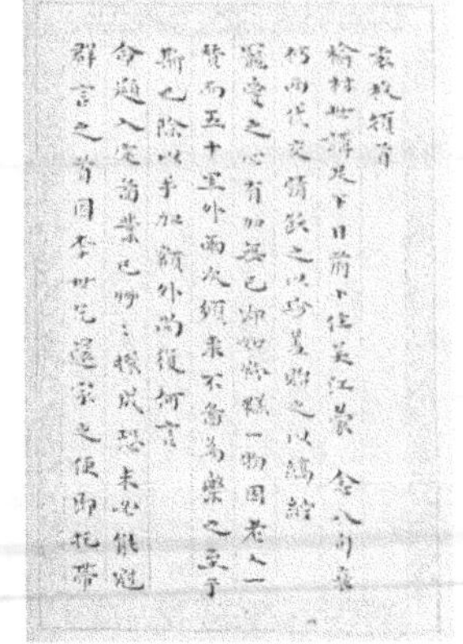

· 袁枚手迹.

· 袁枚画像

袁枚 （1716—1797）

　　字子才，号简斋，又号随园老人，清钱塘（今杭州市）人。乾隆元年（1736）举博学鸿词，四年（1739）进士，选为翰林院庶吉士。历任溧水、江浦、江宁等县知县。幼即嗜书，得之苦无力。通籍后，以俸易书，凡清秘之本，约十得六七，经十余年广搜积贮，藏书达四十万卷。侨居江宁后，仿照西湖亭榭，筑园林于城中小仓山，藏书处曰所好轩。改号随园，以书籍诗文为事。乾隆癸巳（1773）诏求遗书，将所藏书传钞稍稀者皆献大府，或借宾朋，散去十之六七。人恤然若有所疑，子才晓之曰："天下宁有不散之物乎？要使散得其所耳。"子才好游，足迹遍布东南大江山河，遇山水佳处，常发抒文章以自娱。不满儒家"诗教"，多数作品则抒发其闲情逸致。袁子之好众矣，好味好色，好葺屋，好游好友，好花竹泉石，好圭璋彝尊，名人书画。又好书，书之好，无以异于群好也。子才聚之富，江浙罕见，但未见书目传世。所著有《小仓山房集》、《随园诗稿》、《随园诗话》等。《随园诗稿》为袁枚手稿，现藏浙图。

袁桷 （1266—1327）

　　字伯长，元庆元路鄞县（今宁波市）人。为丽泽书院山长，以荐改翰林国史院检阅官，累迁侍讲学士，卒谥文清。《至正直记》："袁伯长学士，承祖父之业，广蓄书卷，国朝以来，甲于浙东。"全祖望《湖语》自注云："南湖藏书，前王后袁。"桷尝作袁氏新旧书目，其藏书处在南湖学士桥旁，故居东轩有石窖，胡三省注《通鉴》

成，贮此，以免兵燹。伯长殁后，子孙不肖，仆干窃去，转卖他人，或为婢妾所毁者过半。著有《易说》、《春秋说》、世久无传本，《清容居士集》、《延祐四明志》尚存。藏书印章有"清容居士"。

袁韶（1161—1237）

字彦淳，宋鄞县（今宁波市）人。淳熙十四年（1187）进士，嘉泰中为吴江丞，改知桐庐县。修筑钱塘，以绝潮患。后韶累迁至户部尚书、临安府尹，曾接待金国使者，金使索岁币，语言横慢，袁韶驳之，金使语塞。理讼精简，里巷呼为佛子，平反冤狱甚多。绍定初，除同知枢密院事。后官至资政殿学士、浙西安抚制置。卒赠太师越国公。韶贫时手自钞书，及贵乃务置书，不能得，则自中秘及故家传录之。筑贮书堂藏之。所校九经最为精善。子袁似道（1191—1257）字子渊，一字静寄，能继其业，筑南园，聚书至数万卷，图画鼎彝，鉴裁源委。

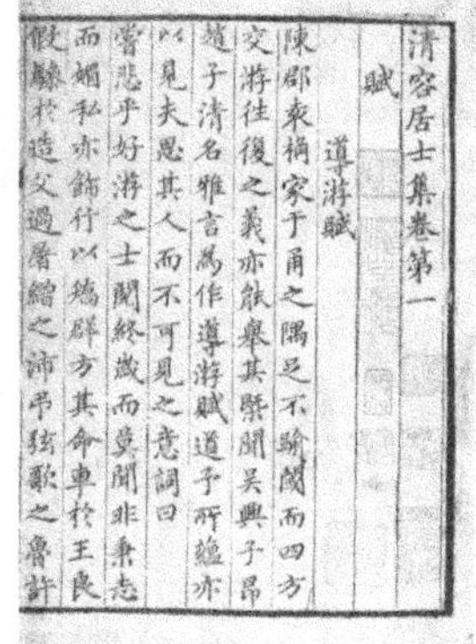

· 袁桷《清容居士集》元刻本

袁曦（生卒年不详）

元鄞县（今宁波市）人。袁桷之孙。因朝廷议修宋辽金三史，袁曦将袁桷遗存之书数千卷全部上呈。

袁似道（1191—1257）

字子渊，一字静寄，南宋鄞县（今宁波市）人。其父袁韶设贮书堂。时其父因家贫不能买书，参加考选进士时，多手抄入藏并强记之。为官后，仍不断访求收藏直至七十岁。其父校勘的《九之经》最为精善。袁似道继其父素业，筑"南园"藏书数万卷。（《鄞县通志》）尤富金石、图画。

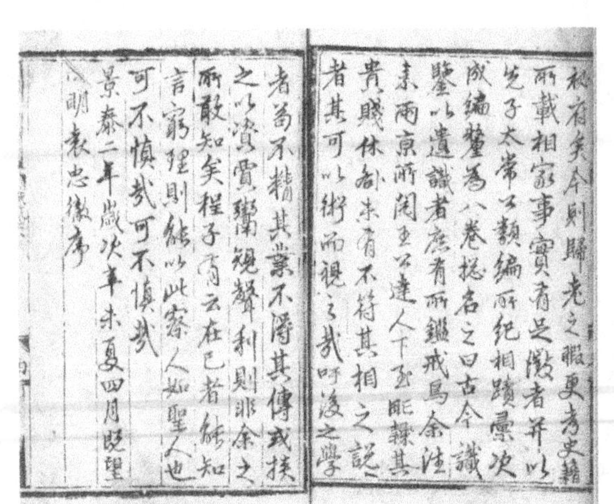

· 袁忠彻《古今识鉴》明刻本

袁忠彻 (1376—1458)

　　字公达，一字静思，明鄞县（今宁波市）人。官尚宝少卿致仕。好学，博涉多闻，尤精星相之术。深得成祖朱棣的赏识，多次随成祖出征。陈敬宗《符台外集序》称："忠彻退朝之暇，日与缙绅文士磨砻讽咏，故其收藏亦富。"曾藏有国宝级宋拓《佛遗教经》。藏书处曰瞻衮堂、静思斋。流传之书多有"忠彻瞻衮堂"、"静思斋"、"承德堂"等印记。著有《人相大成》、《符台外集》、《古今识鉴》等。藏书印章有"尚宝少卿袁氏忠彻印"、"忠彻"、"南昌袁氏家藏珍玩"、"子孙永保"、"袁申儒印"、"忠彻瞻衮堂"、"袁氏父子列卿忠孝世家"、"袁氏忠彻"、"四明袁氏承德堂记"等，更有一颗引《颜氏家训》六十五楷字长木印记。

袁思永 (1880—?)

　　字巽初，原籍湖南，早年投笔从戎，为辛亥革命之骁将，有功于光复浙江，遂在杭定居为寓公。屋近西子湖滨，颇具园林之胜。曾任浙江第一期警官学校校长，作育人才，门生满全国。后又转任为两浙盐运使，风云际会，颇也自得。簿书之暇，创办一民众娱乐场，俗称"大世界"，供民众文化活动。夙好典籍，聚书亦渐富，但胥为一般普通诗文集，然亦足为勇于搜购之藏家。抗日战争起，避地他乡，所积之书，为宵小偷窃一空。

袁涤庵 (1881—1959)

名翼，字鸿缙，别号剡溪老人。嵊县新市上碧溪人。清光绪二十八年（1902），留学日本，毕业于大阪高等工业学校，回国后任绍兴府中学堂监督，参加光复会。辛亥革命后，任天津高等工业学堂教授、奉天造币厂工程师等职。民国十三年（1924）后，集资创办北京电车公司，任董事兼总经理，兴办热河北票煤矿，建筑秦皇岛及上海装卸码头。新中国成立后，为北京协和医院及北海公园董事。藏书甚富，宋版《资治通鉴纲目》、元版《史记》及浙江各县县志均有收藏。

诸来聘 (生卒年不详)

字九征，初名学圣，明末余姚人。诸生。好学嗜古，居邑之第十堡，构昌古斋，藏书万卷。与符如龙、诸如锦、周肇修诸奇士结社，互相砥砺，名动四方。著有《精思楼诗集》。

诸宗元 (1875—1932)

字贞长，别字贞壮，号大至，别署大至居士，绍兴人。曾游幕于江苏巡抚瑞莘儒、浙江都督朱瑞。署湖北黄州知府。后加入同盟会，在民国政府也任过多职。宗元幼时性颖岐嶷，便能吟诵，人称神童。及壮更好学嗜书，常涉足书铺，遇珍本、旧抄不论价贵，辄罗而致之，卷帙日多，繇是藏书日富，且每本封面手自题签装帧，自定书室曰"默定书堂"。惜 1929 年，邻友失火，涉及诸宅，一万五千多卷藏书及古今名人字画，均化为灰烬。工诗，善书法。诸宗元著作等身，其主要著述有《大至阁诗》、《心太平室笔记》、《病起楼诗》、《吾暇堂类稿》等。

诸葛行仁 (生卒年不详)

宋会稽（今绍兴市）人。越中藏书有三家，曰左丞陆氏，尚书石氏，进士诸葛氏。绍兴五年（1135）六月，因宋高宗诏求遗书于天下，布衣诸葛行仁进所藏书八千五百四十六卷，赏以官。后以其书入四明，子孙尤能保之。

谈麟祥 （1887—1939）

　　字文炟，号梦石，海盐人。清末举人，师从金山高燮，南社社员。精书法。应张元济之邀编辑《檇李文系》。一生嗜学不辍，家富藏书，藏书处为桂影轩。著有《海盐书话》二卷、《文章津筏》、《武原先哲遗著初编》、《海盐先哲遗著存目初稿》等。

· 贾似道印

· 秋壑珍玩

· 秋壑图书

· 似道

贾似道 （1213—1275）

　　字师宪，号秋壑，南宋台州临海人。理宗贾妃之弟。嘉熙二年（1238）进士，依其父亲和姐姐的关系，迅速得到升迁，淳祐元年（1241）为湖广总领，三年（1243）擢户部侍郎，九年（1249）除京湖安抚制置大使，十年（1250）以端明殿学士移镇两淮。开庆元年（1259）官右丞相，拜太师，平章军国重事。在西湖边葛岭，依湖山之胜，建造豪华堂室颜半闲堂。后罪谪死。搜藏图史金石书画，富逾秘阁（按：秘阁即宋秘阁藏书，陈骙撰有《中兴馆阁书目》十卷，著录四万四千四百八十卷）。世传玉版《兰亭》及世彩堂刻《韩文》，皆其遗物也。藏书印章有"贾似道印"、"悦生"、"似道"、"秋壑珍玩"、"秋壑图书"等。

贾性之 （生卒年不详）

　　元代萧山人。是一位酷爱读书、不求名利、洁身自好的布衣。他在萧山城里闹中取静，在陋巷中建造了一栋小小的"市隐斋"，藏有一定数量的今古典籍，以为平时阅读修身和接待文友宾客之所。刘基曾写下《贾性之市隐斋记》传世："（市隐斋）以其径路宛转，户庭清谧，而不与鄙俗者接也。"

郭凤沼 （1821—约1850）

字集公，号澹门，清诸暨人。道光二十年（1840）举人。父云性好聚书，环堵皆满。凤沼借父书，杜门校勘，所居介城郭，人士辐辏，有终身不识面者。学长考据，尤工诗，著作有《函雅堂集》、《十六国宫词》、《中庸说解》、《楚辞注解》、《诸暨青梅词》等。

郭传璞 （1823—? ）

字恬士，号晚香，又号伽又，清末鄞县（今宁波市）人。同治六年（1867）举人。为姚燮弟子，工骈俪文。家富藏书，斋名曰金峨山馆。编有《便查书目》。辑刊《金峨山馆丛书》十一种，后斋名改为"望三益斋"，丛书也改名《望三益斋丛书》。著作有《四明金石志》、《吾悔集》、《金峨山馆文集》甲、乙二集。《四明清诗略》称："曾见传璞所作诗残稿，曰《游心于澹室诗钞》，凡两册；曰《江左游草》一册。"民国初，藏书逐渐散失。

郭协寅 （1767—1840）

谱名沧州，字润能，号石斋，清临海人，诸生。博学嗜古，好聚书，家贫不能购，从同里宋世荦、陈淞家借抄之。尤留心桑梓故实，手录乡先辈遗书数百种。又好收集古砖，自号八砖居士。于居里建藏书楼，名灵溪山馆，又称八砖书库。有《八砖书库目录》四卷。藏书数量略损宋世荦、洪颐煊二家。阮文达编辑《两浙金石志》，任本郡采访人。清光绪《台州府志》载："协寅好聚书，尤喜乡邦文献，遇有善本及藏稿，辄录付以归。"其书后半归于临海潘氏"三之斋"，《八砖书库目录》亦藏潘家。（按：三之斋在临海西岙，其所藏多系石斋手抄本。）盖石斋晚年家道中落鬻于潘氏也。民国初年潘家失火，书全化灰烬。惜嗣君晓村茂材元晖先石斋卒，等身著作，化为云烟，并八砖书库书目亦不可问。叶书搜得其《临海续志金石稿》一稿，门人许达夫茂材得其《三台书画志》四卷。此外当时的台州府志馆也有部分传抄。今存临海博物馆。著述有《台州述闻》、《台诗录存》、《赤城续集》、《台州金石录》、《郭氏诗综》、《郭氏遗芳诗选》及《别编》。其藏书印章有"八砖书屋"、"小桥流水即沧州"、"维桑与梓必恭敬止"、"别出新意成家"、"临海郭家藏书"、"石斋手钞"、"石斋经眼"、"石斋过眼"、"石斋藏"、"勖吾郭公"、"专聚三台一辈书"。

郭钦止 (生卒年不详)

字德谊，宋东阳人。从横浦张子韶游。轻财乐施，乡井赖之。辟石洞书院，延名师以教子弟，拨田数百亩以赡之，后进多所成就。县学创书阁，钦止助之财，又置书籍输之。家富藏书，为东阳著名藏书家之一。

钱和 (生卒年不详)

北宋藏书家。字岊父，吴越王后裔，勰弟，以孝义著，居九里松之间，尝建杰阁，藏书甚富，东坡榜之曰"钱氏书藏"。仕至直秘阁，知荆南府。墓在灵隐天竺两山之中。《处州府志》载，熙宁间，以光禄寺丞出知龙泉县，朝廷初更新法，编次保伍，人情骇异，和谕以德意，民始安辑，为政务简易，必便于民，及去，老幼思之，立去思堂，吴充作记。兄勰有《寄弟诗》云："东方千骑拥朱轮，衣锦归逢故国春。莫向西湖恋风月，鸰原知有望归人。"和答诗云："乌衣巷里走双轮，正是家山二月春。明日湖平定归去，蓬莱还见谪仙人。"又苏轼《和钱四寄其弟和》诗云："再见涛头涌玉轮，烦君久驻浙江春。年来总作维摩病，堪笑东西二老人。"

钱易 (生卒年不详)

钱镠四世孙，字希文。喜收藏道书，著述亦多，有《南部新书》、《洞微志》等。

钱松 (1818—1860)

原名松如，字叔盖，号耐青，晚号西郊外史，清钱塘（今杭州市）人。善书画，功力深厚。刻印师法丁敬、蒋仁，为西泠八家之一。藏书印章有"钱松私印"、

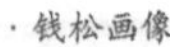

·钱松画像

·钱松手迹

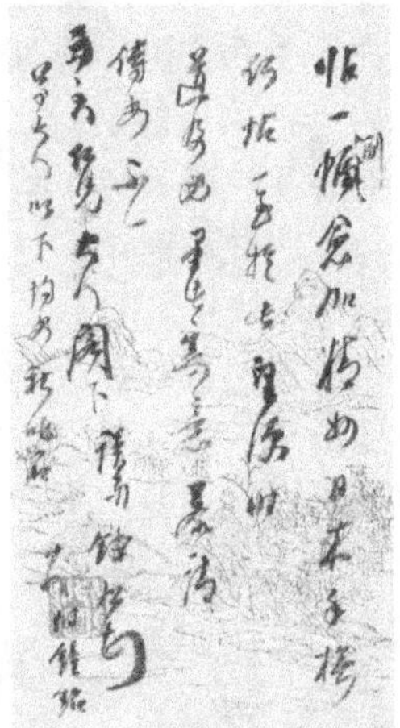

"钱松叔盖印信宜长寿"。国家图书馆藏拓本《慧成造像记》，钤有"钱松叔盖印信宜长寿"印。

钱林 (1762—1828)

原名福林，字东生，一字志枚，号金粟，又号叔雅，清仁和（今杭州市）人。嘉庆十三年（1808）进士，入翰林，大考一等，历官侍读学士，既以事左迁庶子，未几卒。集有《当代名流纪事》十一册，卒后，稿本由弟子王藻辗转所得，延请俞正燮等厘定成十卷，题名曰《文献征存录》，又撰有《玉山草堂集》。藏书印章有"钱林之印"、"武肃后二十六世裔"、"武肃世家"、"兰陵王雨山房"。

钱昱 (943—999)

字就之，钱弘佐长子，其父卒时，昱尚幼，国人立其叔钱弘倧为吴越王，授昱为咸宁、大安二宫使。及钱弘俶嗣位，承制授秀州刺史。入宋后，曾授白州刺史、工部侍郎等职。钱昱好藏书，喜吟咏，工尺牍，兼能书画琴棋，经常与朝中卿大夫唱酬，曾献《太平兴国录》一卷，甚得太宗赏识。著有《贰卿文稿》二十卷。

钱洪 (生卒年不详)

清平湖乍浦人。道光年间于黄山筑爱日庐，又筑藏书之楼及读书之室数间于爱日庐之右，藏书数万卷。道光《乍浦备志》卷三十六《杂记》记云："暇则与亲友辈觞咏其中，拈韵分题，各标新意，一时传为盛事。"

钱俶 (929—988)

原名弘俶（chù），小字虎子，改字文德，是五代十国时期吴越的最后一位国王。钱武肃之孙忠懿，文穆王元瓘第九子，临安人。曾出巨金写书异国。《类苑》云："天台智者教五百余卷，有录而多阙，贾人言日本有之，钱俶买书于其国主，奉黄金五百两，求写其本，尽得之。"《十国春秋》亦有关于钱氏藏书之记载。如云："钱惟治好学，家聚法帖图书万余卷，多异本。"谓惟演"家储文籍侔秘府"，谓广陵王元

· 钱傲画像

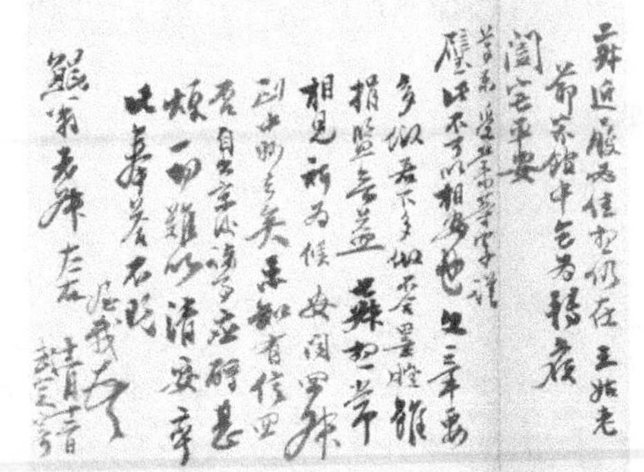

· 钱载手迹

· 钱载画像

琼子文奉"聚图籍古器无算，雅有鉴裁"，谓宏仰子昭序，"喜聚书，书多亲写"，谓昱"尤好学，喜聚书"，足见钱氏诸王酷好收藏书籍、古器。

钱载 (1708—1793)

字坤一，又字根苑，号箨石，又号瓠尊，晚号万松居士，钱陈群族孙，清秀水（今嘉兴市）人。雍正十年（1732）乡试副榜，乾隆元年（1736）举鸿词科。乾隆十七年（1752）进士，改庶吉士，官至内阁学士兼礼部侍郎。钱载学问渊博，品行修洁，秉公从政，有政绩。嗜书好学，工诗文，善绘画。著有《箨石斋诗文集》，藏书印章有"箨石"。

钱勰 (1034—1097)

字穆父，宋钱塘（今杭州市）人，吴越王后裔，五岁日诵千言，以荫知尉氏县，授流内铨主簿，后拜中书舍人。哲宗莅政，除翰林学士，元祐初迁给事中，以龙图阁学士知开封府，豪贵皆敛手。为章惇所诋，出知池州。卒于官，元符末追复龙图阁学士。苏轼《和钱四寄其弟和》诗云："再见涛头涌玉轮，烦君久驻浙江春。年来总作维摩病，堪笑东西二老人。"施注："钱四盖穆父，和字邵父。时穆父守越，公守杭，故云东西二老人。"其弟和，尝建杰阁，藏书甚富。而《香祖笔记》历数宋人藏书，有钱穆父，是兄弟皆为藏书家也。

钱薇 （1502—1554）

字懋薇、懋垣，一字采之，号海若，明海盐人。嘉靖十一年（1532）进士，由行人仕至礼科给事中。严从简为其门人。著有《承启堂稿》二十九卷、《名臣事实》三十卷等。亦好藏书。藏书处为承启堂。

钱馥 （约1748—1796）

字广伯，号幔亭、幔斋，尝取濂溪诗意自号绿窗，远近以绿窗布衣目之，清海宁路仲里人。好读书，不为程墨所拘，以布衣终生。馥专攻文字音韵之学，尤擅六书音韵。著有《小学庵遗稿》四卷（阮元序）、《集古钟鼎千文》一卷等。又因吴骞拜经楼有《论印绝句》之刻，特辑《图书谱》一卷，以补诸家所未备。家富藏书，喜雠校，卢文弨、钱大昕等辈深重之。以周春为师，与周广业、陈鳣、陈敬璋、吴骞相切磋，互借善本校读。藏有并手校颍川陈氏刻本《广韵》五卷、手校《字鉴》二册、郭氏《汗简》等书。手校汲古阁抄本《增修复古编》二卷，现藏国家图书馆。还有手抄孙退谷著《考正朱子晚年定论》二卷。藏书处为小学庵。藏书印章有"馥"、"广伯"、"绿窗布衣"等。晚年藏书为人所卖，部分藏书被吴骞购藏。

钱三彴 （生卒年不详）

清宁海人。藏书千卷。

钱天树 （1778—1841）

字承培，亦字子嘉，又字仲嘉，号梦庐，又号竺坞，清人。嘉兴籍，寓平湖。室名味梦轩、是耶楼。尝于《爱日精庐藏书志》眉间记其所见。少失怙，承母意，以质弱不应试。顾天分极高，读书不求甚解，发为诗古文，清超拔俗，一抒其情性

之真。略与人接，抑然自下，海内名流往顾之，觞咏无虚日。工写竹，遒劲中有逸致。笃嗜古籍，精赏鉴。所藏书画之多，几与曝书亭、天籁阁相匹。凡书画碑碣及鼎彝尊壶之属，到眼真赝立判。生平仗义轻财，好襄善举。戚友以缓急告，慨然济之。邑有善举，辄输助以观厥成。藏书印章有"钱天树印"、"钱氏天树"、"天树印信"、"钱梦庐家藏"、"曾藏钱梦庐家"、"仲嘉"、"梅众"、"味梦轩"、"乌衣村农"、"是耶楼中秘笈"、"七十二峰深处"等。著有《是耶楼初稿钞》。

钱文奉 (生卒年不详)

五代十国钱塘（今杭州市）人。吴越王钱镠孙。曾任中吴军节度使（治所在今江苏苏州），在郡中建有南园东庄，于园中建有藏书楼。为吴中胜地。其所聚图籍、古器无算，雅有鉴裁，一时名士多依之。又雅喜琴画，尤好学，喜聚书，多所吟咏。

钱文选 (1874—1953)

字士青，原籍安徽广德，住杭州浣纱路，室名"浣花精舍"，为读书静养之所。民国二年（1913）派驻美国旧金山为领事。喜爱珍本古籍，频年所积几达万余卷。虽所藏非古帙善本，但人弃我取，收有数种明刊堪舆之书。盖酷好风水之术，心有所喜，以是网罗此类书为世称誉，诚独具一格也。解放后，悉将所得之书，分别献给北京科学院图书馆和上海合众图书馆。民国十八年（1929）杭州举办西湖博览会，欧美人士来杭参观者甚多。士青先生将西湖名胜古迹，撰成英文小册，藉以宣扬杭州各地的著名风景文物和土产。士青先生蕴藉笃学，编撰甚多，所著书目近百种，选录数种如下：《钱氏家乘图考》、《吴越纪事诗》、《士青全集》、《诵芬堂文稿》一编至七编、《钱氏诵芬堂诗稿》、《滇省和平秘史》等。

钱仪吉 (1783—1850)

字蔼人，号新梧，又号衎石，清嘉兴人。嘉庆十三年（1808）进士，选庶吉士，后授户部主事，不久升给事中。道光间曾主讲学海堂。晚年去河南开封，主讲大梁书院十余年，严立课程，负笈求学者众多。在大梁时辑有《经苑》一书，该书因刊于开封大梁书院，故又名《大梁书院经解》。钱仪吉博通群籍，尤精史学，著有《三国晋南北朝会要》。又编《碑传集》一百六十卷，从清初至嘉庆，收宗室、文武官

· 钱仪吉画像

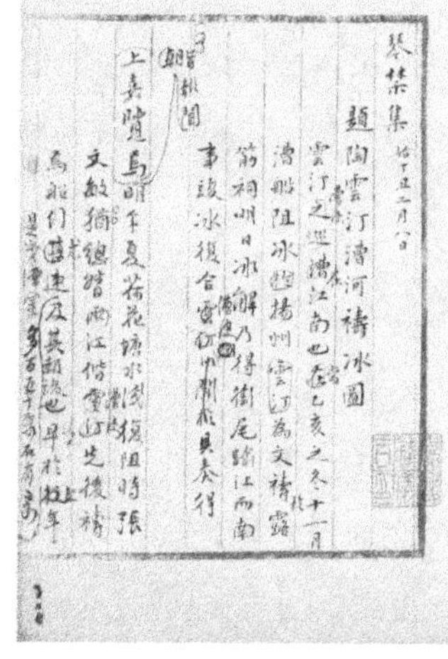

· 钱仪吉《衍石斋杂记》手稿

员、学者、文人、方伎一千六百八十余人，又妇女三百余人，是一部清代人物传记总编。其他著作有《衍石斋记事稿》、《黄初朝日辨》、《历考》等。他酷爱藏书，有仙蝶斋藏书楼，是浙江著名藏书家之一。

钱正卿 （生卒年不详）

原名世昌，以字行，原籍新昌，寄籍杭州，原寓浣纱路，后建宅开元路。早年出任知事。卸篆后，因精岐黄，定居杭州悬壶行医，因望闻问切细腻与精审，求诊者户限为穿。由于丰于经验，著手成春，誉满杏林，人称儒医。医术之暇，喜收藏古籍，尤注重收购历代名医作品，藉以进修之借镜。民国十六至十七年（1927—1928）之间，常往城站抱经堂书店罗致所喜典籍。因是与店主朱慎初先生相知友好，该店遇有收到善本医书及名医手抄本，辄请店员运往或为其保留，以投所好。抗战时，杭州沦陷后，其家为日寇兵营，正卿先生藏书均被偷窃一空。后想续购弥补，则阮囊羞涩而力不逮，唯有徒唤奈何而已，不久去世。

钱任钧 （生卒年不详）

字少衡，号星钤，清仁和（今杭州市）人。嘉庆十二年（1807）举人，官三河知县。星钤性情豪爽，读书颖悟过人。方伯某耳星钤名，欲罗致门下，授意，婉讽不应。某怒，将因事弹劾，晋谒时盱衡厉色，语辄龃龉，星钤以手版投地曰："我之功名以三篇文字换得来，又何足惜！"生平兀傲盖如此。晚年宦囊萧然，惟积书万卷而已。有《金涂塔斋诗稿》。

钱传瑛 (生卒年不详)

五代十国钱塘（今杭州市）人。吴越王钱镠第三子。史称其天性英敏，颇敦儒学，工草隶，聚书数千卷。传瑛并善骑射。唐哀帝时曾任大同军节度使，检校太傅，同中书门下平章事等。

钱保塘 (1833—1897)

字铁江，号兰坡，清海宁路仲里人。咸丰九年（1859）举人。历任四川什邡、定远、大足等县知县。曾主讲尊经书院。著有《光绪舆地韵编》、《乾道临安志札记》一卷、《吴越杂事录》三卷、《清风室诗钞》五卷、《清风室文钞》十二卷、《清风室丛刊》等多部。辑《妇学》、《傅子本传》等，编《女英传》四卷、《涪州石鱼题名记》等，录《辨名小记》。喜藏书，藏书亦丰。藏书处为清风室。

钱受益 (生卒年不详)

字谦之。仁和（今杭州市）人。藏书甚多，自辑类书就达千余卷。明天启二年（1622）三甲一百零四名进士。历官至少詹事。生平喜积书，自辑类书千卷。

钱昭序 (生卒年不详)

字昭明（一说著明），五代时期钱塘（今杭州市）人。钱镠四世孙，台州刺史弘仰子。其父钱弘仰为钱元瓘第十三子，享年二十四岁，生卒为935—958年，950年时钱弘仰不满十六岁，而钱昭序有出生于其父去世之后的可能，故断定钱昭序的生年在950年后960年前，据此而定其先后。好学，喜藏书，所藏书以亲手写本为主。

钱重鼎（生卒年不详）

字德钧，通川籍，徙居嘉兴分湖之涯（今嘉善）。元藏书家，构水邨藏书其中。赵子昂为作《水邨图》，一时名士俱有诗题之。

钱泰吉（1791—1863）

字辅宜，号警石，又号深庐，原籍海盐，生于嘉兴。自幼刻苦学习，与从兄钱仪吉齐名，时人称他俩为"嘉兴二石"或"钱氏二石"。道光七年（1827）以禀员生官海宁州训导，历时近三十年。离任后，主讲海宁安澜书院。太平军入浙，他出走安庆，旋卒。

钱泰吉喜欢积存图书，精鉴赏，藏书室曰"冷斋"。《冷斋勘书图记》云："丁亥（1827），泰吉始为海宁州训导，先世遗书万余卷，尽携之学舍中。取仇山村'官冷身闲可读书'之句，以名其斋。"精于校雠之学，丹铅不离手。好校古书，往往借别人善本及先辈手稿校点，所得成果写注天头。所藏之书，大半经他校注或题跋。撰《曝书杂记》三卷，详载古籍版刻的源流，以及收藏传写始末，自称"所得一家言"。该书刊行后，当时海内学者及藏书家莫不争相购买传阅。另有著作《甘泉乡人稿》、《甘泉乡人迻言》、《清芬世守录》、《海昌备志》等。其中《甘泉乡人稿》，率多金石版本题跋，为研究金石之学和版本目录学之要籍。

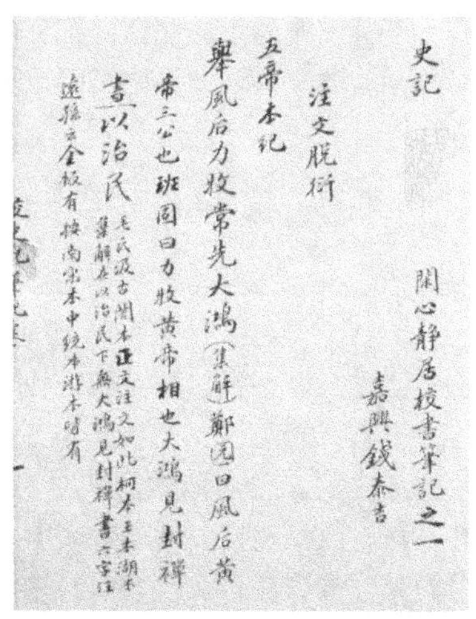

· 钱泰吉《闲心静居校书笔记》手稿

· 钱泰吉画像

钱惟治 (949—1014)

字和世，钱塘（今杭州市）人。系吴越废王钱弘倧的长子，吴越王钱弘俶爱之，养为己子。八岁授两浙牙内诸军指挥使，判军粮营田事，历任德化军使、检校太保、台州团练使。入宋后，累升至检校太傅。卒赠太师。

惟治自幼好学，善诗赋，工书法，精草隶，尤好二王书法。家藏书帖图书万余卷，多为异本。曾以钟繇、王羲之、唐玄宗墨迹凡七轴奉献朝廷。著有诗文集十卷。

钱惟演 (962—1034)

字希圣，吴越王俶子。幼有俊才，俶尝使赋诗，有"高为天一柱，秀作海三峰"之诗句，俶甚器之。咸平中献其所为文，拜太仆少卿，擢知制诰、翰林学士，直至工部尚书。仁宗即位，进兵部尚书，为枢密使。除保大军节度使，知河阳。逾年加同平章事，判许州。改镇武胜等军节度使。卒赠侍中，谥文僖。惟演少富贵，能志于学。有文章，与杨亿、刘子仪齐名。尝曰："学士备顾问，不可不该博。"故其家聚书侔于秘府。又多藏古书画，在馆阁与修《册府元龟》凡千篇，诏杨亿分为之。所著有《典懿集》、《枢庭拥旄前后集》、《伊川汉上集》、《金坡遗事录》、《飞白书叙录》、《逢辰录》、《奉藩书事》。

· 钱惟演画像

· 钱镜塘像

钱镜塘 (1907—1983)

名德鑫，以字行，号菊隐，晚号菊隐老人。钱鸿遇子，海宁人。善绘画、能治印，亦喜诗词、戏曲。二十年代侨居上海，潜心收藏历代金石书画。数十年经营，至老不辍，收藏极富，博得收藏鉴定家之誉。时人以今之项墨林、安仪之目之。其收藏之用印，其孙钱道时钤拓百部，分赠友好，名为《钱镜塘鉴赏印录》，是书由书坛泰斗沙孟海书耑，谢稚柳题扉，郑逸梅作序，收印六十五方。

陶韩 （生卒年不详）

字荆州，清秀水闻川（今嘉兴王江泾）人。藏书万卷，藏书处为双梧庭。著《双梧庭集》。

陶楷 （生卒年不详）

字文式，号菊亭，明秀水（今嘉兴市）人。平生购奇书，蓄画甚富。吟诗作文，思致隽永，真草书得古人笔意。

陶璐 （1774—1850）

字斯咏，号云岑，清秀水闻川（今嘉兴王江泾）人，居甸上。国学生。秉性正直。嗜古，广储图史，卷轴至六十架，惜遭兵乱，荡然无存。藏书处为借山楼。

陶及申 （1636—?）

字式南，清会稽人。好濂洛关闽之学，家故多藏书，及申足不出户，雠勘涂乙。工古诗文，与俞忠孙等齐名。所著有《四书博征》一百二十卷、《纪元本末》十八卷、《筠庵诗文集》十卷、《文原删订》、《立言删订》、《外志补余》、《字学类正》若干卷。周作人曾藏有陶及申手录书两种：《景物略钞读》和《钟伯敬集钞读》，钤有"陶及申印"（白文）、"式南"（朱文）、"筠庵"（朱文）、"会稽陶氏家传"（白文）、"陶子筠庵"（白文）等诸印。

陶方琦 （1845—1885）

字子珍，清会稽（今绍兴）人。光绪初进士，授翰林院编修，督学湖南。李慈

·陶方琦手迹

铭高足弟子。于《易》、《诗》、《尔雅》、《大礼戴记》皆有研究，通骈文，善诗词。著有《淮南许注异同诂》、《许君年表》、《汉孳室文钞》等。

陶冶公 (1886—1962)

原名延林，后改铸，字冶公，号望潮，别号洁霜，以字行，绍兴陶堰人。青少年时就读于绍兴东湖通艺学堂、杭州求是书院。清光绪三十二年（1906）东渡日本，入经纬学堂等校学习，在日本晋见孙中山，加入光复会与同盟会，任同盟会评议部部长。三十三年（1907），应章太炎之邀，任《民报》发行工作。辛亥革命爆发后回国，任沪军先锋队第五队指挥官，参加光复南京之役。

民国成立后，历任民国政府文武多种职务。在北京工作期间与同乡鲁迅往来甚多。1932年在洛阳参加抗日国难会议时，力主抗日。1933年就任南京国民政府公务员惩戒委员会委员、主席委员职，长达十六年。南京解放时，他拒绝南迁，保护档案，将全部档案移交给南京市军管会，受到刘伯承市长的好评。1950年回归家乡，担任浙江省和绍兴市各界人民代表会议代表、浙江省文史馆馆员。

生平自奉甚俭，家藏古籍、字画、金石彝鼎、名人信札甚多，其中有孙中山、鲁迅、蔡元培、章太炎等名人手迹，共计书籍、文物一万余件，按照他生前遗嘱全部捐献给国家。

陶宗仪 (1329—1412)

字九成，号南村，元代黄岩人。元至正八年（1348）赴考进士，因议论政事而

·陶杏卿藏本《武林往哲遗箸》

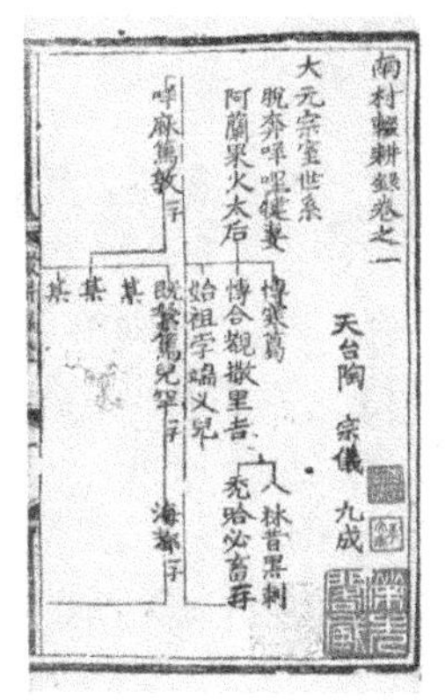
·陶宗仪《南村辍耕录》明刻本

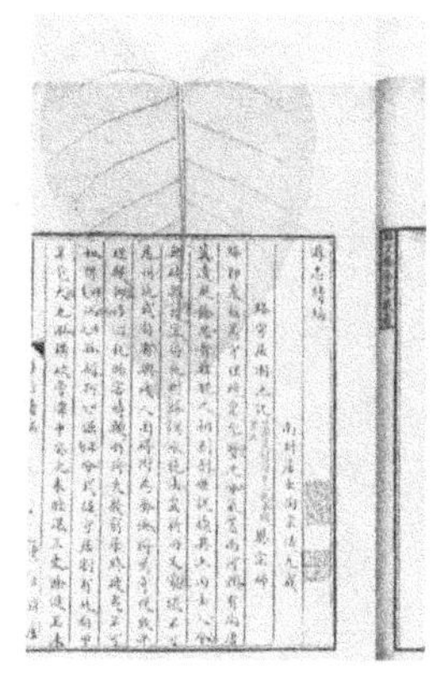
·陶宗仪《游志续编》清抄本

落第，后避兵浙东、浙西，向张翥、李孝先学习诗词，学业大进。精通诗文，深究古学。不满元末朝政的黑暗，隐居松江泗泾南村，勤奋读书著述，亦致力于耕作。所作诗文放入瓮中，埋于树下，十年后积十余瓮，理成一书，名《南村辍耕录》。陶宗仪喜聚书，尤勤于历代典章制度的收藏和记述。所著尚有《南村诗》、《沧浪棹歌》等，又辑有《说郛》一百卷、《书史会要》九卷等。藏书印章有"陶九成藏书印"。

375

陶承杏（1910—1995）

又名杏卿，浙江绍兴人。30年代毕业于国立浙江大学。在杭州市担任市政水利工作、工程师，九三学社社员，曾被选为余杭县人民委员会委员，任杭州市政协委员。平生爱藏书，据自述，在初中负笈时，即喜古籍，习诵余暇，遍访古旧书铺，遇有所好者，从力自撙节中，购置之。抗日战起，各故家时有图籍散出，杏卿先生奔走杭绍宁之间，广为搜罗之。凡经史子集、诗词歌赋、戏曲小说，以及各代单张散页、期刊画报，莫不兼收并蓄。尤其对于乡邦文献、地方志乘及各姓宗谱，收集更勤。凡遇缺卷之书，千方百计从书肆配套成全。为了配书，远及京沪，不惜书价之高。书室名晖鸿楼、杏轩、百谱楼。藏书多达五六万卷。辑有《杏轩丛书》、《杏轩丛钞》，撰有《关于越缦堂藏书》、《书林掌故抄》等。"文革"中藏书被"红卫兵"抄没，1966年冬此批书送入浙江图书馆。1980年，他取回了部分图书，其余藏书捐赠给浙江图书馆，省文化局发给奖状与奖金一万元。

承杏先生生平热爱学习，辛勤搜集古籍资料。这一爱好在文革后也没有放弃，继续跑古旧书店购书，故他的藏书中，虽不多古椠珍本，但多为本省资料性较强的书刊图籍。

陶浚宣 （1849—1915）

　　原名祖望，字心云，亦作心耘，又字文冲、文仲，号稷山、稷叟、稷山居士、东湖，又自称润明四十五世孙。室名稷山馆、通艺堂，会稽人。贡生。以教授自给。善六朝书，笔力峻厚，亦工画人物，精诗词。辑有《月令章句》、《周书时训》、《四民月令》等，均收入《稷山馆辑补书》中。喜聚书，丹黄矻矻不离手。藏书卒后多散出，浙图藏有他的批校题跋本多种。

陶望龄 （1562—1609）

　　字周望，号石篑，明会稽人。万历十三年（1585）乡试第二，十七年（1589）会试第一，殿试一甲第三，授编修，官至国子监祭酒。与弟君奭，终日论学，得奇书共读之。家富藏书，藏书处曰石篑山房。藏书印章有"石篑山房印"、"陶颙之印"。

· 陶望龄画像

顾修 （生卒年不详）

　　字菉崖，一字仲欧，号松泉。清桐乡石门人，居桐乡。诸生。耽风雅，好蓄书，工吟咏，旁及丹青。好藏书，有藏书楼为"读画斋"。嘉庆四年（1799）辑刊《读画斋丛书》四十八种一百九十九卷，自甲乙至庚辛凡八集，全仿鲍廷博知不足斋例。又刻《南宋群贤小集》，附《江湖后集》，巾箱精本，为世所珍。嘉庆四年（1799），又编《汇刻书目》，收录丛书二百六十一种，该书目虽搜集不全，著录亦较简单，但确立了丛书备列子目的原则，是我国最早的丛书目录之一。自著有《读画斋学语草》、《百叠苏韵诗》。又有《读画斋题画诗》、《读画斋偶辑》等。

顾橚（1726—？）

字嵩乔，一字鉴沙，又号小痴，清慈溪人。诸生。郑勋曰："鉴沙先生一生好古，筑伴梅草堂以储书画金石。吾邑自汉唐来从无汇选邑人诗文者，先生搜寻遗佚自汉迄明，雪抄露纂，晚年病，每以为勋可托付。时勋游武林，归则先生返道山。问所藏已散佚，可慨也。"

顾乃斌 （生卒年不详）

字子才，清直隶大兴人，住杭州板儿巷，毕业于武备学堂，光复会会员。辛亥革命时任八十二标南路司令管带，后任浙江四十九旅旅长，参加预备立宪公会为会员。著有《浙江光复综述》（附浙军攻占南京之后的轶闻史实）及《浙江军光复杭州记》，民国元年（1912）出版排印。民国十年（1921）以后，脱离戎马生涯，遇暇浏览全市书肆，收罗惬意心喜之书籍。牛溲马勃，凡能使其快心之书，皆兼收并蓄，积聚盈屋，惜乏善本。杭州抱经堂书店主人朱遂翔评价说："……于解甲之后，罗致书本，虽无精椠珍籍，是亦正视文学之能陶冶品性，为悠游林泉之一乐，未尝有以藏书家之宏旨为目的。"遂翔先生对顾君定评，殊中肯綮，故顾君亦深善其说也。

顾广誉（1799—1866）

字惟康、豫康，号访溪。清平湖人。咸丰间优贡生。年少即有志于理学，与同

· 顾广誉画像

"

里方垌结道义交。又致力于古文，尤其精于《毛诗》。咸丰元年（1851）举孝廉方正，未与庭试。经术湛深，尤精诗礼。同治间曾主讲上海龙门书院，讲学以正心术为先，卒后入乡贤祠。亦好藏书，藏书处为悔过斋。撰有《平湖顾氏遗书》五种，著有《学诗详说》三十卷、《学诗正诂》五卷、《悔过斋文集》七卷、《四礼权疑》八卷、《札记》一卷等。

顾颉刚（1893—1980）

· 顾颉刚像

原名诵坤，字铭坚，著名历史学家，民俗学家。原籍江苏吴县，其尊人顾百年在杭州盐务稽核所任事，故侨居杭州马坡巷。性喜藏书，尤喜有关民国之历史文学著作，凡当时被视为不登大雅之堂或鲜有问津之历年宪书、缙绅录、题名碑录、各种稗官野史和家谱志书等，都争先网罗。对于民间家庭日用账簿及各行业之收付账册，亦全力收购。有客问颉刚先生收此卑不足道之书，目的何在？彼则莞尔笑谓：此类之书，能明政坛故实，社会珍闻和物价之高低，能藉此宝贵资料作撰文时之獭祭。他山之石，可以攻错。是亦可称为有心人了。颉刚先生又专舆地学术，在上海曾开设大中华图书公司，专印地图发行。凡是研舆地之人金各纷购，故生涯不息。尝应聘为广州中山大学教授，后又转道至北京定居，任中央科学院第二研究所所长。著作中尤以《古史辩》为最精辟，文赅意尽，学术界奉为圭臬，誉满全国。伦哲如先生有"题顾颉刚藏书诗"云："溯源甲骨兼吉金，攻治尚书老伏生。南北藏书卅万卷，安事从载到京城。"主要著作有《古史辨》、《天算大家海宁李善兰著述》、《中国考试制度史》、《黄宗羲传》、《会稽章学诚的著述》、《清代思想纲序》、《清代著述讨论》、《清代汉学家治学精神与方法》、《王夫之传》、《李颙传》、《九十年前的北京戏剧》、《秦汉的方士与儒生》等。

顾德辉 (1310—1369)

　　一名瑛，又名阿瑛，字仲瑛，自号金粟道人，元代江苏昆山人，隐居浙江嘉兴。德辉家史世素封，轻财结客，年三十，始折节读书，筑别墅玉山佳处，藏古书、名画、鼎彝、秘玩。《语林》云："顾仲瑛风流文雅著称东南，才情妙丽。"著有《玉山草堂集》。

顾燮光 (1875—1949)

　　字鼎梅，号石言，别署非儒非侠斋。绍兴人。清光绪廪贡生。室名金佳石好楼、遁世无闷楼、非儒非侠斋。善书汉隶，能画花卉，尤精碑版学。少壮时曾在关中、江右一带，披榛历险，足茧手胼，扪葛剔藓，访碑于荒村墟刹，深菁断岩，搜拓数年，终于访得古人未著录碑刻近七百余种。撰有《非儒非侠斋诗文集》、《两浙金石别录》、《河朔金石目》、《顾氏金石舆地丛书》等。

· 顾德辉画像

高谊 (1868—1957)

　　原名性朴，学名步云，一字储顾，乐清茗屿乡人。清光绪二十五年（1899）补廪，二十九年（1903）考取官费留学日本，修业于早稻田大学师范班，三十二年（1906）归国，应聘为两广方言学堂教授。抗日战争事起，隐居乡里，杜门著述。喜搜集乡邦文献，1937 年，为永嘉区征集乡贤先哲遗著六十余家，加以整理后，各跋其尾，挽救了大量乡邦文献。同乡诗人黄式苏曾赠诗有"头白输君犹伏案，篝灯夜夜到三更"之句。家有藏书颇丰。抗战胜利前后，曾保护地下党员。解放后，荐为省文史馆员、第一届县人民大会代表。

高铨 （生卒年不详）

字文衡，一作衡之，号蘋州，又号固叟。清归安（今湖州市）人。嘉庆时贡生，官寿昌训导。工书画，尤长画竹。精鉴赏，富收藏，所藏多金石字画。藏书处为五亩之宅。藏书印章有"高铨之印"、"固叟"等。

高翥 （1170—1241）

初名公弼，后改名翥。字九万，号菊磵，南宋余姚人。是"江南诗派"重要人物，有"江湖游士"之称。少有奇志，不屑举业，以布衣终身。他游荡江湖，专力于诗，画亦极为出名。晚年贫困潦倒，无一椽半亩，在上林湖畔搭了个简陋的草屋，小仅容身，自署"信天巢"，以藏书著文，有"破屋三间书五车"句。七十二岁游淮染疾，死于杭州西湖。著有《菊磵小集》，《南宋群贤小集》，《信天巢遗稿》，《四库全书》中收录他的《菊磵集》一卷。

高澈 （生卒年不详）

字公鉴，明秀水（今嘉兴市）人。天启、崇祯间收藏家。著有《艺苑雕云集》、《松绕庐集》。好藏书，几案间杂陈法书名画，尊彝古砚。藏书处为松绕庐。

高濂 （约1527—约1603）

字深甫，号瑞南，明仁和（今杭州市）人。著《雅尚斋诗草》，颇得自然之趣。尝筑山满楼于跨虹桥，收藏古今书籍，其印记曰"妙赏楼藏书"，曰"高氏鉴定宋刻版书"，曰"武林高深甫妙赏楼藏书"。又有"五岳贞形"印，每册首皆用之。著《遵生八笺》十九卷，第六笺曰《燕闲清赏》，皆赏鉴清玩之事。其《论藏书》云："藏书以资博洽，为丈夫子生平第一要事。其中有二说焉：家素者，无资以蓄书；家丰者，性不喜见书。故古人因贫，日就书肆邻家读书者有之，求其富而好学者，则未多见也。即有富而好书，不乐读诵，务得善本，绫绮装饰，置之华斋，以具观美。尘积盈寸，经年不识主人一面，书何逸哉？噫！能如是，犹胜不喜见者矣。藏书者，无问册帙美恶，惟欲搜奇索隐，得见古人一言一论之秘，以广心胸未识未闻。至于梦寐嗜好，远近访求，自经书子史，百家九流，诗文传记，稗野杂著，二氏经

· 武林高深甫妙赏楼藏书

· 高氏鉴定宋刻版书

· 五岳贞形

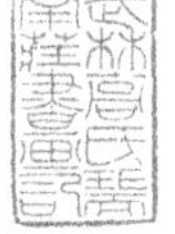

· 武林高氏瑞南藏书画记

· 高濂《玉簪记》明刻本

典，靡不兼收。故常景耽书，每见新异之典，不论价之贵贱，以必得为期，其好亦专矣。故积书充栋，类聚门分，时乎开函摊几，俾长日深更，沉潜玩索，恍对圣贤，面谈千古，悦心快目，何乐可胜？古云开卷有益，岂欺我哉？不学无术，深可耻也。又如宋元刻书，雕镂不苟，校阅不讹，书写肥细有则，印刷清朗。况多奇书，未经后人重刻，惜不多见。佛氏医家，二类更富，然医方一字差误，其害匪轻。故以宋刻为善。海内名家，评书次第，为价之重轻，若坟典、六经、《骚》、《国》、《史记》、《汉书》、《文选》为最，以诗集百家次之，文集道释二书又其次也。宋人之书，纸坚刻软，字画如写，格用单边，间多讳字，用墨稀薄，虽著水湿，燥无湮迹，开卷一种书香，自生异味。元刻仿宋单边，字画不分粗细，较宋边条阔多一线，纸松刻硬，用墨秽浊，中无讳字，开卷了无臭味。有种官券残纸背印，更恶。宋版书刻以活衬竹纸为佳，而蚕茧纸、鹄白纸、藤纸固美，而存遗不广。若糊褙宋书，则不佳矣。余见宋刻大版《汉书》，不惟内纸坚白，每本用澄心堂纸数幅为副，今归吴中，真不可得。又若宋版遗在元印，或元补欠缺，时人执为宋刻；元版遗至国初，或国初补欠，人亦执为元刻。然而以元补宋，其去宋近，未易辨；以国初补元，内有单边双边之异，且字刻迥然别矣，何必辨论？若国初慎独斋刻书，似亦精美，近日作假宋板书者，神妙莫测。将新刻模宋板书，特抄微黄厚实竹纸，或用川中茧纸，或用糊扇方帘绵纸，或用孩儿白鹿纸，筒卷用槌细细敲过，名之曰刮，以墨浸去臭味印成。或将新刻板中残缺一二要处，或湿霉三五张，破碎重补。或改刻开卷一二序文年号。或贴过今人注刻名氏，留空另刻小印，将宋人姓氏扣填。两头角处或妆磨损，用砂石磨去一角。或作一二缺痕，以燎火燎去纸毛，仍用草烟熏黄，俨状古人伤残旧迹。或置蛀米柜中，令虫蚀作透漏蛀孔。或以铁线烧红，锤书本子委曲成眼，一二转折，种种与新不同。用纸装衬，绫锦套壳，入手重实，光腻可观，初非今书仿佛，以惑售者。或作夥囤，令人先声指为故家某姓所遗，百计瞀人，莫可窥测。多混名家，收藏者当具真眼辨证。"

读其藏书之论，可想其藏书之富。按《天禄琳琅》收其所藏《太学新编排韵字类》，纯庙冠以宸题，钤以御宝，载其收藏书印章记曰"古杭瑞南深甫藏书记"。又明版《汉书》有"高氏家藏书画印"、"瑞南"二印。流传三百余年，间存硕果，不啻宝玉大弓视之矣。又按黄尧圃《玄珠密语跋》："中有'古杭高氏藏书印'。高瑞南，明中叶藏书家，何梦华有宋刊《朱氏集验方》，余旧藏宋本《外台秘要》亦有其图记。"

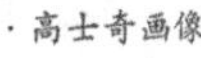

高士奇（1645—1703）

字澹人，号瓶庐，又号江村，祖居余姚，以钱塘（今杭州市）籍补杭州府学生员。康熙十年（1671）入国子监，试后留翰林院办事，供奉内廷。甚得康熙帝的赏识，历官至礼部侍郎兼翰林院学士，加正一品。于平湖置田产千顷，在杭州西溪广置宅田，被左都御史郭琇弹劾，解职归里，居平湖。士奇生平学识渊博，善钟王小楷，工诗，尤长应制体，论者与桐城张相国英并称。精考证，尤精鉴赏，藏书画甚富。著有《春秋地名考略》、《左传纪事本末》、《清吟堂全集》、《江村消夏录》、《经进文稿》、《天禄识余》、《随辇集》等。藏书印章有"高士奇图书记"、"江村"、"高氏江村草堂珍藏书画之印"、"抱瓮翁"。

高元之（1142—1197）

字端叔。南宋鄞县（今宁波市）人。藏书逾万卷。高氏居京师，南宋初始寓明州，著籍于鄞。五上春官不第，安贫，教导生徒。性嗜书，博通经、史及诸子百家之书，自天文、地理、稗官小说、阴阳、方技、种艺之书以至佛氏大藏经五千卷无所不读。"家藏书数千卷，手自点勘，宝之如珠玉。遇所未见，解衣辍餐，不计其直。"庆元三年（1197）九月卒，年五十六。

高君定 (1895—1969)

原名基，以字行，金山人，为金山近代大文学家、大藏书家高吹万先生之侄，南社社员，室名"向若楼"。其夫人姚湘筠为松江著名文学家与藏书家姚石子先生之妹。君定先生家境富饶，初在沪埌置有壮丽住宅，后羡杭州风景优美，在延定巷又营高级秘邸为寓公。该宅解放后由国家征用，君定先生迁至上城定安巷颐居。早年喜收古籍，与叔父吹万先生同有藏书之癖，常至各处旧书肆访求善本，尤好收罗清代写刊、家刊及私人翻宋精刻本。因清初刻书风气转变，盛行精刻本。所谓精刻本，后人有"五精"之称，即字体写得精，校得精，刻得精，印刷用墨精，印书用纸精。能臻五精，开卷便有爱不释手之感。君定先生一生秉此癖好，收集此类书籍，亦具独到兴味。民国二十五年（1936）向上海三马路来青阁书店购得心中向往已久的康熙内府刻本《聚珍版丛书》全部，惬意而归。其时聚珍版零本较易见到，而整部实非易致，抗日战争前物价尚属平稳，尚需三千元成交。君定先生不靳其值而得，快心满意。自谓数年搜得之清刻本，唯此为最。在其"向若楼"藏书室中，何殊天禄琳琅，牙签万轴，摩挲其间，不禁洋洋自得，沾沾私喜。此公之好癖，其亦独树一帜欤？君定先生寓沪之时，"向若楼"藏书有一万四千余卷，在抗日战争中，所藏多没于日寇。君定先生撰有《亡书忆语》记其事。劫余之书，部分捐赠上海合众图书馆，杭寓为数亦不少。自经战乱，万念俱灰，所以将孓遗之书，在"文革"前陆续售与杭州古旧书店。"文革"抄家之时，尚存之书亦悉数被抄者捆载而去，不知所向。

高时丰 (1876—1960)

字鱼占，号存道，野侯兄，杭州人，世居杭州双陈巷。清秀才。善绘山水，精六法，深得南斋谢赫《古画品录》之精要，气韵生动，极尽皴、描、点、染之能事。尤善绘百尺劲松，苍老如虬，繁简疏密，各极其致，以是声名藉甚。藏书甚富，民国二十五年（1936）浙江省举办全省文献展览会，征其所藏之同里吴俊琪所著《有至乐斋吟稿》未刊抄本二册展出。其所藏之金石书画古籍，胥在抗日战争时被人盗窃一空，良堪叹息。存道先生后定居沪渎。工诗，极隽雅，未付梓而散失又多。其

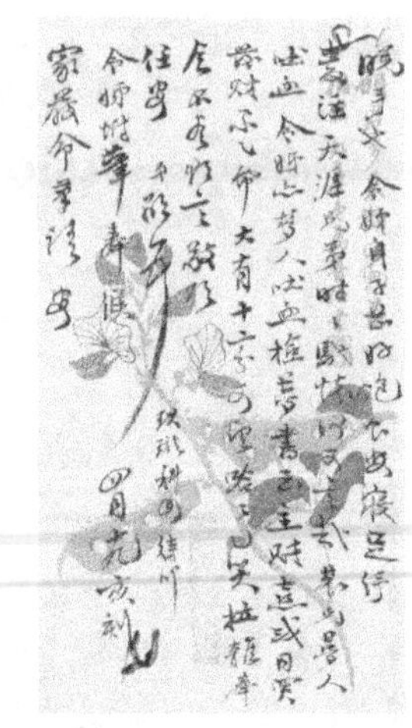

·高时丰手迹

·高时显手迹

季弟络园，用蜡纸刻印《存道诗誊》一部，唯仅印二十册，故存世不多，得者珍如瑰宝。

高时显（1878—1952）

　　字欣木，号野侯，杭州人，世居杭州双陈巷，清光绪二十九年（1903）举人，官内阁中书。西泠印社社员。辛亥革命后，于民国二年（1913）参加中华书局筹创工作，任常务董事兼美术部主任，主持辑校《四部备要》、影印《古今图书集成》。喜藏书并好搜罗金石拓本及字画古玩等，与昆仲鱼占、络园有同一癖好，异曲同工，相互媲美。藏有乡邦贤哲之名著颇多。民国二十五年（1936）浙江省举办全省文献展览会，展出其收藏之仁和龚橙手稿《古金文字丛著》、《六典》、《枫树山房帖》及仁和应兆任纂抄稿本计十一种。野侯精绘梅花，又喜篆刻，尝刻一章曰"画到梅花不让人"，每有作品辄镌此章，造诣甚高，宜自许如此也。又就园之隙地，精筑精舍。因购得元代王冕所绘之梅花一幅，故辟专室，颜"梅王阁"，所藏古今名人画梅极丰，故又称"五百本画梅精舍"。野侯先生喜接纳博学端行人士和诸亲好友，纍是坐客常满，有孔北海之风范。杭州抱经堂书肆主人朱君遂翔售书兼喜藏书，有商而学者之誉。野侯先生相与莫逆，曾为朱君题《抱经堂藏书图》手卷，历叙朱君藏书原委。野侯先生藏书多为国内罕见之本。如柳隐所撰《湖上草》、《戊寅草》，虽是明季刻本，实为海内孤本，现藏浙江图书馆。又有清华岩手稿《离垢集》二册，清袁枚手稿《随园诗稿》，清龚橙手稿《古金文字丛著》、《六典》等，先后均为浙江图书馆所收藏。碑帖收藏也甚巨，且裱工极精，大多售给浙江图书馆。1964 年，其媳妇翁氏将二箱字画约一百余幅，一只明代的大瓷瓶无代价地赠送给浙江图书馆，与浙图有深厚友情。

高时敷 (1886—1968)

字绎求，号络园，野侯弟，室名"乐只室"，杭州人，世居杭州双陈巷，西泠印社社员。一生喜收金石拓片、古籍、字画，善绘竹石和人物，亦雅擅兰蕙，因昆仲间有点染兰花而名噪于世者，遂避席另辟蹊径，藉睦友于之爱。殆诸兄下世，方始出其所长。从事兰蕙之艺，其一茎一花，皆予观者有幽香清远之感，脍炙人口，声名鹊起，得者珍如瑰宝。晚年喜奏刀镌石，辑有《络园老人印辑》一书。凡收藏金石之拓片，裱褙成帙，装帧精美，令人观后有爱不忍释、欲占为己有之感。抗日战争时，避寇他乡，家藏之文物竟被盗散殆尽。民国二十五年（1936）浙江省举办文献展览会，络园先生徇主办者之请，展出珍藏之姚雪逸手抄《凤墅法帖》及谭献未刊日记之《山桑宧记》、《击壶记》、《蛇足记》手稿本等。

络园先生藏书，在抗战杭州沦陷时，部分遭窃，剩余藏书毁于"文革"中。后亦定居上海。

高承埏 (1602—1647)

字泽外，号寓公，道素子，明嘉兴人。少为诸生，以父被难请弃去，学使不许，嘉湖道蔡懋德谓之曰："不立功名，父冤安得白。"及复就试。登崇祯十三年（1640）进士，曾知迁安、宝坻、泾三县，屡退清师，弘光初，量移工部虞衡司主事。及清师南下，遂隐居不出。筑有西园。好聚书，多至七万余卷，寝处其中，校勘不倦。其藏书之处曰稽古堂。《嘉兴府志·丛谈》中云："高氏稽古堂藏书八十楼，与项氏万卷楼争富。"浙馆藏明嘉靖刻本《吕氏家塾读诗记》三十二卷。有"高承埏印"、"醉李高承埏字八退家藏书记"二印。

高焕文 (生卒年不详)

字蔚如，号翰伯。又号泉寿山人，清嘉兴人。搜求古泉币不遗余力，是位专营古钱币的儒商。好藏书，藏书处为泉寿山房。著《泉寿山房诗草》一卷、《谈泉杂录》五卷、《泉志续编》二十卷、《高氏吉金录》、《泉货珍奇录》、《泉寿山房考》等，光绪三十四年（1908）石印《癖泉臆说》六卷。藏书印章为"高氏翰伯藏书"（朱文）。

高道素 (1583—1629)

高承埏父，初名斗光，字明水，更名道素，字如晦，号恬知居士，明嘉兴新丰人。弱冠之时，试县、府督学皆第一。学使洪启睿奇其才，不待再试，即给俸禄。万历己未（1619）进士，除工部主事，历屯田司郎中。道素才智超群，鉴古工画，工山水，在倪元镇、黄子久之间。道素孝友好义，为诸生时倡建仁文书院，并置义田。又博通内典，精究禅理，为云栖大师入室弟子。著有《景玄堂诗集》十二卷、《高道素明水轩笔记》、《药房随笔》二卷、《高氏诗选英华》、《顺心庵碑》。筑南园于嘉兴白芧村，喜蓄图书鼎彝之属。

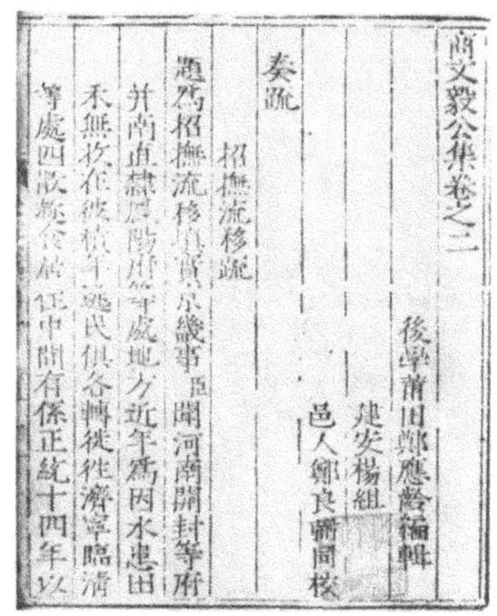

後學莆田鄭應齡編輯
建安楊組
邑人鄒良嶠同校
商文毅公集卷之二

奏疏

招撫流移疏

題為招撫流移事　品閩河南開封等府

并南直隸鳳陽府等處地方近年為因水連田

禾無收在彼棄本逃民俱各輾徙往濟寧臨清

等處四散絫谷佃　征中間有係正統十四年以

· 商辂《商文毅公集》明隆庆六年（1572）郑应龄刻本

· 商辂画像

十 一 画

商辂 (1414—1486)

字弘载，号素庵，谥文毅，明代淳安艺山（今里商乡里商村）人。宣德十年（1435）乡试、正统十年（1445）会试以至殿试皆第一，为连中"三元"者。历仕英宗、代宗、宪宗三朝，累官至内阁秩一品事，为一时名臣。罢官居家十年中，多在家乡深洞岭下"仙居书屋"赋诗自娱。家有藏书，《脉望馆书目》著录有《商文毅公家藏书目》一本。曾邀赴庐山白鹿洞书院、铅山鹅湖书院讲学。著有《商文毅疏稿略》、《商文毅公集》、《蔗山笔麈》以及所纂《宋元通鉴纲目》等书。

堵福诜 (1884—1961)

字申甫，又字申父，绍兴人，光复会成员，绍兴大通学堂学生，浙江高等学堂毕业。曾任浙江两浙师范学堂、省立第一师范学校等校教员。寄寓杭州东公廨。曾任余姚县长，倦勤后回杭颐居。夙耽文学。因是癖好收购佳椠，藏诸邺架。善行楷。民国十三年（1924）1月，由浙江省教育厅厅长张宗祥先生委请至北京文津阁，为抄补浙江文澜阁《四库全书》缺漏典籍之监理，直至十五年（1926）4月。其间不问寒暑，躬自督抄，日有二百余人缮录，共计补抄缺书四千四百九十七卷，凡绘图及应书篆隶和满文与曲直界线等手续过程，莫不一笔不苟依式精绘细描，以是费时历二年余。计抄：经部四十九种，六百二十二卷，二百八十五册；史部四十六种，二千一百零八卷，八百八十七卷；子部四十六种，一千零六卷，五百九十七册；集部七十六种，七百六十一卷，二百七十七册。事毕赋归，藉以弥补太平天国战事后丁氏抱残拾遗之不足，对杭州文澜之《四库全书》，有殚心竭虑之勋，且任劳任怨，全力以赴，足能垂诸史册。晚年与李叔同（弘一法师）相善，两地来往书翰不断，商榷文学真谛，故藏得弘一法师之手稿书札甚多，惜在抗日战争中散失殆尽。福诜先生藏有《经解》（不分卷），为山阴何澂辑何抄校本，民国二十五年（1936）浙江省文献展览会曾徇征参与展示。撰有《重修王文成公祠记》（祠在绍兴龙山），又撰《补抄文澜阁四库全书阙简纪事》一册及《中国瓷器》一文。福诜先生藏书，在抗战杭州沦陷后，因其寓无人看管而被窃。剩余之书于抗战胜利后，陆续售与旧书店。

屠倬 (1781—1828)

字孟昭，号琴坞，晚号潜园老人，清钱塘（今杭州市）人。嘉庆十三年（1808）进士，选为翰林院庶吉士，授江苏仪征县知县，任间，见县里无桑树，从吴兴购买一万二千本植之，并作《种桑诗》以劝百姓植桑养蚕。道光元年（1821）擢袁州府知府，旋转授九江府知府。屠倬自幼刻苦好学，其诗才伉爽，与郭麐、查揆齐名。书画、金石、篆刻，造诣亦颇深。喜藏书。著有《是程堂集》。藏书印章有"屠倬"、"孟昭父"、"旧史氏章"、"琴坞旧庐"。浙图藏明刊《潜室陈先生木钟集》钤有"琴坞鉴藏"、"钱塘屠氏孟昭是程堂印信"诸印。

崔鼎 (1858—1925)

字永安，又字止园，一字磐石，广州人，寄籍杭州贯桥茶叶弄，为杭州大藏书家。筑"秋水楼"庋藏书籍，拥有典籍三万卷之多。藏书以集部为最，金石

·屠倬画像

·屠倬手迹

拓本亦不下千余通，但鲜精椠善本，唯有医家类旧钞旧刊。惟是门祚衰薄，后继乏人。其后辈对世传珍藏，于民国二十四年（1935）间售与上海李紫东开设之忠厚书店，价已谈妥，为二万元。事被同里"九峰旧庐"主人王绶珊所闻，王即派人去崔家洽谈，要求将书转让。而崔家认为既已与上海成约在先，不肯背信悔约，故拒绝。讵料绶珊恼羞成怒，以高压手段唆使警员，藉词保存地方文献，责令不能出省外流，阻止进行。崔家随亦搁浅暂不置议。孰知二十六年（1937）日寇挑衅，战事爆发，崔家避难他乡，其家留守之人，先后论斤贱卖盗售与杭州各书肆。数十年旧藏之书，由是散失殆尽。民国七至八年（1918—1919）之间，止园先生以衰老之龄，犹为杭州清河坊文元堂主人杨耀松编辑《西湖导游》数种。

戚芸生 (1749—1818)

字修洁，号余斋、馥林，清嘉兴人，居嘉兴大奚家桥。好山水泉石，积书数万卷，藏书室名"宝砚"。

曹辛 (生卒年不详)

字姜侯，清余姚人。弱冠补邑博士弟子员，不好举业，检书得《算法统宗》，玩索有得。又从邑中倪氏、泗门谢氏假数理书数种，朝夕研究，稍稍窥九章门径。后又睹《谈天》一书，潜心数年，遂能推步。会宁波宗太守源翰开六斋课士，聘黄孝廉炳厘长天文算学斋。辛既受知，乃师事焉，学益进。先后为学使所识。丙戌（1886）瞿学使鸿玑并赏其文，岁科试俱第一，饩于庠。屡应乡试不售，以明经终。好收古书，自群经诸子迄泰西天算家言，不下千种。自序《蕉雨书屋书目》云："余嗜书成癖，贫不能多得，力所能购，惟恐失之。"其治算学无师承，至愤悱时，辄夜以继日。暑夕置两瓮案下，插脚瓮中以避蚊。常语子弟云："所费膏火，尽油数百斤矣。"其苦心孤诣如此。

曹盅 (1135—1202)

字困明，宋镇海（今宁波市）人。年十二能作举子业。未冠，已博综经史百家之言。天文地理与夫天下形势兵家之学，靡不通贯。家聚书万卷，多手自雠校，积学老而不衰。自号牧庵居士，嘉泰二年（1202）卒，年六十八。

曹溶 （1613—1685）

字秋岳，一字洁躬，号倦圃，明末清初嘉兴人。崇祯十年（1637）进士，仕至御史。入清，历户部侍郎，出为广东布政使，左迁山西阳和道。晚年自号锄菜翁，筑室范蠡湖滨，颜曰倦圃。相传宋岳珂倦翁珂曾留此著书，所谓金陀坊者也。地故有废园，溶治之以为别业。以倦圃名者，盖取倦翁之字以自寄。倦圃好收宋元人文集，其《静惕堂书目》，所载宋集，自柳开《河东集》已下凡一百八十家，元集自耶律楚材《湛然集》已下凡一百十五家。静惕堂者，其藏书处也。其藏书印章有"两河使者"、"白学先生"、"锄菜翁"、"携李"、"秀州"、"秋岳"、"曹溶"、"洁躬"、"洁躬氏"、"曹溶之印"、"携李曹氏藏书"、"倦圃书印"、"携李曹氏倦圃藏书印"、"携李曹氏收藏图书记"、"携李曹氏倦圃图书印"。辑《续献徵录》六十卷、《五十辅臣传》五卷。著《静惕堂书目》、《静惕堂诗文集》三十卷。

曹曰瑚 （生卒年不详）

字仲经，国子生，清嘉兴人。生平好集金石文字，搜访得佳者，则装裱为册，请朱彝尊跋其尾，亦时以拓本贻朱。尝自江南至京师，如《瘗鹤铭》、《云麾将军碑》之类，皆手拓以归，赋诗记之。

曹言纯 (1767—1837)

　　字丝赞，号古香，又号种水，清秀水（今嘉兴市）人。贡生。自弱冠后，专心词章之学。刻苦励学，家苦无书，借人书籍，节取其精华，蝇头细书，三十余年无虑千百册。李贻德赠之诗有"少时森森挺玉笋，藏镪半为买书尽"之句。其藏书处曰五千卷室。家故贫，妻女篝灯夜纺，手一编，分光砚北，掌录口哦无虚日，有《删节水经注钞》，前后贯串最有法。又著有《征贤堂诗正集》、《种水词》等。

曹宗载 (1752—1824)

　　字问渠，又字铁梅，号桐石，原籍会稽，清海宁人。道光元年（1821）贡生，修学好古，精篆刻，书法瘦硬近柳公权。好藏书。著有《东山楼诗集》八卷、《东山楼诗续稿》八卷等，辑有《南湖避暑录》四卷、《紫硖石文献录》二卷等。藏书处为东山楼。

曹庭栋 (1699—1785)

　　字楷人，号六圃，晚号慈山居士，清嘉善魏塘人。乾隆六年举人。少嗜学，工诗，中年后绝意进取，乾隆年间举孝廉不就。所居累土为山，名慈山（今嘉善县第一中学内），环植花木，以弹琴赋诗，写兰、竹、石，摹篆隶以自娱。喜藏书，搜采遗佚甚勤。喜著述，50岁后专事著述，不下楼者三十年，所坐木榻，穿而复补。尝以吴之振所辑《宋诗钞》漏略尚多，且刊刻未竟，往往有录无书，因此搜采遗佚，编成《宋百家诗存》二十八卷，《四库全书》著录。论者称其书足补《宋诗钞》之阙。平生最爱贺铸诗，在百家中推为第一，故所作诗亦大似北宋人。著有《易准》四卷、《孝经通释》十卷、《逸语》十卷、《琴学内篇》一卷《外篇》一

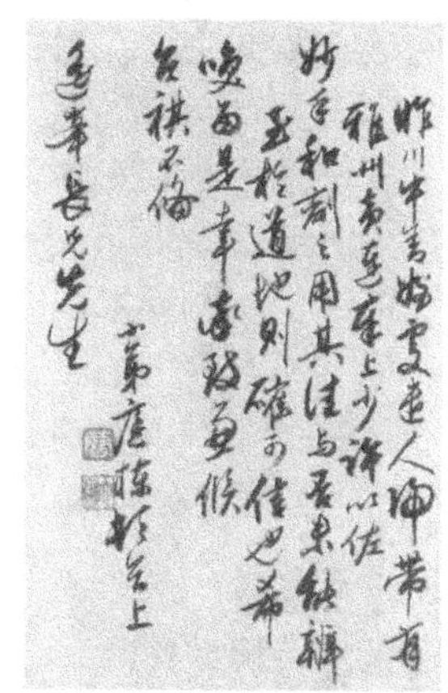

· 曹庭栋手迹

卷、《老老恒言》五卷；《昏礼通考》二十四卷，《产鹤亭诗集》九卷，均为《四库全书》存目。所著还有《魏塘记胜》一卷、《永宇溪庄识略》六卷首一卷。藏书处为二六草堂、幻不壬屋。藏书印章有"曹庭栋"、"六圃"等。

曹炳章 (1878—1956)

字赤电，又名彬章、琳笙，出生于鄞县东乡（今宁波市）。其父曾为宁绍国药界先辈。炳章尝从慈溪名医方晓安游，授读《内经》、《难经》、《伤寒论》、《金匮要略》、《本草经》，及金元四大家书，七年得入门径。厥后浏览《千金方》、《外台秘要》、《巢氏诸病源候论》，以及明清百家著作。凡四十年于兹矣，后自设诊所，诊资所入养家以外，尽量访购医籍。先于鄞县、绍兴搜得三千五百种，后又向北京、南京、苏州、上海、日本等地搜求，逐渐汇集我国自汉唐迄明清一百几十家以及日本汉医家的著述，内有明清精刻孤本、善本、日本旧刻本以及炳章自著待刻本凡四百八十种，蔚成一代集医籍大成的藏书家。藏书室名曰集古阁。1934年受大东书局之请，将其历年搜集、批校及自撰诸书，编为《中国医学大成》，计三百六十五种，二千多卷，一千册，1936年付印，分期出版，公之于世。可惜出版将近五百册时，七七事变爆发，日寇全面侵华。这部巨著无法出齐，原稿也大部分散失。他积书既多，并编列了简目，目凡十卷，别为二十三类。新旧医药书籍计四千一百八十五种。此外，尚有博物类及药物类考证用书六百五十五种。其他出借、新购未列者，尚有百余种，都凡五千之数。

先生生性耿直，有强烈民族自尊心，清末大量鸦片涌入我国，目击心伤，遂著《鸦片戒除法》。绍兴沦陷后，连夜将藏书运往偏僻乡村，免使祖国医学遗产落入日寇之手。为抵制日产仁丹，与诸名医联合研制成雪耻灵丹。先生安贫乐道，一生无所嗜好，惟与书作伴，每以"书富家贫"自慰。1952年他七十五岁时，以所藏三千四百余种医书，捐献给华东军政委员会卫生部，部分手稿呈献北京中医研究院。1956年，浙江卫生厅聘为《浙江中医杂志》名誉总编辑，同年病逝于绍兴。所著有《奇病通考》、《生殖奇谈》、《预察婴儿寿夭》、《霍乱寒热辨证》等；评有《瘟疫明辨方》、《温病条辨》、《市隐庐医学杂著》，辑有《对山医话补编》等。

曹培亨 (生卒年不详)

字汝咸，号孺岩，清嘉兴人。乾隆三年（1738）举人。绩学砥行，聚书于松风草堂，日事铅椠，以著述自娱。工书精篆隶。有《松风堂集》。

·曹聚仁像

曹聚仁（1900—1972）

　　字挺岫，号听涛，笔名袁大郎、陈思、彭观清、丁舟等，1900 年 7 月 7 日出生于浙江浦江蒋畈村（今兰溪市梅江镇蒋畈村），我国现代著名作家、学者、记者和杰出的爱国人士。

　　1915 年考入杭州浙江第一师范学校，五四运动中任学生自治会主席，主编《浙江新潮》。1921 年到上海创办沧笙公学，并在爱国女中任教，同时为《民国日报》副刊《觉悟》撰稿。1922 年，他笔录了章太炎的国学演讲，后整理成《国学概论》出版。又编著《国故学大纲》上册，批判胡适派的学术主张，开始引起学术界的注意。先后在上海艺术专科学校、上海艺术大学、路矿学院、暨南、复旦、持志、光华、大夏、中国公学等大学任教授。1932 年创办《涛声》周刊，刊头以"乌鸦"为记，用以讽刺国民党当局，不久被查禁。1934 年在上海与陈望道等提倡"大众语"运动，针对当时文坛读经复古运动开展斗争。同年与陈望道等合编《太白》期刊，任《太白》月刊编委，1935 年，主编《芒种》，反对以林语堂为代表的论语派，鲁迅主动投稿予以支持。同年，他与邹韬奋、沈钧儒等成为抗日救国会十一名委员之一，并为《申报·自由谈》、《立报》等刊物撰写评论和杂文。抗战爆发后，曹聚仁持笔从戎，以新闻记者身份出入上海闸北战场，为《申报》、《立报》、《社会日报》和中央通讯社采访战地新闻。上海沦陷后，曹聚仁任中央通讯社战地特派员，来往大江南北，报道抗战战况。曾首报台儿庄大捷和首次向海外报道"皖南事变"真相，成为抗战名记者之一。1941 年，在江西赣南的蒋经国邀其创办《正气日报》，任总编辑，使该报成为当时东南三大报之一。抗战胜利后，曹聚仁回上海，任四川路《前线日报》主笔，兼香港《星岛日报》驻京沪特约记者。1947 年期间在上海法学院、复旦、大夏等校任教。

作品有论著《文史讨论集》、《国学概论》、《国学大纲》，散文集《我与我的世界》、《今日北京》、《万里行记》、《文坛五十年》、《北行小语》，报告文学集《采访外记》、《采访新记》、《鲁迅评传》，辑有《现代中国戏曲影艺集成》等编著共近七十种，约四千余万字。

喜读书，不爱看借来的书，故藏书多亲自购买。其夫人邓丽云在《我的丈夫与书本》中说过："在我们的箱子里，没有一件值钱的衣服。在银行里，我们没一个钱存款，我们每月的收入，要支出百分之三十去购买书籍。书籍就是我们的财产。我们的财产，就是人家所称的'废纸'。"家里处处皆是书，有文史哲、军事、经济、美术、医学、科学等各种各类。抗战时期，他挑选了些精华，装了二十多麻袋运到乡下老家的地窖里珍藏，不幸为日寇焚毁。其余藏书在沪上分散多处，亦多有散失。

梁同书 (1723—1815)

字元颖，号山舟，晚号石翁（一作不翁）、新吾长翁，清钱塘（今杭州市）人。乾隆十二年（1747）举人，乾隆十七年（1752）特赐进士，选为翰林院庶吉士，授编修，官至翰林院侍讲学士。能诗，诗多雅音。又能文，作文清峭拔俗。工书法，负名于世，与翁方纲、刘墉、王文治齐名。著有《频罗庵遗集》等。杭州图书馆藏有《梁山舟学士书集杜长卷》。藏书印章有"梁同书印"、"梁氏元颖"、"山舟"、"日贯斋"。

梁绍壬 (1792—?)

字晋竹，号应来，清钱塘（今杭州市）人。道光元年（1821）举人。家有两般秋雨庵藏书。南京图书馆藏有丁丙跋本《燕石集》，有"两般秋雨庵藏书"印。

梁葆仁 (1844—1906)

字承新，号西园，又号泽春，清新昌人。光绪二年（1876）举人。历长天台、嵊县诸书院。十二年（1886）进士。官至湖北天门知县。生平嗜书，广搜图籍，藏于止止山庄。后裔孙梁以忠等，将古籍十六箱捐赠给政府。

梅雨清 （1895—1976）

　　字冷生，号劲风，又号微波，以字行，永嘉人。工诗古文词。早岁以诗词受知于瓯海道尹林鹃翔，组织慎社，出版诗刊，而后曾任省参议员等职。1941 年起任籀园图书馆馆长，1949 年籀园改为市图书馆，仍任馆长。有劲风阁藏书。捐献温州图书馆缺藏之书达二千余册。著有《劲风阁遗稿》等。

凌奂 （1822—1893）

　　原名维正，字晓五，一字晓邬，晚号折肱老人。清归安（今湖州市）人，原籍安吉，自曾祖父后始迁居湖州，明代针灸专家凌汉章的第十一代孙。奂少颖悟，弃去举子业，一意学医，及长，医术日精，远近闻名。又解音律，通经史，工书善画，然多为医名所掩，世罕知之。藏书处为饲鹤亭，所藏多医书，有《饲鹤亭藏书志》三卷。

凌霞 （生卒年不详）

　　一名瑕，字子与，号尘遗、病鹤，晚号疣琴居士，又号乐石野叟。清归安（今湖州市）人。博学能文章，尤长于诗。又善画梅，工书法，于杨岘、施补华、陆心源等并称"苕上七子"。家甚贫，然嗜金石之文，藏书处为癖好堂。有《癖好堂收藏金石书目》一卷。

清华法师 （1852—1935）

　　俗姓杨，名靖。绍兴人。早年披剃为缁流，民国十年（1921）以后，在西湖智果寺为知客师。精于岐黄之术，尤擅妇科，每应施主及稔友之邀延为之治病，颇有着手成春之能。暇时涉足旧书店专收历代医书。因所蓄日多，用铅字排印目录分订两册，冠名曰《珍本医书》。因精妇科，故凡书肆店东家属妇女有恙，咸趋就医，或至家视疾，故誉满杭州和僧寮，推为现代之救命王菩萨。曾编《清华医室藏书类目》（一名《珍藏医书类目》）。清华法师故世后，在西湖智果寺所聚之医书，于抗战杭州沦陷时被人窃售一空。

盛大庸（生卒年不详）

字匏仲，明秀水（今嘉兴市）人。明末清初学者。著有《涑水集》、《匏庵集》。好收藏前贤文集，名其斋为匏庵。

盛百二（1720—?）

字秦川，号柚堂，清嘉兴人。读书颖悟，诗文外，博求天文、勾股、律吕、河渠之学。乾隆二十一年（1756）举人。官山东淄川知县，有政绩，但无意于仕途，仅一年即辞官，居留齐鲁间，主讲书院十几年，多有所成就，甚得当地民众好评。

盛百二为学主程朱，主张"大义为先，物名为后"、"专精务本"，同时也重视汉儒传注，对天文、赋役、河渠也有研究。早年一意求博，致力于考证，后觉得"博而寡要，劳而少功"，才注意精深。著作等身，主要的有《尚书释天》、《柚堂文存》、《柚堂笔谈》、《柚堂续笔谈》、《周礼句解》等。藏书印章有"盛百二"、"秦川"、"臣百二"、"惜分书屋"、"柚堂"、"秀水盛氏柚堂图书"。

盛炳纬（1855—1930）

字省传，又字养园，镇海人。幼聪慧，九岁能文，十岁试于郡。光绪五年进士，选庶吉士，授翰林院编修。重视教育，培养人才，1897年与宁波知府程稻村创办储才学堂，后更名为宁波中学堂。喜读书，广求善本。积书十万余卷。藏书楼名盛氏花厅，原为林氏近性楼。

章全（生卒年不详）

字益斋，又字遂衷，清秀水（今嘉兴市）人。钱泰吉《曝书杂记》云："益斋年逾古稀，钞书不辍。二十年前，尝钞《乐书》全部，影宋精绝，共计一千二百余叶，以旧藏宋本，更假东津亭马氏所藏宋本校正，阅两年而成。图谱多其长子妇所绘，吾家几山文学善扬之女也。嘉庆二十三年（1818）孟冬，益斋自为跋。顷过其斋，得观焉。自陆丈弧尊下世，吾乡劬书者，章君为鲁灵光矣。"

章纶 （1413—1483）

字大经，明代乐清雁荡山下南阁人。自幼聪慧，勤学苦读，正统四年（1439）进士，六年（1441）授南京礼部主事。景泰初为仪制郎中。为官清廉，秉性亢直，不能谐俗，因而为当权者排斥。成化十二年（1476）乞归，在南阁建书楼，积收至万余卷，以读书自娱，自号广漠野人。藏书清初毁于兵火。卒赠南京礼部尚书，谥恭毅。生平著有《困志集》、《进思录》，并有《章恭毅公集》传世。张萱《西园闻见录》："历官南北，聚书凡万卷。自六经子史，以至星历医卜皆搜挟，务达其要。"其读书处曰马屿书屋，为雁山南阁八景之一。

章嶔 （1880—1931）

字厥生，别号一散人、仿一瘘主，杭县（今杭州市）人。光绪二十九年（1903）举人。学识渊博，对于中国历史有精深研究。清末任浙江安定学堂、浙江高等学堂、浙江两级师范学堂教习。1913 年后主《地学杂志》笔政，又任北平高等师范学校教授及系主任。旋赴日进修。返国后历任北京大学、东南大学、中央大学及浙江大学教授，门下弟子甚众。1930 年因肆力著作，心力交瘁而患病，次年病逝。生平著作宏富。著名的有《中华通史》、《历史地理大辞典》。此外尚有《中华新史》、《中国文化史》、《天行草堂诗文集》等。又精于书法，收集历代书画甚多，有关历史地理学等书籍收藏尤多。室名百联楼、对螺山馆、天行草堂。卒后，其子毓寄将藏书全部捐赠给浙江图书馆。所捐图书上均钤盖有"章厥生教授捐赠"朱文长方形印记。

章懋 （1436—1522）

字德懋，号暗然翁，明兰溪县人。幼颖异，成化

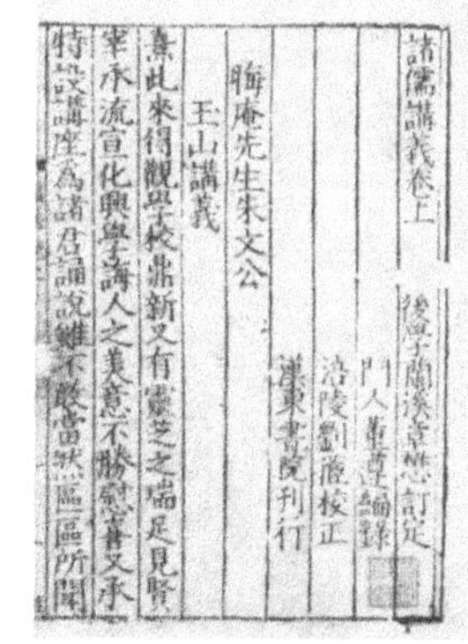

· 章懋、董遵辑《诸儒讲义》明刻本

二年（1466）会试第一，授翰林院编修。宪宗朱见深将于元宵大张灯彩烟火，命词臣撰诗进奉。懋与同官黄仲昭等，伏乞将烟火停止，省此资财以赈饥恤困。朱见深恶懋等之言逆意，杖之阙下，贬临武知县，未行，改南京大理寺平事，迁福建佥事。成化十三年（1477）辞官归里，于枫木山建枫山书室，以读书讲学自娱。藏书数万卷。编纂《兰溪县志》五卷，为兰溪现存最早地方志，浙图藏有此志。卒赠太子太保，谥文懿。

章寿康（1850—1906）

原名贞，字硕卿，清同治时会稽（今绍兴市）人。监生。随父宦蜀中，时蜀中游宦子弟，类皆鲜衣怒马，丝竹卢雄，吟朋狎客，三五成群，号为豪举。章独单衣窘步，踯躅会府街后宰门书肆中，或购或阅。久之，书贾日集于门，自滇、鄂贩书来者，无不投之，各如其意以去，所收乃大富。又复广拓金石，鉴别书画，与缪筱珊、钱徐山、钱铁江、宣麓公、沈吟樵辈交，意气益发舒。光绪丁丑（1877）入都，广收书籍，扬、苏书贾闻风而来，捆百箱至鄂。乙酉（1885）宰嘉鱼，以玩视民瘼、日以刻书为事被劾解职，乃大困，因举所藏金石碑版书版悉售之，遂郁郁以卒。辑刊有《式训堂丛书》。藏书印章有"会稽章氏式训堂藏"、"会稽章寿康藏"。

章学诚（1738—1801）

字实斋，清会稽（今绍兴市）人。藏书 2 万余卷。藏书处为瀚云山房。有《瀚

· 章学诚手稿

· 章学诚画像

云山房乙卯藏书目》，《瀚云楼书目》。乾隆四十三年（1778）进士，历主保定莲池、归德文正等书院讲席。五十三岁入湖广总督毕沅幕府，协助编纂《续资治通鉴》等书。晚年目盲，著述不辍。身处乾嘉汉学鼎盛之世，力倡史学，独树一帜。代表作为《文史通义》、《校雠通义》。

章炳麟 (1869—1936)

字枚叔，初名学乘，后改名绛，号太炎。早年又号"膏兰室主人"、"刘子骏私淑弟子"等，余杭（今杭州市）人。清末民初民主革命家、思想家、中国近代著名朴学大师。著名学者，研究范围涉及小学、历史、哲学、政治等等，著述甚丰。藏书百余箧，多古本尊宿语录、扶桑精本古医书、清儒说经稿、明季稗官野史。

·章炳麟像

章得一 (生卒年不详)

字德茂，元归安（今湖州市）人。十岁能文，比长，不乐仕进，程巨夫荐之，不起。积书万卷，学者远近毕至。有《悠然先生集》。

章绶衔 (1804—1875)

字紫伯，别号瓜罏外史，清归安（今湖州市）人。恩贡生。好聚书，熟于掌故，与之谈乡邦文献，原原本本，如数家珍。同治间延修府志，订讹补阙，矻矻不倦，时年七十余，神明不衰，犹能作蝇头小字。诗宗唐人，画法山樵，皆能具体。精于鉴别，收藏明以后书画颇富。名其室磨兜坚室。著有《磨兜坚室诗抄》若干卷、《磨兜坚室书画录》若干卷、《笔记》若干卷。

藏书印章有"章绶衔印"、"紫伯"、"紫伯章氏"、

·章绶衔印

·读汉书楼

·紫伯

·荻溪章紫伯珍藏善本

“归安章绶衔字紫伯印”、“子伯过目”、“紫伯珍玩”、“紫伯私玩”、“紫伯收藏”、“荻溪章紫伯珍藏善本”、“荻溪章紫伯珍赏”、“瓜纑外史”、“读骚如斋”、“磨兜坚室”、“章氏子柏”、“章紫伯鉴藏”、“归安章紫伯鉴藏书画”、“苕上章仔百流览所及”、“章氏子伯过目”、“章氏子伯鉴赏”、“章紫伯所藏”、“曾在章紫伯处”、“紫伯书画”、“子檗寓赏”、“紫伯秘玩”、“康笙”、“飞异诜堂章氏所珍之图”、“紫伯过眼”、“笛江”、“读汉书楼”、“古鄣子之苗裔”、“雪月华时”、“天然爱好”等。

黄杓（生卒年不详）

字星桥，号玉绳，黄钟孙，画家黄棠之弟。清仁和（今杭州）人，性嗜书画，尤喜究其原委。家故多先世所藏书，因为详著其姓氏，尚论其流派，为《画载》二卷。

黄性（1342—1431）

元末明初永嘉人，黄淮之父。收藏经籍、法书、名画及古器物甚富。

黄易（1744—1802）

字大易，号小松，又号秋盦，清仁和（今杭州市）人。幼承家学，贫而游历于

·黄易手迹

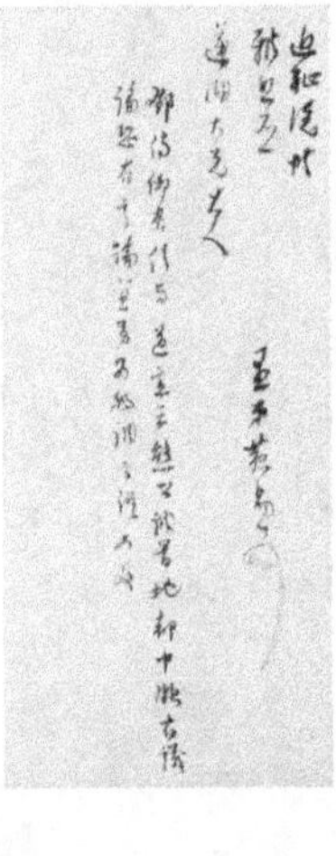

·黄易画像

外。能诗文，尤工填词。篆刻醇厚渊雅，发展了秦汉的
优良传统。精研六书摹印，为丁敬高门弟子，有"青
出于蓝而胜于蓝"之誉，与丁敬并称"丁黄"，为"西
泠八大家"之一。工隶书，书中参以钟鼎隶法，愈见古
雅。擅画山水，笔墨清隽，自成一格。官山东济宁府同
知时，广搜碑刻，绘有《访碑图》，并著《小蓬莱阁金
石文字》等。所搜金石碑刻达三千多种，其中半数以上
为罕见本。还储藏古印、钱币、古器、彝鼎等数百种。
另著有《小蓬莱阁诗》。藏书印章有"小蓬莱阁金石文
字"、"层云馆"。

黄钟 （生卒年不详）

字朗亭，号铁庵，清仁和（今杭州市）人。例贡
生，官刑部郎中。性好聚书，终日雠校，如对古人。其
藏书处曰雅趣轩。偶傥好施予，有告者无不满其意以
去。著有《春华阁诗钞》。

黄濬 （1779—1866）

字睿人，号壶舟，晚号四素老人，清太平箬横
桥下凤山（现石桥下王）人。道光二年（1822）进
士，历官云都、萍乡、彭泽知县及南安同知等职，在
任重视"振兴文教"，颇有政声。道光十一年，以彭
泽客舟遭风失银，诬以民间行劫案，指责黄治奸不
严，遂被议落职。至北京设馆授徒，入济南山东巡
抚幕。后以前案被录，囚于南昌。道光十八年，发
戍伊犁，与同年谪戍伊犁的林则徐相识，共叙坎坷，
诗文酬唱，遂结为知交。林则徐称"其诗若文，浑
涵万有，不主故常，汪洋恣肆，惟变所适，窥其意
境，若长江之放乎渤澥，竹木扁舻，不遗巨细而无乎
不达"云。二十五年（1845）归里，尔后历主黄岩萃
华、太平宗文、鹤鸣书院讲席。濬喜诗善文，工书能

·黄钟画像

画，性好聚书。在彭泽时，购典籍十箧万余卷，归台时，托门弟子暂为保管，不料尽数为火所毁。其弟黄治作古诗一首以记其事云："寒门读书十余世，万卷藏书手泽系，山县乏钞胥，宝此欣未坠。续经我兄偶得仕，俸入不为衣食使。积珠累寸近十年，料理付诸门弟子，曰汝藏之慎勿疏，吾将捆载还故居，子孙读否知何如，弟昆雠校老可娱。"于此可见其聚书之大略。为文跌宕可喜。著述甚丰，主宗文书院时著有《听松小隐诗草》二卷。还著有《夏小正注》一卷、《周穆纪传》一卷、《萍乡县志》十六卷、《衍仪》一卷、《漠事里言》一卷、《红山碎叶》一卷、《东还纪程》二卷、《黄庭内景玉经玄解》一卷、《壶舟诗存》十五卷、《音韵集》一卷等。

黄楼 (生卒年不详)

字时高，号云山，明兰溪人。家丰于赀，好读书，品题古今人物，构书楼于宅旁望云山，储书数万卷。捸常稔田数百亩，专充子孙教养资。年八十七卒。

黄源 (1906—2003)

名启元，字河清，海盐武原镇人。青年时代投身革命，较长时间在新四军任职。解放后，曾任华东军政委员会文化部副部长、浙江省委文教部、宣传部副部长等职。是著名作家、翻译家、编辑，是鲁迅先生的得意学生。黄源一生喜书好学，且爱藏书于卧室，除门窗有一空档外，从地平线到天花板都是书橱，客人喻为书墙，一点也不夸张。

黄源藏书很丰富，古籍、中外文图书均有，约六千三百余册，全部捐赠家乡海盐，海盐县政府特为建楼一幢而储之。已故全国人大常委会副委员长、黄源同志老战友叶飞亲自题写楼名"黄源藏书楼"。

黄瑞 (1837—1890)

字玉润，一字蓝叔，号子珍，清临海三胜（今小溪乡）人，诸生。性好古，工篆刻，成《秋籁阁印稿》八册、《印丛》四卷，以此致目疾，自伤残废，遂绝意进取，专好搜罗乡邦文献。著作等身，所居曰秋籁阁（有书目，见《临海县志·艺文志》）、爱日草堂、述思斋。秋籁阁专为治印及其弟子渔作画之所。阁右为爱日草堂，聚书数千卷，其中不少为郭协寅的精抄本，亦称溪南书藏。江浣秋学博培为记，孙欢伯明府憙、王子裳太守咏霓为书额。堂西为述思斋，专聚乡邦掌故诸书，王子裳为记。辛亥（1911）大水，草堂及斋均被水冲毁，所藏书籍亦罕存。1942 年，黄氏后裔懋明将黄瑞所编撰的稿本八十余种、乡邦文献四百余部寄储于县图书馆。新中国成立后，这批藏书归临海博物馆收藏。其撰述有：《钱文考略》八卷、《临海诗辑》若干卷、《台州书画识》十卷、《秋籁阁笔谈》八卷、《全浙访碑录》六卷、《天台后集》十八卷、《赤城三集》三十卷等。

黄群 (1883—1945)

字溯初，永嘉人。早岁赴日本留学，入早稻田大学，毕业后回国。辛亥革命后，任湖北省政府临时约法起草委员，1912 年，被选为南京临时参议院议员。后加入中国共产党。1915 年经营上海《时事新闻》，后任上海通易信托公司经理。他关心乡邦文教、卫生事业，创办郑楼小学，后改办温州师范学校，参与建立瓯海医院。黄群爱好购书和藏书，重视收藏乡贤遗著。他搜集了乡贤遗书四百种，其中宋元明清的版本和传写未刻的抄本近百种，并于温州朔门筑敬乡楼予以收藏。后来此楼遭火焚毁，他将书移至上海寓所。抗日战争期间，黄群藏于上海闸北的全部藏书毁于战火。抗战胜利后，他的嗣子达权遵照遗命，将全部劫余藏书三十八箱，六千四百四十册捐赠籀园图书馆。他利用所藏辑印《敬乡楼丛书》。著有《敬乡楼诗抄》等。

黄澐 (生卒年不详)

字潨江，号学痴，黄钟子。性嗜书，手抄秘籍多至百种。其自述云："秉志以刚，负气以直。教子一经，交友三益。非曰能诗，但解涂抹。遗之子孙，幸存吾拙。"可以概其生平。著有《未筛稿》。

黄踪 (生卒年未详)

黄洪宪父，字崇文，号遂泉，明代秀水（今嘉兴市）人。嘉靖丙辰（1556）进士，初主兵部事、兵部员外郎、直隶安庆府知府、湖广副使，改贵州。乞归，以读书藏书自娱。

黄云眉 (1898—1977)

  原名望海，字子亭，号半坡，余姚人。出身于手工业家庭，家境清贫，十五岁入县立高等小学，毕业后留校任教。民国十六年（1927）执教宁波中学，借读天一阁、伏跗室藏书，始事考据。授课之余，撰成《邵二云先生年谱》。十八年（1929），金陵大学慕其名，聘为中国文化研究所研究员和教授。二十二年（1933），任上海世界书局《辞林》编辑部主任。抗战爆发后，回余姚任教。先蛰居乡村、县城，后又寄居上海亲戚家，一度卖文度日，始著《明史考证》。抗战胜利后，任沪江大学、无锡国学专修馆教授。新中国成立后，历任山东大学历史系教授、历史系主任、中国古代史研究室主任兼图书馆馆长，山东省历史学会会长。黄云眉对中国古代史、文学史、音韵训古、版本目录学均深有研究，尤精明史，所著二百万字的《明史考证》（八册）为国内外学术界所推崇。尚著有《古今伪书考补证》、《韩愈柳宗元文学评价》、《李卓吾事实辨证》、《史学骡稿订存》、《史学杂稿续存》、《鲒埼亭文集选注》等多种，另有《明实录分类索引》等手稿遗世。黄云眉不仅学问渊博，还是一位很有成就的教育家，其学生如出版家丁景唐、红学家李希凡、文学家程千帆、清史专家金成基、文物专家徐启宪等均极有成就。黄云眉有藏书处曰"二云楼"，盖敬仰乡先贤邵晋涵之故。

黄孔昭 (1428—1491)

· 黄孔昭画像

  初名曜，字孔昭，后以字行，改字世显，别号定轩，明温岭洞黄（今岙环镇照谷村）人，二十多岁迁居黄岩。天顺四年（1460）进士，官至南京工部右侍郎。为官廉洁公正，颇著清誉。孔昭为人敦厚，性恬静寡言。家藏书数万卷，读书不事章句，往往能穷前人所未至。著有《定轩集》数卷，与谢译合编《赤城论谏录》。卒年六十四岁，赠礼部尚书，谥文毅。

黄汝亨 （生卒年不详）

字素庵，清浦江人。幼好学，弱冠补弟子员，旋食饩。乡闱屡荐不售，以明经终。家素丰，购书数万卷，日事丹黄，寒暑不辍。喜弹琴咏诗，又工书，得名家意。著有《素庵诗钞》二卷。

黄体芳 （1832—1899）

字漱兰，晚号东瓯憨山老人，学者称之为瑞安先生，清瑞安人。同治二年（1863）进士，入翰林院，授编修，擢为侍读学士。嗣后典试黔、闽，视学闽、鲁、江左等地。历任内阁学士、兵部左侍郎、左副都御史等职，主张自强之本在于内治。黄体芳受业于孙衣言，研治永嘉之学，尤重经术，家藏书数万卷。他校刻永嘉学者叶适遗著《习学记言序目》五十卷，同时博搜先哲佚书数百种，送予史官入儒林、文苑二传。由于他的提倡，士趋实学。生平爱才疾恶，轻财好施，建南菁书院于江阴，置温州会馆于京都。著有《漱兰诗葺》。

黄宗羲 （1610—1695）

字太冲，号南雷，又号梨洲，清余姚人，忠端公尊素长子。愤科举之学，思所以变之。既尽发家藏书读之，不足，则钞之同里世学楼钮氏、澹生堂祁氏，南中则

·黄体芳《钱房爱书》稿本

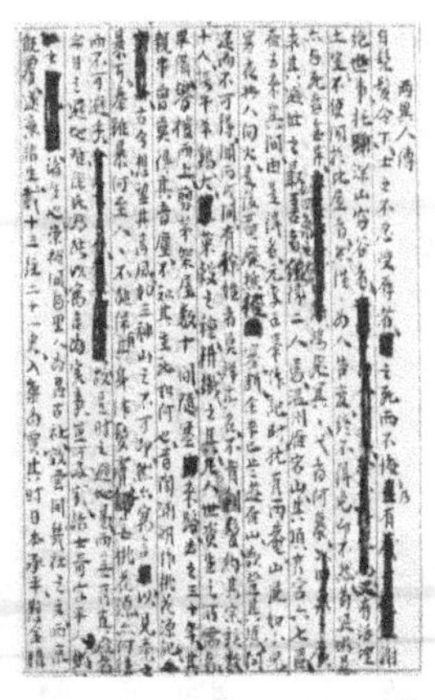

· 黄宗羲画像

· 黄宗羲《南雷杂著稿》手稿

千顷堂黄氏，吴中则绛云楼钱氏。穷年搜讨，游屐所至，遍历通衢委巷，搜罗故书，薄暮一童肩负而返。乘夜丹铅，次日复出，率以为常。晚年益好聚书，所钞自鄞之天一阁范氏、歙之丛桂堂郑氏、禾中倦圃曹氏，最后则吴之传是楼徐氏。然尝语学者曰："当以书明心，无玩物丧志也。"藏书印章有"黄氏太冲"、"梨洲"等。浙图藏《习学记言》明抄本系黄梨洲旧藏，书中有"黄宗羲印"、"余姚黄氏石库藏书记"诸印。

黄定文 （1746—1829）

字仲友，号东井，清鄞县（今宁波市）人。黄氏系唐代至清的鄞县故家世族。徐兆昺《四明谈助》："扬州司马黄东井将告归，公子式祐，于宅后学士桥预构林亭，为父退休之所，颜曰'息圃'。"颇富藏书，藏书处曰息圃别墅。次子黄桐孙（？—1833），一名式同，字穉木，号支山，能继父业，亦喜藏书。黄定文藏书印记有"臣定文印"白文方印、"东井"朱文方印、"臣定文"朱文印。桐孙藏书印记有"式同之印"白文方印、"支山氏"朱文方印。

黄承玄 （1564—1614）

黄洪宪长子，一名承之，字履常。明秀水（今嘉兴市）人。万历十四年（1586）进士，官至副都御史，巡抚福建。承其父志，喜藏书。著有《河漕通考》二卷、《两台奏草》、《平安镇志》十一卷。承玄又于万历四十二年（1614）与冯徇同刊冯惟讷《诗征》一百三十卷。

黄承昊 （1576—约1645）

黄洪宪次子，字履素，号陶斋，自号乐白道士。明秀水（今嘉兴市）人。万历四十四年（1616）进士，曾官福建按察使，调广东按察使。承其父业，亦藏书。著有《闇斋吟稿》、《白乐道人集》、《律例析微》、《折肱漫录》九卷、《医学摄精》等，评辑《薛立斋内科》十卷。

黄绍箕 （1854—1908）

字仲弢，号穆琴，又号鲜庵，清瑞安人。父体芳，以风节文章震天下。仲弢光绪五年（1879）举人，六年（1880）进士，历官翰林院侍读学士、湖北提学使。1897年与黄绍第、孙诒让等集资合办瑞安务农支会，由他任会长，曾购地三四十亩，并函托上海务农总会代办湖桑及外国良种。1906年被公推为浙学堂总理，曾与学部商议选派十五名学生分赴英、法、德等国留学。1908年，因操劳过度，卒于武昌官舍。仲弢博涉群书，雅通篆籀，嗜蓄旧椠，精于鉴别，长目录之学，以二十年之精力，著《汉书艺文志辑略》，晚年著《中国教育史》。近人又为辑刊《鲜庵遗集》。其藏书处曰蓼绥阁，邑人陈准为编藏书目录，发表于1930年6月《图书馆季刊》第四卷第二期，藏书凡一千一百余部。其后，邑人杨嘉又为编旧本书目，辑入《墨香簃丛编》。编于目录者凡百余种。嘉字则刚，号輶鄦，家有輶鄦楼，亦多旧籍，著有《曝书随笔》等。黄氏藏书，抗战前其善本由后人移庋沪上，所余普通书，悉捐献给温州图书馆，凡九千二百九十五册。

黄鸣岐 （生卒年不详）

字诚斋，临海人，国子生。好学喜聚书，筑书楼其宅旁，曰传经楼。藏书颇多。王铭锡、徐秉文、秦锡淳均曾教读其间。

黄树谷 (1701—1751)

字松石，清仁和（今杭州市）人。博综经籍，工篆隶，淳厚有古法。性至孝，父客死保定，匍匐号泣，自里门缞绖泝江渡河，时大水，跣涉泥淖，足尽肿，流血砂砾间，既至瘗所，棺已唶，乃函骨背负以行，冒雨杖竹，忍饥寒霾潦中，凡七日，始得舟归，几无人色，有《负骸图诗》为证。少耽经史，于六书尤有神悟，诗文词翰名重公卿。尝得子贡手植楷瘿于孔林，其瘿容升许，置之广仁义学，遂以题轩，并名其集。广仁义塾，在武林门外东马塍北，聚书其中，供四方来学者阅诵，每书全部板心折缝处，斜盖"广仁义塾"四字为记，使人不能巧偷豪夺。书多精本。此为古来藏书家之变体，抑亦今日图书馆之先导也。

黄洪宪 (1541—1600)

字懋中，号葵阳，别署碧山居士，明秀水（今嘉兴市）人。隆庆五年（1571）进士，改庶吉士，官至少詹事，掌翰林院事，兼侍读学士，曾奉使朝鲜。归时行装唯有图书数卷，朝鲜为其立却金亭。洪宪以文受知张居正，居正败，共诬以逆，归故里。归里后，以读书、藏书、著书为乐。家富藏书，藏书处为硕宽堂。所编所藏《稗统》一书正编约一千种，续编约五百种，后皆散佚。著有《朝鲜国记》一卷、《玉堂日钞》三卷（编）（《四库全书》存目）、《碧山学士集》二十一卷、《别集》四卷、《周易集说》四卷、《学诗多识》、《读礼日钞》、《性理要删》六卷、《春秋左传释附》二十七卷、《资治历朝征政纲目》七十四卷、《銮坡制草》五卷、《蒙庄独契》、《鞲轩录》四卷、《箕子实纪》一卷、《老子解》、《离骚解》等。纂修万历《嘉兴府志遗稿》（续纂），今佚。纂修《秀水县志》十卷。

黄炳垕 (1815—1893)

字慰廷，号蔚亭，晚号再翁，清余姚人。黄宗羲七世孙。其所建的留书种阁藏书达万卷。黄氏世居余姚黄竹浦，黄宗羲曾孙黄武万迁之县城西北管家弄，黄炳垕生于此，长为诸生，好天文历算，以黄宗羲《西历假如》诸书为宗，参以《历象考成》，晨夕引推测，学问大进。同治初（1862），左宗棠抚浙，奉命饬沿海州县测绘经纬舆图，余姚知县陶云升将测绘县境图事交炳垕，半年告成，上报行省，众人服其精审。同治十年（1871）会试不第，遂闭门著述。李文田视学江西、朱逌然视学四川，均聘其襄助，皆固辞。浙江巡抚梅启照于杭州立算学，三致书聘请，亦力辞。

后应宁波辨志书院之聘，教授天算课，时达十载，明越两州士子，多得其指授，创浙东算学之盛。光绪十年（1884），中法战争爆发，朝廷颁炳垕所著《测地志要》于诸道统帅。十四年（1888）秋，因荐赏内阁中书衔。同年，续修《会典》，命各省测绘"鸟里开方图"（似今之鸟瞰图），虽年老，仍应浙江巡抚崧骏聘，费时逾月，赴杭参定条例。其这方面著作除《测地志要》外，尚有《交食捷算》、《麟史历准》、《方平仪象》、《历学南针》、《两太捷算》、《五纬捷算》等。

黄炳垕才气奔逸，"作诗古文宗唐宋大家"，"下笔为百韵"。著有《黄忠端公年谱》、《黄梨洲公年谱》、《诵芬诗略》、《黄梨洲公事实咏》、《黄氏世德传赞》、《黄氏续录》、《黄氏三世诗》、《稀龄祝雅》、《耋龄酬唱》。未刊稿有《焚余偶存草》、《竹浦草》、《蔚亭杂草》、《爨余存稿》。黄炳垕"家徒壁立，授徒数十年，以修脯羊为仰事资畜资"，致力于图籍收藏和刻印。其藏书楼曰"留书种阁"，阁在今余姚城管家弄一百号黄家墙门。"阁凡三层，上层为观象楼"，内"设星亮台，卧床对空，用玻璃设窗，直透天象，床用摇板放下，若坑几状"。二楼为藏书处，上悬"留书种阁"匾，取黄宗羲楹帖"留天下读书种"之意。黄炳垕在《八旬自述百韵》中"书种跋庭坚"名下注云："先梨洲公楹帖云：'留天下读书种，用山谷语也。'"黄炳垕有诗述其在留书种阁怡然自得的心情，诗曰："观象高楼月正明，从今有暇倚前楹。抗心撰述千钧系，撒手功名一叶轻。晤对古人书万卷，测量天度夜三更。侨生幸享清平福，珍重西山夕照横。"其藏书当在万卷以上。留书种阁还刻有《留书种阁集》，为独撰类丛书，所收皆为黄炳垕自撰之书。留书种阁有其自身特色，它既可观察天象，又可以刻书、藏书、读书，还可以和至朋好友切磋学问，瞻仰先贤黄宗羲，是一座综合性的藏书楼。其藏书也非常有特色，一是多天文、历法、算术、测绘类书籍；二是多黄宗羲及浙东学派著作；三是多黄氏世德和谱牒类著作。留书种阁在"百年以来，浙东藏收获零落殆尽"的情况下，抢救、整理、保存了一批以黄宗羲著作为核心的文献，实现了黄宗羲留天下读书种的愿望。留书种阁直到二十世纪五十年代尚存，而 1956 年 8 月的一次大台风使留书种阁不幸倒塌，阁内藏书大部为黄氏后裔收取后逐渐散失，有小部分被余姚梨洲文献馆收藏。如今，人们只能在余姚城管家弄一百号黄家墙门凭吊其遗址了。

黄宾虹 （1865—1955）

名质，字朴存，一作朴人，别署予向、虹庐、虹叟，中年改号宾虹，安徽歙县人，出生于浙江金华，晚年定居杭州栖霞岭。五岁入塾读书，即喜绘画、篆刻。六岁就能临摹家藏的沈廷瑞山水画，十一岁已能刻邓石如印谱。青年时代，游览大江名山，名胜古迹，写生作画，从此步入中国画研究和教育工作。1930 年中国文艺学院成立时，任院长，未久辞职。后又任上海美专教授、北平艺术专科学校教授。解放后，任中央美术学院华东分院教授。生平喜搜罗书籍书画、金石玉器、古玩等物，收藏甚富。他个人的绘画也有数百幅。1955 年病逝后，所藏书籍、字画、金石、拓本、手稿（包括信稿）以及自作书画，一万余件，全部捐献国家，现在浙江历史博物馆保存。他自已的画作安徽省博物馆保存也不少。他的著作极多，主要有《黄山画家源流考》、《黄宾虹谈艺录》、《古画微》、《学画编》、《画法要旨》、《宾虹印存》、《中国画史馨香录》、《陈老莲之论画》等。尚编纂《黄山析览》、《美术丛书》、《金石书画论》、《画学通论》等。

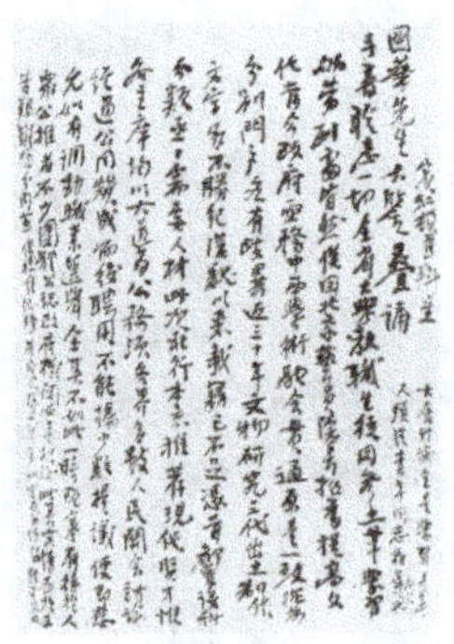

·黄宾虹手迹

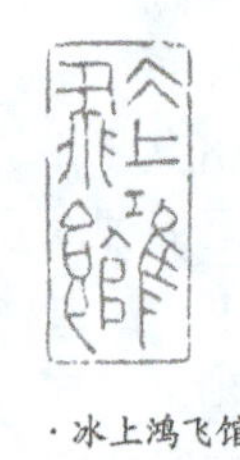

·黄宾虹像

·冰上鸿飞馆

·宾虹一字予向

·黄质印信

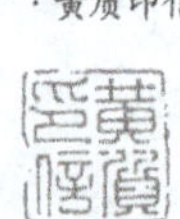

·虹叟诗书画印

·宾弘

黄梦香（1832—1867）

　　字子兴，号昆南，清乐清人。藏书万卷，每日坐拥书城，订讹补缺。藏书处为古香楼。他对书极为珍视，翻书也如前人，"每竟一叶，即侧大指衬其沿，覆以次指挟过"，因而藏书历久如新，如同无人翻阅。曾为此自撰联："好友笑谈心屡折，异书珍重手轻翻。"

黄维煊（1828—1873）

　　字子穆，号洁如，清鄞县（今宁波市）人。精算学，通晓时务。以军功累官同知。福建创造船政，黄氏襄办其事，亲历沿海，测量沙礁及远近水势深浅，绘图列说，凡三十二帙。升知府，补台湾台防同知即用知府。在任时，曾出家粟赈济，建义学十二处，台人立生祠以报。卒后，恤赠太常卿。藏书处曰怡善堂，聚书数万卷。著有《怡善堂剩稿》等。其印记有"四明黄氏怡善堂之藏书"朱文方印、"黄维煊印"等。子黄家鼎（1854—?），字俊生，号骏孙，亦喜聚书，时当兵燹之后，故家遗书散出者多为所得，藏书益增之。著有《西征日记》、《归程纪略》、《西征诗录》、《西征文存》各一卷，合刊为《补不足斋杂著》。还写有《天一阁藏书颠末考》、《抱经楼藏书颠末考》。

黄锡蕃（1761—1851）

　　字荃升，清海盐人。精鉴赏，工八分。少饶于赀，购求金石文字，日事参考。尝往来吴门，从潜研老人游。家落，以布政司都事需次福建，上游器重之，署上杭县典史，辞疾归。日坐小楼，从事丹铅。好古之士，咸就质焉。藏书处曰醉经楼。著有《闽中书画录》、《续古印式》、《刻碑姓名录》、《醉经楼存稿》、《醉经楼书目》等。藏书印章有"黄印锡蕃"、"锡蕃"、"荃

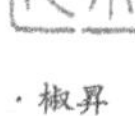

升”、“茮升过眼”、“黄氏晋康”、“醉经楼”、“醉经楼黄氏珍藏”、“武原黄氏醉经楼珍藏”。

黄肇震 （生卒年不详）

　　字伯器，号药溪，清余姚人，澄量子。其父去世后，继承父志，继续收集图书，为五桂楼增加了一万余卷藏书。清咸丰十一年（1861）太平军东进浙东，损失了部分藏书。后子黄联镳（字朱幩，号方轩）、孙黄安澜（号芝生）重新搜集散失，又添买了善本。解放后部分藏书为浙江图书馆接受。其中有一部名《今文类体》，搜集明代百余种禁毁书分类编而成。此书十分珍贵，有不少刊本为国内十分罕见之本，可称《明文海》的姐妹篇。

黄澄量 （1760—？）

　　字式筌，号石泉，清余姚人。诸生。幼好学，师事孙磐、诸重光。后宦入都，垂老回乡，平生不置产业，性喜藏书。因梁弄地处四明深山一广盆地，兵干罕至，遂于嘉庆十二年（1807）建楼购书，名曰五桂楼。据《光绪余姚县志》载，黄澄量慕远祖宋时号五桂者昆季五人并著清望，遂以五桂名楼。聚书五万余卷，部分藏书得自慈溪郑氏二老阁，中多宋元明旧刻及秘籍稿钞本，有浙东第二藏书楼之誉。藏书规矩不同天一阁，允许海内学子登楼观书，凡远方来者，不仅供阅读，且供膳宿。编有《五桂楼书目》四卷。藏书印章有“黄氏式筌”、“黄澄量五桂楼珍藏”、“石泉之印”。

· 五桂楼

412

龚橙 （1817—? ）

　　字公襄，以字行。一字孝拱，号昌匏（一作石匏），别号半伦。清仁和（今杭州市）人。龚自珍长子。监生，屡试不第，寓居上海。通英文，为英使妥玛治文书。后卒于上海。龚橙亦喜藏书，与父一样尤嗜藏金石碑帖。与杨守敬有交易，互相探讨金石目录之学，并以家藏金石文献，纂成《金石文录识余》、《石刻文字》、《器铭文录》、《秦汉金石刻录文》诸书。有《仁和龚氏旧藏书目》，著录七百余种。

·龚橙《古文说》手稿本

龚自珍 （1792—1841）

　　一名巩祚，字璱人，号定盦，清仁和（今杭州市）人。幼年随父入京，后从外祖父段玉裁学《许氏说文部首》，清嘉庆二十三年（1818）中举，道光九年（1829）进士，历官内阁中书、国史馆校对官、宗人府主事、礼部主事。曾在丹徒（今镇江）云阳书院、杭州紫阳书院任讲席。龚自珍为近代著名思想家，开一代风气者，在经学、史学、文学上均有较深造诣和影响，著有《定盦文集》。藏书中单金石文字就有八百余种。藏书处名宝燕阁、礼龙树斋奢摩它室、观不思议境。

·龚自珍画像

龚佳育 （1622—1685）

　　初名佳胤，字祖锡，号介岑，清仁和（今杭州市）人。由经历知安定县，入为户部主事，历兵部侍郎，迁山东按察司金事，分巡通永，以政绩闻，特擢江南布政使，后官至光禄寺卿。历官数十年，以清介著。生平无他好，惟收藏图史，课子诵读，藏书达万余卷。

龚秉琳 (生卒年不详)

清东阳一都尚耕头人。曾官贵州知州，好读书，父子喜藏书，特辟楼房三楹，上下全部皆书籍庋满，颜曰三秀草堂（因兄弟三人皆登科，故名），储书万余卷。辛亥革命后，渐有散佚，住城内之裔孙为便于照管计，选珍本善本迁庋城内，不意日寇侵占县城，悉数被毁。留藏在尚耕头之书，今也荡然无存。子龚启芝（1830—1888）字鹤田，光绪甲午进士，历官刑部观政，中宪大夫，晚年讲学郡城，著有《三秀草堂诗文集》等。

龚翔麟 (1658—1733)

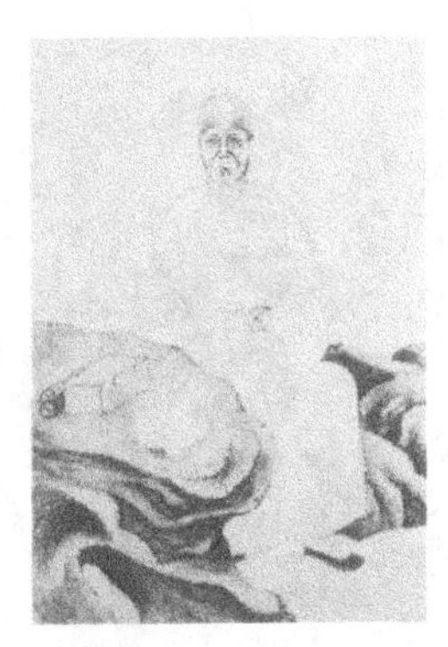

· 龚翔麟画像

字天石，号蘅圃，自号稼村，仁和（今杭州市）人。龚佳育长子。康熙二十年（1681）副贡生，任工部主事，1694 年，擢为陕西道御史。为官十余年，耿直坦率，号称"敢言"。蘅圃先生初居武林门内田家湾，故自号田居，王石谷为作《田居图》。其后得横河沈氏之居，谓之玉玲珑山馆。著有《田居诗稿》十卷、《田居诗续》三卷。藏书甲浙右。尝得玉玲珑，宋宣和花纲石也，上有字纪岁月，苍润嵌空，叩之声如杂佩，本包涵所灵隐山庄旧物，因以名其阁曰玉玲珑阁，为其藏书处。所刻《授经图》、《春秋集传纂例》、《春秋微旨》、《春秋集传辨疑》、《春秋左传补注》诸书，经其校正者多，为《玉玲珑阁丛书》。

龚翔麟以文章负名于世，自少就与朱彝尊、李良年、李符、沈皞日、沈岸登齐名，有"浙西六家"之称。工小楷，善绘画。著作尚有《玉玲珑阁词》、《红藕庄词》。藏书印章有"龚蘅圃秘籍之印"、"龚稼村秘籍之印"、"蘅圃曾观"、"龚氏墨稼轩珍藏图书"、"横沙龚氏玉玲珑阁珍藏"、"横沙龚氏玉玲珑阁收藏图书"、"玉玲珑山阁"。

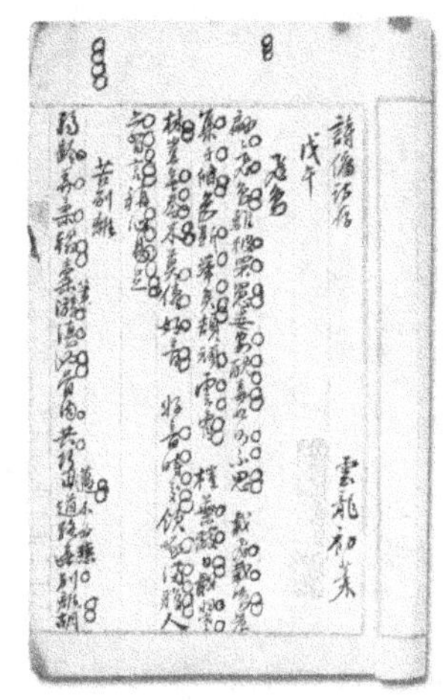

·傅云龙《纂喜庐诗初集》
手稿本

·傅云龙像

十 二 画

傅云龙 (1840—1901)

字懋垣。清德清人。官直隶候补道。工文词，通小篆，亦工刻印。著有《日本金石志》、《实学文导》。辑有《续汇刻书目》及《纂喜庐丛书》。室名"纂喜庐"。

傅以礼 (1827—1898)

字节子，号小石，别署节庵学人，会稽（绍兴）人。少习举业而不得志，性好聚书，并嗜金石，收藏之富，几与孙氏平津馆相埒。咸丰辛酉（1861）之难，散失殆尽。后拔选为道员，加盐运使衔，署福州府事。闽有乾隆年间所颁发之武英殿聚珍版本一百二十三种，年久板蠹，大府命以礼以总纂任修补之役，四载事竣，复新增二十五种，遂为完书。又手校《傅光禄集》、《傅简献公奏议》等书。欲撰《明史续编》，未果。李慈铭见其所撰《明史》体例而善之，谓此书若成，可称"傅明史"矣。藏书室名华延年室，编有《华延年室题跋》。又有长恩阁等。先生抄、校稿本流传尚多，浙江图书馆收藏就有数十种之多。藏书印章有"傅氏长恩阁"、"清河傅氏"、"节子"、"傅氏藏本"、"长恩阁藏书"等。

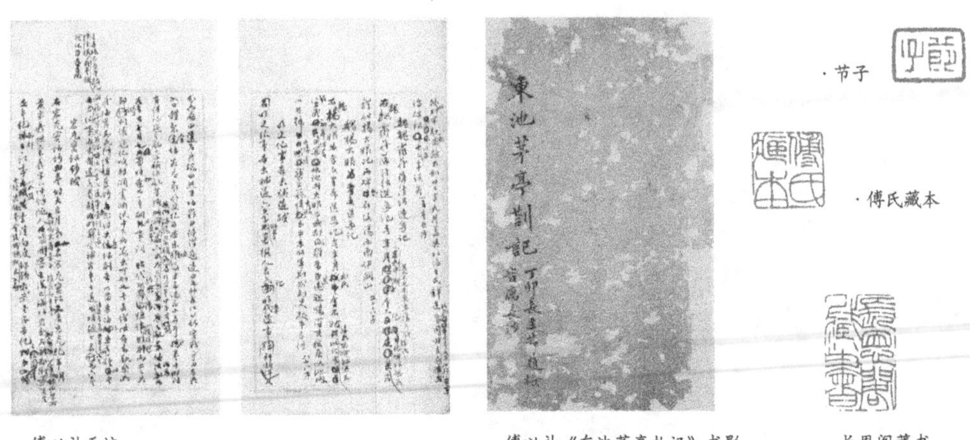

· 傅以礼手迹　　　　　　　　　　· 傅以礼《东池茅亭札记》书影　　　· 长恩阁藏书

嵇元夫 （生卒年不详）

　　字长卿，号竹城，明归安（今湖州市）人。父世臣，官编修。元夫少年简傲，获罪嘉兴某推官，坐死，文襄营救获免，招入都，执其手语朝士曰："此天下才也。"趣者辐辏。元夫不求仕途，归里后好学喜书，藏书达万余卷，杜门著述，著有《白鹤园集》。藏书印章有"嵇印元夫"、"嵇长卿"、"嵇长卿父"、"吴兴嵇元夫字长卿"、"嵇氏青藜阁印"、"白鹤园正亭印"、"太史公牛马走"等。

彭桐桥 （生卒年不详）

　　文学家、藏书家。清海盐人，一作吴江人。淡于仕宦，幕游于外。藏书极富。见善本书，虽典衣购求，不惜也。所得薪俸，必购书以归。历三十年，积书数万册，筑此静坐斋以藏之。斋三楹，南向、北向者亦三楹。斋之后层楼三楹，以国朝御制、钦定、御批诸书藏于楼之中央。楼之东西两楹，凡各家校刊之十三经与夫历代经解、五经总义、四书、小学之类皆附焉。斋之中，则历代诸子，凡儒家、墨家、医家、兵农家、刑法家与夫天文、算法、术数、谱录、小说之类皆附焉。北向三楹，则历代正集、别集、总集、诗文评选、词曲评选之类皆附焉。登斯斋者，如访酉阳之逸典，如发宛委之遗文，如紬金匮石室之藏，如探天禄、兰台之秘，展阅之下，不禁有观止之叹也。所藏之书皆亲自校勘，分类插架。编有《此静坐斋书目》四册。

景辉 （生卒年不详）

字伊仲，号秋崖，清余姚人。好聚书，建东白楼，积书至数万卷。尤长于诗，与陈梓、汪鉴、谢秀岚相唱和，世比之"商山四皓"。著有《惩羹录》、《兰心编》、《海村风俗记》、《东白楼文集》。殁后毁于火，诗集二十四卷藏张敷荣家。

曾唯 （生卒年不详）

字翰西，号近堂，清永嘉人。出身永嘉世族，诗书传家，其以家货丰赡著称。他的依绿园（今籀园）西傍九山湖，南枕松台山，环境清幽，风光旖旎，是清代中期至上世记六十年代近二百年间温州一处著名私家宅院。民国初年虽曾易主，但老一辈的温州人仍都习惯称它"曾宅花园"。父亲名邵诗，是位例贡。弟弟儒璋，历官户部、刑部郎中。

自谓"鸿篇蠹册，积案盈箱"。藏书处为入画楼。他热心温州文献，编辑《东瓯诗存》，还纂辑《明文搜玉集》与《南雁山志》。在地方文献辑刊之外，曾唯以疏财仗义，热心地方公益事业饮誉当时。据嘉庆间陈舜咨《孤屿志》记载，曾唯不仅独资修造海坛山石坝，还为维护江心屿名胜做了不少的贡献。如现在的江心浩然楼，文天祥祠堂，都是他于乾隆三十八年（1773）独力重建的。现在被列为全国著名丛林的江心寺，国际航标的江心西塔，如果没有他的参与，当时不可能得以大规模重修与合顶。

曾佩云 （生卒年不详）

生于道光、卒于咸丰年间，字石生，永嘉人。曾贤从子。诸生，为人纯谨好客，喜藏书，藏图籍、金石、书画甚富。道光初捐巨款重修县学，筑"怡园"于松台山麓，刊有《怡园同怀吟草》。

温纯 （1764—1808）

字一斋，号春湄。清乌程（今湖州市）人。贡生，官处州训导。幼受画法于沈宗骞，亦尝从梁同书游。长精山水，称吴兴第一手。好储古人法书、名印，手自临摹，故兼善篆、隶、真、草、铁笔。诗古文词亦靡不究心。更喜搜寻秘籍，手校梓行。著有《墨妙楼诗稿》。室名"墨妙楼"。

温金匋 (1898—1930)

字彝嚣，吴兴（今湖州市）人。王修之妻。笃好文艺，喜蓄书，工诗词。在北京从胡佩衡习山水，涉笔成趣。帮助丈夫王修编纂《诒庄楼书目》。1930 年因难产去世，年仅三十二岁。

温一贞 (1749—1830)

字又贤，号也痴，清县学生，其先由吴兴辑里迁南浔（今湖州市）。沈芥舟宗骞，一贞姑夫也，以书画雄于时，从之游，由是工六法。好金石，收藏甚多。老益勤学，神明不衰，有求画辄应之。尝嫌所居隘，画数十帧售之，构屋两楹，疏池种竹，署曰绮石居。录苏黄两家题跋，梓以行世。道光十年（1830）卒，终年八十二岁。

温日鉴 (生卒年不详)

字霁华，号铁花，清吴兴南浔（今湖州市）人。监生。好聚书，并嗜金石文字。精舆地之学，于南北朝疆宇分合、郡县侨置考索尤详。

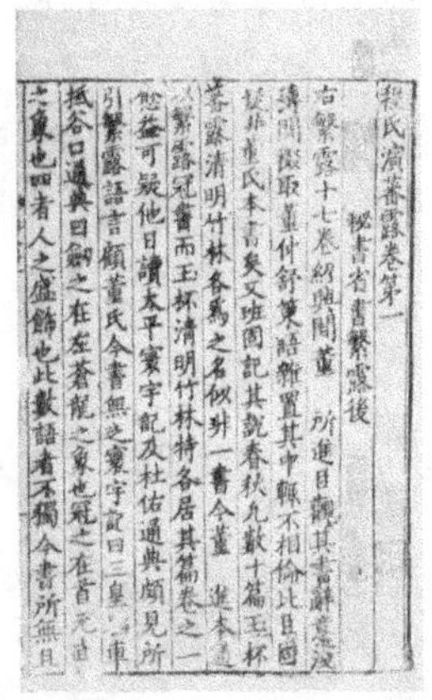

· 程大昌《演繁露》宋刻本

程大昌 (1123—1195)

字泰之，南宋徽州休宁（今属安徽）人。后宦游湖州，乐吴兴山水而卜居焉。绍兴二十一年进士，任吴县主簿，擢太平州学教授。二十七年，召为太学正，迁秘书省正字。孝宗即位，进著作佐郎，历国子司业，兼权礼部侍郎，直学士院。出为浙东提点刑狱，江西转运副使。淳熙二年，召为秘书少监。三年，权刑部侍郎。累迁权吏部尚书，出知泉州，奉祠，起知建宁府、明州。绍熙五年，以龙图阁学士致仕。卒谥文简。著有《禹贡论》、《易原》、《雍录》、《北边备对》、《考古编》、《演繁露》等。《癸辛杂志前集》云："程氏园，文简公别业也，去城数里，曰河口。藏书数万卷，作楼贮之。"《齐东野语》卷十二亦记其藏书事迹。

程文荣 (？—1853)

字鱼石，号兰川，又号南村，清嘉善人。程廷献子。室名茹古楼，藏书籍、碑帖甚富。熟于目录学。咸丰间曾官江宁府北捕通判。著作有《嘉兴府金石志》、《江宁金石志补》、《钟鼎校误》、《南村帖考》。

程廷献 (？—1835)

字书城，号拥岩，清嘉善人。弱不好弄，辑古佚书《帝王世纪》、《三辅决录》，凡十余种。旧居瓶麓，藏书甚富，得旧钞《北堂书钞》，与明世所传海虞陈氏校补者大异，复感发，辑《苍颉》、《字林》，尤备。

程学銮 (1879—1960)

原名学椿，字仰坡，号容父，又号越青。或曰字他山，号仰坡。杭州人。光绪举人，为杭州市颇有名声的爵禄鞋店主人，乃商而仕者。喜藏书而又攻读不辍，由是学识渊博，亲友咸目为摒阄间之恂恂儒者，颇艳称之。工书法，尤精小楷。杭州重修宝俶塔之碑文数千言，即其所书。笔法谨严，观者皆谓造诣甚高，有声于世。曾应抱经堂主人朱慎初先生之请题《抱经堂藏书图》手卷，洋洋洒洒数百言，工整秀雅如《黄庭》初写，恰到好处，凡涉览是图之人佥折服书法与文章之双绝。他山先生撰有《张准遗赠菊种碑记》一文，为龙游余绍宋先生书，碑存西湖中山公园。他山先生藏书，在抗战期间杭州沦陷时均被人窃去，回杭时一无所有，不久谢世。

程若容 (1778—1844)

字宽夫，清嘉兴洙泾里人。钱泰吉姐夫。藏书甚富，钱泰吉亦称羡，曾在《甘泉乡人稿》卷二十云："姊家有园亭之胜，藏书甚富。私心窃冀他日归见姊，得从君借书可乐也。"若容卒后，田园、书籍为其弟所卖。

程维岳 (生卒年不详)

字申伯，号爱庐，清嘉善枫泾镇（今上海金山区）人。乾隆三十三年（1768）中举人，初授内阁中书，乾隆四十年（1775）由内阁中书入直汉军机章京。乾隆四十五年（1780）中进士，历任礼部郎中、军机处行走、会试同考官，升山东道监察御史兼兵科给事中。曾先后参与编纂《钦定盛京通志》、《南巡盛典》和《萨拉尔纪略》、《台湾纪略》、《巴勒布纪略》，并参与修纂《辽史》、《金史》、《元史》等史书。后因父亲故世而辞职，不再复出。曾主讲无锡东林书院。购书二万卷，与书相伴以娱晚年。其藏书之富，在江浙一带享有盛名。著有《淞笠斋诗抄》、《观我阁古文事类撮华》等诗文集。藏书处为淞笠斋。

程端礼 (1271—1345)

字敬叔，号畏斋。元庆元路鄞县（今宁波市）人。自幼聪明，十五岁能记诵六经，晓析大义。曾任广德建平县、池州建德县儒学教谕。在建平时，筑室赤岩上，命其子楚鳌受业焉。复倡好事之家，为买书万卷，覆以杰阁，永康胡长孺为之记。著有《读书分年日程》、《畏斋文集》六卷。

童珮 (1524—1578)

字子鸣，一字少瑜，明龙游人。明嘉靖间藏书家，有藏书二万五千卷。多有亲手校勘记。幼年家贫不能入学，随父贩书。往来吴越间，买一舫不能直项，帆樯下皆贮书，读之穷日夜不休。藏书万卷皆亲雠校，且有书目列出。文学家、藏书家胡应麟曾见过他的藏书目录，赞赏备极，说他"所胪列经史子集皆犁然会心，令人手舞足蹈"。童珮不仅孜孜不倦爱书、校书，也勤奋好学，曾受业于归有光。学业更为精达，诗有清韵，不失古音。尤善考证书画、金石彝器之类。喜交游，所交王世贞、王穉登、胡应麟皆一时名儒。乐善好施，创义塾，供贫寒子女进塾读书。著有《童子鸣集》，辑有《杨盈川集》。

童钰 _{（1721—1782）}

字二如，号二树，清山阴（今绍兴市）人。少废举业，专攻诗古文。性豪侠，不事家人生产。与刘鸣玉、陈芝图号"越中三子"，加刘文蔚、沈翼天、姚大源、茅逸，称"越中七子"。好聚书，典衣鬻婢易之，无少惜，所藏几逾万卷。又好金石书画、篆刻。笔耕所入，不下万金，用以恤戚敝，有余则悉以购焉。后客居河南，河南巡抚阿思哈聘修省志，凡三十六县，分疏总校，条例谨严，人多称赞之。晚年清贫如洗，历游吴、楚、燕、赵，卒于邗江。所著有《二树山人集》、《香雪斋余稿》，传世画作有《黑梅图》、《墨梅屏》等。

童铨 _{（生卒年不详）}

字佛庵，清仁和（今杭州市）人。诸生。铨家北郭，贫无余赀。雅性爱古，市集门摊，时时搜访，所得颇多善本。所藏前辈小像，多至数十人，惜身后斥卖殆尽，不知今归何处。藏有一素册，为蠹所蚀，其凿空处皆肖蝶形。赋诗而逝，有"亡魂愿化庄周蝶，只恋书香不恋花"句。藏书印章有"童铨"、"佛庵"。

童大年 _{（1874—1955）}

原名暠，字心庵、心安、醒庵，江苏崇明人，居杭州藩司前，为知名篆刻家。精究六书，其刻印宗秦汉喜用冲刀。家藏金石考古书甚多，又博收古玩骨董，凡三代之器及有观赏与研究价值者，莫不罗致，可谓有牛溲马勃和精品兼收并蓄之癖好矣。其家中环堵皆为古玩书画及善本书籍，有目不暇接之势。善篆刻，喜绘画，"二难并"当之无愧。尝手自镌刻图章四十枚，朱白文各极其致，石章形式各异而不雷同；所镌字体，亦各异纷陈，朱白结构，交相辉映，始汉之张良迄宋之文天祥，篆刻于方寸之地，深得汉人印法之神髓。四十方藏书印章现由耆宿钟毓龙先生哲嗣久安珍藏。心庵先生行人以诚，人亦乐于相接，以是座客常满，谈笑风生，颇极其盛。惜抗日战争时受人之骗，其藏品不受一文而被携去不少。故心庵先生常对人喟叹曰"活到老而防勿到老"，洵非虚语。解放初期，将劫后所剩之书画古玩，易米资生。聚散无常，每多自慰。藏有其父童叶庚所撰之《千字文益智图》八册（叶庚先生字松洲，别署巢睫老人，原籍崇明，后寄籍杭州，博学多巧思，晚年以"益智图"版组成各种文字，汇辑成书，曾由商务印书馆缩版印行，此书流传不多，市上鲜见）。心庵先生鉴其构思慎密，心裁别出，藏之简箧日久，偶亦出诸韫椟，藉以自娱而不让之他人。后得杭州雷峰塔经石，因刻"雷峰塔片石庐"之藏书印章，好整以暇，各习所喜，亦优为之也。1955 年病故后，所藏书籍、珂罗版书画册等，售与杭州宝贻斋书店。

童汝砺 (生卒年不详)

字资先，清遂昌人。由恩贡授教谕。端庄醇厚，不轻言笑。文法高古，崇实学，善楷书。手录经、史诸名家诗、赋、文艺及古昔格言，累架盈箱。卒年七十三。

童伯礼 (1337—1395)

讳思立，号谨节，明宁海前童人。有明识特操、质性敦厚、狭义孝廉气质，藏书千余卷。藏书处为纪念其父而建，名石镜精舍。并在此创办了读书书院，立志让童氏子弟耕读传家，继承祖先诗礼名宗品德。明建文年间（1399—1402）侍讲学士方孝孺曾两次来此讲学。永乐元年（1403），方孝孺因不肯为明成祖起草登极诏书而被诛灭十族（方之九族及方之学生），凡八百七十人，童伯礼兄弟也在其中。为此，"石镜精舍"从此冷落。至童伯礼十七代孙从新修复。

童保暄 (1886—1919)

字伯吹，民国宁海前童人。曾参加光复会，军人出身，官至师长、授闽浙军副司令。在"二次革命"中，护国运动自西南发起，童保暄和夏超等极力劝说当时的都督朱瑞宣布浙江独立，朱不听，反欲捕杀劝说者，童保暄遂于 1916 年 4 月发动兵变，兵围将军署，逐走朱瑞。屈映光继任都督后，表面宣称浙江独立，暗中却迎合袁世凯复辟。阴谋败露后，童保暄联合夏超迫使屈映光辞职，推吕公望为都督兼省长。以八千银元得杭州某藏书楼图书，藏宁海老家，题名"止园"。1950 年由县府征集藏于县文化馆，计线装书四十八箱。1956 年，经省文化部门挑选图书六麻袋归省收藏。1919 年病死，年仅三十三岁。

童振藻 (? —1939)

名仲华，以字行，江苏淮安县人，光绪举人，授云南省沾益县知县。在职时全力以赴于云南省地方志的资料搜集、考证与著述。剞劂公世者有《重修沾益县志》、《云南省地志》、《昆明县志》、《云南温泉志》、《云南温泉志补》、《筹浚滇利书》。其他有关边疆史料论述及《云南地震考》、《云南土司考略》均先后发表在《史地杂志》上。其中以《重修沾益县志》费时最多，而《黔中苗乘》、《六十花甲回忆诗》等其他文稿，俱因卸篆致未付梓。另有《点苍山志资料》，《民国藏书家小传》及《淮阴侯传》，均系手稿，未梓行于世。民国二十年（1931）间由滇迁杭为寓公，住杭州九曲巷，带回云南、贵州边疆地方志书甚多。其中《云南省志》之底稿及当地文物资料等，均为稀见之本。据其自言，平生节衣缩食，别无嗜好，薪水所入除豢家外，悉移作购书之用，因此日就月将，积存图书六七屋之多。藏书范围，包罗万象。曾藏有宋椠《前汉书》残本、宋刻《史记》残本，元明清刊指不胜屈。近代报刊杂志及珍秘罕闻资料，亦均视为瑰宝而保存之。盈室充栋，缥缃万轴，坐拥书城，婆娑其间，陶然自得，大有南面王之概。顾与其他著闻于世之藏书家比拟，则颇汗颜，尝自以为小巫不若。当民国二十六年（1937）日寇在卢沟桥挑衅开始，继而"八·一三"沪战爆发，杭州近在咫尺，人心惶惶不安，丰于资者避秦离杭遁迹他乡。振藻先生年逾花甲，精力不支，且自觉囊涩，况积有书籍六七屋之多，毕生心血所萃，不忍弃而逃生，毅然决心与典籍共存亡，愿死守牖下。迨杭州沦陷，日寇狼奔豕突而至，果去其家骚扰，见到藏书甚富且为读书人家，并知日本所著的《中国名人录》中载及其姓名和事迹，便刮目相看，并不动其毫发，可谓出于意料。振藻先生事后曾与人谈及幸免厄境之情况，适然而遇此日人为文艺界文人，又适然读过《中国名人录》一书，可谓遇合至奇至巧。其时日寇若要婪索凌辱，或将书捆之而去，则决心书存人存、书亡人亡，以徇其笃守卷帙的夙愿。且喜事出预料之外，坐视日寇扬长离去，书既无缺而人又幸存，获死守勿避之效，殊为额手自庆。倘当年置书于不顾避难他去，后患将不堪设想。杭州藏书家所藏，十之有九或被日寇搜去，或遭地痞流氓偷盗一空。每一念及，犹色变不已。

　　卒后，所藏古籍碑帖报刊杂志由遗孀与子女作五股分派，多分别售于杭州各旧书店。剩下之书及碑帖文物等在"文革"时被抄去，部分云南地方资料转入浙图，由其子同意按当时书价买给浙图，落实政策后，其孙要求归还而归还。

葛朝 (1783—1853)

　　字易初，一字東士，自号惕夫，又号醉仙，清慈溪人。嘉庆二十一年（1816）举人，官户部郎中。聚书数万卷，多善本。为文规八家，而恶骈体，时艺亦落落抒所见，曰："奈何俳语代圣言？"故自试郡县，至四试礼部，无一艺排偶者。所为诗古文曰《迎旭楼未定稿》与《秋鸿馆制艺》，同藏于家。

葛元熙 （生卒年不详）

字理斋，号风篁啸隐，清仁和（今杭州市）人。其啸园藏书画甚富。少工篆、隶，不轻以酬应。家藏书、画甚富，尝辑刻丛书，兼擅铁笔。道光二十三年（1843）辑自刻印成《青玉山房摹古谱》四册。

葛玉书 （生卒年不详）

字漱白，清诸暨人。道光诸生。藏书甲越中。藏书多为叶敬手校，朱墨灿然，世称善本。搜一邑文献，思刊杨铁崖所著书而未果。一日游吴门，过黄主事丕烈百宋一廛室，插架有旧椠，商于黄，黄慨赠之。即日买舟携书归，绘有《太湖载书图》。敬复为校勘，系以跋语。玉书旋殁。兵燹后，葛氏书楼毁，《铁崖集》亦不复存。

葛自得 （1149—1215）

字资深，宋山阴人。藏书千余卷皆祖父手笔。葛自得根据当时民间传诵的"但存方寸地，留与子孙耕"的两句民谚，将自己的宅第取名为"留耕堂"，其意，一是对这句具有重要训诲作用的格言的推重，一是借以教导子孙后代珍惜土地，勤恳躬耕，节俭务家，自食其力。

葛咏裳 （1843—1905）

字逸仙，号叔霓，清季临海人。登同治九年（1870）贤书，光绪六年（1880）成进士，授兵部车驾司主事。在京购书万余卷，平时丹铅不释手，于史汉三国，批注尤精。庚子（1900）义和团兴起，载书以归。其夫人屈云珊云：当时京寓所有各物，均未及运归，惟携古籍数十楼返乡，贮于巾山麓之忆绿荫室。卒后，家况萧条，椷书尘封。屈云珊尽将所藏书籍归于东塍屈氏精一堂。咏裳高才博学，工诗文，著有《骈文》四卷、《古文》四卷、《今古体赋》四卷、《诗》十八卷、《杂著》四卷、《日记》二十余卷，总曰《辄囊丛稿》。

· 葛金烺画像

葛金烺 (1837—1890)

字景亮，号景父，又号毓珊，亦作毓山，清平湖人。光绪十二年（1886）进士，官刑部郎中。少有才名，博通经史，好学嗜古，喜鉴赏书画。藏书始于同治年间，迄民国二十六年（1937），广搜宋元善本、古书名画，藏书达十万余种，四十余万卷。其中有省、府、厅、州、县地方志书一千六余种，珍本藏书有宋刊《范文正公别集》、《干禄字书》、残本《会稽志》，为晚清嘉兴地区著名藏书家。藏书处曰守先阁、竹樊山庄、爱日吟庐、传朴堂。惜书楼毁于抗日战火，书也尽散，今仅存由张元济题签的《葛氏守先阁书目》十册。著有《竹樊山庄词》、《传朴堂诗稿》，编有《爱日吟庐书画录》。

葛继常 (? —1849)

字奕祺，号莘甫，一作淬南，清海宁人。世居郭溪，明光禄徽奇之后。早补诸生，有声庠序。好聚书，尤留心乡邦文献，遇前贤著述未曾刊印者，必手自钞录，几近百册。复详加考订，以跋其后。世所传石菖山房本是也。钱学博泰吉辑《海昌备志》，继常实助其役。工篆刻，善山水，尤精堪舆之术。子渠，字瓻源，亦能画，设色鲜丽，栩栩欲活。

葛惟明 (生卒年不详)

宋山阴人。藏书千余卷。一举进士不中，退而积书数百千卷，戒子孙业之。

葛嗣浵 (1867—1937)

字竹林，号稚威，又称词蔚，平湖人，金烺季子，光绪间为小官，后遵其岳父徐用仪之命，弃官南归，继随父兄遗志，兴文办学，有称于时。其父在世时，即创立传朴堂以收藏书画，传朴堂包括守先阁藏书楼和爱日吟庐书画楼两部分。嗣浵继承其业，苦心经营，使藏书从10余万卷增至40余万卷，入藏宋元版及海内罕见本多达四千余种，尤以全国方志达两千数百种之多，为海内罕见。宋元以下、民国以前名家书画，自166轴扩增至376轴。父子编有《爱日吟庐书画录》、《爱日吟庐书画续录》共二十一卷。1937年11月，日军侵占平湖，葛氏住宅及守山阁收藏书画尽被焚毁。

葛嗣漴 (1862—1890)

或作葛嗣溁，字弢甫，号云威，清平湖人。光绪十一年（1885）拔贡，明年朝考一等，用七品小京官供职农部。十四年（1888）举京兆试，举主亟赏之，称其行文绝类归熙甫，名满日下。嗣溁生而颖慧，八岁能诗，家藏书綦富，居常流览不释手。颜名弢华馆。治小学，通畴人术。尤殚心金石，亦工书法，后法六朝，得其神髓。诗不多作，著有《弢华馆诗稿》。卒年二十九。

董沛 (1828—1895)

字孟如，号觉轩，清鄞县（今宁波市）人。光绪三年（1877）进士，官建昌知县。生具异禀，精爽过人，七岁能诗，十一岁学古文，泛览四部，遍读家藏书，复求之同县烟屿楼徐氏、抱经楼卢氏、天一阁范氏。继至杭州，借文澜阁图书阅之。学极淹贯，与徐柳泉先生为忘年交。柳泉先生就私第开志局，甫就绪而卒，嘱沛终其事。书出，咸称殚洽。尝知江西东乡、建昌、上饶，均有政绩，乙酉（1885）以疾解绶归，立志藏书。令家人辟园地，筑屋三楹，颜曰六一山房。聚书五万卷，坐卧其中。观察吴公聘主崇实书院，太守胡公、钱公先后聘主辨志书院，课史学，究心甄别，所识拔者皆一时名宿，士论翕然归之。于前贤著作，尤所留意。全谢山先生七校《水经注》原本，为有力者窃据，乃搜求底稿，重加校勘，谋于观察无锡薛公付梓，复为完璧。辛卯（1891），潘衍桐纂《两浙輶轩续录》，沛辑四明嘉道后诗，凡九百余人上之，以局于卷帙，所采仅四百余人。因复辑国初至今，别为《四明诗》，以益前后《輶轩录》所未备。甲午（1894）冬月将开雕，会病作不果。他所著甚富，已刻者《明州系年录》七卷、《两浙令长考》三卷、《甲丁乡试同年录》三卷、《甬上宋元诗略》十六卷，若《吴平赘言》八卷、《汝东判语》六卷、《南屏赘言》八卷、《晦暗斋笔语》六卷，皆官私文檄为当时所传钞者。未刻者《韩诗笺》六卷、《周官职方解》十二卷、《唐书方镇表考证》二十卷、《竹书纪年拾遗》六卷、《江西靖寇录》六卷、《甬上明诗略》二十四卷、《甬上诗话》十六卷、《董氏家传》四卷。又《今平准书》、《今礼书》、《今献遗闻》，皆未定卷数。若《鄞县志》七十五卷、《慈溪县志》五十六卷，则所主修之书也。《江西通志》百八十五卷，所协修之书也。诗已刻，曰《六一山房诗集》，正续凡二十卷。文未刻，曰《正谊堂文集》，凡二十四卷，外集十卷。卒年六十有八。沛虽以文学名，而其为政以四语自励，"御下贵严，治狱贵审，催科不求胜于前人，人事不苟同于流俗"。故四宰剧邑，颇著治绩，有仁贤之称。殁后遗书手稿散失殆尽，今流转于坊肆估贩间者犹可见其印记也。有"六一山房藏书"朱文方印、"鄞六一山房董氏藏书"朱文方印。

董思 （生卒年不详）

字湛思，号兼山，又号悬圃，原名灵预，字潜虬，清南浔（今湖州市）人。康熙十一年（1672）岁贡，考授教谕，以葬亲呕归。藏书数万卷，无不披览，虽破产购之不恤也。选明代古文，历十余载始定，名曰《文传》，未问世卒。其从父说为撰小传曰："文章知名之士，则唯谓湛思文人。而一时蓄天官、河渠、礼乐、平准诸学者，谓湛思长经济。然湛思独敦内行，实得事亲之微。"其称之如此！著作有《兼山堂集》、《过轩诗钞》、《耦耕诗草》。

董瑢 （1680—1747）

字谓瑄，一字讷夫，号南江，清乌程（今湖州市）人。诸生。雍正十二年（1734）荐博学鸿词。沈静嗜学，家富藏书。尝游外王父曹秋岳先生之门，倦圃所藏人间不经见书，谓瑄独之窥，故学有原本。著《南江诗文集》。

董世登 （生卒年不详）

字善如，明鄞县（今宁波市）人。世登家居甬江之畔，富有藏书。园庐花竹，亦极一时之胜。子董守谕（1596—1664），字次公，晚年困守一庐，苦心《易》学，聚古今言《易》数十家，考其异同，有得即钞，积以成帙。至孙董道权（1630—1689），家被火，并世登遗集亦毁尽矣。

董秉纯（1724—1794）

字抑儒，一字小钝，清鄞县（今宁波市）人。乾隆十八年（1753）拔贡，官那地土州州判。那地本猺、獞杂居处，雍正八年（1730）始立汉官。秉纯集乡耆，讲乡约，俗为之变。教种二麦，筑堤以防冲决其地。后调至天河县上思州事，秉纯葺文庙，创建凤冈书院，延掌教，集诸生诵读。并教民种树瓜，植桑麻，发展农业生产。为官十余年，多有宦绩。秉纯生平好学嗜古，尤精乡邦文献，聚书数千卷。著《全谢山年谱》、《春雨楼初删稿》、《小钝居士集》等。藏书印章有"董秉纯印"、"抑儒字小纯"、"小韭山房"。

董嗣杲（生卒年不详）

字明德，号静传，元钱塘（今杭州市）人。寄迹黄冠中，博辨强记，谈前朝典故如指掌。作诗词不经思考，下笔辄成，尝著《西湖百咏》。仇远《董静传挂冠孤山四圣观》诗云："静按秋渌洗荷衣，闲隐孤山只鹤随。得酒可谋千日醉，挂冠犹恨十年迟。云和家有仙人谱，石鼎今无道士诗。莫对梅花谈世事，此花曾见太平时。"张炎有《自东越还西湖饮静传董高士书楼》词。

董蠡舟（生卒年不详）

字济甫，号铸范，别号董节病夫，清乌程（今湖州市）人。室名多暇日庵、兰情竹抱室、德辨斋、梦好楼。道光时监生，贯穿经史，尤精三礼，善书画。读书志古，不慕荣禄，而犹病其藏书之少，阅市之浅。著述甚富，有《铸范自订稿》、《董节病夫诗录》、《兰情竹抱室集》、《德辨斋集》、《梦好楼集》、《十六国史拾逸》等十多种。

蒋三（生卒年不详）

兰溪人。与蒋倬霖、蒋叔升一起于民国初年，在兰溪水阁塘村建藏书处名蒋三乐堂。藏书二万册。

蒋玄（1298—1344）

字子晦，别字若晦，元大德间东阳人。自幼刻苦好学，师事许谦，识悟过人，辨析精确，终日据案端坐，未尝旁顾，刻苦勤学，内涵外饬，日超月异，先辈皆自谓不及。然玄务见躬行，以礼齐其家，奉先祠，谒拜祀奠，取朱子所修仪文行之。创义塾，延师儒教其子姓，率乡人行乡饮礼，为讲嘉谟伟行。并立条法，使后嗣可守。聚书万卷，致力其中。著《四书笺惑》、《大学章句纂要》、《四书述义通》若干卷、《治平首策》二卷、《学则》二十卷、《韵原》六十卷等。年四十七卒，学者私谥贞节先生。

蒋炯（生卒年不详）

字葆存，号蒋村，清仁和（今杭州市）人。廪贡，初官慈溪训导，历保县令，分楚北任广济知县，卓著政声。所居西溪，西南十余里，近太仆山，其地山环水转，宅幽势阻，长松古桧，梅花竹箭，弥望无际。中有陂田数千顷，澄湖曲沚，复与烟岚相间，蒋氏聚族于斯，饶粳稻鱼虾菱橘之利。屋数十椽，聚书万卷。覃研铅椠，物外翛然。诗则如程卫尉屯西宫，斥堠森严，甲仗雄整。又如兵交骂阵，瞋目揎袖，备极勇敢。文学三苏，长于议论。与黄太然、李光甫等结社联吟，王述庵司寇为之订定，名曰《同岑诗选》。著有《蒋村草堂稿》。藏书印章有"蒋村珍藏"。

蒋真（1083—1132）

宋婺州（今金华市）人。建书馆，聚书颇多。

蒋龚（生卒年不详）

宋淳祐初年东阳人。蒋昌道之孙。广搜书籍，聚书达三万余卷，筑须成堂庋藏。

"

蒋楷 （1774—1827）

一名三益，原名星桥，字文隅，号梦华，清海宁人。监生。生而敏悟，好吟咏，兼善倚声，惟不自收拾，稿多散佚，从子光煦为刻《来青阁诗词》二卷，十不及一。尤嗜古，得唐颜鲁公《清远道士诗》、宋苏文忠书《圆觉经》两真迹，俱勒石以纪。陈鳣所获绝句、残碑，后亦归于楷。尝刻秀水朱彝尊《南车草》及《薇堂和草》，俱《曝书亭集》中所未见。此外经籍之善本，图画之精品收藏甚多。故远近称赏鉴家，必首屈一指焉。名其藏书处曰来青阁。子蒋仁荣，字修华，号杉亭，承其家学，幼即工诗。

蒋鏐 （? —1860）

谱名维培，字寄嵚，一号季卿，清乌程南浔（今湖州市）人。室名求是斋，蒋汝藻叔祖。附贡生。候选训导，性端谨，不苟言笑。所交游必择修行力学之士。潜心经史，晨夕讲肄校订，问难不惮再三，丹黄未尝少息。与其兄维基共聚书，各逾万卷，多精钞旧刻。闻人有秘册，必宛转借录，储藏日富。曾藏有宋淳祐《玉峰志》三卷抄本。得严可均撰《全上古三代秦汉三国晋南北朝文》手稿，谓其卷帙繁重，誊写不易，势必终归湮没，为编目录一百三卷，每篇必注明所出之书，其参校各书亦并备载，间有讹漏，俱为考正，庶将来全书纵或缺佚，后人犹可按目补辑也。其于前人撰述苦心爱护如此。咸丰十年（1860）避地海宁，忧愤病卒。所著有未编定本《唐藩镇考》、《水经注碑目考》；已定者《说文解字校勘记》十五卷、《求是斋杂著》三卷，并毁于兵燹，藏书亦大半煨烬，惟《全文》编目幸存焉。

蒋之翘 （生卒年不详）

字楚稚，号石林，明秀水（今嘉兴市）人。少工诗，采禾中先正诸咏为《檇李诗乘》。家贫好藏书，藏书处曰三径草堂。明末避盗村居，收罗名人遗集数十种，选有《甲申前后集》。又尝重纂《晋书》，校注《唐韩昌黎集》、《唐柳河东集》，并刊印。晚年无子，书籍散佚无余，《诗乘》亦亡。著有《天启宫词》等。

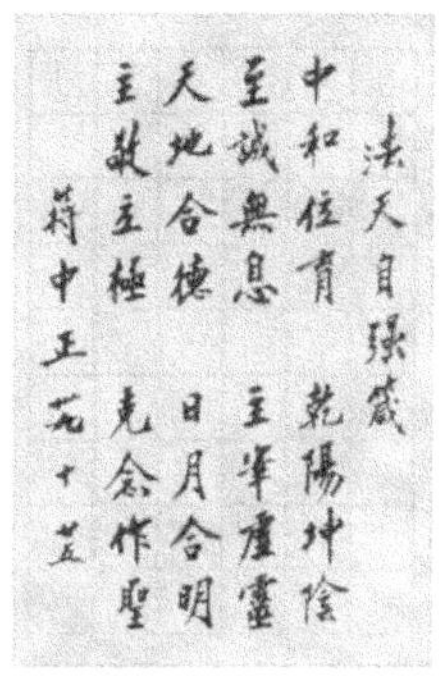

· 蒋介石手迹

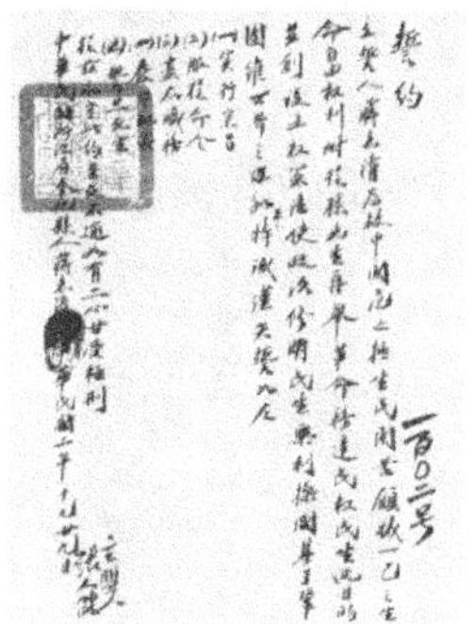

· 蒋介石手稿

· 蒋介石像

· 奉化溪口文昌阁

蒋介石（1887—1975）

名中正，字介石。奉化溪口人。当地文昌阁为古代"溪口十景"之一，因位于武山南端高处，别名"奎阁"，故将此景称为"奎阁凌霄"。原建筑造于清代雍正九年（1731年），至民国时期已破败不堪。1924年，蒋介石从广东回乡扫墓，见其楹栋倾斜，于是请他哥哥蒋介卿召集民工重建，至第二年造成飞檐翘角的两层楼房，建筑面积500平方米。完工之日，蒋介石名之为"乐亭"，因建于文昌阁原址，当地人仍称文昌阁，是蒋介石在溪口镇上的一处私人别墅和藏书楼，其为两层殿宇式楼房，建筑面积436平方米。蒋介石亲自撰写的《乐亭记》，记述了其地景色和改建初衷，是供"吾乡同志，朝夕游乐"。但1927年12月与宋美龄结婚后，回乡常在此居住，遂成了他的私人别墅和藏书楼。

蒋介石对儒家经典十分重视，藏书中有相当一部分是这类书。据《蒋介石年谱》记载：他1892年入私塾，1894年读《大学》、《中庸》，1896年读《孝经》，1897年读《春秋》、《左传》，1898年读《诗经》，1899年读《尚书》，1900年读《易经》，1901年学作策论，1902年温习《左传》、圈点《纲鉴》，1903年到奉化县城就读，肄业于凤麓学堂，受新式教育，1905年到宁波箭金学堂读《古文观止》、《东莱博议》及"周秦诸子"、《说文解字》、《曾文正公集》等。课余自习《纲鉴易知录》，1906年正月，又到奉化县城龙津学堂读书……从上述书目可知，蒋介石青少年时代深受儒家思想之影响。后来，他对儿子蒋经国、蒋纬国的教育也特别重视儒家经典，尤其是把《孟子》和《曾文正公家书》作为须反复深读之经书。因此上述书是文昌阁中的必备之书。此外，蒋介石十分崇拜中国历史上能领兵打仗的文人，最钦仰王阳明和曾国藩，王、曾的著作搜罗齐全。1937年4月，蒋经国从苏联回国后，蒋介石还指定他重温《王阳明全集》、《曾文正公家书》等。不过历史与蒋介石开了个玩笑，他自己恰恰被历史上又一位更能领兵打仗的文人毛泽东给打败了。

蒋六山（生卒年不详）

字鹿珊，兰溪人。　藏书处为绿山野屋。民国初年蒋六山建绿山野屋于兰溪水阁塘村，藏书一万二千余册。

蒋光焴（1824—1892）

字寅昉，一字敬斋，光煦从弟。清海宁硖石人。尝两应乡试不售，遂弃举子业，访购群书，专事记读，不斤斤于宋元旧椠，而多蓄有用之籍，博采兼收，以期其备。于是自金石、灵素、天算、地舆诸书，无不披览。其祖蒋开基，字淳村，性喜聚书，建有衍芬草堂藏书楼。其伯蒋星纬和父亲蒋星华两兄弟也喜读书，又广为罗致。延至蒋光焴，收罗尤勤，以历年积蓄，藏书达数十万卷。咸丰七年（1857），太平军兵临江南之际，为避战火殃及古籍，把六十多箱藏书迁移到海盐"西涧草堂"存放。另一藏书处有"思不群斋"，分别储书，以防兵火。后太平军陷浙东，他西出走海上，溯江以至于楚，转徙江汉之间，仍以书自随。后至安庆，谒曾文正公，公知先生携书之多，曾纂楹联以贻曰："虹穿深室藏书在，龙护孤舟渡海来。"以见其好书之笃，守护之力。最著藏品有北宋董北苑源《夏山图》真本与宋蔡忠惠手书《茶录卷子》，失于家乡盗贼，多方购求，不可复得。朱嘉玉辑有《西涧草堂书目》一册。光焴所著有《敬斋杂著》四卷、《诗小说》一卷。所刻有《诗集传音释》、《孟子要略》、《段氏说文解字注》、《葬书五种》等，校雠精审，与别下斋诸刻相埒。光焴子蒋佐尧（1846—1907），字宾日，辟有宾日楼以藏父亲遗留之书，晚年不问家事，潜心整理古籍。孙蒋钦项（1872—1926），字谨旃，曾辑《盐官蒋氏衍芬草堂藏书目》三册。孙蒋鉴周（1879—1945），字藻新，为保存藏书，不惜重金，将所有藏书装船外运。

藏书印章有："盐官蒋氏衍芬草堂三世藏书印"、"臣光焴印"、"衍芬草堂藏书"、"蒋寅昉印"、"敬斋藏书印"、"寅昉"、"光焴"。

新中国成立后，所藏秘籍归北京图书馆，一般善本古籍归浙江图书馆。据统计，收入浙图善本书目的刊本达七十余部之多。

蒋光煦 (1813—1860)

字日甫，一字爱笋，号生沐，自号放庵居士。贡生，清海宁人。为侧室所生，十岁父卒，由马太安人抚养教育，要求甚严，读书未熟，则责跪父灵堂前，必成诵乃已。自幼博览群书，工诗，兼善书画，凡音律、博弈、杂艺无不为之。曾绘《籋灯教读图》，题咏甚多。继乃专意收藏金石书画，积古籍十万余卷，成为全省著名藏书家。俞樾《东湖丛记序》云："生沐自十龄即喜购书，其家藏书甲于浙右，所得多宋元椠本及旧抄本，既出其所藏者刻为《别下斋丛书》，而又有《东湖丛记》六卷，则皆记其所见异书秘籍，而金石文字亦附见焉。"其自序称："惟破籍断碑，性所癖嗜。累月穷年，遂有所积。随得随抄，初无义例。丛零掎拾，自备遗忘。"其书实精审，与钱警石《曝书杂记》可相伯仲。编有《别下斋书目》，又尝刻《别下斋丛书》、《涉闻梓旧》，世称善本。尚著有《斠补隅录》四卷，俱通博赅洽。藏书印章有"蒋光煦印"、"光煦"、"生沐"、"生沐秘藏"、"放庵居士文房之记"、"别下斋藏书"、"别下斋"、"别下斋珍藏印"、"光煦珍玩"、"乌夜村衣"。

· 光煦珍玩

· 别下斋珍藏印

· 乌夜村农

蒋廷黻 (? —1911)

蒋光煦子。字直博，一字稚鹤，号盥庐。清海宁人。光绪十八年（1892）进士，官吏部文选侍郎中，记名御使，特授广东韶州知府，未履任没于沪上。有《读史兵略缀言》一卷、《麻鞋纪行诗存》一卷、《随扈纪行诗存》一卷、《盥庐遗著》一卷、《读左杂咏》一卷、《盥庐诗词四种》、《盥庐词》一卷、《看镜词》一卷等。亦好藏书，藏书处为盥庐。

· 公羊疏七卷人家

蒋汝藻 (1877—1954)

字元采，又字孟蘋，号乐庵，清归安南浔（今湖州

· 蒋汝藻印

市）人。清光绪二十九年（1903）举人，官学部总务司郎中，曾参加辛亥革命，任浙江军政府盐政局长，后任浙江铁路公司董事等。《观堂集林》二十二卷《乐庵写书图序》："乐庵富收藏，精赏鉴。其藏书之所，曰密韵楼者，余尝过而览焉。其美富远出严氏芳荟堂上，与汲古、述古抗衡矣。既又观其手影《魏鹤山大全集》一百十卷，则又张目哆唇，舌挢而不得下。盖海内藏书家如乐庵者，屈指计之，尚可得四五，至于手模宋本至百余卷之多，非独今所难能，抑亦古所未有者也。"后因事业失败，藏书多为涵芬楼购藏。解放后，尚有部分遗书归北京图书馆。藏书印章有"孟蘋"、"公羊疏七卷人家"、"蒋汝藻印"。

蒋典学 （生卒年不详）

字簧鼎，号念斋，清长兴人。邑廪生。少不羁脱，略绳检，弱冠始奋志读书，综达经学，熟于三礼注疏，凡所诵习者，背录不遗一字。作文力追先正。学使窦侍郎蕭，按试湖郡，有同舍生偶用僻典，窦诘其出处，无以对，询之典学，则某书某卷某页某行，明晰如披帙。自是名益噪，然省试屡蹶。后弃仕途，以启迪后进为己任，弟子著录者恒数十人。晚年笔耕所入，悉以购书，邑中称藏书家，藏书达数万卷。

蒋叔舆 （1162—1223）

字德瞻，号存斋，南宋永嘉人。叶适门人。以父荫任扬州司户、吉州永新县丞。后因荐任信州弋阳知县，政绩卓著，积劳死于任上。收藏箱积栋充，尽天下异书。

蒋学坚 （1845—1914）

字子贞，号铁云，清海宁人。蒋仁荣子，蒋楷孙。累代藏书，家有平仲园藏书楼，编撰有《平仲园书目》。尝与许仁杰合辑《硖川诗续钞》，又为梅里忻氏辑《檇李续文系》。家藏元刊朱淑贞《断肠集》，为道古楼故物，卷末有黄尧圃跋。著有《怀亭诗录》、《怀亭词录》。藏书印章有"子贞"。

蒋学勤 (1831—1879)

字颖伯，号莕虹，光煦长子，清海宁人。廪生。品行高洁，继承父业，筑别业于东湖，额曰龟庄，与二三知己歌啸其中。著有《辛庐吟稿》。

蒋昌道 (生卒年不详)

字亢宗，号友松。宋东阳人。藏书处为南国书院，聚书三万余卷。

蒋复璁 (1898—1990)

字美如，号慰堂，别号未唐，海宁人，蒋光煦曾孙。北京大学哲学系、德国柏林大学图书馆学院毕业。历任清华大学、北京大学讲师等职。1933 年起，长期担任中央图书馆馆长，直至去台湾后。1965 年任台湾故宫博物院院长，曾任台湾大学教授。爱收藏珍贵版本，藏书中有宋元明初刊本万余种，死前将藏书捐赠给台湾故宫博物院，受到蒋经国的嘉奖，捐赠图书有书影一册。

蒋祖诒 (1902—1974)

一名祖诒，字榖孙，蒋汝藻子，乌程（今湖州市）人，室名思适斋。亦喜藏书，能鉴别。精于图书版本学、目录学，辑有《思适斋集外书跋辑存》、《传书堂藏书志》，著有《史学纂要》。解放后去台湾任台湾大学教授，并将其父所剩部分秘籍及《传书堂善本书目》携往。藏书印章有"蒋祖诒"、"榖孙秘籍"、"乌程蒋祖诒藏"、"蒋祖诒读书记"等。

·蒋祖诒

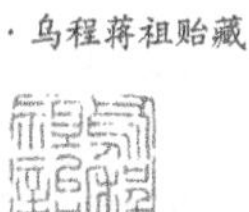

·乌程蒋祖诒藏

·密均楼

·蒋祖诒读书记

蒋望曾 (1856—1890)

字肖鳍，一字啸淇，蒋光焴子。曾助父整理藏书，有"光绪甲申海宁蒋光焴命子望曾检书记"藏书印一枚记此事。继承先业，淡于功名，富于收藏，亦擅鉴别金石文字，尤精小学，与兄佐尧等合刻袖珍本《段氏说文解字注》，又为平湖朱子榛校刊《会昌一品集》。亦工书法，曾朝夕临摹家藏宋拓《颜鲁公忠义堂帖》，此帖现归浙江博物馆收藏。

蒋维培 (? —1860)

字寄嵌，号季卿。清乌程（今湖州市）人。蒋汝藻之叔祖。精于文字声韵之学，尝手钞《全上古三代秦汉三国六朝文编》八百五十卷。室名"求是斋"，藏书万卷。藏书印章有"蒋氏求是斋藏书印"、"蒋维培孝卿甫"。

蒋维基 (生卒年不详)

字子厚，又字子屋，号厚轩，又号载之，别号蛰安居士，清乌程（今湖州市）人。室名俪籭馆、茹古精舍。因两鬓多髯，尝镌小印曰"蒋胡子"。精小学，善绘画，工篆书、填词。少好聚书，与弟蒋维培藏书达数万卷，多精钞旧刊，仅善本多达二千六百六十七部，其中宋刊八十八部，元刊一百零五部，尤储藏乡邦文献而著称。藏书印章有"蒋氏茹古精舍钞本"、"俪籭馆藏书印"、"蒋胡子"等。

蒋鸿林 (1875—1940)

字森甫，号抑厄，谱名玉林，又字一枝，亦作抑之，以字行。杭州人。光复会党人，民国时期银行家，

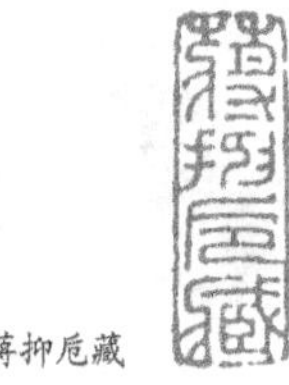

曾为浙江兴业银行三董事之一。原籍绍兴诸暨县，他家自高祖时就已从绍兴迁居杭州积善坊巷，从事酒肆业，到他父亲蒋海筹手里开始经营丝绸生意，陆续开办绸庄、织造作坊，声誉渐起，到 1908 年，已将业务拓展到全国各地，乃至东南亚一带，积资三百万以上，成为杭州丝绸业巨子。藏书室名"凡将草堂"。家藏书籍甚多，达五万余册，筑有"山居阁"藏书室。并编有《蒋氏凡将草堂藏书目》一册。其父经商致富。光绪二十八年（1902），与鲁迅先生同时留学日本，每常晤叙，缔为知交。宣统元年（1909）曾出资一百五十元资助鲁迅和其弟作人合译《域外小说》上下两集在日本出版，可谓笃于友谊（事见《鲁迅日记》）。

抑卮学成归国后，力求古籍，尤喜收罗乡邦著名人士的著作，丛书也曾入藏。曾收得《谭复堂日记》初印本六卷，后改订八卷，重行付梓（此书为桐庐袁忠节公昶亲笔评点，因忠节公与复堂为深交，凡书中所揭橥者，毫不遗漏并校正其疵，不稍掩饰，洵不愧直谅多闻之诤友）。抑卮先生逝前，将所珍藏之秘籍，徇叶景葵乡丈之请，悉数捐赠给上海合众图书馆，计二千五百余部，仅少数留自娱，并捐助该馆开馆基金五万元。

抑卮先生原住杭州积善坊巷。自费留学日本期间，每逢节日便来函通知杭州蒋家之绸庄，汇给鲁迅在日本过年过节之需，少则五十元，多则一百元，有数年之久。所汇之款均记在蒋广昌绸庄账户上，并附鲁迅之亲笔收据。同时积善坊巷蒋家老宅保存有绸庄历年账簿及各地来往信札，其中最为重要者有鲁迅信札数十封，并与抑卮先生在东京合拍之照相数十张。解放后积善坊老宅由老佣人看管。至 1952 年，老佣因不识字，加之吃酒糊涂，擅自将一屋所藏之历年账册及旧书字画信札，全部作废纸处理称给收旧货商人。后经抑卮先生之侄蒋赓声记起存放杭州字画账册之事，特由上海回杭查问佣人，方知此事，痛心万分，但也无可奈何。

蒋尊簋 (1882—1931)

字百器，又名伯器，诸暨人。藏书颇丰，殁后，其子捐献的藏书有 20 余大箱，数千册。早年入浙江求是书院，肄业。1901 年东渡日本留学。1905 年先后加

入光复会、同盟会。是年从日本士官学校骑兵科毕业。回国后任浙江新军标统，在杭州海潮寺开办弁目学堂，任总办，并帮助建立陆军小学和炮工学堂。后任浙江讲武学堂总办，1907 年徐锡麟、秋瑾案发后被迫辞职，赴广西任兵备参谋、教练三处会办，继蔡锷任广西陆军小学堂总办。1909 年任广西新军参谋处总办，翌年任广东新军混成协协统。辛亥革命时，驱逐总督张鸣岐，宣布广东独立，迎胡汉民为都督，自任都督府军务部长。旋回杭州，被举为浙江都督，对安定全省、刷新内政有所建树。曾与章太炎组织统一党。后因官场派系倾轧被迫去职，改任大总统府高等军事顾问，并任约法会议议员、参政院参政、将军府宣威将军。1915 年任两湖检阅使兼保定军校主考。袁世凯复辟帝制时回浙起兵响应蔡锷讨袁。1917 年参加孙中山发动的护法战争，任军政府浙闽宣抚使。翌年被北京政府褫夺勋位、革除军职。1919 年卢永祥统治浙江时，与王文庆等到宁波组织自治政府，谋划浙江独立，未果。1921 年任孙中山主持的广东军政府参谋次长、军政部长、代参谋长。1923 年任大本营高级参谋主任、军需总监，襄助孙中山筹划北伐大业。1926 年北伐军占领杭州后，任浙江省政府委员兼军政长。1928 年任蒋介石总司令部高等顾问，兼全国道路协会副会长、清理招商局委员会委员。1931 年在上海病故。

蒋赓声 (生卒年不详)

字世英，杭州人，蒋抑卮之侄。其祖海筹先生经商，开设蒋广昌绸厂。因亲友中颇多藏书家，耳濡目染，旋亦浸淫酷喜收藏古籍。自言频年所购之书，如请人编目录，虽全力以赴，也需三四个月，惜始终未辑付剞劂。

蒋锡坤 (生卒年不详)

清吴兴（今湖州市）人。蒋维基三子，蒋汝藻之父。其父殁后，承藏书二十箧，藏书处为传书堂、婴宁斋。

蒋鹏骞 (1899—1951)

字霞举，号可隐，海宁人。蒋光焴曾孙，与从兄弟鹭涛继承祖业，为蒋氏藏书最后一代主人。为避战乱，历尽艰辛，将藏书保存至解放后全部捐献国家，其中北图接收罕见珍本、浙图接收一般珍本与普本。

谢迁 (1449—1531)

字于乔，号木溪，明余姚人。成化十一年（1475）以第一名中举，次年又中状元，授翰林院修撰，不久升为左庶子。累迁官至兵部尚书兼东阁大学士。弘治朝，谢迁与刘健、李东阳同辅国政，时人称"李公谋、刘公断、谢公尤侃侃"。三人同被称为贤相。迁好聚书，藏书万卷，彝鼎碑版亦丰。明弘治、正德、嘉靖三朝为重臣，年八十三。卒后赠太傅，谥文正。著有《谢文正公集》、《木溪归田稿》。藏书印章有"木斋"。

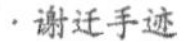

· 谢迁手迹

· 谢迁画像

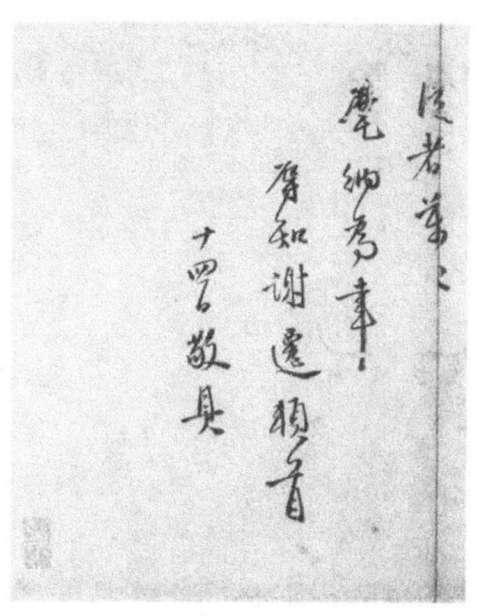

· 谢铎画像

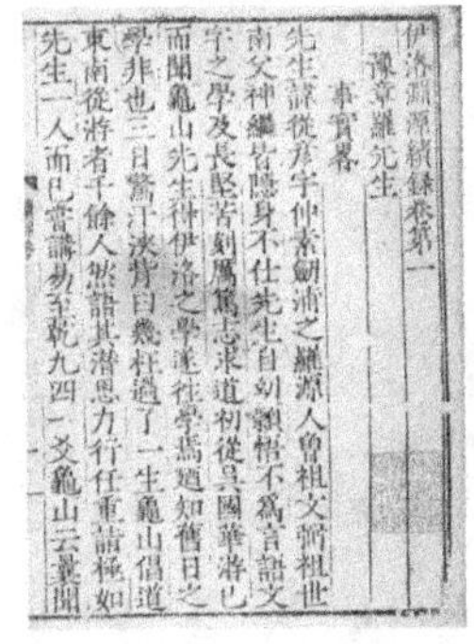

· 谢铎《伊洛渊源续录》明刻本

谢铎 (1435—1510)

字鸣治，号方石，明太平（今温岭）人。知府省从子，幼苦学，尝悬髻读书至夜分不辍。明天顺八年（1464）进士，入翰林院为庶吉士，授编修。预修《英宗实录》，奉旨校勘《通鉴纲目》。后曾先后两次任国子监祭酒。卒年七十六，赠礼部尚书，谥文肃。仪封王廷相志其墓。《朝阳阁书目》自序："成化戊子（1468）冬，我先人既作贞则堂以祗奉先大母之训则，特于其东辟藏书之阁曰朝阳阁。盖念先祖孝子府君之遗书无几，而深有俟吾子孙于无穷也。越十有三年庚子（1480）先人弃诸孤，铎归自官，遂以中秘暨四方所得书置阁中。阁中遗书独《尚书》、《西汉书》、韩、柳、李、杜集各一部，皆残缺不完。忆儿时尚及见先曾祖德一府君在庐州效杜子美七家歌诗皆墨稿，而今不可得矣。昔人谓积书以遗子孙，子孙未必能读。铎固未能读者，而并其书失之，岂不重可惜乎。乃以所存与今书类藏之，盖自列圣训诰六经子史以及汉唐宋诸名家之作具在已，无虑数千百矣。"谢铎家居时自持刻苦简朴，而对乡亲则热情关怀。朝阳阁藏书也已达数万卷。所著有《桃溪集》、《续真西山读书记》、《伊洛渊源续录》、《伊洛遗音》、《四子释言》、《元史本末》、《宰辅沿革》、《国朝名臣事略》、《尊乡录》、《赤城新志》、《赤城后集》、《赤城诗集》、《赤城论谏录》、《祭礼仪注》、《緫山集》、《朝阳阁书目》，凡百余卷行于世。

谢堂 (生卒年不详)

字升道，号恕斋，宋临海人，丞相谢深甫曾孙，除知枢密院，有石刻千卷，自号"金石友"。日本君台观藏有其画。

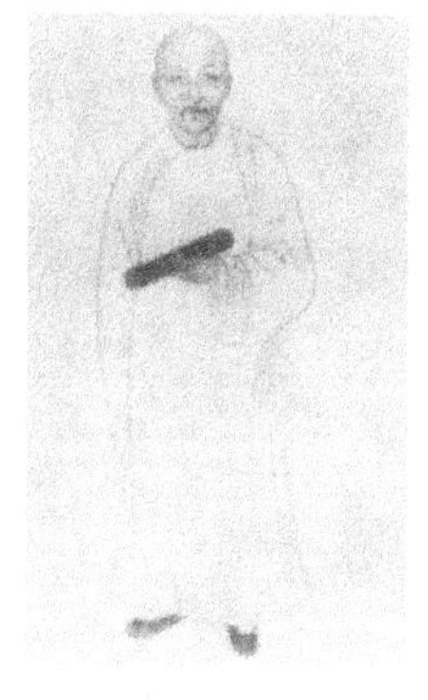

·谢墉画像

谢墉 (1719—1795)

字昆城，号东墅，一号金圃，别署听钟居士，清嘉善人。乾隆十七年（1752）进士，历官内阁中书、工部侍郎、江苏学政等。著有《安雅堂诗文集》等。雅好藏书，藏有明刊《铁崖文集》、乾隆间刊大字本《金薤琳琅》二十卷，甚精。藏书处为安雅堂。藏书印章有"谢墉印"、"东墅"、"枫桥谢墉"、"听钟居士"、"东墅审定"。

谢三宾 (1593—?)

字象山，号塞翁，明鄞县（今宁波市）人。天启五年（1625）进士，知嘉定县，入为御史巡按山东，官至吏部尚书。宦囊既丰，解组归来，卜筑月湖之滨。并张时彻萧园、陆起元拗花园而有之，号称天赐。其书室曰博雅堂，收藏之富几与其师钱谦益绛云楼埒。并出资刻《嘉定四先生集》，及《容斋随笔》。后又得谦益所有赵松雪手批宋版两《汉书》藏于家，称为海内鸿宝者也。甲申（1644）之乱，迁书翠山，山寨烽起，将长编大册，蘸油为炬，其短小者，用实绵甲，插架万签，顿时星散。而宋版《汉书》亦辗转流入清廷之天禄琳琅矣。其藏书印章有"天赐园"、"谢三宾印"、"四明谢氏博雅堂藏书"。

谢光甫 (? —1939)

字永耀，祖籍余姚泗门，居上海。民国时期银行家。早年随其父谢纶辉经营自家钱庄，后又任中国通商银行总经理。谢光甫平生酷爱藏书，搜罗书籍三十余年，其中大量古籍善本，尤多明刻本。藏书处名永耀楼。珍藏有明嘉靖刻《吾学编》、万历刻《盛明百家诗》等等。《叶景葵杂著·卷庵札记》记载他"搜罗三十余年，所收以清人集部及参考书为多，亦有宋本精抄本多种。"郑振铎《求书日录》记载他"每天下午必到中国书店和来青阁去坐坐，几乎是风雨无阻，他所得的东西似乎最多且精"。他收藏的古籍，在同行人眼里都是最多最好，藏书可谓是不遗余力，目前江浙一带高校图书馆中仍可见其余姚永耀楼印藏书。卒后数年，藏书流散。藏书印章有"余姚谢氏永耀楼藏书"朱文大印。

谢采伯 （1179—1251）

字元若，宋临海人，谢深甫之长子。嘉泰二年（1202）进士。历知广德军、湖州，召监尚书六部门，除大理寺丞，擢大理正。耽玩书史，独以书数千卷示后人。好学嗜古，藏书甚富。著有《密斋笔记》五卷，殆以一生之精力为之。惜原本久佚，仅散见于《永乐大典》中。《四库全书》有从大典中辑出本。

谢恭铭 （生卒年不详）

谢墉次子。字寿绅，号若农。清嘉善人。乾隆五十二年（1787）进士，授内阁中书、文渊阁检校等。未几乞假归里。承父志，雅好藏书，藏书处为望云楼。藏书不专为己物，尤喜邀当地士子共读，沾溉既多，流布日广。平湖朱为弼因西宾之便孜孜苦读，竟成进士，堪称书林佳话。

谢晟孙 （1257—1342）

字唐卿，南宋临海人。宋丞相太师鲁惠正王（深甫）四世孙也。其先占籍台之临海，后以鲁王孙女作配于穆陵，赐第钱塘因家焉。曾祖渠伯，官朝奉大夫，祖奕昌，官少保保宁军节度使，父塈兵部侍郎换保宁军节度使。晟孙幼聪慧，官至承务郎信州路总管判官。宋亡后，累荐不就，匾所居曰"退乐"，蓄书数千，以读书著述自娱。

韩广业 (1643—1717)

字子有，一字桃平，清时人。其先本卢龙籍，随父宦游，父殁，尽挟其小琅环书屋所储书数万卷渡江而南。奇陈元暎诗文，渡曹娥江访之，遇于逆旅，遂偕之虞，家焉。明季多声气之学，复几诸社唱和率数千百人，广业所交如纪伯业、谭佐羽皆枯槁寂寞之士。常慨《函史》、《名山藏》诸书未详备，推广搜益自成一书，多至五百余卷。诗力追唐音，大历以后束庋不观。所著诗文集多散佚。

韩文绮 (1763—1841)

字蔚林，号三桥，清仁和（今杭州市）人。乾隆六十年（1795）进士。官刑部主事、郎中、侍郎。后出守永平，擢清河道。生平宦迹甚佳，多著祥刑，于粤于黔于蜀，皆司秋宪，继擢少寇，又为山左按察使、右副都御史。以疾请退，悠然林下。好聚书，筑玉雨堂以储之。

韩泰华 (生卒年不详)

字小亭，别署魏公后裔，文绮孙，清仁和（今杭州市）人。道光间由兵部郎中历官陕西粮道。室名无事为福斋。公余搜访金石，忘其为风尘中吏也。又访求宋元名家之文，收罗十余年，得百数十家，半系传抄精本，或《四库》所无而元刊尚在者，为《元文选》，以十家为一集。道光庚戌（1850），首集既成稿，而毁于燹，仅存目录。晚年居金陵，筑玉雨堂，以藏金石、书籍。有阮元家宋本《金石录》十卷，因刻"金石录十卷人家"藏书印一。后藏书尽被其子售于北京琉璃厂宝森书肆主人李雨亭。著有《无事为福斋随笔》、《玉雨堂书画记》，还辑有《玉雨堂丛书》，刻印《金石录》。藏书印章有"韩泰华印"、"小亭"、"韩萧莹印"、"小亭鉴定"、"小亭眼福"、"钱塘人"、"魏公后裔玉雨堂印"、"韩氏藏书"、"玉雨堂韩氏藏书"、"家在钱塘江上住"、"金石录十卷人家"。

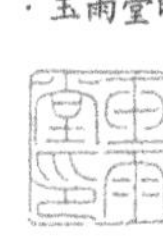

韩维镛 （生卒年不详）

字配贲，号铜上，又号铜士，清平湖人。嘉庆十九年（1814）进士，授以咸安宫教习，后迁湖北谷城知县。生平博学好古，精于赏鉴，家有金蠡山房，金石书画收藏甚富，人比之项氏天籁阁云。年七十卒。著有《金蠡山房诗稿》四卷。《士礼居题跋记》：“《舆地广记》，宋本，第十八卷‘改曰建雄军’以上全缺。竹垞藏本，归乍浦韩配基，壬戌（1802）春余计偕北行，配基亦以辛酉（1801）选拔朝考入都，把晤京邸。许以前十八卷前写寄。后余被黜南还，配基亦未得高等，彼此音问不通，至今不能补全，可慨也！”又云：“韩应京兆试，中丁卯（1807）科举人，在京邸求售，余托五柳主人为余出百二十金购之。”又云：“贾人从乍浦韩氏得书数百种，盛称中多旧本。有宋施谔《临安志》，归简庄，同人赋诗纪事。”

按：《平湖县志·选举表》载韩配贲，为嘉庆辛酉（1801）拔贡，丁卯（1807）举人，与《士礼居题跋记》配基籍氏科第全同，基与贲两字，定有一方之误。

韩夔章 （? —1861）

字梅史，清仁和（今杭州市）人。馆于振绮堂汪氏，熟精四部，所储虽少，然皆秘籍，暇则浏览自娱。室名华寿堂。辛酉（1861）城围，米贵如珠，绝食而殉。藏书印章有“韩夔章印”、“梅史氏”、“华寿堂图书”。

鲁迅 （1881—1936）

原名周树人，字豫山、豫亭，后改名为豫才。绍兴人。毛主席评价他是伟大的无产阶级的文学家、思想家、革命家，是中国文化革命的主将。也被人民称为

·鲁迅像

·鲁迅手迹

"民族魂"。藏书一万四千余册。又收藏金石文献，有金石拓本约五千张。有《鲁迅手迹和藏书目录》。

鲁燮光 (1817—1910)

字瑶仙，号卓叟。原籍山阴（今绍兴市），其先世自清初来萧山，居西河下。以廪贡生选授慈溪训导，任满，升知县，历署山西和顺等县令。光绪时，晋省洊饥，办赈颇力，巡抚李秉衡器之。性好学，喜聚书，手不释卷，初选辑《永兴集》一百数十卷，遭乱残缺。晚年著《萧山儒学志》八卷、《湘湖水利志》四卷、《西河志》一卷，均未刊。在山西著有《山右访碑录》一卷。晚年撰有《重游泮水记略》。此书收入《浙江图书馆古籍善本书目》。

十 三 画

楼郁 （1008—1077）

　　字子文，号南城，其本系奉化人，宋仁宗天圣年间迁居鄞县（今宁波市），住南月湖边，并以城南为号。宋皇祐五年（1053）进士，治平初调庐江主簿，未几摄参军事。丁母忧，服除，强起以仕。郁曰："禄不逮亲矣，非吾志也。"遂致仕。郁志操高厉，尚友古人。自六经至百家传记，无所不读。其讲解去取，必当于道德之意。发为词章，贯穿浃洽，务极于理。好书不倦，家藏仅万卷，而手抄者居半。人咸以西湖先生称之。著有《唐书解题》三十卷、《遗集》三十卷。

楼钥 （1137—1213）

　　字大防，一字启伯，自号攻媿主人，南宋鄞县（今宁波市）人。隆兴元年（1163）试南宫策偶犯讳，知贡举洪遵奏，有旨置末等之首。以启谢诸公，胡铨大称之曰："此翰林材也！"调温州教授。范物以躬，学者日益归心。后官至资政殿大学士，提举万寿观。钥资禀高明，风仪峻整，琐务不经于心，惟酷嗜书。于月湖南筑东楼以贮书，楼前累奇石，又取楚公时所藏嵩岳图石刻为屏。生平潜心经学，旁贯史传，以及诸子百家。识古奇文字，中原师友传授，悉穷其渊奥。经训小学，精据可传信。文备众体，非如他人窘狭僻溺，以一长名家。善大字，高宗时太学成，钥奉敕书扁。性乐易，最能诱掖后进，不掩之善。聚书踰万卷，皆手校雠，号善本。尝从潘景宪得八十二篇本之《春秋繁露》，跋曰："《繁露》行世者，皆不合《崇文总

· 楼钥《攻媿先生文集》宋四明楼氏家刻本

· 楼钥画像

目》及欧阳文忠公所藏八十二篇之数。余老矣，犹欲得一善本。闻婺女潘同年叔度景宪多收异书，属其子弟访之，始得此本，果有八十二篇，前所未见。"客有愿传录者，辄欣然启帙以授。真德秀掌内制，钥所引荐。德秀尝曰："闻公清言竟日，或极论达旦，退而书绅，不为涂人之归，皆公教也。"嘉定六年（1213）卒，年七十七，赠少师，谥宣献。有"四明楼鑰"印。

楼一枝 (1804—1865)

原名楼钺，以字行。又名楼忠钺，字翼鼎，号月潭、子约。清鄞县（今宁波市）人。道光十九年（1839）举人，江苏候补知府。风流自赏，不知生计，家本富有，性嗜金石，倾赀搜罗，每得善本，日坐小楼临摹之，必尽通其意乃已。与道州何绍基同年而未晤也。绍基有书名，尝自言："曾见四明楼某书，心知其法，业乃大进，然终不能及。"其见推重如此。

楼上层 (生卒年不详)

字更一，号平江，又号蓬莱侍史，清浦江人。乾隆五十四年（1789）拔贡。少负奇气，初登卢永章之门，赋梅花不胜，退就弟子列，永章亦深器之。稍长，辄薄制举业。博考经史子集，专治诗古文，奇崛奥衍，笔力崭绝。乾隆乙酉（1765），督学朱珌赏其才拔萃，褒然首选。阮中丞辑《两浙輶轩录》，金华阖郡，悉资采访。初，阮视学两浙，属上层重修郡书。未几，阮回任事，中寝。上层生平酷嗜古书奇字，每下笔，辄引星辰，排山岳，别开境界。俯视古今，生涩如樊宗师，瑰异如李长吉。至其奖掖后进，过誉成癖。好藏书，藏书楼曰读书楼，有《读书楼书目》二卷。著有《金华耆旧补》、《古东阳郡书》、《周易拾遗》等。

楼蔷庵 (1855—1920)

名兆福，字晖阁，号蔷庵，学名藜然，诸暨王家井乡箬山下村人。自幼孜孜于学，县试府试均列第一，人称"小三元"。从德清俞樾学，俞称其为"沉潜"之士。清光绪五年（1879），以举人大挑一等，签分四川，历任南川、开县、梁山、德阳、威远、合州等知县，及汉州、巴州等知州，荐升道员。所到之处兴学校，恤民隐，惩蠹役、节浮费。任职梁山时，有教民徐仲宣胡作非为，设计捕之，数千人聚众挟保，又运动牧师持上官书札请释，均不为所动，仍依法论处，百姓称快，赞其有循良之风。从日本考察回国，出任四川督辕礼、邮传、农工商各科参事及民政科长。光绪三十二年（1906），奉命调查浙江路政，顺道返乡，见乡里学子就学不便，会诸父老，岁捐百金，创办凰仪楼氏两等小学堂，并制订学校章程。民国初年，当时父老举其为参议院候补委员。袁世凯闻其名，以总统府机要局长相委，不受。徐世昌任国务卿，邀请任职，不就，徐问："君薄内官吗？"楼答："我不再为官，何来内外之分？"留住故里，在苎萝山创办诸暨图书馆，率先捐藏书四万余卷，并发动士绅捐书捐款。1919 年馆舍落成，藏书达七万余卷。

楼黎然 (生卒年不详)

号蔷庵，又号小竹素园。清诸暨人。清末官四川汉州观察使。工书法，尤精隶篆。民国初年创办诸暨图书馆时，捐书四万余卷。著有《蔷庵东游日记》、《峨眉记游》。

虞和 (生卒年不详)

南北朝时期南齐余姚人，有学行。《南史》卷七十二记载其"位中书郎、廷尉。少好学，居贫屋漏，恐湿坟典，乃舒被覆书，书获全而被大湿。时人以比高凤。"

虞桃 (生卒年不详)

字卓人，清缙云人。诸生，性简淡，不喜习举业。家多藏书，昕夕耽玩，寒暑不辍。善岐黄，疗治却金，全活无算。

虞守愚 (1483—1569)

字惟明，号东崖，明义乌华溪人。嘉靖二年（1523）进士，历官大理寺丞、都御史，仕终南京刑部右侍郎。少年就学于村东"永泰庵"中。正当他发奋攻读之时，其父因积劳成疾而不幸去世。守愚哀痛至极，即在华溪大坟山父墓旁建草房，设炉灶，立志守墓十年。他三易寒暑，刻苦攻读经书，虽形容憔悴，也未尝稍微懈怠，母亲何氏十分痛惜，请家族亲友上山，强行拆毁草房炉灶，迫守愚归家。后来终于官至南京刑部侍郎。七十岁时，虞守愚看穿官场险恶，无意仕途，遂谢政归隐田园。晚年，致力著作与藏书。藏书多达万卷，居义乌前茅。

作为藏书家，虞守愚别出心裁，将藏书楼建在园池的小岛上，白天铺架木板得以通行，夜晚则撤去木板，断绝交通，并在楼门口张贴"楼不延客，书不借人"的启事。真可说是爱之如珠，宝之若命了。隆庆三年（1569）逝世，享年八十七岁。明万历十四年（1586），颁诏入祀"乡贤祠"。清雍正帝颁诏，简入"忠义相"，立牌坊于华溪。查慎行《人海记》云："义乌虞守愚侍郎藏书万卷，兰溪胡孝廉应麟贱值得之，随亦散佚。"著有《虔台拙稿》、《东崖文集》、《四书一得录》。

虞淳贞 (生卒年不详)

字僧孺，明钱塘（今杭州市）人。淳熙弟。终身不娶，结庐灵隐寺侧，曰猿狄居，役使仅一老仆。又建八角团瓢，于每角藏书，上有楼可眺远。陈文述《猿狄居诗》云："何处青山猿狄居，鹫峰深处有吾庐。但余萧仆空林静，并少梅妻夜月虚。钟梵一楼堪眺远，团瓢四面好藏书。渓陂兄弟真无忝，极目回峰树影疏。"

虞淳熙 (1553—1621)

字长孺，明钱塘（今杭州市）人。万历十一年（1583）进士，授兵部主事，迁吏部员外郎，补稽勋郎，以耿介见嫉，削职归隐回峰，别业曰读书林。力不能购异书，与弟闭门钞书，昼夜不止。有武库行秘书之目，著《德园先生集》。墓在七十二贤峰下，黄汝亨作墓志。

裘琏 (1644—1729)

字殷玉，一字蔗村，号废莪子，人称横山先生，清慈溪横山裘墅（今宁波市江北区洪塘镇裘市）人，清代戏剧家。有文才，早岁从黄宗羲学，以诗名。科场失意达五十余年，清康熙二十六年（1687）参与纂修《大清一统志》，主纂《三楚志》，阅十五日成，既工且速，总裁徐乾学览而称奇。康熙帝南巡，献《迎銮赋》，帝六十大寿，复献《升平乐府》，帝阅后命近侍记名。康熙年间，七十二岁终成进士。授翰林院庶吉士，旋以年老乞归。徜徉山水，著述不懈。藏书数千卷，藏书处名玉湖楼、天尺楼复古堂。

裘庆元 （1873—1948）

　　字吉生，又字激声，绍兴人，杭州名中医。在杭州近西湖处创设了"三三医院"，以利病家。曾编纂《三三医报》一百三十二期，抗战时停刊。又出于心得，手撰《三三医书》九十九本，嘉惠医界，阐扬医道，簿海风行，杏林学人几人手一册，奉为圭臬。是乃仁术医德，颇可以风。吉生在辛亥革命时期改名激声，为光复会党人，后由蔡元培介绍入同盟会。早年在绍兴开设教育馆，即与革命党人士相接纳，往来者如女侠秋瑾和王金发党人等辈，故秋瑾女士所编辑之《白话报》既创刊于日本，而《中国女报》则在绍兴由激声先生开设之教育馆为之发行，并设特约代派处。嗣因秋瑾在光绪三十三年（1907）惨遭杀害，而王金发亦蒙难，故激声先生来杭悬壶创办三三医院和发行《三三医报》。其以此定名，含有纪念秋瑾女侠于光绪三十三年（1907）六月六日被害之义。吉生先生又编有《医学珍本丛书》精装十四本，由上海世界书局出版发行。

　　吉生先生生平致力于搜集、整理、出版医学书刊，并节衣缩食委托各地同乡抄写书目，择善购入。尤在奉天行医时，交识日医多人，搜购海外汉医书籍甚多。数十年中觅得孤本、精抄本、先贤遗著及东瀛版本、医稿三千余种，两万余册，室名"读有用书楼"，有声于时。

　　吉生藏书，在抗战期间杭州沦陷时被盗，数十年搜集珍本均遭散失。散出之医书《正续伤寒论文字考》一书为杭州耆宿叶景葵氏所珍藏，事见叶氏所著之《卷庵书跋》。

褚陶 （生卒年不详）

　　字季雅，晋钱塘（今杭州市）人。弱不好弄，清闲淡默，以坟典自娱。年十三作《鸥鸟》、《水碓》二赋，见者奇之。尝谓所亲曰："圣贤备在黄卷中，舍此何求？"州郡辟不就。吴平，召补尚书郎。张华见之，谓陆机曰："君兄弟云跃龙津，顾彦先凤鸣朝阳，谓东南之宝已尽。不意复见褚生。"迁九真太守，转中尉。按陈颐道《怀褚季雅先生》诗有："西京典籍同刘向，南国藏书匹范平"之句。《晋书》本传称其以坟典自娱，足征收藏之富矣。

褚成亮 （1846—1878）

　　字叔寅，清余杭（今杭州市）人。光绪三年（1877）贡士，弱不好弄，独劬于学。节缩衣食赀，购善本书数千卷，手自校勘。虽流离琐尾中不废吟咏。著《校经堂遗集》。

褚德彝 (1871—1942)

原名德仪，以避溥仪讳，改为德彝。字松窗、守隅，号礼堂、里堂，别号竹尊宧、舟枕山民、松窗逸人。余杭（今杭州市）人。精碑版之学。端午桥聘入幕府，端富收藏，德仪鉴赏之余，更开眼界。后寓上海，其时张祖翼工篆书，精汉隶，珍藏碑帖甚多。祖翼下世，什九流归德仪，旦夕揣摩，书艺益进。写《礼器碑》，得其神髓，又临摹三代鼎彝、流沙坠简。近代以来收藏大量书法、名画、金石文献等。有秦、汉、两晋、六朝碑帖不下数百种。于是名赫一时。抗战时，苏、沪沦陷，敌伪来求书件，均婉言谢绝，甚至取消润例，一概不应。生活穷困，乃割弃所藏易米，颜其居曰食古堂，盖喻卖古董以充食，竟以贫病卒。著述众多，有《松窗金石文跋尾》、《散氏盘文集释》、《学隶浅说》、《松窗书画编年录》等。

詹绍治 (生卒年不详)

字廷扬，号卧庵，清常山人。岁贡。性嗜学，工词赋，家多藏书，甲乙丹黄，年逾八旬，犹手不释卷。著有《南湖草》、《薰絃集》。

鲍士恭 (生卒年不详)

字志祖。祖籍安徽歙县西之长塘，清杭州人。鲍廷博之子。承继知不足斋藏书。廷博刻《知不足斋丛书》至第二十七集而卒（共三十集），士恭为赓续成之，并取书中善本，更刊为大册，如汪氏《水云集》、《湖山类稿》、《参寥子》、《唐阙史》等，凡十余种。《四库全书简明目录》附录乾隆三十九年五月十四日上谕："今阅进到各家书目，其最多者如浙江之鲍士恭等四家，为数至六七百种"。

鲍廷博 (1728—1814)

字以文，号渌饮，祖籍安徽歙县西之长塘，世称长塘鲍氏。其父鲍思诩娶杭州顾氏女为妻，遂移家杭州。后鲍思诩与妻子卒于杭，葬于湖州。鲍廷博曾一度移居桐乡青镇（今乌镇）杨树湾，故前人或称他为歙人，或称他为杭州人，或称他为桐乡人。家富藏书，尤喜搜罗散佚。先是其先人筑室储书，取《戴记》"学然后知不足"之义，以颜其斋曰"知不足斋"。乾隆时开四库馆，廷博献书七百种，钦颁《图书集成》。旋刻秘籍百种，曰《知不足斋丛书》，进呈乙览，宸翰赐题卷首，有"知不足斋奚不足，渴于书籍是贤乎"句。嘉庆癸酉（1813），复以进书，蒙仁宗赏给举人。读书每一过目，即能记其某卷某叶某之讹字。有持书来问者，不待翻阅，见其版口，即曰此某氏版，某卷刊讹若干字，案之历历不爽。乾嘉之交，近自嘉禾、吴兴，远而大江南北，客有旧藏钞刻异本来售武林者，必先过其门。或远不可致，则邮书求之。浙东西诸藏书家，若赵氏小山堂、汪氏振绮堂、吴氏瓶花斋、汪氏飞鸿堂、孙氏寿松堂、郑氏二老阁、金氏桐花馆，参合有无，互为借钞。至先哲后人家藏手泽，亦多假录。得则狂喜，如获重货。不得，虽积思累岁月不休。性宽厚，笃于戚友，有贫乏者，必周恤之。稍有蓄积，为刊书所罄，或遇未见之书，必典衣购之。友朋之贫而好学者，每以全部丛书赠之。

　　藏书印章有"曾在鲍以文处"、"鲍以文藏书记"、"老屋三间赐书万卷"、"世守陈编之家"、"歙西长塘鲍氏知不足斋藏书印"、"通介叟"、"天留"、"老眼向书明"、"天都鲍氏困学斋"、"黄金散尽为藏书"、"鲍氏知不足斋藏书"、"知不足斋鲍以文藏书"等。

鲍慎由 (生卒年不详)

　　字钦止，宋括苍人。元祐六年（1091）进士。好藏书。《郡斋读书志》："吕夏卿《兵志》三卷，公武得之于宇文时中季蒙。题其后云：'夏卿修《唐史》，别著《兵志》三篇，自秘之，戒其子弟勿妄传。鲍钦止吏部好藏书，苦求得之。'"撰有《夷白堂小集》二十卷、《别集》三卷。

十 四 画

廖莹中（?—1275）

字群玉，号药洲。南宋刻书家、藏书家。邵武（今属福建）人。登科后，为贾似道幕下客。官为太府丞、知州，皆不赴。醉心于刻书、藏书之业。咸淳间（1265—1274），雇工翻刻淳化阁帖、绛帖，皆逼真。又与贾似道选十三朝国史、会要、诸子杂说等，例为百卷，名《悦生堂随抄》。所刻之书，用油墨和杂泥并用金香麝调和后，纸宝墨光，赏心悦目，世为善本。所刻韩愈、柳宗元等人文集，著名于世。家有"悦生堂"为藏书之所，又建"世彩堂"专以刻书。后贾似道因事得罪，他相从不愿离开。一日与贾似道一起痛饮，悲歌雨注。五更归舍，服毒自杀。

熊凌霄（生卒年不详）

原籍浙江青田，住杭州下城宝极观巷，民国杭州警察厅首任厅长，民国首任浙江省省长夏超（号定侯）内弟。喜收罗古帙，经史子集兼收并蓄。抗日战争起，避乱他乡，迨杭州沦陷，家中留守之佣人，生计顿绝，遂将主人所藏之书，全部低价售给杭州汇古斋书店。当时日寇侵占杭市，百业萧条，旧书更无人问津，佣人待用孔亟，故三钱不值一钱而贱卖。正在捆扎运出之时，收购人发觉边厢房尚有商务印书馆印行之全部《四部丛刊》和精装本《十通》二十大本，便向佣人说此书虽未曾估价在内，也应作买书的"添头"。佣人慷他人之慨，闻言满口答应。待抗战胜利。凌霄返杭时，所藏图书已全部售光。

管元耀（1876—1940）

字慎之，号振志，海宁县路仲镇人。生平喜藏书，爱抄书，尤留意乡邦文献，藏书室名静得楼。家有藏书六千余册，其中大部分为地方文献，特别是他的先辈管庭芬的手稿和著作收藏较多。较为珍贵有《日谱》，是管庭芬的一部日记，此日

· 海宁管氏静得楼印

· 管元耀印

记从嘉庆二十年（1815）十九岁时开始，至同治四年（1865）六十九岁时止，凡五十一年，未尝间断。1951年，管元耀之子管大雄先生将藏书捐献给浙江图书馆，当时，任馆长的张宗祥先生挥毫写了"保障文献"四字匾额赠管大雄先生，以示感谢。曾参与《海宁州志稿》的编纂，并将无法收入州志稿之史料，汇编成《海昌观》一百七十八卷。著有《淳溪备考》（稿本现藏于海宁图书馆），编纂《海昌胜迹志》。藏书印章有"海宁管氏静得楼印"、"管元耀印"等。

· 管庭芬手迹

· 荒江老屋旧书生

· 庭芬

· 淳溪鱼隐

管庭芬 (1797—1880)

原名怀许，字培兰，又字子佩，号芷湘，晚号芷翁，又署淳溪老渔，清海宁人。为州之旧族，自明至清注学官籍者凡十有四世。诸生。少时博览群书，熟谙乡邦掌故，擅诗文，喜绘画，尤擅兰竹，精鉴赏，喜搜辑乡邦文献。精目录之学，尝佐学官钱泰吉辑《海昌备志》，撰《海昌经籍著录考》。馆硖川蒋氏别下斋最久，所刊丛书，大半资其校订。管氏著作等身，《花近楼丛书》稿本，藏国家图书馆，《淳溪老屋文存》、《淳溪老屋诗存》、《淳溪老屋自娱集》，《待清书屋杂钞》藏天津图书馆，《日谱》、《芷湘吟稿》、《钱谱》等藏浙江图书馆。此外，管庭芬批校、考订的书也很多。庭芬生平露钞星纂，日以书卷为生活，故所作诗文俱有法度，兼工六法。性情和易，人乐就之，年踰七耄，犹日可行数十里。藏书印章有"庭芬"、"芷湘"、"子佩"、"荒江老屋旧书生"、"耕云锄月旧家风"、"淳溪鱼隐"等。

翟瀚 (生卒年不详)

字莼江，清仁和（今杭州市）人。居杭城并江而东数十里，曰扬嘉桥。乾隆年间，翟灏、翟瀚兄弟合著《湖山便览》一书，记载西湖游览景点增加到一千零一十六处，为杭州最早的导游书籍。兄弟俩均喜聚书，瀚生平喜抄书，藏书万余卷，所收多善本。藏书印章有"翟瀚之印"。

翟灏（1736—1788）

字大川，号晴江，清仁和（今杭州市）人。居艮山门外扬嘉桥，与吴西林居隔数里，常相从唱和。乾隆十九年（1754）进士，官金华府教授。性嗜读书，经史百家、山经地志及碑石奇字，无不包孕而贯串之。自壮至老，讲述不倦。其居室榜曰"书巢"，山经地志，稗史说部，佛乘道诰，靡不储庋。既渔猎之，又弗炙之。自记曰："斋之东有轩三楹，周列庋阁，储书检阅，余不暇收拾，横斜累叠，有似乎鹊之巢。因自命曰书巢。"翟氏藏书之数量，有杭世骏之记曰："翟子榜其斋曰书巢，规为图，环堵之室，而卷且盈万。"翟灏生平博览群书，精心考证。著有《四书考异》、《尔雅补郭》、《湖山便览》、《艮山杂志》、《通俗编》、《无不宜斋诗集》。

臧懋循（1550—1620）

字晋叔，号顾渚山人，明长兴人。万历元年中举，万历八年赐同进士出身。懋循博学多才，尤精于戏曲，与王世贞、汤显祖相友善。所藏书籍多元代戏曲。又设博古堂与雕虫馆以为刻书工场。万历四十三、四十四年，懋循以"博古堂"名号分两次精工刻印了《元曲选》一百卷，其中辑录元杂剧九十四种，明初杂剧六种。是保存元杂剧的功臣。其他还刻印过《删订玉茗堂四梦》、《校正古本荆钗记》《古诗所》、《唐诗所》以及弹词《仙游录》、《梦游录》、《游侠录》等。著有《负苞堂集》。

·臧懋循手迹

蔡济 (生卒年不详)

字公惠，明代居崇德乡（今桐乡）。藏有宋刻本《续资治通鉴节要》及宋刊本《皇朝中兴系年要录》，宋陈宅书籍铺刊本《唐僧弘秀集》等。各书有印记曰"蔡公惠"、"蔡氏公惠"。卷尾皆钤以朱色幡式木记，文曰："嘉兴崇德，凤鸣世医，蔡济公惠，家无担石之储，惟好蓄书于藏，以为子孙计，因书此传之不朽。"蔡氏所藏书多宋元本。

蔡瑞 (生卒年不详)

南宋黄岩人。藏书处名石庵，著有《石庵藏书记》。叶适《石庵藏书目序》："石庵书若干卷，承奉郎蔡君瑞藏之。始，蔡君之伯父曰居士，葬母，因其地为庐居。绍兴十九年（1149）大旱饥，谷石五千二百足钱。居士将以所余谷散之，而患无名。时庵傍有石，冒土而奋，如蟠根丛萌，欲发而尚郁者。遂为万夫佣，使出之。高二丈，广可三之。石温润如玉质，故名石庵云。蔡君念族人多贫，不尽能学，始买书置石庵。增其屋为便房，愿读者处焉，实田百亩助之食。"

蔡镐 (1143—1191)

字正之，南宋黄岩白山（今白山乡）人。世为象岙人，后迁白山。蔡瑞之孙。藏书五千卷。淳熙二年（1175）武榜进士，为盐城武学教谕，迁武学博士，故称蔡武博。朱熹驻节台州，建议修筑黄岩河闸，荐蔡与林鼐主持其事。遂合理规划，建筑六闸，修理三闸，皆坚固耐用。后人立祠纪念他的功绩。朱熹与蔡镐的友谊很深，当他听到蔡镐去世的消息时，写下了两首真诚动人的挽诗，其一云"老友今何在？翠屏犹自青。百年尘土梦，一枕白山亭。策上胡笳落，诏归野草馨。别来方七载，空忆画中形。"（朱熹《挽蔡武博正之》）

蔡汝霖 (1869—1917)

字雨香，晚年自号愚公，清东阳人。喜搜藏书，藏书中以明代刊本为主，达数千卷，构听春雨楼以贮之。

蔡宏勋 (生卒年不详)

字铭士，号雪斋，晚号食砚逸民，清永嘉人。康熙时诸生，善诗，兼工书画，擅名一时。著有《雪斋诗外》。友人称其家中"盈箱压架，邺侯书拥三千"。

蔡鸿鉴 (1854—1880)

字荪卿，号季白，清鄞县（今宁波市）人。鸿鉴富有家资，命其宅为二百八十峰草堂，俗犹称其里曰家衖，藏书处曰墨海楼（建于上海沪西），蓄书近十万卷三万一千余册，多得自镇海姚氏之大梅山馆，而天一阁、抱经楼之藏书亦间有流入焉。故墨海楼之名一时见称于郡中。子蔡和霁（1871—1889）能世其业，增补其父藏书约二百种五千册。惜早卒。孙蔡同常编有《明存阁善本书目》。1921 年蔡氏经营亏损，不得已将藏书以四万元银圆抵押李氏萱荫楼。编有《墨海楼藏书录》。墨海楼藏书在浙江图书馆善本书目录中占重要地位。

谭献 (1832—1901)

初名廷献，字仲修，又字献纶，号复堂，半厂、山桑宦。清仁和（今杭州市）人。同治元年（1862）举人。历任安徽歙县、全椒、合肥等知县。性恬澹，不数年告归。少好学，好为六朝三唐骈丽文。比长潜心经训诸子，精博绝伦。工诗文，尤擅词，所选《箧中词》，词家奉为圭臬。曾应张之洞之聘，主持湖北经心书院，并在

· 谭献批校本《片玉词》

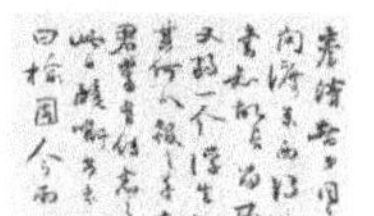

· 谭献手迹

· 谭献像

西湖诂经精舍书院讲学。生平好聚书刻书，插架数万卷，丹铅不释手。光绪十五年（1889），辑刊《半厂丛书》，所收自著者有《复堂类集文》、《复堂诗》、《复堂词》、《复堂日记》，自辑者有《池上题襟小集》、《合肥三家诗录》、《箧中词》、《非见斋审定六朝正书碑目》，建德胡氏为校刊《复堂文续》、《复堂日记补录》、《复堂日记续录》、《复堂谕子书》等。晚年部分诗、日记等手稿未刊。浙图搜藏有他的日记、词、曲等稿本数种。

·谭其骧像

谭其骧 （1911—1992）

字季龙，笔名禾子，祖籍嘉兴。出生于沈阳，次年随家人回到嘉兴，读私塾、小学，入秀州中学。1930年暨南大学历史系毕业，1932年燕京大学研究生院毕业。先后在辅仁大学、北京大学、燕京大学、浙江大学、暨南大学、复旦大学任教。1980年当选中国科学院地学部委员。著名历史地理学家。编有《中国历史地图集》，学术价值很高，获得上海市哲学社会科学特等奖。谭其骧购买了大量专业书籍和资料，后捐给复旦大学史地所六百六十余种线装书，主要为明清刻本和民国时候的铅印本。其中明刻本四种，清代版本三百八十种，民国版本二百四十六种，1949年以后版本三十种，如《水经注笺》四十卷（明刻本）、《河防一览》十四卷（清刻本）、《西域行程记·西域番国志》（清抄本）。

谭学镕 （生卒年不详）

字范金，清丽水人。诸生。少颖敏工诗文，道光间游学杭州，归益励学，购书数万卷，假观必予，从不吝惜。出资校刊《括苍金石志》、《续括苍金石志》。

十　五　画

樊光 (1887—1958)

原名崧骏，字之屏，又字孟明，号震初，别号鼎湖居士，缙云五云镇人。年十六中秀才。后留学日本中央大学法律本科毕业。在日本参加同盟会，与陶成章联络东南亚进步人士，响应反清运动。民国后，历官至参事厅首席参事，兼外交部常务次长。1947 年，回缙云竞选国大代表，落选。生平嗜古籍，聚书数千册。解放后，任上海文史馆馆员。著有《仙都山房诗文集》、《小学集》、《在山吟》、《清泉集》、《水草吟》、《国忧集》等。

潘鼎 (1775—1835)

字彝氏，一字调生；原名鹏，字程九；曾名封，字小昆。清泰顺人。善诗，工书画。年三十六始中副榜，授直隶州州判。年四十四岁归里，掌教于奉邑罗阳书院。素有文物之好，凡购书籍、碑拓、藏书印章、笔墨、文玩，皆不惜重价，而日常生活却极其俭朴。藏书处为一卷山房。

潘日初 (生卒年不详)

字俊卿，清临海人。当系震基一家父子或兄弟，幼时资质鲁钝，学业甚差，为塾师所轻，及长，因发愤聚书，至老不懈。自谓"不思身外无穷苦，喜买人间未见书"，名其藏书楼为三之斋。潘氏购书之目的，意在使其子孙能够读书成材，视藏书有如性命，并特意在书橱贴一条子云："余买书千余卷，留于子孙看读，如有私自借人，作不孝论，但愿世守文行忠信仁义礼智八字。"潘氏藏书共积至四千余卷，虽不称富，但善本良多，其中乡贤著作基本上皆得自郭氏八砖书屋，后亦不戒于火，所存无几。

潘佩芳 (1766—1787)

庭筠女，海盐朱文佩妻。清钱塘（今杭州市）人，少工诗，沈文悫公所选《唐诗别裁》，悉能背诵。喜聚书，赀不足，恒典钗偿之。善绘兰，因署其斋曰画兰室。

著有《画兰室诗稿》若干卷。

潘国纲 (1882—1938)

字鉴宗，号鉴园，永嘉人。光绪二十九年（1903）考入福建武备学堂，毕业后任江北督练公所委员等职。宣统元年（1909）进保定军官学校。三年八月武昌起义后，杭州新军成立军政府，国纲回浙任都督府参谋部科员，续任革命军司令部第一参谋。1912年8月，重回保定复学。1913年底毕业，授陆军中校参谋，后任浙江督署上校参谋，不久调任第六师上校团长。其后六师和二十五师合编为第五军，任军部上校参谋，续升第六师参谋长。1915年，六师改称浙江陆军第一师，仍任参谋长。次年升任浙江第二师四旅少将旅长。张勋复辟，率混成旅北上讨逆。1918年，广东军政府陈炯明、许崇智率护法军进攻闽南，段祺瑞电浙督就近增援，杨善德令一师援闽。次年为一师师长，晋升中将。8月，杨善德病亡，卢永祥继任浙督，一师回浙整顿。1924年，闽督孙传芳入浙，国纲率一师赴江山堵截，军败，退至宁波，通电下野。1925年2月，段祺瑞召开善后会议，电召国纲赴京，加上将衔，列席善后会议，并任执政府参议。1927年上半年因病，携眷南归杭州。抗战爆发，全家返温。1938年3月29日在浙江永嘉逝世。其养心寄庐藏书中尤多兵书。后捐赠温州籀园图书馆者凡五千六百三十七种。

潘尊行 (1885—1962)

字光翼，原籍浙江安吉县，侨居杭州菩提寺路。孩提时岐嶷逾人，邻里誉为神童，及壮进身社会，人有"潘龙莫虎"之艳称，冠绝侪辈。潘龙即谓尊行；莫虎为莫永贞，字伯衡。民国肇新时，永贞任浙江省财政厅厅长，尊行先生为幕僚。二人公余，讽咏唱酬，文声藉甚，人称一时瑜亮。家传书籍，已复不少，但兴之所好，仍广收博采古籍名刊，循诵不辍，且丹黄札记，校雠甲乙。盖适乎其性，乐此不疲也。中年以后，研究金石文字学，不惜重资，广收金石考古殷墟书契等刊物。又笃好研究少数民族之文字学，进而博收此类外文书籍和字典，藉充实腹笥以佐参考。民国十八年（1929），受聘为浙江省图书馆国文部编纂，眼辄为浙图搜觅善本古帙，一时声名鹊起。后由顾颉刚先生推毂，应聘广东中山大学教授，旋又任浙江大学教授。抗日战起，束装避难至乡间蛰居，直至胜利方始回杭。解放初，由邵裴子先生提名，受聘为浙江省文史研究馆馆员，从而生活获得安定。其时先生年逾花甲，有髀肉复生雄心，拟订计划，预备将成竹在胸之文字学研究心得及甲骨学考古之术，

阐隐抉微用笔叙出，俾余生对国对党力尽绵薄，有所贡献。孰知豪情壮志方萌，骤
罹瘫痪之症，病缠床第，不克实现此愿，百忧内垒，遂为毕生遗憾。又因医药费用
浩繁，不得已将殷墟甲骨文考古之书，售与北京中国书店，有关少数民族资料及辞
典，先后忍痛挥泪分批割让与上海旧书店；尚余零星之书，全数鬻与杭州建新书店，
内有少见之越南刻本《越南调小说》，类似我国弹词脚本。其往时频年辛勤所积与夫
馆谷所入除日用外，有余则悉心购书，故盈室充栋，邺架为满，大有"万卷列架高
似屋，一门师友重于山"之慰。

　　尊行先生有《原始中国试探》、《反语反音辨》、《说文异字异读出于同字同语考》
等著作，今犹存世。

潘景宪 （1134—1190）

　　字叔度，宋金华人。隆兴元年（1163）进士，与吕祖谦同榜。敬服吕言行，乃
从吕氏之学而游其门。家多收异书，楼钥跋《春秋繁露》："《繁露》行世者，皆不合
《崇文总目》及欧阳文忠公所藏八十二篇之数。余老矣，犹欲得一善本。闻婺州潘同
年叔度景宪多收异书，属其子弟访之，始得此本，果有八十二篇，前所未见。

潘曾纮 （?—1636）

　　字昭度，明乌程（今湖州市）人。明万历四十四年（1616）进士，累迁江西布
政使，都察院右佥都御使。崇祯九年（1636），李自成进攻北京，曾纮提兵入卫，因
积劳成疾，卒于军。赐祭葬。有意汲古，广储缥缃。视学中州，罗致更富。鼎革时
遭劫，士兵至以书于溪中叠桥为渡，以搬运什物。因而尽毁，书之受厄至此。有
《后林潘氏书目》，今已不存。

潘震基 （生卒年不详）

　　字旭斋，清临海人。好聚书，考订家每取资焉。郭协寅没后，其八砖书库之书
半归潘氏所藏。故所藏多系郭氏手写。藏书处曰三之斋。民国间，其斋毁于火，书
尽化灰烬。

黎雪楼 （1785—1863）

黎恂，字雪楼，一字迪九，晚号拙叟，清遵义人，寓居桐乡。多蓄典籍，郑子尹以甥行，学于舅家，嘉庆二十四年（1819），自天旺依其外祖静弼于斤竹溪上，读书恒达旦，肘不离案，衣不解带，瓮安赵禹门孝廉本敖赠句云："人因好读老，家为买书贫。"

十 六 画

薛高 （生卒年不详）

字宁仲，宋永嘉人。任连城簿，弃官而隐。读书作文，至老不休。家有读书楼，郡守楼钥为之记。陈谦赠诗有"万卷编抄高似屋，一门师友重于山"之句。

薛季宣 （1134—1171）

字士龙，号艮斋，学者称常州先生，南宋永嘉人。薛徽言子。早年随伯父薛弼宦游四方，喜从父老问岳飞、韩世忠兵间事。绍兴三十年，以荫知鄂州武昌，严保伍以防金兵。乾道七年，以荐召赴临安，除大理寺主簿，持节使淮西，安置流民。次年，迁大理正。以直言缺失，仅七日而出知湖州。九年，改知常州，未上，卒，年四十。为学重事功，注重研究田赋、兵制、水利等，开永嘉学派先声。平生著书甚多，著有《古文周易》、《古诗说》、《春秋经解》、《论语直解》、《小学》诸书，多不传。宋史有传。藏书数千卷，并喜收藏钟鼎古文字。

· 薛季宣画像

十 七 画

戴大章 （生卒年未详）

字南轩，号尧声，清嘉兴人。喜聚书，藏有宋本《说文解字》等珍本。藏书印章有"尧声"、"绿柳桥西戴大章"等。

戴光曾 （生卒年不详）

字松门，清嘉兴人。贡生，官至河工同知。喜藏书，《士礼居题跋记》："今春闰月二日，有事至禾中，夜访松门于吴泾桥，遍阅所藏之书，兼谈彼此心曲。余作诗赠之，有句云'从好招朋共，伤心失子才'。盖松门与余嗜好同，而境遇亦相等也。"有省心斋藏书。藏书印章有"戴印光曾"、"光曾印"、"松门手书"、"嘉兴戴光曾鉴藏经籍书画印"、"嘉兴戴光曾鉴藏书画记"、"从好斋"。

戴季石 （1860—1930）

名家敦，字季石，又字鸿祺，清鄞县（今宁波市）人。自小好读书。清光绪十五年（1889）举人，列第二十四名。精心研究说文及古韵学，以段玉裁为宗传。提倡小学音韵之学，令甬上学风为之一转。有藏书楼"访庐"。

戴柔伯 （1196—1265）

字元刚，号友桂，南宋黄岩人。幼好学，尝从学于宁海王宗之，永嘉林去华，二十岁后遍猎经史，阴阳卜筮之无不搜览，家中"图书积累至几数千卷"。

戴勘屏 （?—1924）

字保容，又字子芗，号旭东，临海人。精卜筮，藏书之处曰慎余书屋，在临海义井巷，书凡一千六百余部。勘屏平生留心地方文献，喜抄书，终日绳头楷书，手不释卷。晚眇一目，家亦渐贫，仍搜写不倦。撰《慎余书屋书目》一卷。谢世后，手抄及乡邦文献，多归项氏寒石草堂及临海欧园金氏。

戴殿江 (1735—1819)

戴殿泗《风希堂文集》卷四《伯兄履斋先生行述》："字襟三，号履斋，清浦江人。增广生。幼从张泰卿学十余年，继交陈雪崖、周盘洲，晚与朱西崖先生尤相契焉。岁庚寅（1770），泗与二兄（殿海）游杭，得先祖《九灵山房遗集》于古歙鲍氏，急以信告于兄，兄大喜，急谋梓之。越壬辰（1772）竣工，则与泗条列遗事，作《年谱》一卷，并刻齐息园师《水道提纲》，皆是一年事也。泗辈游杭，资斧本不多，以兄不吝，人遂以为余于财者。岁壬辰（1772）桐乡汪氏有书五万余卷，索价千金，以告于兄。兄急命售之，赀之有无弗计也。于是藏书之富，甲于浙东六郡，而山中之知见始开明矣。所著有《履斋文集》十卷、《永思轩文钞》八卷。"

戴殿江曾任清代中宪大夫、山西按察使。藏书处名万卷楼，撰有《万卷楼藏书记》，不但详述《章程》之重要、江南主要书楼之概况、万卷楼之缘起，且详列读书藏书之法。认为藏书之目的并非为了装饰门面，而是为了应用；而要使书楼长存不衰，首在订立《章程》，遵章而行。《浦阳建溪戴氏宗谱》多处提及"万卷楼"："藏书之富，甲于浙东六郡，而山中之知见始开明矣"。令人痛惜者，"咸丰十一年辛酉（1861）秋，'粤匪'窜扰建溪，阖族奔逃……先世所遗'万卷楼'书籍俱付之一炬"，近百年之藏书楼毁于一旦矣……

戴殿泗 (1746—1825)

字东珊，一字东瞻，清浦江人。戴殿江弟。从小酷爱读书，但智性钝拙，每读一行书，通宵达旦，尚不能成诵，师亲呵责，同学讥笑。然而，他并不自馁，反而更加勤奋攻读，数年后，文思豁然大进，中嘉庆元年（1796）进士第四名"传胪"。殿泗为人外和而内刚，胸怀洞然，一生研究群经，博观诸史，旁通百家之言。尤以诗文驰名于世。晚年购得桐乡汪氏藏书数万卷，孜孜研读，津津不倦，卒年八十岁。著有《风希堂诗文集》十卷，又与兄戴殿江同编《九灵先生年谱》。

濮梁 (生卒年不详)

清桐乡人。生平嗜古爱聚书，并喜对藏书作雠校，探讨源流，分析同异。清雍正六年（1728）曾刊钱曾《读书敏求记》并为序。藏书室名延古堂。

濮淙 (1602—?)

字赞，号澹轩，明嘉兴濮院（今桐乡）人。有《澹轩集》一卷、《澹轩诗选》十一卷、《遽园草》、《半间楼集》、《瀚雪具草》一卷、《月巢草》、《庄庑集》、《山塘近草》二卷、《萍社吟》等。入清寓吴门。淙富藏书，藏书处为瀚雪居。藏书数千卷，惜毁于祝融之祸。

濮阳涝 (生卒年不详)

字彝斋，清海宁人。诸生。富藏书，考订精确，与同邑唐端甫仁寿为钱警石学博入室弟子。学诗于应笠湖明经，火尽薪传，渊源有自。

魏一愚 (生卒年不详)

自号青门处士，元代至正间杭州人。醇懿靓深，恒惧外挠，闭置一室中如处女然，虽重客不得面，周亲谒请，或一见即退。平日危坐，阅所蓄书几万卷，默味其旨。其言行可为人劝者，疏以示诸子。凡积为若干帙。殁后三月，而红巾寇杭，处士之庐与堞舍同毁。杨廉夫为作墓铭。

魏锡曾 (?—1881)

字稼孙，号鹤庐，清仁和（今杭州市）人，室名绩语堂。贡生，官福建盐大使，好篆刻，嗜金石拓本，是著名金石鉴赏家。收藏甚富。著有《绩语堂诗存》、《绩语堂文存》、《绩语堂碑录》、《绩语堂题跋》、《绩语堂论印汇录》、《开成石经图考》等。藏书印章有"魏氏锡曾"、"稼孙"、"锡曾校读"、"稼孙手校"、"曾窥未见书"。

魏颂唐 （1886—1967）

　　嵊县人，为杭州声名藉甚之经济学家。抗战前曾创办浙江财务学校，造就了不少研究经济学人才。藏书甚富。其收购重点为农业和植物学方面书籍。著有《浙江财务纪略》、《浙江经济纪略》、《浙江田赋史》、《阳历和阴历》、《三门湾开垦计划》、《湘湖整顿计划》、《审判须知》等。又编有《魏文节公事略》不分卷（魏杞，字南夫，南宋时官至丞相，嘉泰中谥文节，系颂唐先生之先祖），民国二十五年（1936）铅字排印；《敷文书院志略》不分卷，民国二十四年（1935）排印，对书院之沿革和碑文考证颇为详尽。曾将此数文稿请竺可桢先生过目。竺云："余阅其《湘湖整顿计划》，并无特长，不过将《湘湖志》与历来工作作一概述，而决定之计划大致非有大量经费不能实行。但其人确费了一番工夫，在中国人中已是不易矣。"（《竺可桢全集》第十一卷）。

　　魏先生所藏之书在抗战期间杭州沦陷时被窃，残剩之书在胜利回杭后由本人陆续售给杭州各书店，其人也老，与书无缘矣！

十　八　画

瞿世瑛 （约1820—1890）

　　字良玉，号颍山，清钱塘（今杭州市）人。家虽素封，迹若寒素。手抄罕见古书，以为日课。积数十年，几得千册。金石书画，靡不考索。张叔未、徐问籧、汪驺卿常主其家，校刊《东莱博议》、《帝王经世图谱》、《阳春白雪》，世称善本。筑清吟阁以储书籍，曾编目录，计名人抄本七百九十二种，批校抄本四百七十五种，影宋元抄本三十种，皆秘笈异本。而此外之古今版印之籍，不啻汗牛充栋矣。惜失于庚申（1860）之乱。有《清吟阁诗》。

参考文献

1． 何槐昌编：《浙江近现代藏书家小传》，浙江省政协文史资料委员会编：《浙江文史资料》第64辑《史海钩沉》，杭州：浙江人民出版社，1999

2． 王松泉编：《民国杭州藏书家》，政协杭州市委员会文史委编：《杭垣旧事》，杭州：2000

3． 张建岂主编：《海宁藏书家印鉴》，杭州：西泠印社出版社，2004

4． 张建岂主编：《海宁藏书文化研究》，杭州：西泠印社出版社，2004

5． 林申清编著：《中国藏书家印鉴》，上海：上海书店出版社，1997

6． 林申清编：《明清藏书家印鉴》，上海：上海书店，1989

7． 林申清编著：《明清著名藏书家藏书印》北京：北京图书馆出版社，2000

8． 丁丙编：《武林藏书录》，丁丙、丁申辑：《武林掌故丛编》，广陵书社，2008

9． 王河主编：《中国历代藏书家辞典》，上海：同济大学出版社，1991

10． 梁战、郭群一编著：《历代藏书家辞典》，西安：陕西人民出版社，1991

11． 李玉安、陈传艺主编：《中国藏书家辞典》，武汉：湖北教育出版社，1989

12． 杨立诚，金步瀛编：《中国藏书家考略》，上海：上海古籍出版社，1987

13． 李玉安、黄正雨编著：《中国藏书家通典》，香港：中国国际文化出版社，2005

14． 吴晗撰：《江浙藏书家史略》，中华书局，1981

15． 傅璇琮，谢灼华主编：《中国藏书通史》，宁波：宁波出版社，2001

16． 虞浩旭主编：《天一阁论丛》宁波：宁波出版社，1996

17． 方建新撰：《宋代私家藏书补录》，《文献》1988年第1、2期

18． 范凤书撰：《宋代私家藏书再补遗》，《四川图书馆学报》1992年2期

19． 陈炳荣撰：《枫桥镇历代藏书楼》，《诸暨史志》，1989年第1期

20． 黄长林撰：《海宁藏书家事略》，《海宁文史资料》1989年第36期

21． 陈心蓉著：《嘉兴藏书史》，北京：国家图书馆出版社，2010

22． 顾志兴著：《浙江藏书史》，杭州：杭州出版社，2006

23． 顾志兴著：《杭州藏书史》，北京：中国社会科学出版社，2011

24． 顾志兴著：《浙江藏书家藏书楼》，杭州：浙江人民出版社，1987

25． 陈玉堂编著：《中国近现代人物名号大辞典》（全编增订本），杭州：浙江古籍出版社，2005

26． 单锦珩总主编：《浙江古今人物大辞典》，南昌：江西人民出版社，1998

27． 单锦珩总主编：《浙江古今人物大辞典续编》，北京：方志出版社，2001

28． 天一阁博物馆编：《天一阁文丛》（第1—8辑），宁波：宁波出版社；杭州：浙江

古籍出版社，2004—2010

29．齐鲁书社编：《藏书家》（1—16 辑），1999—2009

30．任继愈主编：《中国藏书楼》，沈阳：辽宁人民出版社，2001

31．范凤书著：《中国私家藏书史》（修订本），郑州：大象出版社，2001

32．苏精著：《近代藏书三十家》（增订本），北京：中华书局，2009

33．骆兆平著：《书城琐记》，上海：上海古籍出版社，2000

34．浙江省图书馆志编纂委员会编：《浙江省图书馆志》，北京：中国书籍出版社，1994

35．浙江省社会科学院编著：《浙江人物志》，杭州：浙江人民出版社，1986

36．浙江省人物志编纂委员会编：《浙江省人物志》，杭州：浙江人民出版社，2005

37．黄建国、高跃新主编：《中国古代藏书楼研究》，北京：中华书局，1999

38．叶昌炽著：《藏书纪事诗》（附补正），上海：上海古籍出版社，1999

39．伦明著：《辛亥以来藏书纪事诗》（附补正），上海：上海古籍出版社，1999

40．郑伟章著：《文献家通考》，北京：中华书局，1999

41．邓大鹏主编：《宁波图书馆志》宁波：宁波出版社，1997

42．潘美月著：《宋代藏书家考》，台北：学海出版社，1980

43．王绍仁主编：《江南藏书史话》，上海：上海古籍出版社，2009

44．王增清、龚景兴、李学功著：《苕水悠悠芸香远：湖州藏书文化研究》，杭州：杭州出版社，2010

45．杭州市地方志编纂委员会编：《杭州市志》，北京：中华书局，1995

46．宁波市地方志编纂委员会编：《宁波市志》，北京：中华书局，1995

47．温州市志编纂委员会编：《温州市志》，北京：中华书局，1998

48．绍兴市地方志编纂委员会编：《绍兴市志》，杭州：浙江人民出版社，1996

49．嘉兴市志编纂委员会编：《嘉兴市志》，北京：中国书籍出版社，1997

50．湖州市地方志编纂委员会编：《湖州市志》，北京：昆仑出版社，1999

51．金华市地方志编纂委员会编：《金华市志》，杭州：浙江人民出版社，1992

52．台州地区地方志编纂委员会编：《台州地区志》，杭州：浙江人民出版社，1995

53．衢州市志编纂委员会编：《衢州市志》，杭州：浙江人民出版社，1994

54．丽水市志编纂委员会编：《丽水市志》，杭州：浙江人民出版社，1994

55．《文献》季刊，北京：《文献》杂志编辑部，2011 年第四期

56．马嘶著：《学人藏书聚散录》，北京：清华大学出版社，2010

57．《中华民国史料丛稿》人物传记第十七辑

58．《镇海区图馆志稿》

59．陈耆卿主编：《嘉定赤城志》

附录：藏书家年代表

晋、南北朝、五代、宋

范平	褚陶	沈麟士	沈约	孔休源	虞和
徐锴	林鼎	钱俶	钱昱	钱文奉	钱传瑛
钱昭序	钱飖	钱和	文莹	陈谠	楼郁
钱惟演	钱惟治	石公弼	王厚之	胡份	赵衮
周启明	王瓘	关景仁	陆寘	陆宰	诸葛行仁
沈思	李光	李孟传	陈曦	关注	陈思
陈起	蔡瑞	石邦哲	潘景宪	杨文修	何恪
吴如愚	陆游	丰稷	岳珂	陈振孙	楼钥
郑若冲	丁安义	方慤	薛高	许棐	史守之
曹盅	赵彦逾	鲍慎由	陆子通	陈贻范	王应麟
林千之	王淮	林师蒇	叶梦得	林表民	王英孙
袁韶	郭钦止	谢堂	谢采伯	蒋龚	谢晟孙
洪咨夔	闻人滋	周密	周辉	王柏	贺铸
贾似道	杜处逸	周德方	李庚	唐尧臣	孙德之
陈邦衡	卫公佐	卫公佑	卫湜	许瑾	张元鼎
李安诗	李清照	沈偕	邵桂子	陈禾	陈恢
周优	茅宗愈	姚铉	洪皓	莫君陈	葛惟明
蒋真	蒋昌道	郑刚中	赵与勤	石待旦	孙介
王正己	王正功	史浩	史弥大	刘俟	孙九叙
吴崇福	沈瀛	沈体仁	陈傅良	林硕	罗仲舒
郑绮	郑伯熊	姜柄	姜浩	胡谊	倪朴
倪思	袁似道	高翥	高元之	程大昌	蒋叔舆
廖莹中	蔡镐	薛季宣	戴柔伯	赵孟坚	钱易

元代

王昌世	金应桂	胡芳	应伯震	张雨	王绍文
张枢	张绂	张雯	张梾	赵孟頫	吾衍
陈孚	程端礼	郑鉴	董嗣杲	蒋玄	柯九思
袁桷	徐舫	王毅	章得一	魏一愚	陶宗仪

杨维桢　　陈世隆　　马　端　　陈晋斋　　倪可与　　袁　曦
贾性之　　钱重鼎　　顾德辉　　刘　基　　胡三省　　胡　琪
王　琰

明代

王　羽　　宋　濂　　张　翱　　陈　选　　郑　瀷　　周人龙
凌云翰　　张　瑞　　张　隽　　吴　琓　　谢　迁　　谢　铎
高　濂　　王逢圣　　黄孔昭　　黄　楼　　骆象贤　　骆问礼
陈　瑛　　万　表　　丰　坊　　王朝志　　包樨芳　　祁承爜
郎　瑛　　吴　昂　　宋　震　　郑　晓　　童　珮　　章　纶
商　辂　　章　懋　　钮石溪　　洪　楩　　洪　钟　　沈节甫
沈启原　　沈懋孝　　吴继志　　林处善　　卓　撝　　贺　荣
吕　坤　　范　钦　　虞守愚　　唐　礼　　凌　昱　　姚　翼
胡　桢　　范大冲　　范大澈　　姚士粦　　姚绍科　　袁忠彻
项元汴　　项笃寿　　胡应麟　　茅　坤　　胡彭述　　震　亨
余有丁　　陈性学　　万　泰　　马宣教　　王　济　　王　涛
王光经　　刘　毅　　朱　勋　　虞淳贞　　虞淳熙　　潘曾紘
徐洪琏　　翁汝遇　　陶望龄　　黄定文　　徐介寿　　徐与参
徐幼文　　徐应秋　　徐孝直　　方九叙　　高承埏　　诸来聘
吴　福　　冯梦祯　　江元祚　　汤绍祖　　祁骏佳　　过庭训
马千里　　朱长庚　　闵　声　　杨继洲　　李文缵　　吴之器
吴太冲　　何汝尹　　何乔遇　　余　钰　　张一韶　　陆宇燦
陆启浤　　陆瑞家　　王应玘　　陈朝辅　　范汝梓　　茅元仪
周明辅　　周履靖　　祝以豳　　胡文焕　　姚龙之　　谢三宾
嵇元夫　　蒋之翘　　李日华　　姚　浣　　沈维镜　　沈嗣选
祁彪佳　　朱学斌　　王文禄　　吕兆禧　　李　玮　　卓尔康
胡　祯　　范汝楠　　金　华　　胡　荣　　胡万阳　　董世登
张　宽　　郁嘉庆　　王至言　　王志和　　冯权奇　　童伯礼
包　汴　　包鸿逵　　叶　蕃　　刘　基　　吕　本　　吕天成
吕居恭　　孙　鑛　　朱　祚　　朱元弼　　朱同生　　朱国祚
许一元　　许相卿　　许闻造　　李士标　　李应徵　　沈启南
汪继美　　沈　仕　　沈　谧　　沈师昌　　沈自邠　　沈达之
沈孚先　　沈德先　　沈德符　　邵建章　　陆　钰　　陆元厚
陈　玭　　陈　瓛　　陈与郊　　陈懋仁　　周　鼎　　周文爟
季应祈　　范明泰　　郑　瓆　　姚　绥　　姚　黼　　姚惟芹

姜　准	施　峻	赵撝谦	钟　梁	项　靖	项元淇
项元深	项禹揆	项梦原	项鼎铉	项德桢	倪　寅
徐　渭	殷仲春	钱　薇	钱受益	陶　楷	高　澈
高道素	盛大庸	黄　性	黄　踪	黄承玄	黄承昊
黄洪宪	臧懋循	蔡　济			

清代

万　经	万斯同	计光炘	王　鈗	王　晫	左　岘
黄宗羲	王国陛	王崇炳	毛奇龄	厉　鹗	叶自合
吕葆中	冯文昌	吕甫中	祁班孙	祁理孙	许　焞
许克勤	许惟楷	许勉焕	吕留良	朱　樟	朱学泗
朱彝尊	朱昆田	朱献臣	朱　鈘	孙　琮	汪　煜
汪砢玉	杨守知	李凤雏	李肇亨	严　沆	李光暎
严我斯	吴　模	吴之振	吴之桢	吴允嘉	吴农祥
吴任臣	张惟赤	徐善建	陆　宝	陆　烜	陆陇其
陈　昂	陈　撰	陈邦彦	陈自舜	陈奕禧	郑　梁
郑　性	范永祺	范光文	卓天寅	卓允基	郁　礼
周　篔	周徐彩	赵　昕	胡德迈	查慎行	俞汝言
姚际恒	高士奇	徐善建	徐嘉炎	曹　溶	曹曰瑚
龚佳育	龚翔麟	董　思	陆嘉淑	韩广业	濮　梁
赵　昱	赵　信	金　农	周二学	丁　杰	丁　敬
吕　抚	朱世杰	朱稻孙	全祖望	孙仲曾	朱　蔚
孙志祖	孙宗濂	汪　沆	汪　宪	汪汝瑮	汪孟鋗
宋世荦	宋大樽	吴　焯	吾　点	陈　鱣	周广业
张廷济	杭世骏	鲍廷博	黄　易	梁同书	查岐昌
盛百二	陆费墀	范懋柱	郑　竺	郑雍谷	金　檀
赵一清	周　春	黄树谷	黄锡蕃	黄澄量	杨文荪
汪启淑	汪师韩	沈廷芳	沈雨溥	沈叔埏	汪继培
汪继壕	汪文梓	汪文柏	汪文桂	汪如藻	丁　朴
胡　琏	马玉堂	马思赞	方成珪	方国泰	王又曾
李　峻	王永倓	王寿微	王宗炎	王绍兰	王金铦
钱　林	王望霖	王端履	王德溥	邓蔚斋	卢文弨
卢　镐	帅　骧	叶元阶	冯应榴	冯集梧	冯登府
庄仲方	刘　桐	刘凤章	关　槐	许乃普	许宗彦
达　受	朱　至	朱　琰	朱邦经	朱兴悌	孙颢元

纪云倬	汪諴	汪震	汪璐	汪兴谷	汪辉祖
沈可均	沈复粲	沈炳垣	沈德鸿	宋经畲	俞樾
宋咸熙	应璕	应廷皋	杜煦	杜丙杰	杜春生
李诚	李鹿	严澍	严元照	严可均	吴城
吴骞	吴文晖	吴为金	邵晋涵	张柯	张涛
张鲲	张凤翔	张寿荣	张作楠	张定闰	张宗松
张培源	张敬谓	张燕昌	陆筠	陆鲲	陈春
陈唐	陈焯	陈谟	陈墫	陈廷献	陈邦俊
陈莱孝	陈烈新	陈瑞图	陈敬简	陈敬璋	陈圣洛
陈熙晋	郑瑞清	罗以智	金城	金鳞	金士芳
金可埰	赵辑宁	金德舆	周勉	周中孚	周金振
洪颐煊	洪瞻陛	赵魏	赵春沂	胡筠	胡介祉
胡尔荣	胡树声	胡启龙	胡惠墉	柳国裕	钟麟
俞姓	俞善庆	姚瑚	姚燮	姚廷瓒	姚虎臣
姚觐元	郭协寅	袁枚	袁思永	莫潍	顾脩
徐三英	徐时栋	钱载	钱天树	钱仪吉	钱任钧
钱泰吉	陶及申	章绶衔	梁绍壬	黄钟	黄汝厅
黄肇震	曹辛	曹言纯	曹培亨	屠倬	温一贞
温日鉴	蒋炯	蒋楷	蒋光煦	蒋光焴	蒋典学
董璁	董世登	董秉纯	董蠡舟	葛朝	葛玉书
葛继常	韩文绮	韩泰华	韩维镛	韩夔章	楼上層
虞桃	钱松	蔡鸿鉴	翟瀚	翟灏	瞿世瑛
潘佩芳	黎雪楼	戴光曾	戴殿江	戴殿泗	吴五凤
吴玉墀	何元锡	何济川	余坤	余集	邱学敏
丁丙	丁申	丁立诚	丁桂芳	丁维时	丁嗣徵
马瀛	王均	王纲	王奎	王棻	王广文
王元地	王甲荣	王舟瑶	王兆森	王咏霓	王彦威
毛云鹏	平步青	卢址	卢椿	叶书	叶元墀
包虎臣	冯一梅	冯云濠	冯本怀	冯汝霆	庄祖基
刘焜	刘履芬	刘毓盘	汤寿潜	许增	老韦
朱瑞	朱澄	朱一新	朱元吕	朱元炅	朱壬林
朱学勤	朱昌燕	孙之琼	孙凤钧	孙衣言	孙诒让
孙瑞泉	汪曰桢	汪远孙	汪曾学	汪康年	沈恕
沈衡	沈仲涛	沈知方	沈阆昆	沈曾植	沈德寿
杨坊	杨晨	杨鼎	劳经元	劳权	劳格

连仲愚	李镠	李品芳	李慈铭	吴云	吴源
吴煦	吴之淳	吴文江	吴天庆	吴寿旸	吴昂驹
吴昌绶	吴春照	吴燨文	何琪	佛呢武	张宽
张之霡	张光第	张岱年	张载华	张鸣珂	陆心源
陆芝荣	陆尔绳	陆廷黻	陆懋勋	陈仪	陈劢
陈沆	陈淞	陈鉴	陈其荣	陈清瑞	陈康鼎
陈遹声	范寿铭	范希仁	郁嘉庆	罗梅	金纶
金蓉镜	金嗣献	周星诒	祝庚辉	祖武功	项崧
项传霖	费寅	赵之谦	赵兰丞	赵佑宸	胡凤丹
柯蓉舟	姚振宗	姚慰祖	郭凤沼	郭传璞	唐仁寿
唐翰题	顾楒	徐珂	徐友兰	徐凤鸣	徐传经
章全	徐尔谷	徐光济	徐树兰	徐鸿鳌	陶浚宣
章寿康	梁葆仁	戚芸生	黄澐	黄杓	黄瑞
黄体芳	黄鸣岐	黄绍箕	黄维煊	龚秉琳	蒋韸
蒋学坚	蒋学勤	蒋望曾	董沛	葛咏裳	葛金烺
葛嗣溁	程文荣	程廷献	傅以礼	鲁燮光	景辉
褚成亮	楼一枝	楼蔷庵	詹绍治	谭献	谭学镕
蔡汝霖	管庭芬	潘震基	濮阳涝	戴勖屏	魏锡曾
王存善	董守谕	童钰	童铨	汤淮	黄定文
邵懿辰	洪颐煊	汪日桂	汪日章	陈世佶	周莲
范光燮	郑浩	陈康祺	冯汝霖	蒋佐尧	董道权
朱绪曾	褚成亮	潘日初	丁英	万广泰	马润
马鼎	马翼赞	文鼎	王昙	王相	王文韶
王记善	王兆杏	王师晋	王际华	王学增	王定祥
王尚赟	王祖询	王祖锡	王逢辰	王曾祥	计芬
冯浩	冯洪业	冯祖宪	叶炜	叶淳	叶正阳
叶希明	叶维庚	叶嘉榆	吕章成	孙古徐	孙仲鸣
孙廷璋	孙廷翰	孙熙元	孙锵鸣	朱湆	朱文藻
朱步沆	朱祖谋	朱祖琪	羊复礼	许梿	许楣
许瀚	许弘勋	许汝霖	邢澍	邢伫山	齐召南
严修	何士祁	余忱	吴炳	吴文溥	吴东发
吴以照	吴仰贤	吴克谐	吴承志	吴铄文	吴锡麟
吴颖芳	吴衡照	应宝时	张庚	张鉴	张熊
张千里	张之鼎	张宗楠	张宗橚	张綦毋	张德容
李之龙	李元绣	李汝龙	李宏信	李富孙	李遇孙

李嘉福	杨文莹	汪初	汪二尹	汪用成	汪迈孙
汪鸣銮	沈初	沈炎	沈垚	沈涛	沈彩
沈雍	沈庆云	沈成章	沈尚杰	沈秉成	沈映钤
沈家本	沈维鐈	沈铭彝	沈登瀛	邵曾可	陆镤
陆天锡	陈论	陈经	陈善	陈阃	陈之问
陈长孺	陈渔珊	陈嘉绥	陈豫钟	陈璞山	周衣德
林大椿	林启享	英廉	范迪襄	郑勋	郑勋
郑溁	郑元庆	郑文虎	郑作朋	金铭之	金掞之
金修	金弘勋	金孝柟	金志章	金承朴	金衍宗
金锡嚼	姚仰云	姚景夔	姜垓	查升	查开
查礼	查莹	查撰	查为仁	查有圻	查继佐
查嗣庭	查嗣瑮	柳如是	洪守一	洪瞻墉	祝德麟
胡重	胡申子	胡宗懋	胡夏客	赵丙械	钟文烝
项霶	倪涛	唐彪	唐淮	徐燨	徐士棻
徐步瀛	徐焕谟	徐维则	徐紫珊	徐献廷	徐德元
翁嵩年	钱洪	钱馥	钱三佽	钱保塘	陶韩
陶璐	陶方琦	顾乃斌	顾广誉	高铨	高焕文
曹宗载	曹庭栋	凌奂	凌霞	章学诚	黄浚
黄炳垕	黄梦香	龚橙	龚自珍	傅云龙	彭桐桥
曾唯	曾佩云	温纯	程若容	程维岳	李正昰
李邺嗣	李象坤	陈洪绥	陈芝谟	周天锡	郑观海
童汝砺	葛元熙	蒋廷黻	蒋维培	蒋锡坤	谢墉
谢恭铭	楼藜然	裘琏	鲍士恭	蔡宏勋	潘鼎
戴大章	濮淙				

现代

丁仁	丁立中	马廉	王修	王宾	王绶珊
王子余	叶景葵	刘学恂	叶颂清	朱希祖	孙峻
孙锵	孙家淮	孙智敏	邹寿祺	忻虞卿	邵瑞彭
吴士鉴	吴淳伯	张乃熊	张之铭	张寿镛	张钧衡
陆惟鎏	陈汉章	陈仲勉	陈宝瑛	陈树钧	陈筱宝
单丕	范耀雯	林集虚	罗振玉	罗振常	金述璋
周大辅	周庆云	周昌富	祝廷锡	赵舒	赵殿扬
胡萼卿	钟广生	俞人蔚	俞恪士	诸宗元	顾燮光
徐则恂	徐益庆	钱正卿	章嵚	清华法师	黄群

崔　鼎	童振藻	蒋鸿林	蒋维基	蒋赓声	葛嗣浵
程学銮	褚德彝	裘庆元	熊凌霄	潘尊行	魏颂唐
马一浮	王　同	毛　常	冯贞群	刘承干	朱　偰
朱师辙	朱彭寿	朱鼎煦	孙世伟	孙鹤皋	汪德振
沈本千	李庆城	李理山	严子厚	余绍宋	余重耀
邵裴子	张　珩	张云雷	张元济	张宗祥	张季言
张鲁庵	陈乃乾	陈锡钧	陈季侃	陈叔通	郑振铎
金　涛	屈映光	施载春	项士元	胡愈之	钟毓龙
姚景瀛	高时丰	高时显	高时敷	高君定	高　谊
袁涤庵	秦润卿	徐礼矶	徐行恭	徐道政	钱文选
钱镜塘	倪国桢	陶冶公	陶承杏	黄　源	黄宾虹
曹炳章	堵福诜	童大年	蒋汝藻	蒋祖贻	蒋复璁
蒋鹏骞	管元耀	樊　光	王克敏	徐绍桢	蒋钦顼
蒋鉴周	孙秉之	蒋　三	马春熙	王大隆	王书竹
王国维	王荫嘉	叶子渐	叶为铭	叶恭绰	刘大白
吕渔溪	孙延钊	孙祖同	朱文钧	江树荼	何绍韩
吴　晗	宋春舫	张　凤	张　琴	张乃骥	张正夫
张兆铺	张玥琛	张惠衣	李思浩	杨　晋	杨容林
邵　章	邵元冲	周越然	屈　燨	庞元济	庞元澄
林　损	林大同	范寿康	郁达夫	金步瀛	胡士莹
赵万里	赵时㭎	赵遁抟	项葆桢	倪春如	唐　弢
徐伯郊	徐绍桢	徐映璞	徐森玉	顾颉刚	梅雨清
章炳麟	黄云眉	马　衡	马叙伦	王德棠	刘锦藻
吕渭英	朱遂翔	许厚基	吴　隐	吴道镕	杨　复
陈　楷	沈曾桐	邹存淦	陈硕年	陈黻宸	金　梁
查燕绪	钟士瀛	夏震武	徐履谦	谈麟祥	盛炳纬
温　匋	童保暄	蒋介石	蒋六山	蒋尊簋	谢光甫
鲁　迅	谭其骧	潘国纲	戴季石	丰子恺	周作人
施蛰存	曹聚仁	俞平伯	赵景深		

后　记

　　《浙江藏书家传略》是浙江籍（或寄籍浙江）藏书家的小传集成。浙江藏书文化源远流长，自宋以后成为中华藏书重地，藏书名家辈出，藏书名楼众多。据吴晗先生《江浙藏书家史略》初步统计，自晋至清末，私人藏书家就有三百五十九人。藏书楼有名可稽的多达一百八十处，其中宁波天一阁、杭州文澜阁、湖州嘉业堂、瑞安玉海楼为浙江著名四大藏书楼，蜚声中外的天一阁还是我国现存最早的民间藏书楼，亚洲最古老的私家藏书楼，也是世界上现存最早的三大家族图书馆之一。可见，私人藏书文化发达是浙江典籍文化的一大特色。

　　本书以原浙江图书馆古籍部主任何槐昌先生的遗稿《浙江藏书家史略》为基础整理、修改、补充、完善。何先生从事古籍工作近四十年，倾心致力于一部能较全面、完整地反映浙江藏书家的著作，从七十年末就开始搜集资料，至 2006 年初终于写定初稿。此稿最大特色是将史上所有关于浙江藏书家的记载详细著录，尽可能做到应有尽有，还特别突出了部分藏书家的藏书后来流转入藏浙江图书馆的详细情况。

　　此稿共收录浙江籍藏书家八百余位，比金天游《中国藏书家考略》（收录浙江籍藏书家两百多位）和吴晗《江浙藏书家史略》（收录浙江籍藏书家三百九十九位）多出数倍，内容也完善详实得多，但由于种种原因一直未能付梓。时至今日，随着许多新资料的发掘，愈来愈多的浙江藏书家被发现，有必要把尽可能多的藏书家补充进来加以完善。为此，杭州图书馆 2011 年开始专门组织人力对原稿进行整理和增补，以促成此书尽快出版，了却何先生平生夙愿。

　　我们拿到的是何先生几年前的电子文稿，并未见其手稿。而这个电子文本或因录入者的原因，或因原稿本身的局限，诸如文字、标点等等显而易见的错讹比较多。对此在尊重原稿的基础上，我们主要做了以下编辑工作：

　　一、对原稿文字、标点和内容的正误进行全面梳理，凡能确定者均做修改、调整，力求无硬伤。

　　二、查漏补缺。经多方查阅资料后又补录了五百余人，大大扩充了原稿容量，并在这一过程中尽量吸纳了近年来有关浙江藏书史的最新研究成果。

　　三、对原稿和增补稿进行整合，仍按姓氏笔画排序，以突出藏书事迹为标准进行删定，共辑录藏书家一千三百三十八人，远远超过了所有同类书的记载。

四、为顺应读图时代，还增加了大量图片资料，包括藏书家肖像，故居、藏书楼、手迹、手稿、著作、印章等，努力做到图文并茂。可以说，本书是迄今为止收录浙江藏书家资料最为全面完整的一部著作。

五、编辑体例遵循原稿，一般顺序为：姓名、生卒年（无法查到的注明生卒年不详）、字号、籍贯、科举、仕途简历、藏书斋（楼）名、藏书数量、藏书史、生平专业、著作出版、藏书印章等。

六、排序方式遵循原稿，仍按姓氏笔画排序，先单名后双名。

七、编撰内容来自多种资料的参照辑录，文中所征引的方志史料多为节录，故除了人物对话外，一般不标引号。所有参考文献，除正文中注明出处之外，其余重要参考文献均附录在后。

八、参与本书编辑工作者有褚树青、吴一舟、崔艳丽、彭喜双、沈静、赵力等同志。具体分工是：

褚树青负责全书的策划创意。

吴一舟统筹安排和相关图片的筛选。

崔艳丽负责藏书家增补名单的确定及杭州、绍兴、宁波、金华、丽水地区藏书家资料的搜集整理；负责部分文字编辑及内容方面错讹的查证、修订；负责全书最后的缮校整合工作。

彭喜双负责部分文字编辑及内容方面错讹的查证、修订。

沈静负责嘉兴、湖州、温州、衢州、台州地区藏书家资料的搜集整理。

赵力负责图片资料的搜集扫描，人名排序及人物年代表的整理。

由于大量资料来源于方志、家谱、各类工具书和研究论著等，还有部分来自网络，虽经再三统稿，终因我们学识功力和时间有限，加之多人执笔，重复、错漏之处，仍所难免。恳请方家批评指正，也请读者使用时注意与其他相关文献的校核。

《浙江藏书家传略》编辑组

2013年9月

图书在版编目(CIP)数据

浙江藏书家传略 / 何槐昌主著;杭州图书馆编著
—上海: 上海人民出版社, 2012
　ISBN 978 - 7 - 208 - 10813 - 4
　Ⅰ. ①浙… Ⅱ. ①何… ②杭… Ⅲ. ①藏书家—生平
事迹—浙江省 Ⅳ. ①K825.4
　中国版本图书馆CIP数据核字(2012)第127284号

出 品 人　邵　敏
责任编辑　邵　敏

封面装帧　

<hr>

浙江藏书家传略

杭州图书馆　编著

何槐昌　　主编

<hr>

世纪出版集团

上海人民出版社出版

(200001　上海福建中路193号　www.ewen.cc)

世纪出版集团发行中心发行

上海商务联西印刷有限公司印刷

开本 720×1000 1/16　印张 31　插页 2　字数 397,000

2013年11月第1版　2013年11月第1次印刷

ISBN 978 - 7 - 208 - 10813 - 4/K · 1896